MALUNGAS NUMA TESE

Editora Appris Ltda.
1.ª Edição - Copyright© 2024 da autora
Direitos de Edição Reservados à Editora Appris Ltda.

Catalogação na Fonte
Elaborado por: Josefina A. S. Guedes
Bibliotecária CRB 9/870

A474m 2024	Alves, Ivonete Aparecida Malungas numa tese / Ivonete Aparecida Alves. – 1. ed. – Curitiba: Appris, 2024. 384 p. ; 23 cm. – (Educação, tecnologias e transdisciplinaridade). Inclui referências. ISBN 978-65-250-5771-2 1. Negras – Educação. 2. Negras – Condições sociais. 3. Arteterapia. I. Título. II. Série. CDD – 371.829

Livro de acordo com a normalização técnica da ABNT

Editora e Livraria Appris Ltda.
Av. Manoel Ribas, 2265 – Mercês
Curitiba/PR – CEP: 80810-002
Tel. (41) 3156 - 4731
www.editoraappris.com.br

Printed in Brazil
Impresso no Brasil

Ivonete Aparecida Alves

MALUNGAS NUMA TESE

FICHA TÉCNICA

EDITORIAL — Augusto V. de A. Coelho
Sara C. de Andrade Coelho

COMITÊ EDITORIAL — Marli Caetano
Andréa Barbosa Gouveia - UFPR
Edmeire C. Pereira - UFPR
Iraneide da Silva - UFC
Jacques de Lima Ferreira - UP

SUPERVISOR DA PRODUÇÃO — Renata Cristina Lopes Miccelli

ASSESSORIA EDITORIAL — Daniela Nazario

REVISÃO — Ivonete Aparecida Alves

PRODUÇÃO EDITORIAL — Daniela Nazario

DIAGRAMAÇÃO — Lucielli Trevizan

CAPA — Lívia Costa

REVISÃO DE PROVA — Raquel Fuchs

COMITÊ CIENTÍFICO DA COLEÇÃO EDUCAÇÃO, TECNOLOGIAS E TRANSDISCIPLINARIDADE

DIREÇÃO CIENTÍFICA — Dr.ª Marilda A. Behrens (PUCPR) — Dr.ª Patrícia L. Torres (PUCPR)

CONSULTORES — Dr.ª Ademilde Silveira Sartori (Udesc) — Dr.ª Iara Cordeiro de Melo Franco (PUC Minas)

Dr. Ángel H. Facundo (Univ. Externado de Colômbia) — Dr. João Augusto Mattar Neto (PUC-SP)

Dr.ª Ariana Maria de Almeida Matos Cosme (Universidade do Porto/Portugal) — Dr. José Manuel Moran Costas (Universidade Anhembi Morumbi)

Dr. Artieres Estevão Romeiro (Universidade Técnica Particular de Loja-Equador) — Dr.ª Lúcia Amante (Univ. Aberta-Portugal)

Dr. Bento Duarte da Silva (Universidade do Minho/Portugal) — Dr.ª Lucia Maria Martins Giraffa (PUCRS)

Dr. Claudio Rama (Univ. de la Empresa-Uruguai) — Dr. Marco Antonio da Silva (Uerj)

Dr.ª Cristiane de Oliveira Busato Smith (Arizona State University /EUA) — Dr.ª Maria Altina da Silva Ramos (Universidade do Minho-Portugal)

Dr.ª Dulce Márcia Cruz (Ufsc) — Dr.ª Maria Joana Mader Joaquim (HC-UFPR)

Dr.ª Edméa Santos (Uerj) — Dr. Reginaldo Rodrigues da Costa (PUCPR)

Dr.ª Eliane Schlemmer (Unisinos) — Dr. Ricardo Antunes de Sá (UFPR)

Dr.ª Ercilia Maria Angeli Teixeira de Paula (UEM) — Dr.ª Romilda Teodora Ens (PUCPR)

Dr.ª Evelise Maria Labatut Portilho (PUCPR) — Dr. Rui Trindade (Univ. do Porto-Portugal)

Dr.ª Evelyn de Almeida Orlando (PUCPR) — Dr.ª Sonia Ana Charchut Leszczynski (UTFPR)

Dr. Francisco Antonio Pereira Fialho (Ufsc) — Dr.ª Vani Moreira Kenski (USP)

Dr.ª Fabiane Oliveira (PUCPR)

A minha mãe, Maria Alves (in memoriam), e minha filha, Lisie Alves Xavier, mulheres que me ensinaram a ser melhor e atenta aos movimentos da vida.

AGRADECIMENTOS

Agradeço ao meu marido, Agnaldo Júlio de Paiva, pela paciência, tolerância e autenticidade nos anos que tive que me dedicar aos movimentos aqui narrados.

Às minhas irmãs, Matilde (minha Tata) e Maria Helena, pelas prosas carinhosas e chamados incisivos para os cuidados com meu corpo e minha mente.

A todes do Grupo de Estudos DIS da Faculdade de Educação da Unicamp, especialmente à professora Angela Soligo, que possibilitou nossa convivência e trabalho coletivo.

Às mulheres do Mocambo APNS Nzinga Afrobrasil que continuam sankofando comigo: Sandra, Pérola, Rosana, Aline, Amanda, Ághata, Alícia, Selma, Alexandra, Alexia Mel, Selma, Silvana e Alícia.

Viva as almas do Congado de Maria!

APRESENTAÇÃO

Abrem-se as cortinas...

Recebi o convite para fazer a apresentação desta obra na véspera do dia de Tereza de Benguela, sem dar alimento à procrastinação, pensei: amanhã darei vida a esta escrita. Hoje, 25 de julho de 2023, é celebrado no Brasil o dia Nacional de Tereza de Benguela e da Mulher Negra, por meio da Lei n.º 12.987, de 02 de junho de 2014. Com a força das mulheres negras, apresento o livro que traz no cerne a luta e a resistência negra no Mocambo Nzinga, um território fértil para a efetivação de um do projeto de vida afrocentrado, de produção de saberes africanos, da criação e valorização de bens materiais e imateriais. Um lugar marcado sagrado e marcado pelas ausências que dialoga estritamente com (FANON, 2008, p. 191) em "Minha última prece: Oh, meu corpo, faça sempre de mim um homem que questione!".

Há uma presença marcante da pedagogia social forjada a novas potencialidades pela ação e reflexão coletiva dos sujeitos provocando e intervindo na realidade social das famílias negras e pobres e das pessoas em vulnerabilidade social. A partir de posturas críticas, é possível construir experiências transformadoras que compõem um espaço de (re)aprendizagem, partilha, escuta, acolhida, solidariedade e de trincheira aos projetos mantenedores das políticas de exclusão social, aplicadas, em especial, na educação, na saúde e na cultura.

Debruçada sobre o panorama dos Atos, o livro compõe espaços, aprendizagens interseccionados com a sabedoria das malungueiras em diálogo com a ciência. Os Atos vão trançando teias de luta e resistência, expondo fissuras percorridas por aqueles que lutam contra o Apartheid[1] no segundo país mais negro, no mundo, depois da Nigéria, e diante do exposto apresento a sequência de uma Peça, cujo protagonismo e a transformação social pelas mãos das malungas.

---

[1] Apartheid – significando "separação". Foi um regime de segregação racial implementado na África do Sul em 1948 pelo pastor protestante Daniel François Malan, então primeiro-ministro, e adotado até 1994 pelos sucessivos governos do Partido Nacional, no qual os direitos da maioria dos habitantes foram cerceados pela minoria branca no poder. https://pt.wikipedia.org/.

Primeiro Ato: a obra segue suleando a jornada a partir das escrevivência malungueiras e afrocentradas, na visão de Lima, Geraldi e Geraldi (2015). O olhar do pesquisador sobre o vivido é autoral porque enfeixa em si esse conjunto de diversidades (LIMA; GERALDI; GERALDI, 2015, p. 29-30).

Segundo Ato: traz a arte do aquilombar. Entrelaçado na cronologia da vida, percorre e vivência momentos históricos comunitários, exerce a militância, constrói coletivos e segue tecendo nos diferentes espaços.

Terceiro Ato: a descoberta de um território onde o conhecimento afrocentrado passa a ser a raiz da comunidade e força da mulher africana surge nas entrelinhas das experiências corpóreas e subjetivas de fecundação, de escrita e de saberes afrocentrado.

Quarto Ato: novos caminhos, abre-se uma paleta de cores com a arte tomando conta do território e gerando reprodução da vida.

Quinto Ato: nesse lugar a organização social vai embricando com a arte viva, mostrando ser a cunha da resistência na sustentação das ações das políticas públicas.

Sexto Ato: é nessa trilha que ocorre o molde da formação política e se dá dentro de um cenário de imagens dantes, carregado de simbologias, de memórias, de alimentos e cores. Paisagens são transformadas em jardim de cura e parque de saberes ancestrais, são construídos novos cenários de flores, onde a criança é acolhida, alimentada com respeito e admiração pela sua singularidade e maestria.

Sétimo Ato: nessa arena a vida entra em cena com suas cores, dores e afetos. O Mocambo Nzinga ressignifica-se e adota de um Parque Público. Nesse lugar há a promoção da igualdade, da interação e a comunidade.

Oitavo Ato: abarcando a similitude, com a simbologia de Tereza de Benguela, o Mocambo Nzinga, discute o conceito aquilombar, por meio de relatos e interação com a comunidade, transforma necessidade em arte, dor em cor, território em pulmão, parque em diversão (HUDSON-WEEMS, 2020, p. 47). Não há dúvidas de que as mulheres Africana sempre foram, por necessidade, independentes, responsáveis e líderes.

Nono Ato: o resgate das tradições homeopáticas, a busca pela preservação das plantas transforma espaços desorganizados em jardins de cura e saberes ancestrais.

Décimo Ato: é um aquilombar emoldurado nas telas artísticas imersas nas trilhas da descolonização, na formação da criança, na organização da comunidade, no fortalecendo de mulheres malungueiras e na capilaridade aos jovens e à comunidade, na mobilização de novos atores, no acompanhamento das aprendizagens com foco na diversidade sócio-étnico-racial e na avaliação da ação. Afirma que a Mulherista Africana "[...] percebe a sim mesma como companheira do homem Africana e trabalha diligentemente para continuar sua união estabelecida na luta contra a opressão racial" (HUDSON-WEEMS, 2020, p. 57).

Décimo Primeiro Ato: discorre sobre múltiplos saberes vividos e experienciado na comunidade do Mocambo Nzinga, o que remete a um giro não apenas geográfico, geopolítico ou ideológico, mas epistêmico colocando-se frontalmente contra a perversidade do racismo estrutural e institucionalizado. Instiga a compreender que o compromisso com o entorno sociocultural da escola, da comunidade, é um posicionamento político de ressignificação do cotidiano que visa "combater o racismo, trabalhar pelo fim da desigualdade social e racial, empreender reeducação das relações étnico-raciais não são tarefas exclusivas da escola." (Diretrizes Curriculares Nacionais para a Educação das Relações Étnico -Raciais e para o Ensino de História e Cultura Afro-Brasileira e Africana, 2013, p. 501).

Décimo Segundo Ato: interpreto e finalizo criando um elo entre a simbologia de Tereza de Benguela, uma liderança quilombola que deu visibilidade ao papel da mulher negra na história brasileira, enfrentou o estado brasileiro, resistiu ao governo escravista, por vinte anos, coordenou as atividades econômicas e políticas do Quilombo Quariterê, localizado na fronteira do Mato Grosso com a Bolívia, sendo uma das diversas atividades, a transformação do ferro utilizados contra a comunidade negra em instrumentos de trabalho, visto que dominavam o uso da forja. Em par, segue as malungueiras, no Mocambo Nzinga, são lideranças e resistências; mulheres negras dentro de um processo societário excludentes, que organizam o conhecimento ancestral como ferramenta de luta e transformação. Resgatam as feituras das ancestrais como referenciais para uma outra escrevivência, marcada pela memória histórica, que emerge tecendo um outro destino para si, para a coletividade negra e para a nação

A resistência negra, articulada na coletividade dos movimentos negros, vem afirmando que luta quilombola, das malungas, das comunidades rurais, povos originários, comunidades é secular, como é secular a luta do povo negro, por território, dignidade e desenvolvimento, assim como também estas são bandeiras de luta que fazem parte dos manifestos do povo negro desde o período escravista.

É um livro que convida a retornar, ressignificar e construir. Ele fala sobre escrevivência e inscrevivência, Sankofa está presente e traz a memória às comunidades africanas que criam seus filhos em comunhão, desenvolve pensamentos e ações afrocentradas; debruça sobre referenciais imagéticos afrocentrados; propicia a descolonização do pensamento, das práxis e valoriza a história e cultura africana e afro-brasileira. Ousarei e atribuirei a esse ser uma "femenagem" às mulheres negras vítimas de um sistema injusto/discriminatório/racista. Aquelas que audição apurada para a escuta de suas comunidades e por elas, convido Jesus (2014), para dizer o que foi visto e sentido, porém as palavras não interpretaram, nesta breve apresentação.

> Escrevo a miséria e a vida infausta dos favelados. Eu era revoltada, não acreditava em ninguém. Odiava os políticos e os patrões, porque o meu sonho era escrever e o pobre não pode ter ideal nobre. Eu sabia que ia angariar inimigos, porque ninguém está habituado a esse tipo de literatura. Seja o que Deus quiser. Eu escrevi a realidade. (JESUS, 2014, p. 171).

Encerro esta escrita feita na primeira pessoa aclamando por outras mulheres contemporâneas, insurgentes, que enfrentaram o sistema, inventaram travessias e construíram pontes como: Beatriz Nascimento, Lélia de Almeida Gonzales, Luiza Helena de Bairros, Claudia da Silva, Marielle Franco... PRESENTES!

Luci Chrispim Pinho Micaela

Doutoranda no PPGE – UNICAMP, professora e militante no Movimento Negro Unificado - MNU

Campinas, 8 de agosto de 2023

REFERÊNCIAS

BRASIL. Lei n.º 12.987, de 02 de junho de 2014. **Dia Nacional de Tereza de Benguela relembra a resistência da mulher negra**. Assembleia Legislativa de Sergipe. Disponível em: https://al.se.leg.br/. Acesso em: 5 ago. 2023.

FANON, Frantz. **Pele negra, máscaras brancas**. Salvador: EDUFBA, 2008. p. 194.

HUDSON-WEEMS, Clenora. **Mulherismo Africana**: Recuperando a nós mesmos. 1. ed. São Paulo: Editora Ananse, 2020. p. 47.

JESUS, Carolina Maria de. **Quarto de despejo**: Diário de uma favelada. 10. ed. São Paulo: Ática, 2014.

LISTA DE SIGLAS

ABPN	Associação Brasileira de Pesquisadoras/es Negras/os
APN	Agentes de Pastoral Negras/os do Brasil
ASC	Associação Sócio Cultural
BGirl	Break Girl – garota da dança no Hip-Hop
CD	*Compact disc*
CDH-ELS	Centro de Direitos Humanos "Evandro Lins e Silva"
CECIP	Centro de Criação de Imagem Popular
CEP UNICAMP	Comitê de Ética e Pesquisa da UNICAMP
CODETER	Colegiado de Desenvolvimento Territorial
COMIR PP	Conselho Municipal da Igualdade Racial de Presidente Prudente
COOPERLIX	Cooperativa do Lixo
COPENE	Congresso Brasileiro de Pesquisadoras/es Negras/os
COVID-19	Corona Vírus *Disease* de 2019
CAPS	Centro de Atenção Psicossocial
CRAS	Centro de Referência em Assistência Social
CUT	Central única dos Trabalhadores
DJ	*Disc Jockey*
DVD	Disco Digital de Vídeo
EJA	Educação de Jovens e Adultos
ERER	Educação das relações étnicas e raciais
FAAC	Faculdade de Arquitetura Artes e Comunicação
FAPESP	Fundação de Amparo à Pesquisa do Estado de São Paulo
FE	Faculdade de Educação

FEBEM	Fundação Nacional do Menor
FIOCRUZ	Fundação Oswaldo Cruz
FORCULT Sudeste	O Fórum Nacional de Gestão Cultural das Instituições de Ensino Superior da Região Sudeste
FNC	Fundo Nacional de Cultura
FREPOP	Fórum de Educação Popular
IJ	... Jovem
MCL	Movimento Social de Luta
MC	Mestre de Cerimônia
MN	Movimento Negro
MOBRAL	Movimento Brasileiro de Alfabetização
MOPS	Movimento Popular em Saúde
PEJA	Programa de Educação de Jovens e Adultos
PM	Polícia Militar (do Estado de São Paulo)
PMC	Prefeitura Municipal de Campinas
PMPP	Prefeitura Municipal de Presidente Prudente
PPGE	Programa de Pós-Graduação em Educação
PROEJA	Programa Nacional de Integração da Educação Profissional na EJA
PROAC	Programa de Ação Cultural de São Paulo
RENISUS	Relação Nacional de Plantas de Interesse do SUS
RERN	Relações étnico e raciais negras
RU	Restaurante Universitário
SARESP	Sistema de Avaliação de Rendimento Escolar do Estado de São Paulo
SAS	Secretaria de Assistência Social
SESC	Serviço Social do Comércio

SINTRAPP	Sindicato dos Servidores Municipais de Presidente Prudente e Região
SNC	Sistema Nacional de Cultura
TALE	Termo de Assentimento Livre e Esclarecido
TCC	Trabalho de Conclusão de Curso
TCLE	Termo de Consentimento Livre e Esclarecido
UAP	Unidade de Acolhimento Provisório
EU	Unidade Educacional
UNESP	Universidade Estadual Paulista
UNICAMP	Universidade Estadual de Campinas
UNOESTE	Universidade do Oeste Paulista
USP	Universidade de São Paulo

SUMÁRIO

PROLÓGO

A gestação e depois o nascimento quando vão se constituindo plenos de saberes afrocentrados podem ser comemorados com alegria, em um xirê (festa em Yorubá) que acompanha também todos os momentos após a concretização da escrita. Este livro foi assim constituído, a partir de uma prosa entre mim e as mulheres do Mocambo Nzinga e suas famílias. As possibilidades do encontro tiveram lócus e residências ampliados, pois o Parque da Comunidade também continua sendo palco destes encontros e festas. Indaguei a elas e também de suas famílias o que desejavam para si, o que desejavam para suas famílias e para sua comunidade. Uma riqueza de proposições destas prosas emergiu. Viraram propostas, algumas realizadas, outras necessitam de um projeto político, articulações das mais diversas matizes e um sankofado de ações. Sankofa é um símbolo adinkra representado de quatro maneiras diferentes. A forma mais completa de sua significação é o pato com os pés no presente, olhando para a frente, mas com a cabeça voltada para trás, feito simbólico do povo Akan representar a indissociabilidade do presente, passado e futuro. É tudo ao mesmo tempo no tempo sankofado. Para compreender a profundidade do que resulta das prosas encetadas com estas mulheres negras e a audição qualificada de suas filhas e filhos é preciso malungar. Malungar é arte, é irmandade, é vivência em um território comum. Mas há malungagem que está em outros territórios, até no território africano. Por este motivo a arte africana é materializada em peças, cantos, contos, plantas e sabedoria ancestral. Presentificada para agora e para o futuro, sem nunca esquecer o passado. É lindo!

ADVERTÊNCIA

"NÓS LUTAMOS CONTRA UMA GUERRA!

Há mais de 2 mil anos há uma guerra organizada contra o povo negro.

É preciso sempre ter ética na guerra!

A educação é uma das formas mais eficazes e profundamente ética de continuar lutando esta guerra. Em paz!"

Tenho um nome, herança de uma família negra onde as discussões sobre a negritude só aconteciam na forma de conflitos: Ivonete Aparecida Alves. Um nome de escravizada. Não sabemos de qual região de África nós viemos. Nunca quis fazer o tal do teste de DNA, porque adoro a arte e os povos de vários lugares da África e também das Américas, da Austrália e da Ásia. Outra razão determinante para não fazer o teste, é o custo destes exames. Nasci, desta vez, em Garça, interior de São Paulo numa família de boias frias, em 1966. A nossa casinha ficava na rabeira da cidade, divisa com a zona rural do município.

No dia 28 de abril de 2022 foi a Banca de Qualificação do Doutorado em Educação, na linha de Psicologia e Educação da Unicamp – Universidade Estadual de Campinas, que deu origem a este livro. Daí o Prof. Dr. Ronaldo Alexandrino sugeriu que eu escrevesse uma carta, pois seria difícil demais para quem lesse este trabalho, sem estar de aviso prévio com as escolhas que pude fazer, juntamente com os preciosos materiais que colhi durante minha vida, e principalmente ouvindo e convivendo com as mulheres negras e suas famílias aqui neste local em Presidente Prudente onde escolhi viver, que também possui várias características urbano-rurais, como o lugar onde nasci e cresci lá em Garça.

Relembrei que durante minha formação no ensino superior eu já estudei nas três universidades públicas paulistas: Unesp, USP e Unicamp. Nesta ordem. Relembrei também que durante todos estes anos (entrei na Unesp de Bauru em 1990 e nunca mais fiquei sem estudar, ainda que fosse um curso de Extensão, Oficinas ou Grupos de Pesquisa) muito do que aprendi sobre Relações Raciais Negras, Branquitudes, Afrocentricidade se deve a muito esforço pessoal, com a contribuição de militantes do Movimento Negro, com destaque para a atuação, que acompanho, de Petronilha Beatriz Gonçalvez e Silva, Nilma Lino Gomes que conheci no COPENE – Congresso Brasileiro de Pesquisadoras/es Negras/os, em 2008 na cidade de Goiânia. Já lera alguns artigos escritos por elas, mas ao ouvi-las vibrar apaixonadamente o que conheciam, foi uma experiência muito marcante. Estudei também Kabenguele Munanga, Clóvis Moura, Nei Lopes, Beatriz Nascimento, Lélia Gonzales, Isildinha Nogueira, Renato Nogueira, Neusa de Santos Sousa, Matilde Ribeiro, e muitas outras mulheres e homens intelectuais negres.

Decidi estudar mais e com um certo método elaborando aulas, artigos, oficinas para cada etapa de pesquisa. Esta imersão nos Estudos Pretos necessitou de um imenso aporte financeiro, impondo sacrifícios para mim e para minha família próxima, além do necessário, pois se eu estivesse estudado em Universidades verdadeiramente democráticas, os sacrifícios adicionais não teriam sido necessários.

Nos anos 1990, quando cursei Comunicação Social na FAAC – Faculdade de Artes, Arquitetura e Comunicação na Unesp em Bauru não pude ler nada do que já existia produzido sobre a História do Povo Negro. Não foi matéria de nenhuma aula preparada por um docente daquela instituição. Isso mudou substancialmente só nos anos 2000, quando Juarez Xavier, militante professor doutor lá aportou, vindo das lides em São Paulo (cidade). Mas todos os doutores e doutoras de lá sempre receberam seus salários vindos do dinheiro público, espólio constituído desde 1500 com o sangue, o suor e cultura do povo negro e ameríndio. Nunca foi um favor para o povo negro que professores e professoras aprendam e ensinem a História e a Cultura Afro-Brasileira e Africana. O processo escravizatório como base de constituição desta nação, impõe uma obrigação moral, ética e necessária para que todo processo educativo presentifique estes assuntos.

No tempo da USP, de 1996 até 2000 eu também não consegui encontrar a História do Povo Negro nas aulas e cursos que participei. Teve um doutorando negro, que se vestiu de gari para produção de sua tese na Faculdade de Psicologia, denunciando o racismo institucional, mas foi fato militante também.

E chega o tempo da FCT Unesp, tempo grávido de desejos, frustrante tanto na graduação como no mestrado onde me titulei. Respondi com a criação do Mocambo Nzinga, em 2009 e Taís Teles, com outras pessoas negras, respondeu com o Coletivo Mãos Negras, gestado na Moradia Estudantil da FCT. Ela pagou o preço pela audácia sendo expulsa do mestrado em Geografia da FCT e eu sendo expulsa do doutorado em Educação nesta mesma instituição. As meninas me elegeram coordenadora do Coletivo Mãos Negras e até hoje tenho formado estudantes para que possam assumir o trabalho do Coletivo. Tarefa difícil!

Chega o tempo da Unicamp, em 2018. Grata surpresa passar no Processo Seletivo e já no ponto de ônibus da Moradia Estudantil encontro um folder do NCN – Núcleo de Consciência Negra chamando para uma Calourada Negra. Depois encontrei um assentamento para Exu e li o que gente, ainda no tempo da escravização deixou de marcas nas terras de Barão Geraldo. Gente branca não consegue ler o que nosso povo preto e ameríndio escreve na natureza. Gente formada na branquitude também não consegue ler.

No tempo da Unicamp cheguei logo com duas grandes malas, no Centro Acadêmico de Pedagogia – CAP, porque eu não sabia onde ficar. Lá pedi ajuda e uma companheira ofereceu pouso em sua casa na Moradia Estudantil. Pude ficar lá pelo semestre inteiro até que consegui uma vaga oficial e fui para outra casa. Então passei a escutar as meninas negras e os meninos negros com os quais eu me encontrava no CAP. Queriam muitas coisas, mas nem sempre conseguiam precisar as necessidades, porque eram muitas e de diferentes matizes. Propus ensinar um pouco do que havia aprendido ao longo dos anos. Propus algumas oficinas no gramado defronte ao prédio da FE. A de cerâmica ancestral foi muito marcante, porque durante os encontros foi possível refletir os buracos formativos que estudantes universitários com propostas mais libertárias precisam enfrentar. Ensinei a produção de bonecas Abayomis e a produção de obras afrocentradas. Deixei a Oficina lá em tamboretes para quem quisesse continuar produzindo.

Em pouco tempo já conhecia e era conhecida de vários grupos de estudantes tanto na Faculdade de Educação como de outras faculdades da Unicamp, porque precisava fazer um comércio do artesanato produzido para a semana seguinte. Não havia como garantir minha estadia em Campinas sem aquelas vendas. O trabalho extra com as Oficinas também garantia um grupo muito maior de relações e aproximações com pessoas de Campinas, assim como da região próxima. Foi assim que consegui algumas formações com escolas e secretarias da educação da região de

Campinas. Este processo de estudar e fazer, sem dissociar teoria da prática, aliadas a um processo de militância política, está no cerne de uma educação afrocentrada. Então, este livro contempla uma produção afrocentrada. Não há como ler uma das possibilidades resultantes da pesquisa afrocentrada esperando encontrar os cânones ocidentais já utilizados em outros trabalhos acadêmicos, ainda que alguns destes trabalhos tratem de afrocentricidades, acabam caindo na armadilha de produzir a narrativa dentro de um modelo ocidental. Foi uma decisão romper com os modelos ocidentais, que aceitos pela orientadora e também pela Banca de Qualificação, assim como pela Banca da Defesa puderam validar tanto o processo, como a livro resultante e provocadora do processo, porque não fosse o trabalho acadêmico, várias informações não teriam uma anotação tão cuidadosa, com registro documentado de sua ocorrência.

A surpresa, os liames que sustentam algumas imagens, poemas, fatos, desejos, aspirações, sonhos, projetos, cursos, aulas e a nossa vida malunga chegam e mudam, tanto no momento mesmo de leitura do trabalho, como continuam interagindo o tempo inteiro. Um texto testemunha que ficará para ser novamente mudado com as muitas interferências que intentamos produzir.

Figura 1 – Sankofa desenhado e colorido[2]

Fonte: desenho e foto de Ivonete Alves

A imagem anterior apresenta um pato bem colorido, sobre um fundo esverdeado bem clarinho. Trata-se da representação de um aforismo, uma simbologia que está relacionada com a natureza prática e moral. No caso do Sankofa, há 4 possíveis representações em desenho, sendo duas no formato do pato e duas parecidas com o desenho do coração, estilizados. Na imagem presente, o pato tem desenhos irregulares coloridos sendo as patas em verde oliva, a parte baixa da barriga em tons de lilás e roxo, uma faixa em laranja mais próxima ao rabo e o rabo colorido em verde com detalhes retangulares em marrom, mesma cor que finaliza as três extremidades do rabo, desenhadas em formato triangular. Já no meio do desenho há um círculo ao arremedo do ideograma

---

2 A descrição das imagens presentes neste texto tem por objetivo aumentar o acesso das pessoas com baixa visão e cegas, pois os leitores de texto digitais não reconhecem as imagens, prejudicando sobremaneira a compreensão de materiais visuais que são, neste caso, fundamentais para compor a obra. Fiz uma escolha metodológica na apresentação destas descrições poéticas, utilizando o tipo 11 no tamanho da letra, em espaço simples e também sem o parágrafo, entendendo que a descrição é um componente da imagem que está acima, facilitando assim a identificação destas descrições dentro do corpo da pesquisa.

adinkra Adinkrerene (o rei dos Adinkras) colorido no centro de laranja, circundado de preto, depois colorido de verde oliva circundado de preto finalizado em laranja. Depois segue em direção ao pescoço pintado de verde folha com dois desenhos ao arremedo de ovos, sendo o centro do desenho em laranja e a parte externa de marrom. Segue o pescoço em marrom verde e lilás e a parte final já compondo a cabeça em pintura horizontal nas cores laranja, lilás clareado e marrom, sempre circundados pela cor preta, assim como o olho do Sankofa, e um pequeno penacho sobre a cabeça do pato.

O sankofa é um símbolo adinkra que além de sua imagem, tem um provérbio: ter os pés no presente, com o corpo indo para o futuro, sem esquecer o passado. Ao mesmo tempo. A ancestralidade afro-ameríndia não pode ser compreendida dissociando os tempos, pois Iroko – o tempo – é sempre único para cada ser que o percebe e vive. Daí transformamos sankofa em verbo, pois além de todos os significados legados para nós, o conjunto de símbolos adinkras precisa da ação. Estabelecer um texto sankofando já na sua elaboração exige mudanças profundas tanto na escrita quanto na leitura.

Uma escrita assim já declara uma opção afrocentrada, que atesta ser o continente africano e suas diásporas as referências para a essência do trabalho. Não sou brasileira. Tenho uma identidade oficial porque aqui nasci desta vez, mas sou uma africana da Diáspora. Molefi Kete Asante (2009) elucida a necessidade de pessoas na diáspora africana atuarem no centro de suas referências, e não nas margens (o que acontece quando se adota o eurocentrismo). Já há uma discussão enegrecedora realizada por Renato Nogueira (2011) com o conceito de pluriversalidade e nunca universalidade, posto que a universalidade não existe de fato, mas sempre foi utilizada para dominação cultural, conceitual e educativa. É como se a pessoa que está imersa em um ambiente eurocentrado precisasse tirar suas roupas e pelada, no meio da avenida fosse fazer a leitura. Uma enxurrada de sentimentos são provocados e provocadores. As dúvidas ululam ribombando o corpo todo. É tambor Rum, Lê e Rumpi com toda orquestra de água, pássaros, vozes negras explodindo o que estava estabelecido como verdade. Só que não!

Agô aos Povos da Terra. Tire suas roupas ocidentais. Sua nudez é linda e venha sankofar conosco!

NÓS NA PESQUISA

As metodologias de pesquisa cunhadas no ocidente, na matriz eurocêntrica ou americana (epistemologias do norte) não são suficientes para tratar das pesquisas de matriz africana, sul-americana e caribenha ou dos povos da terra, presentes em diversos locais do planeta. Daí a enorme dificuldade encontrada por jovens negras e negros, povos da terra das diversas etnias, que perfuraram o bloqueio racista, penetrando no sistema acadêmico atual, propositalmente constituído para nos expulsar!

Professoras e professores persistentes na boleia de seus privilégios usufruídos justamente pela existência do racismo epistêmico (ALMEIDA, 2018), resistem em abrir brechas para discutir, criticar, alterar e possibilitar a criação de algo novo, com a chegada potente da maior inovação de uma pequena parcela, representante dos grupos espoliados socialmente. Justamente devido ao longo processo histórico de espoliação, é preciso um trabalho que leve em consideração que o grupo negro como um todo, precisa usufruir da educação constituída por quem furou o bloqueio. É preciso permanecer na base, ainda que este fato signifique muitos outros desafios.

No meu primeiro ano de doutorado na Unicamp, em 2018, tentei pensar na conclusão dos créditos necessários, logo no primeiro ano. Uma estratégia para escolher a disciplina a ser cursada esteve ligada a uma questão prática: o que me faz falta saber para atuar melhor com as famílias no Mocambo? Tive o cuidado também de indagar sobre as professoras e professores mais democráticos, pois já eram muitas as dificuldades a serem enfrentadas, para ter que ficar em luta com gente autoritária e há por todo lado. Assim, fui escolhendo as disciplinas que contemplaram parte do que precisava aprender para qualificar a pesquisa, com gente mais democrática.

---

[3] Para mim este seria o décimo ato mesmo. No entanto, me foi sugerida que este Capítulo da Metodologia ficasse aqui, no começo. Então fica sendo o Primeiro com o nome de Décimo. Estamos sankofado e nesta perspectiva não há tempo dissociado: presente, passado e futuro são o mesmo tempo ao mesmo tempo. Então sendo primeiro ou décimo não faz diferença. Ou faz? Daí você nos diz.

Desde sempre tive consciência da importância dos saberes afro-a-meríndios para nossa atuação na vida comunitária, porém os textos narrativos sobre os saberes que aqui já estavam profundamente desenvolvidos, me chegaram por meio da arte e da cultura. Os CDs do grupo Mawaca e um show que assistimos juntamente com as meninas do Mocambo, o CD de Marlui Miranda (Fala de Bicho, Fala de Gente, 2013); DVDs e programas assistidos na TV Cultura foram constituindo um repertório sobre os povos da Terra. Os encontros do FREPOP – Fóruns de Educação Popular me colocou em contato com pagés, crianças de algumas etnias, notadamente Pataxós e Guaranis. Em tempo recente conheci a Pajé Dirce e sua filha Suzilene de Arco-Íris (município próximo à cidade de Tupã) e nossa amizade só fez crescer diante das nossas lutas com muito em comum. Elas criaram também um Museu: O Worikg, como aqui criamos o Museu Afroperiférico.

Figura 2 – Iconografia indígena Tela de uma criança: tela da menina mais velha

Foto: Ivonete Alves

A foto é uma produção sobre tela de pintura onde há um fundo amarelo muito vivo. São destaques a pintura de um chocalho em preto com penas vermelhas, azuis e verdes e a parte de cima de um cocar preto com o desenho de penas amarelas, vermelhas e verdes. A tela de Alexia Mel é uma reprodução de uma obra de arte que tem estado na parede do Mocambo há alguns anos.

Foi assim que consegui pensar em agregar o material produzido pelos povos da Terra, nas Sacolas Culturais[4] em 2009 e 2010, reorganizadas em 2021 para servir a esta pesquisa. As dificuldades para encontrar estes materiais em Presidente Prudente, me fez ficar atenta à Feiras de Cultura em Belém do Pará (onde estive em 3 oportunidades diferentes), Salvador, Mato Grosso e na cidade de São Paulo, onde encontrei Exposições de Arte Indígenas em algumas ocasiões. Então, quando me deparei com o texto "A queda do Céu" de David Kopenawa e Bruce Albert, sugerido por Alik Wunder, na disciplina "Cultura, Educação e Imagem" (também coordenada por Gabriela Tebet e Antônio Carlos Rodrigues de Amorim) eu fiquei encantada. A presença da iconografia indígena no Mocambo está por toda parte. Da decoração das paredes, aos objetos de brincar e ritualísticos. Um quadro, ainda inacabado produzido por uma equipe de Arte e Cura, chama a atenção e ganha sua reprodução nos traços das crianças.

A narrativa de Davi Kopenawa diz muito a respeito das nossas tentativas em nomear o processo que estamos constituindo no Mocambo e também o processo que estou exercitando na escrita do texto deste livro. Mas aqui não sei como colocar os cheiros. Não sei se conseguirei me fazer compreender, porque vivo aqui e daqui me alimento. Mas sei que Davi Kopenawa (2015) soube dizer de sentimentos e vivências que me tocam. Há total identificação com o que desejo colocar na escrita com a escrita de um meu ancestral daqui da Terra. Minha ancestralidade africana se comunica serena, com a ancestralidade daqui dos povos da Terra.

---

[4]   Sacolas Culturais estão no cerne de uma proposta de acesso à arte, literatura afro-brasileira e africana. As sacolas são compostas com materiais variados e a própria sacola já porta uma mensagem com a construção de sua estética. Algumas são bordadas, outras pintadas com uma estética afro. Neste texto este Projeto será detalhado.

Box 1 – A queda do céu entre os Yanomamis

Quando me tornei homem, outros brancos resolveram me dar um nome mais uma vez. Dessa vez, era o pessoal da Funai. Começaram a me chamar de Davi "Xiriana". Mas esse nome não me agradou. "Xiriana" é como são chamados os Yanomami que vivem no rio Uraricaá, muito distante de onde eu nasci. Eu não sou um "Xiriana". Minha língua é diferente da dos que vivem naquele rio. Apesar disso, tive de mantê-lo. Tive inclusive de aprender a desenhá-lo quando fui trabalhar para os brancos, porque já o tinham desenhado numa pele de papel.

Meu último nome Kopenawa, veio a mim muito mais tarde, quando me tornei mesmo um homem. Esse é um verdadeiro nome yanomami. Não é nem nome de criança nem apelido que outros me deram. É um nome que ganhei por conta própria. Na época, os garimpeiros tinham começado a invadir nossa floresta. Tinham acabado de matar quatro grandes homens yanomami, lá onde começam as terras altas, a montante do rio Herou. A Funai me enviou para lá para encontrar seus corpos na mata, no meio de todos aqueles garimpeiros, que bem teriam gostado de me matar também. Não havia ninguém para me ajudar. Tive medo, mas minha raiva foi mais forte. Foi a partir de então que passei a ter esse novo nome.

Só os espíritos xapiri estavam do meu lado naquele momento. Foram eles que quiseram me nomear. Deram-me esse nome, Kopenawa, em razão da fúria que havia em mim para enfrentar os brancos. O pai de minha esposa, o grande homem de nossa casa de Watoriki, ao pé da montanha do vento, tinha me feito beber o pó que os xamãs tiram da árvore yãkoana hi. Sob efeito do seu poder vi descer em mim os espíritos das vespas kopena. Disseram-me: "Estamos com você e iremos atendê-lo. Por isso você passará a ter esse nome: Kopenawa!". Esse nome vem dos espíritos vespa que beberam o sangue derramado por Arowë que não foi mais capaz de escapar da vingança de seus inimigos. Recobrou um sopro de vida e tentou recolocar a própria cabeça no pescoço várias vezes, mas em vão. Acabou morrendo mesmo. Então, seu fantasma se dividiu e se propagou para longe, em todas as direções. Foi assim que ele nos ensinou a coragem guerreira. [...] Se os brancos não tivessem entrado em nossa floresta quando eu era criança, com certeza eu teria me tornado um guerreiro e, tomado pela raiva, teria flexado outros Yanomami por vingança. Cheguei a pensar nisso. Mas nunca

> matei ninguém. Sempre contive meus maus pensamentos acima de mim e fiquei quieto, lembrando-me dos brancos. Dizia a mim mesmo: "Se eu flechar um dos nossos, esses forasteiros que cobiçam a floresta dirão que sou mau e não tenho nenhuma sabedoria. Não farei isso, porque são eles que nos matam com suas doenças e suas espingardas. Hoje é contra eles que devo dirigir meu rancor" (KOPENAWA, Davi, 2015, p. 71-73).

A parecença do escrito de Davi Kopewana com o que sinto em relação ao pertencimento à esta terra, que vai muito além das fronteiras geográficas, me fez compreender toda a magia necessária que compor as iconografias afro-ameríndias. Quando li Lélia Gonçalez (2008) e sua teorização sobre pertencimento afro-ameríndio já existia no texto de Lélia o mesmo sentimento presente no texto de Kopenawa. É este sentimento que flui nas páginas deste trabalho.

Paulina Chiziane e Mariana Martins (2018), caminham juntas no outro lado do Atlântico para constituir uma reflexão entre as práticas tradicionais de cura e o Novo Testamento cristão, tocando em assunto muito debatido, combatido e na maioria das vezes disparador do racismo religioso, como discute Sidnei Nogueira no livro Intolerância Religiosa (2020).

> O colonialismo em África promoveu a superioridade de tudo o que era proveniente das antigas potências. Esta superioridade não permitiu dialogar, nem escutar, a voz do Continente Africano. Em nome da construção do novo mundo se fez **usurpação do ter**; a África foi dividida em colônias, pela Conferência de Berlim. As crenças e religiões foram abaladas. As várias instituições africanas foram destruídas. A arte de cura e a religião tradicional foram perseguidas, proibidas, os seus praticantes mortos ou escravizados. Os curandeiros e os magos foram considerados diabólicos. (CHIZIANE; MARTINS, 2018, p. 27, grifo nosso no texto original).

Ainda que no Brasil as religiões de Matriz Africana tenham constituído a ancoragem espiritual para o povo negro, desde o período escravocrata, ainda na atualidade sua demonização está em curso, mesmo através de simbologias que também são utilizadas por várias outras denominações religiosas. É o negror que assusta e serve de motivação para o terrorismo perpetrado pela Polícia e suas milícias. A arte, novamente inspira e motiva positivar estas referências da religiosidade provinda de África. Segue ensinando Paulina Chiziane e Mariana Martins:

> O Cristianismo foi a arma através da qual se fez e ainda se faz a expropriação das mentes africanas num processo de **usurpação do ser**. Em nome da salvação, se vem fazendo a demolição dos valores africanos e o branqueamento da mente coletiva, afastando os povos das suas raízes e de sua cultura. Em nome do Cristianismo, se oprime, exclui, cataloga, e se reprimem práticas culturais positivas dos africanos; em nome do Cristianismo, se consolidam poderes dos mais ricos sobre os mais pobres e um bom número de religiões tendevê igrejas e palácios luxuosos, gozam de poder e dinheiro em detrimento dos crentes e dos pobres. (CHIZIANE; MARTINS, 2018, p. 27, grifo nosso no texto original).

Com uma discussão baseada na prática, Paulina Chiziane utiliza de seu nome conhecido e reconhecido de escritora para apresentar ao mundo Mariana Martins, uma curandeira moçambicana, conterrânea, para estabelecer uma referência importantíssima da afrocentricidade: as religiões de matriz africana. Assim como os Povos da Terra das Américas, o povo preto brasileiro também está ancorado sobre a magia, a espiritualidade e não há como dissociar as práticas cotidianas dos elementos naturais, conhecidos na matriz iorubana como orixás. Como cientista e pesquisadora também sou uma Agbá: uma liderança religiosa e este posto perpassa todas as minhas ações, inclusive a minha escrita.

Escrevivências malungueiras

No seu Dicionário da Escravidão Negra no Brasil, Clóvis Moura escreve que o termo MALUNGO era a forma como os escravos se tratavam durante a travessia no navio negreiro. Mais adiante afirma que "não temos informações de que, após o desembarque, o termo tivesse sido usado permanentemente com este significado entre os escravos, no seu cotidiano nas fazendas ou em outros tipos de atividades" (MOURA, 2013, p. 259).

Vou contar a você malungo Clovis que nós tomamos o termo como nosso e no grupo ao qual somos eu e o Mocambo afiliades, malungo é a gente toda espalhada por vários Mocambos no Quilombo São Paulo, no Quilombo Pará, no Quilombo Rio de Janeiro, no Quilombo Minas Gerais e assim por diante.

Logo no início eu ouvi Nuno Coelho (da Coordenação Nacional dos APNs) me dizendo malunga, mas eu não sabia do que se tratava. Gostava do som. Gostava da dança da palavra que chegava aos ouvidos no meio de vários outros ruídos, principalmente dos ruídos das gargalhadas soltas do encontro de negros e negras que sabem estar entre iguais na luta. Soube o que era Quilombo, mais até do que quando estive no Quilombo dos Palmares ou nos Quilombo de Minas Gerais que eu já conhecera. Éramos muitos malungos e malungas de áreas urbanas e urbanas rurais. Assim mesmo coladinhas umas nas outras, de forma que olhando de longe as casas parecem vilinhas no meio de verdes, beges, texturas de terras e folhas variadas. Eu nasci em um lugar assim. Na beirinha do mato, mas dentro da vila. Então, para mim fez um sentido forte e impactante ser malunga. Ser quilombola.

Daí Conceição Evaristo (2018, 2020) ficou famosa. Era já famosa entre nós pretas militantes. Suas escrevivências em Olhos D'Água e Insubmissas Lágrimas de Mulheres consumiu minhas dúvidas sobre as metodologias de escrita das mulheres pretas. Sensibilizou-me muito mais para as histórias de vidas das mulheres negras do Mocambo que eu já entrevistara em 2019. Ainda bem. Antes do período da pandemia da Covid-19 e variantes. Eu agora, queria que pudesse ter outra vez compartilhado com elas o escrito de suas falas, mas decidi que será melhor anotar suas vidas neste período e as ações que seus pedidos provocaram.

Num puro parêntese, eu tenho que interromper minha escrita por vários motivos: cuidar da roupa do tanque, cuidar de iniciar o preparo do almoço, cuidar do gatinho não comer meus textos importantes. Ele rói para ouvir o barulho do texto cortando com seus dentinhos e daí eu paro e dou atenção às suas traquitanas. Mas há também o som dos muitos passarinhos que passam para alimentar-se das frutas do quintal. Eu respiro fundo e vou de novo encadear os pensamentos com as ações da escrita que precisam ganhar o corpo do livro, de forma que quem leia ou ouça, possa desvelar um pouco das nossas lutas, vitórias ou quase lá.

Escrevo isto, porque ao vir do mercadinho da vila com as abobrinhas, cenouras e quiabos que comprei, vi uma filha de uma das malungas que entrevistei para compor o rol de escrevivências nas quais este livro está ancorado. E ela parece que voltou a ser moradora da comunidade. Esta família é muito necessitada de amparo. Eu identifico sua matriarca com a Mulher que recolhe "material". É assim, que catadoras da comunidade chamam papelão, latinhas, jornais (cada vez mais raros), tecido, roupas e muita coisa desprezada nas calçadas. As famílias organizadas, na maioria dos casos, arrumam a reciclagem em embalagens de papelão, possibilitando a visualização e a coleta seletiva. Mas algumas famílias não se dão ao trabalho e mete as latinhas e papelão no meio de sobras orgânicas, atraindo a motivação dos caninos semidomiciliados para rasgar os sacos e espalhar lixo para todo lado.

Estas mulheres carregam o material que coletam nas mais variadas formas: algumas arrastam um begue rua acima, rua abaixo compondo um som acompanhado pela latição dos caninos que estão dentro dos quintais. Outras já adquiriram carrinhos com a carroceria adaptada ou arrebanharam um carrinho daqueles modelos de supermercados. Tem casos em que uma carriola emprestada serve, até que comece a entrar um pouquinho de renda para implementar a catação.

Caminhões nas condições mais incríveis, de tão remendados, trafegam como intermediários para transportar o que as mulheres já juntaram. Alguns comerciantes do lugar atuam como atravessadores, onde os meninos necessitados de um dinheiro urgente para o doce ou as pipas, imploram que comprem suas latas e ferros. Não perdem tempo com material que rende pouco, coletam só o fino. Algumas pessoas mais afortunadas também fazem isto. Ficam na espreita nas casas mais abastadas e levam as latinhas, deixando o peso do papelão para as catadoras que precisam fazer o dinheiro de comer e de beber da coleta.

A coleta de material produz um liame na socialização destas mulheres, porque elas noticiam coisas que a internet não notícia. Na nossa comunidade há muitas pessoas que não usam internet. Escutam rádio. Foram impedidas de aprender a ler e escrever. Desenham o nome, quando muito. Adivinham as lições feitas, como fazia minha mãe. Ela reconhecia muito bem os desenhos das lições e sabia dizer se havia uma nova lição no caderno.

São estas mulheres também que solicitam ajuda para outras que mais precisam, porque estão em casa doentes ou foram espancadas. Identificam onde há plantas medicinais e quem é bacana, e a gente pode pedir. Sabem os nomes dos cachorros semidomiciliados e por quais razões as donas ou donos não estão podendo cuidar dentro do quintal. Sabem também se há filhotes para doação e onde foi que deixaram uma ninhada abandonada. Identificam quem cuida e certeiras batem na porta de quem pode ajudar.

Contam quem está doente, qual hospital foram internados, quais os dias que há médicos no posto de saúde do bairro e se já chegaram as vacinas e até a faixa de idade que está na ordem do dia. Saber do Calendário de vacinação contra a Covid-19, em 2021 era um desafio, com as mudanças e alterações no calendário de vacinação.

Eu sei como pedir ajuda a elas e é difícil não receber ajuda delas. Uma delas tomou soda. Desgosto do marido que partiu com outra. Não morreu. Está inválida e não pode mais coletar material.

Esta senhora malunga que entrevistei queria aprender a ler e escrever, "pois o pouco que aprendi, fui esquecendo". A gente montou a sala de EJA – Educação de Jovens e Adultos aqui no Mocambo. Daí veio a pandemia e fechamos a sala. Cuidei de arrumar todo o material. Customizamos as capas dos cadernos. De propósito eu deixei recortes onde havia gente preta bonita. Revistas Raça Brasil e revistas do SESC onde cantoras e cantores negres estavam anunciados para shows. Uma revista onde havia uma propaganda sobre a confecção de bonecas Abayomis também estava na pilha e rapidamente alguém lançou mão da figura para embelezar a capa do caderno. As bolsinhas de capulana foram preenchidas com lápis preto, canetas, borrachas e apontadores. Já estive em casas daqui onde material escolar é raridade ainda.

Nas poucas semanas de aula desta classe de EJA, o que mais chamou nossa atenção foi a presença de um rapaz branco cuja mãe não veio. Ela ligou para confirmar se o anúncio procedia e mandou ele vir. Com seus 26 anos, ele desenhava as letras, mas com certeza não conseguia ler o que estava escrito, para além de reconhecer seu nome. Eu já identificava uma armadilha, pois se a classe tivesse continuado teria que atender as mulheres em outro horário, diante da necessidade quase exclusiva que aquele rapaz suscitava. Foi um caso que me levou a avaliar uma diretriz importante do mulherismo africana: primeiro a raça (NJERI, 2019, 2019a, 2019b). Ainda que com sérias limitações, aquele rapaz aprendeu ao longo dos anos a impor suas necessidades, caso muito oposto às mulheres negras que já tinham estado em muitas iniciativas educativas, sejam de Educação formal ou formal profissionalizante ou informais e não conseguiam ainda solicitar o que necessitam para determinados objetivos.

Neste caso, a interrupção propiciou uma análise sobre as outras iniciativas com cursos que pudessem acontecer aqui no Mocambo. Propor qualquer curso onde a inscrição fosse aberta, a ocorrência de pessoas brancas fazendo a inscrição e participando seria sempre maior do que a de pessoas negras. Em muitas outras ocasiões em que estive para divulgar o nosso trabalho a pergunta sobre quem poderia participar esteve presente. No início das nossas atividades eu sequer pensava na possibilidade da seletividade, levando em consideração o quesito raça-cor para priorização de vagas, pois este princípio se coaduna com o mulherismo *africana*.

Os debates sobre o uso deste termo "Mulherismo *Africana*" ainda seguem com várias pensadoras negras. Ele foi proposto por Clenora Hudson-Weems em 1987, com base na luta de vários grupos negros revolucionários, dentre eles os Panteras Negras. O cerne do debate é de que nós pretos e pretas somos da 6ª região do continente africano e não da diáspora. No entanto, há assunção identitária como "africana" também de pessoas pretas que se consideram mulheristas africana (assim mesmo, sem o plural) e que utilizam o termo "diáspora" forçada como ancoradouro de suas teses. Clenora Hudson-Weems foi enfática ao discutir o termo para diferenciá-lo do feminismo negro. Segundo a autora, é preciso que os homens pretos estejam nas preocupações das mulheres pretas, já que são tão oprimidos quanto as mulheres. Em determinadas condições históricas estes homens pretos também são opressores. No Brasil há um movimento se articulando dos homens pretos numa ótica chamada masculinidades pretas, para a assunção da paternidade e da paternagem, condição do homem que assume e cuida de suas crias, podendo ou não serem consanguíneas, numa postura de acolhimento para além da família nuclear (NJERI, 2019a).

Foi somente após todo o processo de pesquisa e a intensificação do conhecimento sobre a história de vida destas mulheres negras é que pude perceber que até em famílias multirraciais o critério de maior atenção, de mais oportunidade estava determinado pela cor da pele. Mas também ficou patente o quanto nas famílias negras de pele mais retinta há uma quantidade maior de melindres, que acompanham a trajetória escolar e também o acesso às possibilidades auferidas. O caso mais recente esteve ligado à raiva de um dos garotos que trouxe uma menina a tira colo para a aula. Não pude investigar qual foi a promessa que ele fez a ela, mas não compreender todo o processo de acesso a este curso especificamente foi um fato. Fui muito delicada com a menina (que chegou usando sua máscara), mas sem saber absolutamente nada de sua família, sem uma inscrição prévia seria impossível atendê-la. Evidente que a propaganda das crianças, que ganharam uma mochila preenchida com materiais para desenho e pintura, despertou o interesse de várias outras crianças.

A formação para as crianças do Mocambo no curso de arte, dentro do Projeto "Intercâmbio entre os ateliês/Xirê de arte infantil – Brasil/Japão: a Infindável Viagem: Takeo Sawada, artista educador" precisou de uma série de etapas para acontecer, incluindo um pedido de autorização para a Vara da Infância e Adolescência, com um Alvará de funcionamento da Oficina. O financiamento do Sesc Thermas possibilitou que as crianças recebessem uma mochila com todos os materiais necessários para uma formação inicial em artes com desenho, pintura em diversos suportes, volumes com papel machê e pintura em tela. Evidente que as próprias crianças tiveram um papel na divulgação para outras crianças em suas escolas. Agora, sobre a compreensão da importância do processo não há como controlar.

Eu me impus a tarefa em priorizar as crianças negras, já que estas famílias negras e inter-raciais são aquelas que mais necessitam do acesso. No entanto, dois núcleos de uma mesma família, não conseguiram participar, justamente porque as crianças não se vacinaram. Fiz um esforço enorme para que seus documentos fossem organizados, de maneira que pudessem participar do curso, mas ainda assim não foi possível dentro do prazo de ocorrência da formação. Enquanto preparava as aulas, o material, as técnicas que iria ensinar eu fiquei matutando que era preciso adquirir o material para estas crianças mais necessitadas, ainda que precisasse ofertar a oficina em formatos, dias e horários diferenciados. A repetição da oficina aconteceu no início de 2022 para esta família. Quando as outras crianças descobriram a riqueza do material vieram implorar para fazer a Oficina (ou para ganhar o material). Fatos como "Fulano roubou meu chinelo"; "perdi as canetas" "não tenho mais as tintas" anunciam uma situação muito comum em famílias onde não há como ter organização espacial, as ausências estão presentes no cotidiano da vida. Conversar com as crianças e ter paciência com vários fatores que elas precisam aprender a lidar, juntamente com suas famílias, faz com que seja necessário pensar em um tempo muito diferente da cronologia do "ano escolar", por exemplo.

Fico ainda pensando em muitas coisas, muitas coisas mesmo.

Vivências na afrocentricidade

Realocar nossas vivências malungas provindas do continente africano em um contexto de diáspora forçada, provoca reações de todas as matizes. Propor atividades afrocentradas em qualquer ambiente no Brasil é provocar reações contrárias enérgicas, críticas que repetem a ignorância sobre a História do Povo Negro a ponto de conseguir identificar com mais facilidade, as manifestações do racismo institucional, como também dos racistas dissimulados. A reação é muito mais intensa quando o racista já se acostumou a levar vantagem, justamente porque deslocou seu racismo para uma falsa meritocracia.

Assim, é preciso discutir qualitativamente a questão da afrocentricidade, que na escrita de Molefi Kete Asante trata-se de "uma questão de localização (2009, p. 93), pois "muito do que estudamos sobre a história, a cultura, a literatura, a linguística, a política ou a economia africana, foram orquestradas do ponto de vista dos interesses europeus". Há componentes na definição do conceito de afrocentricidade que Asante elabora como a conscientização, o conceito de agência e também algumas características mínimas para que exista a afrocentricidade que segundo Asante inclui a vontade cognitiva comunal, o desenvolvimento africano, a matriz de consciência pautada nas vivências provindas do continente mãe etc.

Um dos princípios que causa mais polêmica na defesa da afrocentricidade, refere-se ao Egito Negro (DIOP, 1974), porque na localização do Egito Negro como fonte de sabedorias que foram usurpadas e difundidas como gregas, está o maior engodo que estruturou a base da pirâmide da cultura dita ocidental. Repor o Egito Negro como negro é uma afronta inconcebível para um pensamento racista. Em o Legado Roubado George James descontrói o arcabouço ocidental da filosofia já enfatizando no título de seu livro: "Os Gregos não foram os autores da Filosofia Grega, mas as pessoas do Norte da África, comumente chamadas os Egípcios foram". Nascido em Georgetown, na Guiana, George Granville Monah James formou-se em Artes, Teologia na Inglaterra, onde conquistou o doutorado em Letras. Quando fez seu pós-doutorado, James ensinou matemática, latim e grego no estado de Nova Yorque. Este texto foi publicado em 1954 e reeditado várias vezes. Logo despois da edição do livro, George James morreu em circunstâncias até agora não investigadas. Caso fosse um cientista branco, ou se fosse um glorificador da branquitude, já existiriam filmes, livros, seriados, sobre sua vida e legado.

Figura 3 – Capa do livro Legado Roubado de George James já editado no Brasil

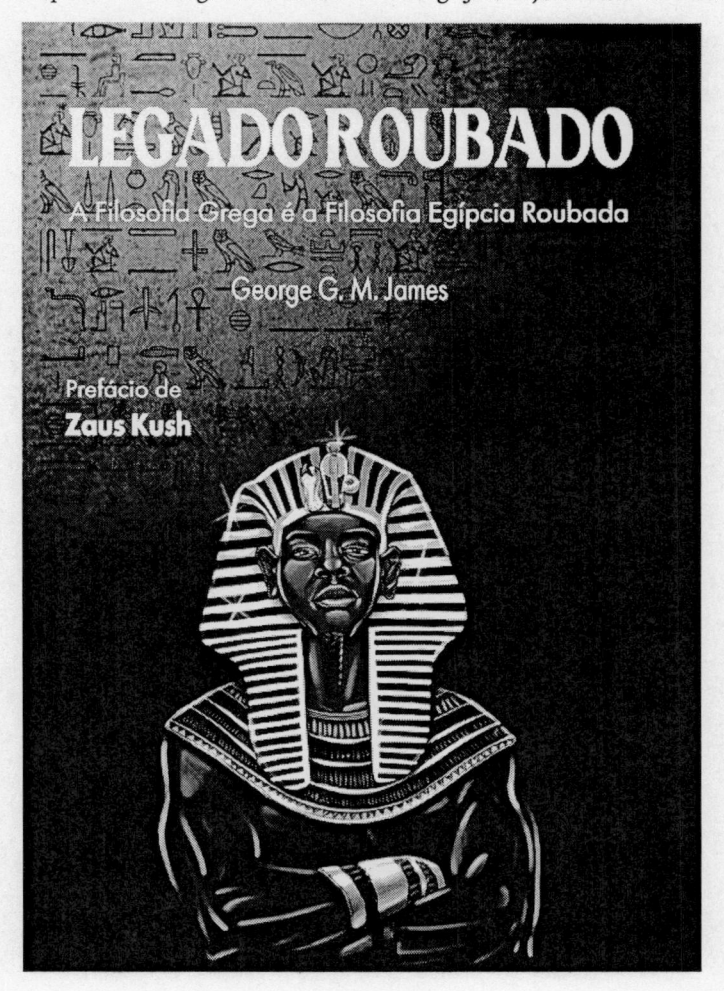

Fonte: disponível em: https://editorananse.com.br/loja/legado-roubado-a-filosofia-grega-e-a-filosofia-egipcia-roubada-george-g-m-james/. Acesso em: 11 set. 2022.

A imagem, no original, é a capa do livro chamado Legado Roubado de George James, editado em 2022 pela Editora Ananse no Brasil. Tem ao centro um homem negro, musculoso com os braços cruzados e um olhar desafiador. Usa um adorno egípcio composto por um sobre capacete e capacete nas cores ouro e azul lázule em listas na diagonal. No alto do capacete há uma serpente de ouro com uma pedra preciosa como boca. Abaixo do pescoço há um largo colar nas cores ouro, azul marinho, vermelho escuro, azul marinho novamente e azul lázule, finalizado por ouro velho. Nos pulsos a figura apresenta uma pulseira com mais de 10 centímetros que tem as cores ouro, azul marinho, ouro novamente, vermelho escuro, fina faixa em ouro, azul lázule e ouro mais próxiomo à mão que está escondida embaixo do braço. Ao fundo da figura do homem egpício, há um painel de cor negra esmaecida com letras egípcias constituídas por figuras da escrita deste povo negro.

O conteúdo do livro é composto de teses que derrubam por terra qualquer contestação das origens do arcabouço ocidental das ciências. Foram várias décadas de estudo, reflexões e muitas discussões para que algumas questões dos processos de apropriação cultural ficassem enfatizadas para a Diáspora Negra. As guerras arquitetadas para dominação geográfica, com a consequente espoliação das riquezas do continente africano puderam despertar as dores do que foi a escravização (BENEDICTO, 2016).

A escravização deixou marcas tão profundas no povo negro, que revolver o passado histórico mais recente tornou-se um martírio. O gasto excessivo de energia para lutar com as consequências do racismo, dificultava sobremaneira repor o lócus da agência negra durante a execução de uma proposta afrocentrada. A branquitude tem tempo, recursos e muitas referências de sua centralidade no combate da pluriversalidade atual, que é tributária do passado provindo do Egito Negro.

É somente com a materialidade deste Egito Negro no cotidiano da vida preta, que a afrocentricidade pode ser vivenciada. Para tanto, as referências da nossa vida necessitam serem pretas. Quando escureço minhas referências, as dúvidas se dissipam e o Poder Negro levanta-se com toda potência. Não há possibilidade de dúvidas. E trago para esta prosa, mais uma vez Paulina Chiziane (2018, p. 69-70), agora com O Canto dos Escravizados:

O conquistador[5]

I

Respondeste com pólvora aos meus suspiros de amor

Deixaste pegadas de sangue em todos os meus caminhos

---

[5] Na apresentação dos poemas dentro do livro escolhi utilizar o Tipo de letra 11 e espaçamento simples para que pudessem ser identificados rapidamente, além de diminuir o número total de páginas, facilitando assim o acesso ao texto final.

Desejaste-me tanto a ponto de me matar violentamente
És um D. Juan, agressivo, ingrato, possessivo, matador

Não sabias dos encantos que te esperavam em mim
Mal poisaste os olhos na minha paisagem
Ficaste possuído de amor à primeira vista
Ofuscado estavas pelo meu ouro brilhando ao sol

Descobriste a força dos negros de dentes perfeitos
E morreste de paixão pelas belíssimas donzelas
Que te derrubaram com o erótico fogo dos trópicos
Quem foi conquistado és tu, conquistador!

Ah, conquistador
Julgavas-te poderoso só por teres armas na mão?
O amor verdadeiro sobrevive a qualquer arma mortífera
Dominado estás de paixão por este pedaço de chão
O que ganhaste tu, por me ferir assim?

Morto estás tu, esclavagista, que de tanto matar
Perdeste a noção da tua própria humanidade
Lágrimas tens tu que vivendo na fartura
Não consegue iluminar a tua vida com um sorriso

Ah, esclavagista, por que mentes assim?
Vieste em nome da luz e só me deste trevas
Falaste de salvação mas conheci a perdição
Já não sei quem sou nem de onde vim
Apagaste todas as marcas do meu passado

Ah, conquistador
Derramaste sobre nós o teu próprio sofrimento

Vomitaste a tua pobreza de espírito pela boca dos canhões

Isolaste-te a ti mesmo com barreiras, fortalezas e pólvora

Para não ser atormentado pelo terror que semeavas.

Cada face preta assumida diante de uma sociedade racista, traz consigo o terror da escravização. Para suportar este passado não há como repetir e repetir o ódio racista. Ele precisa ser parado, discutido, enfrentado, analisado e impingido para quem do terror vive e governa! Nossa presença negra assumida é a presença do terror para quem nos escravizou e deseja ainda continuar nos escravizando!

O fazer afrocentrado tem como base a constituição das relações em um determinado território: o lugar. Este lugar possui várias localizações: no território geográfico comum, no território dos saberes, na localização espiritual e no tempo sankofado. As ações atuais se espraiam no futuro, fortemente impactadas pelo passado comum, tenha sido este passado vivenciado por este grupo específico ou pelo grupo ancestral africano, na Terra Mãe ou nas Diásporas Negras.

Além disso, as escolhas referenciadas na afrocentridade também são importantes, assim como dar visibilidade para as pessoas que participam do processo. Nem sempre há a fala direta, ou a transcrição da fala do desejo das outras mulheres. No entanto, as lembranças de seus pedidos, assim como dos pedidos das crianças e das adolescentes estão imbricadas na minha escrita. Nem sempre o verbo "Eu" na primeira pessoa sou eu só. Assim como o "nós" em alguns trechos tem a ver com um desejo meu. Sankofando também na escrita como nas nossas vivências malungueiras. Não ficarei fortemente preocupada com este fato na revisão deste texto, preocupando-me mais com algumas sugestões que poderão contribuir para a leitora ou leitor mais jovem, que ainda necessita de algumas sínteses organizadas.

Utilizar a metodologia afrocentrada na escrita, exige essa presença preta assumida o tempo inteiro. As alteridades são benvindas.

SEGUNDO ATO

UMA ESTREIA NA FAMÍLIA QUE CLAMA DO EU AO "NTU[6]"

Ivonete Aparecida Alves – Meu nome de escravizada

Uma sobrevivente do processo escravizatório

Nasci numa família com três filhas (sou a caçula) e três filhos, em Garça, interior paulista. Desde muito pequena foram minha mãe e minhas irmãs as responsáveis pela minha educação. Minha mãe, boia-fria (atualmente inventaram uma série de nomes para esta profissão, mas nem ela nem eu, nos reconhecemos como "trabalhadoras rurais") trabalhava na roça para sustentar a casa. Meu pai ficava ausente e sua presença sempre esteve ligada, para mim com muita apreensão. Hoje compreendo um pouco de suas frustações, mas na minha infância, sua violência que nos atingia de forma brutal foi amarguradamente vivenciada. Ainda se abrem as feridas quando relembro dele. A cicatriz pulsa dolorida, por isso evito sua lembrança.

Minha mãe, desde sempre valorizou a escola e tudo que fosse relacionado ao estudo. Todo sacrifício que fosse preciso fazer para que as filhas e filhos estudassem, ela fazia. Por longos anos me lembro de suas tentativas para aprender a ler e escrever, mas desenhar seu nome foi o que conquistou. Fez o MOBRAL, teve uma professora que vinha em casa toda tarde. Décadas depois de aposentada ela apresentou os sintomas do cansaço com a vida e foi ficando criança de novo. Sempre foi boa com as operações matemáticas, ela renovava o aprendizado fazendo cálculos de cabeça. Não foi militante do Movimento Negro, mas aprendeu na luta pela sobrevivência sua e da comunidade onde nasceu, nossas mais caras palavras de ordem. Foi assim que, ainda com vinte e poucos anos, aprendeu a aplicar injeções, porque muitas crianças morriam sem ter quem aplicasse o medicamento prescrito pelos médicos. Remédios em forma oral demoraram a chegar à roça e nos bairros rurais, onde o

---

[6] "Ntu" no tronco banto, com mais de 400 línguas,' significa "nós", está no princípio "ubuntu": "eu sou porque nós somos".

sistema feudal perdurou por décadas. Desde muito pequena, lembro-me dos cuidados para que a gente não pegasse sol na "moleira", com a água enterrada debaixo do pé de café para ficar mais fresquinha e as conversas carinhosas com os passarinhos, o tempo das goiabas e das mangas e os longos diálogos com as flores do quintal: "as plantas escutam sabia?" "e bicho entende conversa de gente", falava ela quando a gente a surpreendia nesses diálogos com as plantas e com os bichos...

Assim, sempre foi natural para a família toda, o hábito de conversar com as crianças pequenas, e também conversar com seres vivos de toda ordem. Só agora, recordo como a grande maioria destas mulheres, que iam conosco nos caminhões para a roça, eram negras. Nossa comunidade na cidade, mas que ia junta para as lavouras de café tinha cor...

Aprendi a ler se chovia ou se faria sol em meio aos boias-frias, que sentados nas leiras, na beira do carreador, nos finais das tardes, aguardando o caminhão chegar, falavam de tudo um pouco. Quantos diolas conheci na minha infância! Eram tantas histórias de bravatas, que nunca soube se eram verdadeiras ou se eram invencionices de quem respirava forte para espantar o cansaço da vida na roça.

Mas tinham as dores que eu sentia quando outras crianças nos ofendiam. A pele negra aprendi, ainda muito pequena, nos faziam diferentes e alvos de vários xingamentos: macaca, cabelo de bombril, ninho de guacho, demônia e tantas outras palavras de ordem foram proferidas e decoradas muito antes de eu chegar à escola. Resisti em entrar na escola. Para mim a vida na roça era boa, mesmo porque, tinha um longo espaço para correr e brincar. Aos sete anos e meio fui obrigada a entrar na escola e com um reforço escolar realizado pela minha irmã do meio (9 anos mais velha) eu aprendi a ler com tanta facilidade, que surpreendi a professora. Não entendi, naquela época, porque ela ficou tão surpresa com meu sucesso escolar. É que para crianças negras o esperado, o exigido, o acordado é o fracasso! A luta pelo sucesso coletivo é nossa agora...

Então eu criava histórias, assim mesmo, pois para mim sempre eram histórias verdadeiras. Li centenas de fotonovelas em revistas em preto e branco. Percebia, com pena, que só tinha heróis e heroínas brancas. E como sofriam aquelas mulheres. Depois foi a fase da Júlia, Sabrina e Bianca (coleções de estórias só com texto, sem fotos). Lembro que só aos 15 ou 16 anos, já na escola agrícola é que me decepcionei com estas histórias. Eram machistas todas elas, isto eu soube naquela época mesmo. Anos mais tarde, estudando Comunicação Social descobri que também eram racistas.

Na minha infância era fascinada pelos bichinhos da terra. Colecionei aranhas, besouros, vaga-lumes e vários tipos de lagartas. Ficava chateada quando meu zoológico particular ganhava o espaço do terreiro ou eu os perdia nas copas das árvores ou no meio das folhas em decomposição do quintal. Vivos, eles retomavam sua liberdade. Fiquei chocada quando vi uma coleção de borboletas e mariposas mortas espetadas e classificadas em uma pasta na Universidade. O técnico de laboratório ficou surpreso com meu olhar de reprovação, mas acho que não entendeu minha revolta.

Foi natural para mim escolher estudar para ser Técnica em Agropecuária, na Escola Agrícola de Garça. Apesar da não recomendação da minha mãe, eu insisti que queria cursar aquele Colégio. Um dos trotes bem comum era jogar as pessoas dentro das caixas de contenção da água da chuva. Eram grandes, com um metro e meio, por vezes dois metros de cada lado. E fundas. Algumas encobriam uma pessoa de pé. Para ficar ainda pior, alguns empolgados entravam nas caixas e misturavam lama.

Minha atitude e meu olhar de reprovação desencorajaram os garotos. Mas na hora do almoço jogaram água na nossa mesa e fiquei com fome o dia todo. Eu e a minha colega Suzana (também do primeiro ano) não conseguimos perceber as estratégias dos outros que foram se afastando e daí o balde d´água veio em cheio sobre nossa comida. Já foi horrível chegar em um lugar, que as pessoas ficavam afirmando que não era lugar para meninas, e aquela forma de recepção era tudo que a gente não precisava. De qualquer maneira, parece que nós duas éramos exceção sobre as "brincadeiras" estúpidas em forma de trote.

Então quando cheguei na Faculdade já tinha decidido que eu odiava trote e não queria, de jeito algum nenhum tipo de trote, nem mesmo as aulas conduzidas por estudantes dos anos seguintes. E continuei sem participar do planejamento de trotes conforme fui avançando na Universidade. Na aula-trote, quando estive no primeiro ano de Comunicação na FAAC/Unesp de Bauru, logo descobri que o casal que falava empolado demais não eram professores. Mas ficou por aí e depois dessa aula falsa, outros grupos nos conduziram para conhecer os espaços da Universidade. Muito grande o campus. Eu só fui conhecer mesmo, aprendendo a localizar onde ficava o quê, quando tirei um dia de folga do trabalho e passei um dia inteiro lá.

Sempre amei a vida na roça e sentia, como hoje ainda, uma enorme satisfação com o canto dos passarinhos e fico embevecida com a terra de nosso quintal quando desabrocha uma nova flor ou aquela muda (que custei tanto a conseguir) abre espaço e demonstra seu viço. Na adolescência (1985, 1986...) não entendi por que minhas irmãs ficaram exasperadas, quando eu precisei retomar a peneira de abanar café e o rastelo e ir para a lavoura de café ganhar a vida. Minha mãe também se desesperou, disse que não faria minha marmita. Mas me levou para o Ponto de Caminhão e me fez ir com um empreiteiro (aqui em Presidente Prudente/SP chamam de "gato") da confiança dela. Com o diploma guardado, pois nossa casa chovia muito dentro e não dava para ficar exposto na parede, eu fiquei muito feliz por ganhar tanto quanto as pessoas que trabalhavam o tempo inteiro na roça de café. Garça ainda produzia muito café de qualidade, mas já estava perdendo o posto de grande região produtora para Minas Gerais e algumas áreas do Espírito Santo. Meu vizinho sarcástico me gritava "Oh professora boia-fria!".

Figura 4 – Como éramos transportadas para a lavoura de café

Foto: Ivonete Alves – 1990

A imagem é uma foto em preto e branco. No lado esquerdo da fotografia está a parte traseira de um caminhão onde se vê várias pessoas em pé do lado de fora do caminhão e dentro da carroceria, coberta com um encerrado de plástico há outras pessoas já sentadas nos bancos de madeira. É possível ver que as pessoas em pé carregam mochilas e sacolas. Do lato direito da imagem há três pessoas voltadas para a frente. A maioria das pessoas são negras.

Desde menina eu lecionava para as crianças e depois para os colegas agricolinos (éramos 8 meninas e cerca de 180 rapazes no Colégio Agrícola de Garça, nos idos dos anos 1980). Ensinava matemática, língua-portuguesa e até conteúdos técnicos. Estudar biologia, técnica de manejo do solo, aragem, subsolagem, plantio, replantio e adubação era como rever tudo que observei vivendo na roça e eu amava observar o funcionamento da terra e o comportamento das lavouras e dos animais de criação.

Cursei o Colégio Técnico de Agropecuária e mesmo com o diploma do colegial técnico não consegui um trabalho. A discriminação contra as mulheres, aprendi depois, analisando as inúmeras entrevistas que fiz, na busca por um trabalho remunerado, marcou a profissão que escolhi. Fiz vários estágios na Cooperativa dos Cafeicultores de Garça - GARCAFÉ, fiz cursos de aperfeiçoamento, com um enorme sacrifício de minhas irmãs e da minha mãe, mas só recebia não. Então, assim que completei 18 anos prestei um processo seletivo e fui ser escriturária, trabalho que detestava. Assim que passei no vestibular para agronomia na Federal de Dourados/MS, sonhei em retomar a vida com o tema que queria, mas ir para longe de casa, de carona, sem dinheiro para absolutamente nada, como fiz para prestar o vestibular, na companhia da minha companheira do Colégio Agrícola Regina, não tive coragem. Atuei como escriturária e nesse período surgiu uma vaga para cada Delegacia de Ensino do Estado de São Paulo para o cargo de Técnico em Agropecuária, com o objetivo de atuar em escolas multisseriadas da zona rural. Foram mais de 30 candidatos e uma vaga para a Delegacia de Ensino de Garça. Apesar das dificuldades, meu empenho em estudar e fazer estágios contou muito e consegui a vaga. Tinham duas supervisoras de ensino na banca da entrevista (a última etapa da seleção) e elas foram muito convincentes. Soube do supervisor de ensino que ele "duvidou" que eu conseguisse atuar em uma profissão majoritariamente masculina. Mas lembro-me que nos caminhões de boias-frias da minha infância, a maioria eram trabalhadoras!

Fiquei na minha cidade natal e prestei o vestibular para Comunicação Social na FAAC da UNESP em Bauru, mas fiz questão de pesquisar Educação Ambiental e Agricultura Orgânica, temas que compuseram minha monografia, defendida em 1993. Então, aquela decisão de ter ficado no Colégio Agrícola, apesar do trote, contribuiu para que eu adotasse uma atitude diante de conquistas já realizadas, como saber o que queria estudar e enfrentar o que fosse preciso para seguir adiante.

O Delegado de Ensino de Garça na época, José Benevides Cavalcanti apoiou meus estudos e pesquisas sobre agricultura orgânica e as propostas de trabalho em algumas escolas da zona rural alcançaram um sucesso relativo, se comparado a outras Delegacias de Ensino[7]. Foi nesta condição, como estudante de Comunicação Social e Técnica em Agropecuária em escolas rurais que conheci Paulo Freire, na época em que era Secretário da Educação do governo municipal da cidade de São Paulo da prefeita Luiza Erundina, capital paulista. Ouvir sua palestra, e depois fazer a transcrição de seu texto, pesquisar sua vida e ler seus livros foi fundamental para que eu me assumisse como educadora popular. Foram anos de sucesso, pouco aperto financeiro e a descoberta do teatro e da música. Fui também atriz de teatro, compositora e cantora. Que bom ter dinheiro para pagar as contas. Sobrava tanto tempo!

O salário pago pela empresa contratante (BANESER- Banespa Serviços Técnicos e Administrativos) era muito acima da média e saindo de uma vida muito apertada, pude ajudar na construção de uma casa "bacana" para minha mãe e também viver na minha casa, pois sempre quis ser "livre". Morar sozinha, decidir o que comer, quem convidar para uma festa e até onde passar as férias mudou minha consciência e me tornei uma feminista de "carteirinha".

Neste período, atuar com educação no campo e do campo despertou em mim lembranças da minha formação, na escolinha onde cursei da primeira até a quarta série. Era chamada de "a escolinha do fundo do Frei", porque ficava dentro da área da Igreja de nosso bairro. Na quarta série "ganhamos" uma "escolona", uma grande caixa de concreto, com quadras e salas "chiques" para a direção e coordenação pedagógica. Foi nesta "escolona" que fui ser aluna de dois "comunistas" diziam as pessoas da comunidade. O que seria o futuro Prof. Dr. Dagoberto Buim Arena, até hoje "Meu querido professor" e do Nicola, professor de artes. Eram barbudos, filiados ao PT e bons articuladores de greves na cidade. Um

---

[7]   O Sistema Educacional naquele período tinha uma divisão (ainda vigora em partes) onde um certo número de municípios compunha um Delegacia de Ensino, onde ficavam lotados supervisores de ensino, coordenadores pedagógicos, uma equipe técnica pedagógica e os setores administrativos daquela Delegacia. Estranhei muito os termos no início, pois para mim e para outras pessoas da minha comunidade original, Delegacia só de polícia.

escândalo! Eu adorava os dois. Eram meus exemplos para tornar-me a professora que eu um dia assumiria, mas naquela época eu ainda amargurava as lembranças do autoritarismo e da discriminação que sofria na escola, ainda sem ter consciência: ser pobre, ser negra, ser mulher, ser boia-fria e ainda por cima respondona! E briguenta, batia bem e era raro passar um xingamento sem um espancamento logo em seguida. Mas foi minha persistência e a leitura atenta que me impulsionaram para outros caminhos, diferentes de colegas daquela escola nos "fundos do Frei" da Vila Araceli, que não puderam avançar nos estudos.

O tempo de maturecer as bases da Educação Social

Nascida minha filha fui tentar a vida na Bahia. Deu certo um trabalho como jornalista na que seria a maior emissora de rádio do sul da Bahia, nos próximos anos, mas tive que voltar por um problema de saúde da minha filha e então fiz um pouco de tudo na cidade de São Paulo: fui pesquisadora, coordenadora de pesquisa, fotógrafa, *freelancer* em um jornal, jornalista em rádio, até que passei em um processo seletivo para ser educadora ambiental na antiga Febem, atualmente Fundação CASA.

A situação de miserabilidade humana que me deparei na instituição em 1998, pouco antes das grandes rebeliões, me fizeram retomar os estudos freirianos. No entanto, foi no Grupo de Pesquisa sobre e Psicanálise e Educação (de orientação lacaniana) coordenado pela Prof.ª Dr.ª Leny Magalhães Mrech da Faculdade de Educação da USP, que encontrei apoio para sustentar meus desejos como educadora popular. Durante os anos que fui educadora na Febem, participei deste grupo. Lá conheci gente que tinha trabalhado com Paulo Freire, pessoas que lutaram contra o Golpe Militar e exilados (as), que retornavam ao Brasil. Pessoas libertárias, com sede para melhorar a educação neste país. "Dias de fogo: relatos de uma educadora na Febem" foi escrito anos mais tarde para registrar o que vivemos nesta época.

Permaneci na Febem Imigrantes até "as últimas cinzas", em outubro de 1999, quando os meninos tiveram coragem de atear fogo no lugar onde as condições eram similares às situações de guerra. Tropa de choque, gás lacrimogênio, bombas de efeito moral, ateadas sobre o espaço de vida que construímos com tanto trabalho. Alguns alunos (a unidade só atendia meninos) morreram, outros mataram, usando inclusive ferramentas com as quais trabalhamos na terra. Vi numa reportagem televisiva, uma enxadinha pingando sangue, nas mãos de um garoto com o rosto enfurecido.

Estudamos muito naquele período, lutamos para que a escola continuasse onde fossem os meninos, lutamos para que as professoras não fossem dispensadas em novembro, e ficassem sem as férias e sem possibilidade de novas aulas. E lutamos para que não houvesse mais mortes, nem suicídios. Eu e minha filha morávamos próximo da unidade e os helicópteros da polícia ou da imprensa não davam trégua. Cada explosão e meu coração apertava, sem saber quem iria tombar. Quem estaria na lista de mortos. Não era educação, não... vivemos uma guerra. Uma guerra insana e louca, com a participação de políticos que tinham sido eleitos para, no mínimo garantir a vida das pessoas.

Sobrevivemos, mas parei de consultar a lista de mortos. Depois de 4 anos ainda sabia os nomes de meninos que havia conhecido na Febem Imigrantes. Reencontrei um garoto na Febem Raposo Tavares, para onde pedi remoção e no lugar onde existia um lindo olhar, tinha um buraco provocado por uma bala de borracha da polícia. Sua bela pele negra ficava manchada com o líquido que escorria na sua face tão jovem e já portadora do sofrimento de todo um processo de escravização. Nas minhas agendas encontrei este poema composto naquele período:

Dentro da Febem Imigrantes

> Fiquei olhando as grades cobertas de folhas...
> E flores e buchas e dores;
> E não eram menos grades
> Mas bem menos rudes,
> Fazendo fotossíntese
> Aliviando o ar...
> Os meninos passaram ao lado dela,
>> cabisbaixos
>> embaixo de impropérios...
> O mau humor impera apesar
>> das flores
>> das folhagens

das cabras pastando.
(Branca deu à luz a 4 gatinhas e elas já brincam
com as próprias patas)
Há música naquela mata...
Apesar disso os passarinhos insistem
Em musicar sua linguagem.

A Imigrantes vai embora
        rumo ao litoral.
Algumas almas choram pelo tempo perdido...
Apesar do tempo não passar na prisão.

Um "A" gigantesco
tenta mostrar aonde ir.
No fim do corredor há um grande muro
        sem flores, sem tinta, sem amores
        muro das lamentações.

O hibisco amarelece, esmaece a rudeza...
E a mamoneira é a todo momento confundida com um pé de urucum.
        Dá-lhe Guimarães!
        As rosas abrem e despetalam-se
Estalam no chão e são pisoteadas,
Apesar do amor que dizem: elas demonstram.

Há sempre muito significado na vida, nos sorrisos e na poesia.

Falta ternura na Febem!
Faltam "meu bem!"
Um olhar doce também.
estoura o peito
mas para o bem.

Um toque suave
Assim sem maldade
Maltrata a dor e absorve um pouco
O calor das discussões.
Faltam vazios preenchidos com atenção
Falta caminho aberto de emoção.
Mas não! Há dela a solta
Há porretes escondidos no mato.
"Te mato, seu miserável!
Tirou minha atenção do jogo"
No jogo te estouro, te invado
Nem te escuto
"Acha que vou pagar-pau-pra-ladrão?"
Me iludo que controlo os impulsos da juventude...
Basta a grade aumentar!"

Que nada! De madrugada
Doze fugiram, foram por ali
Se perderam por aqui.

Educação precisa liberdade
E limite pra ela.

A prisão constrói verdades
Estranhas fora dela.

Mas o limite é uma construção
Que não dá voto.
Precisa compromisso, atenção, carinho
E doses enormes de saber científico!
Grade, tela, morte, espancamento não!
Isto não é Educação!

Detalhe da horta na Febem Imigrantes, antes e depois das demolições

Quando ocorreu a Grande Rebelião na Imigrantes, nós vimos que era preciso pensar em um grupo de apoio e começarmos a estudar. Na época, a professora de História também tinha um interesse diferenciado pela educação dentro da Febem e então conversamos sobre as possibilidades de trabalho e decisões que aquele grupo escolar poderia tomar.

Elaboramos um trabalho, que chamamos de "Projeto" que foi entregue ao governador Mário Covas com o histórico da atuação da escola que tinha um Núcleo Comum e um Núcleo Profissionalizante, denominada UDM-5. Para redigirmos o "Projeto" organizamos nele, uma cronologia publicada pela imprensa da época, baseada principalmente, em dados do jornal "Folha de São Paulo" de 29/10/1999, p. 3-4.

✓ 24 de agosto: 50 adolescentes fogem da Febem Imigrantes;

✓ 31 de agosto: uma liminar afasta judicialmente o então Presidente da Febem Imigrantes, Eduardo Domingues da Silva, e 3 diretores do Complexo;

✓ 1º de setembro: Guido Andrade assume a Presidência da Febem;

✓ 11 e 12 de setembro: uma rebelião na Febem Imigrantes termina com a fuga recorde de 644 internos. O ministro José Carlos Dias (Justiça) diz que a situação é inacreditável;

✓ 13 de setembro: Andrade promete a criação de uma brigada antirrebelião formada por funcionários da Febem e por policiais treinados;

✓ 21 de setembro: Andrade diz: "Talvez no zoológico os menores seriam mais bem tratados do que na Febem";

✓ 23 de setembro: Presidente do Sindicato dos Trabalhadores da Febem convida o presidente da entidade a "conviver dois dias no pátio para ver como é trabalhar com os adolescentes infratores";

✓ 27 de setembro: cerca de 60 funcionários da Febem Imigrantes fazem protesto e ameaçam greve. O advogado Guido Andrade retruca com possibilidade de demissão;

✓ 27 de setembro: O governador Mário Covas manda a tropa de choque da PM para dentro da Febem, em uma tentativa de conter as fugas;

✓ 1º de outubro: Andrade demite 3 monitores acusados e presos por facilitação de fuga na Imigrantes, um dia depois de eles serem soltos por decisão judicial;

✓ 23, 24, 25 de outubro: Internos matam 4, ferem 48, destroem 3 prédios e mantém monitores reféns por 18 horas, na maior e pior rebelião da história da Instituição;

✓ 28 de outubro: Guido pede demissão.

Em 29 de outubro iniciam-se as transferências dos adolescentes para outras unidades da FEBEM e para o cadeião de Pinheiros. Em 31 de outubro os últimos adolescentes foram transferidos da Unidade Imigrantes. No período de 26 a 29/10/1999, os professores e instrutores permaneceram na unidade, cumprindo horário, sem poder realizar seus trabalhos.

Embora os adolescentes da UE-4 e UE-23 não tivessem participado da rebelião, foram impedidos de frequentar a escola e os cursos, mediante o quadro que havia se instaurado. Algumas salas de aula estavam servindo de alojamento para os jovens da UE-4, que foi queimada por internos da UAP.[8]

Em 25/11/99 a Febem passa à direção direta do Gabinete do governador Mário Covas, aonde fomos em uma audiência para entregar nossa proposta de reformulação a ele. A audiência foi muito interessante. O governador estava de fato, preocupado com a situação e ouviu as equipes de trabalho. No entanto, semanas depois ordenou que os tratores derrubassem as Unidades de Acolhimento Provisório, onde tinham acontecido uma das maiores tragédias nas Febem e Funabens do Brasil.

Mais ou menos um ano antes um caso nos chocou a todos. Em 25 de dezembro de 1998, na Unidade Educacional-17, localizada no Complexo Tatuapé da Febem-SP, eclodiu uma rebelião, seguida de incêndio,

---

[8] UE – Unidade de Ensino. UAP – Unidade de Acolhimento Provisório.

na qual morreu um adolescente famoso entre nós: Maguila. Tinha um corpo avantajado, daí seu apelido. Os internos da mesma unidade, em depoimento à polícia, falavam que na hora do fogo se alastrando, viram o Maguila cortando a cara com caco de vidro, enquanto gritava: "fica, nós vai fica pra morrer tudo aqui". O fogo aumentou e foi pulando de uma cela para outra, enquanto os meninos fugiam pelas portas e pelo teto, mas Maguila, totalmente fora de controle, continuava cortando seu próprio corpo com estilhaços de lâmpada, dizendo durante todo o tempo: "Vamo morrê todo mundo junto". Um dos meninos, já de cima do telhado, viu quando Maguila jogou um colchão sobre o fogo e ajoelhou, caindo de bruços e ali ficando até sua morte. Um garoto disse depois, em depoimento à Comissão de Investigação, que Maguila poderia ter fugido, como aconteceu com vários outros garotos que deram um jeito de sair.

O laudo do Instituto de Criminalística confirmou, pelo exame do cadáver, a morte de Maguila por carbonização. A posição do cadáver era muito estranha. Notava-se, também, ao virar o corpo da vítima, a existência de uma extensa área do dorso que não apresentava queimaduras extensas, sugerindo que as chamas atingiram a vítima na posição de imobilização. Esta posição é contrária à clássica posição defensiva ou de "pugilista", o que fez recomendar um exame mais acurado dos sinais vitais, sendo que a descrição minuciosa dos ferimentos acima mencionados não condizia com outras vítimas de incêndio. Ele se acolheu e na posição fetal enquanto se doou à morte, deitado no colchão em chamas. Em todo o grupo de professores e professoras deixou profundas lembranças de dor extrema.

As rebeliões se sucediam e nenhuma leitura de Foucault ajudava no alívio de nossas dores. Na Febem Imigrantes um monitor parou o carro de madrugada, defronte a Instituição e deu um tiro na boca. Outros pediram demissão e foram embora. Nós olhávamos para os meninos sentados no chão, em fileiras durante horas e horas. Fui ver a horta e de lá tirei uma bomba de gás lacrimogênio, ainda sem explodir. Um soldado veio correndo e me disse que era muito perigoso, porque se ela explodisse na minha mão poderia ter me levado o braço. E foram atiradas sobre os meninos.

Os últimos dias da Febem imigrantes

Meu tempo de educadora na Febem foi um divisor de águas. Naquele período tomei decisões para minha vida e um custo altíssimo para gerir estas decisões. Era preciso sobreviver, mas também era preciso planejar esta sobrevida e sair das situações de opressão intensa, pelas quais eu já passara. A intensidade das experiências de vida provocadas pela situação limite em que vivíamos todos na instituição deixava as outras pessoas amigas em constante apreensão.

Eu morava no Jabaquara e de minha casa podia ouvir o barulho dos helicópteros sobrevoando o Complexo Imigrantes da Febem. Na sexta-feira, dia 22 de outubro de 1999 trabalhamos, eu e meu aprendiz até próximo das 18:30 min. Pressentia que o Complexo explodiria e colhi o máximo de verduras possível. Fizemos sacolas e fomos atendendo os pedidos, mais numerosos naquele dia. O banheiro da ala "C" estava com problemas de uso, pois a caixa d'água estava esvaziando. Fora quebrada por internos em uma tentativa de fuga.

Tive que rodar por vários lugares para conseguir uma troca de roupa limpa para o meu aluno, procurando um banheiro onde ele pudesse tomar banho. A assistente de direção permitiu que ele usasse um banheiro desti-nado às visitas e assim eram mais de 19 horas quando saí do Complexo. O banho era com horário definido e se eu não providenciasse o banho para ele, ele ficaria até o dia seguinte com aquela roupa do trabalho e sem banho.

A tropa de choque ocupava todos os espaços fora dos muros da UAP e lá dentro as sessões de espancamento pareciam ser intermináveis. Cada tentativa de levante era aplacada na pancada. Aumentavam também o número de meninos no seguro, pois a revolta insana fazia vítimas.

Os helicópteros da imprensa e da polícia não davam sossego para os ouvidos de todos. A tropa de choque corria em formação e muitas vezes a cavalaria exercitava os animais com disparadas pelas trilhas que margeavam os muros da UAP. Homens do exército investigavam a mata procurando vítimas do "Maníaco do Parque"[9] e a tensão aumentava em todos, agora também com a investigação executada pelo exército.

Na tarde do dia 23 de outubro, sábado do ano de 1999, a Imigrantes explodiu. Notei a intermitência do barulho dos helicópteros, mas não quis nem ligar a televisão. Saberia logo, pelo barulho dos meninos fugindo, pois o bairro ficava repletos deles em fuga, cada vez que acontecia uma rebelião. Durante a noite toda, os helicópteros rondavam a Unidade como urubus. O inferno estava totalmente instalado. Evitei os noticiários, mas

---

[9] Abordando garotas pobres com a promessa de ensaios fotográficos, dinheiro e fama, Francisco de Assis Pereira estuprou e matou pelo menos dez mulheres no Parque do Estado, localizado na zona sul de São Paulo, daí sua alcunha: Maníaco do Parque, localizado bem ao lado da Unidade da Febem onde trabalhei.

era sair na rua para ser abordada sobre as ocorrências, e se iríamos trabalhar na segunda-feira.

Dia 25 de outubro, segunda-feira pela manhã entramos no Complexo e nos reunimos na sala dos instrutores, ao lado da marcenaria, onde tínhamos um espaço para aquecer as marmitas e uma mesa para estudo e reuniões. A visão da UAP era nítida e podíamos observar o movimento dos internos que ainda mantinham 8 reféns. A tropa de choque cercava totalmente os muros da UAP. Os helicópteros continuavam rondando nossas cabeças com um barulho inesquecível. Era praticamente impossível a concentração.

Lembro-me que havia recolhido muitos galhos com sementes de hortaliças e me pus a debulhar as sementes de couve-flor para desespero da Mágda que andava pra lá e pra cá feito barata tonta.

Alguns monitores da UAP que não estavam trabalhando no dia ou chegaram para cumprir a escala ficaram conosco. Preparei um chá de capim santo e alguns ficaram por ali. A manhã inteira foi uma grande agonia de gritos. Sempre alguém chegava para especular sobre o número de reféns ou quem é que estava ainda como refém. Eu conhecia todos, pois há mais de um ano trabalhava dentro da UAP.

Vitimadores estavam agora na condição de vítimas, mas havia um grupo de meninos que eram vítimas dos pares e dos funcionários: os garotos do seguro. Foi pelo meio da manhã que os meninos começaram a jogar pedaços dos assassinados durante a rebelião. A cabeça de um garoto foi colocada dentro de um saco e jogada em cima da tropa de choque. Alguns garotos conseguiram estourar o muro externo da UAP, com a ajuda da tropa de choque e de alguns funcionários para sair do sufoco.

Tentei vislumbrar as ferramentas que eles usavam como armas. Reconheci um escarificador emprestado por um dos monitores e nunca mais devolvido. As ferramentas que encontramos, eu e a Soninha retiramos havia mais de um mês, pois o fim parecia próximo. Na sexta-feira ainda procurei por algumas que não conseguia encontrar nem no depósito da UDM-5, nem na ferramentaria, mas já havia algum tempo que algumas áreas da UAP permaneciam trancadas.

Em alguns espaços eram guardados pedaços de madeira usados nas sessões de espancamento e nesses espaços também ficavam objetos, algumas ferramentas utilizadas em trabalhos de manutenção, feitos com internos sob a supervisão de alguns monitores.

A ala "D" passava por reforma e durante a fuga em massa, alguns internos que não queriam ou não podiam fugir, arrebentaram o *trailer* da empresa responsável pelas reformas e tiraram de lá martelos, facões, enxadas, enxadões, pás, pedaços de ferro e voltaram para dentro das Alas, em meio ao gás lacrimogênio usado pela tropa de choque.

Portanto, houve um armamento do grupo que queria vingança. Desde o sábado, eles estavam tendo acesso à enfermaria, de onde tiraram álcool e outros remédios. O álcool foi misturado aos refrigerantes, colocado dentro da UAP para as refeições. Alguns se embebedaram totalmente tornando-se muito mais corajosos com a "cabeça feita". Outros misturam remédios, álcool e sangue das galinhas que tiveram seus pescoços cortados, bebendo a mistura em rituais macabros. Alguns espalhavam sangue das galinhas gritando que queriam mais sangue, me contou alguns presentes na hora da grande revolta.

Um grupo de adolescentes, ao perceberem a iminência da rebelião final, empilharam colchões do lado de fora dos muros sob a mira da tropa de choque, e jogaram as auxiliares de enfermagem que estavam de plantão para fora da UAP, em cima dos colchões. Alguns deles contaram depois que sabiam que elas poderiam ser estupradas "pelos manos mais doidos".

O álcool também foi o combustível para os incêndios nos colchões. O seguro da Ala "C" foi encurralado no fundo do prédio. Um funcionário, de porte avantajado, trancou-se com eles. Os outros internos então, atearam fogo nos colchões empilhados na porta do espaço onde estavam o seguro, protegidos pelo funcionário.

Eles começaram a ficar intoxicados com a fumaça, ouvindo as frases gritadas pedindo morte ao seguro. O funcionário abriu a porta instruindo os meninos do seguro para correrem para fora da Ala quando a porta fosse aberta, usando máscaras feitas com os trapos da roupa, evitando assim que fossem reconhecidos e massacrados.

Muitos deles conseguiram passar desapercebidamente, mas outros foram capturados e alguns deles espancados, 4 mortos, oficialmente, em momentos diferentes. Este mesmo funcionário disse que um dos líderes o salvou falando aos outros que ele era sangue-bom, mas não conseguiu evitar a morte de um dos garotos, que foi obrigado a presenciar. Ainda foi acusado de ter ajudado a rapaziada do seguro, mas disfarçou bem. Na confusão tremenda, os mais exaltados esqueceram da acusação. Com uma naifa[10] apontada para seu corpo, ouviu o baque do martelo na cabeça de um dos garotos ao ser morto, virando a face para não olhar a cena. Diz ter tremido quando o sangue do garoto respingou em seu corpo.

Foi obrigado a subir no telhado com um dos líderes. Seu peso o obrigava a andar com muito cuidado sobre as telhas, e ele disse isso ao rapaz que segurava a naifa apontada para ele, mas já pensando em encontrar um bom momento para pular. No primeiro descuido do grupo ele pulou do telhado e correu em direção à tropa de choque.

Com fogo em vários locais e impedidos de fugir com a tropa de choque disparando balas de borracha e bombas de gás lacrimogênio nos que tentavam subir nos muros, os meninos do seguro não tiveram como escapar. Muitos não tinham intenção de fugir da Febem, só queriam escapar da morte dentro da UAP. Os funcionários não possuíam máscaras de proteção e foram tão atingidos quanto os internos. O portão principal da UAP foi trancado pela equipe de vigilantes, com ordem de não abrir nem para os funcionários.

Um grupo de meninos conseguiu arrastar uma tampa de concreto, dentro da horta, sobre a qual estavam dezenas de garrafas de Supermagro – um fertilizante orgânico – e se esconderam na caixa. Fecharam a tampa por dentro, com a ajuda de outros adolescentes pelo lado de fora, que não estavam sendo perseguidos. O refúgio no esgoto permitiu que eles sobrevivessem.

Durante a noite houve gritaria o tempo inteiro, não permitindo que ninguém dormisse. Alguns arrastaram colchões para as áreas com grama, atrás de alguns muros, mas a fumaça, os gases presentes no ar impediam uma respiração que pudesse ajudar a conciliar o sono. O medo de serem mortos, confundidos com o seguro, ou mesmo por não estarem participando ativamente do quebra-quebra, deixou poucas alternativas para os meninos mais tranquilos.

A tarde de segunda-feira já ia pela metade e as negociações não avançavam. O "Brasil", funcionário da ala "C" criou coragem e num descuido dos internos pulou o muro para fora da UAP. Restava um refém.

Da sua orelha escorria um filete de sangue. Reconheci sua tez morena e pensei que ele tinha dado muita sorte por ser um dos "sossegados", não estava na lista para morrer que os internos prepararam. Nessa lista só

---

[10] Naifa é uma arma produzida toscamente limando qualquer objeto metálico, ficando com a aparência de uma faca.

entrava que batia por gosto, quem criava "pé". Criar "pé" é aquele funcionário que sem mais nem menos chama um garoto e por bronca começa a provocar verbalmente, xinga a mãe, a namorada, toda a família ou diz que o garoto disse coisa que ele não disse, coisas assim...

Um grupo enorme de meninos tinha conseguido sair pelo muro entre a administração da UAP 1 e da UAP 6 e esteve ali sentado boa parte de manhã, até o início da tarde, ao lado dos pedaços dos corpos dos assassinados.

Ônibus aguardavam para levá-los, sabe-se lá para onde. Soubemos depois que para o cadeião de Santo André e o Cadeião de Pinheiros, e algumas Unidades do Complexo[11] da Febem Tatuapé.

Não havia mais onde colocar tanto menino, e as salas de aula da escola foram sugeridas como local para abrigá-los, até que se encontrasse uma solução mais adequada.

A tropa de choque ainda estava com o controle, por ordem do próprio governador. Por dias tinham sido impedidos de retrucar as provocações dos garotos, que não pouparam xingamentos à toda família dos soldados. Com um treinamento de guerra, confundia até a gente, pois trocavam de turno imperceptivelmente impedindo os meninos de notarem as mudanças.

Na escola começou a fase mais terrível daquela rebelião, agora era a tropa de choque que começava a torturar TODOS os internos. Friamente os cachorros eram comandados para latir próximos aos ouvidos dos meninos, que sentados no chão permaneceram por 3 dias.

O fedor já se tornava insuportável. Alguns garotos não conseguiram segurar e mijaram pelas pernas. Os corpos sem banho, as roupas lavadas em grandes máquinas industriais, feridas sem curativos provocavam um odor horrível que impregnavam o ar da sala-de-aula, onde eles dormiam, comiam. Obrigados a urinar em garrafas, a urina foi armazenada, e depois soubemos por que não foram higienizadas logo.

Delicadamente eu me aproximava da escola e observava de rabo de olho, para tentar descobrir até onde iria aquela tortura. Que sensação horrorosa de impotência! Um funcionário da escola voltou quase

---

[11] Naquele período a Fundação do Bem-estar do Menor – Febem, possuía 3 grandes Complexos: Imigrantes, Tatuapé (o maior) e Raposo Tavares. O Complexo se constituía com várias unidades de internações, escola com núcleo comum (1ª a 4ª séries e 5ª a 8ª séries) e os cursos profissionalizantes, onde eram contratos monitores de várias áreas. Fui instrutora de Educação Ambiental, mas havia marceneiros, mecânicos, serralheiros, culinaristas etc.

chorando para nosso quartel general- a cozinha dos instrutores - para contar o desespero de alguns internos que pediam para que os monitores tomassem conta deles, pois já não suportavam a tropa de choque e a frieza calculada com que estavam sendo torturados.

Contou sobre os policiais que obrigara os adolescentes a beber urina uns dos outros, pois as garrafas tinham sido usadas por vários deles. Lembro-me das lágrimas do funcionário e procurei gravar alguns rostos dos internos para confirmar a história mais tarde.

Discutimos a questão e combinamos descobrir sondando os fatos, cada um a seu turno, de acordo com as oportunidades. Já no Complexo do Tatuapé localizei alguns internos que estavam na escola da Imigrantes e eles confirmaram que a tropa de choque da polícia havia mesmo obrigado muitos deles a beberem urina quando pediam água, pois estavam com sede. Outros profissionais também confirmaram a história.

Não quis me deter nesta fase, porque choro e sofro cada vez que relembro este período de meu trabalho. Há muitas histórias e páginas neste livro que escrevi, mas nunca publiquei. Mas também renovo minhas forças de luta por saber como conseguimos mudar a vida de tantos garotos com nosso trabalho educativo. Este período na Febem, contribui para firmar um compromisso com formas outras de Educação que são certeiras, apesar de limitadas sempre pelas conjunturas políticas no país e no mundo.

Nós, funcionárias e funcionários, decidimos para onde cada pessoa poderia ir. Como tínhamos um grupo unido de profissionais, decidimos ir o grupo todo para a Febem Raposo Tavares, já que era uma unidade urbano-rural e lá teria a possibilidade de construir novamente a Marcenaria, a Serralheria e tinha espaços para as hortas e jardins. Para mim e minha filha seria uma mudança de casa, pois eu precisava morar perto, já que tinha o compromisso de levá-la e buscá-la na escola.

Usei meu período de férias da Instituição para procurar casa no bairro mais próximo da Febem Raposo Tavares. Só que a Unidade ficava mesmo na área rural e tinha a Rodovia separando algumas vilas e nenhuma ficava tão perto como na Febem Imigrantes. Depois de 2 semanas indo do Jabaquara para lá, encontrei uma casa no segundo andar de um predinho, que tinha um clube do lado e um quintal onde daria para brincadeiras seguras na terra.

E lá na Unidade da Raposo Tavares, fiquei dois anos. Recuperando a terra do lugar, reformando espaços junto com os outros colegas da

Equipe de Educação Profissional. Encontrei Dona Rosa, uma preta linda e com muita sabedoria que já cuidava da terra e cultivava de um tudo. Era cozinheira na Unidade. Eu, ainda era a única mulher da equipe de instrutores de campo, mas depois de tanto tempo eles já me aceitavam numa boa. Daí foi ficando muito difícil suportar as artimanhas políticas na instituição. Uma dança de diretorias que só tumultuavam e nem tinha tempo de pensar numa proposta viável. Eu continuava no Grupo de Psicanálise e Educação na Faculdade de Educação da USP, e nas tentativas infrutíferas de entrar no mestrado, acumulando para um triste recorde.

Fiquei quase dois anos trabalhando como Educadora Ambiental naquela unidade. Então quis voltar para o interior. Refazer-me. Deixar o concreto, o trânsito louco e o sangue que ainda inundava minha alma. A dor de ver tanta vida ceifada. Já não procurava mais o nome de meus alunos nas listas das penitenciárias, nem nos obituários. E aqui em Presidente Prudente fui ser coordenadora pedagógica no sistema penitenciário. Ganhei a maioridade!

Durante os anos em que morei em São Paulo com minha filha, tive muito apoio de minhas irmãs, uma morando em Carapicuíba e outra em Osasco. Nossos encontros aos finais de semana, as festas e passeios equilibravam os compromissos que eu tinha com as pessoas na Febem. Eram compromissos, quase sempre envoltos em profundas dores, inclusive dos monitores que mais espancavam e vinham falar de suas vidas, da carreira na instituição, das horas intermináveis dentro das Alas e de direções sem compromisso com o trabalho. A cabideira de emprego era notória. Gente até com boa vontade, mas completamente incompetente para gerenciar qualquer setor. A lista de incompetentes era enorme, quando muitos funcionários e funcionárias de carreira levavam décadas para chegar a chefe de setor. Ainda assim, neste posto, tinha de ocultar as tramoias, os insultos, os destratos e até as chantagens.

Logo na minha primeira semana, quando entrei na instituição tive que ouvir e me calar diante de um sermão ameaçador, dito em tons de desculpas esfarrapadas. Levou tempo para que eu entendesse as tramas que construíram as possibilidades de corrupção em todo o sistema prisional. Sei que estas chamadas medidas socioeducativas sempre foram direcionadas à população pobre e preta, mas juntar o conhecimento necessário para conseguir analisar cada etapa de envolvimento na trama destrutiva, foi um longo processo.

Houve um tempo, em que eu acreditava que somente uma rebelião muito grande seria capaz de fazer a sociedade compreender o sofrimento causado e causador de maior revolta. Foi quando a voz dos meninos só gritava em meus ouvidos. Daí passei a ouvir histórias: de estupros arquitetados, de roubos nas vizinhanças, de vingança contra grupos rivais e fui compreendendo o quanto o opressor já se abrigava dentro daquelas vidas oprimidas, como tão bem teorizou Paulo Freire.

Certa vez, eu escutei meu aluno muito querido, narrando um roubo e falando em tom de riso como tinha enganado seu parceiro mais jovem. A opressão que eu já tinha sofrido por ser mulher, por ser menina e ter que seguir normas de conduta impostas também contribuía para saber a dor da opressão. Saber também que é mais fácil repetir a opressão que lutar para que ambos sejam libertos ou libertas.

Eu não sabia de razão, mas sentia a necessidade de a instituição compreender que eu precisava continuar estudando e que também precisava cuidar da minha filha. Até os sete anos era possível pagar tempo extra nas escolas infantis, porém completados os oito anos, havia uma proibição legal dela permanecer na escolinha de educação infantil. Daí foi um ano de drama. Procurei em todo o bairro, pus anúncio, bati de porta em porta e não conseguia uma pessoa que pudesse tomar conta dela para que eu trabalhasse tranquila.

A direção da Unidade endureceu e me proibiram de lavá-la comigo para a instituição. Em casa, sozinha, ela também se desesperava. E ficava o tempo inteiro ligando para mim. Eram 12 números anotados na caderneta e ela passava um tempão ligando para a lista. Quando encontrava uma pessoa que desse atenção a ela, ela insistia e dizia que precisava falar com urgência comigo. Daí vinha alguém me chamar na horta. Eu não podia deixar os meninos sozinhos. Quase nunca tinha uma pessoa para que eu pudesse delegar esta função e ela começava a chorar no telefone.

Foi neste tempo que decidi retornar para o interior, apesar do receio da falta de trabalho, do preconceito e do racismo que eu já sabia que era ainda mais cruel no interior que na capital.

Volto ao jardim...

O Projeto que me trouxe retornada ao interior do estado foi através de uma ONG carioca: o CECIP (Centro de Criação de Imagem Popular).

Eram escolas que estavam com conceito abaixo de 5 no SARESP - Sistema de Avaliação de Rendimento Escolar do Estado de São Paulo. O salário era muito acima da média e seria suficiente para vivermos bem em Presidente Prudente. Duas escolas ficavam em áreas afastadas da cidade, em Martinópolis, uma delas na zona rural, no Distrito de Teiçendá.

Fiquei dois meses trabalhando a semana toda em Prudente e voltando nas sextas para São Paulo, com receio de mudar de cidade, perdendo todo o vínculo com a comunidade paulista que eu já conhecia e onde poderia arrumar outro emprego rapidamente.

Após este período resolvi mudar para Presidente Prudente. A mudança chegou na quinta-feira e no sábado o Projeto foi cancelado, devido à mudança da Secretária da Educação. Uma tragédia para muitas pessoas, mas particularmente difícil para mim, que fiquei sem referências e sem esteio na cidade.

Anos mais tarde ainda sofro com as consequências da mudança e os traumas que ela causou na minha vida e na quebra de vínculos da minha filha. As dívidas foram se acumulando, as dores mais ainda.

Mal sabia que o racismo acompanha a pele preta onde quer que ela esteja. Uma vivência como pessoa preta, com a opção pela educação, em um país racista, impôs algumas escolhas que não foram ingênuas. Assim, quando o racismo atingiu nossa família de uma forma vil, (quase nos tornamos sem teto), uma série de falsas verdades foram desveladas. A pergunta que eu indicava nas agendas daquele período, os poemas, as letras de músicas clamavam pelos porquês. Uma preocupação intensa com minha filha pequena, já impactada pelo racismo e também pelo abandono do pai, fato tão comum em nossas famílias pretas, me fez optar pela militância fora de casa. Ao me juntar ao grupo que tentava constituir o Conselho Municipal da Igualdade Racial – COMIR (do qual estive na presidência de sua primeira gestão), tinha plena consciência de que o estudo sistematizado me levaria à pesquisa acadêmica com esse temário. Foi o que ocorreu, mesmo constituindo-me como pesquisadora na área da Educação Ambiental (tema de monografia na primeira graduação em Comunicação Social, em 1990).

Na militância nota 10, na vida pessoal estilhaços novos e antigos

Isildinha Batista, em Significações do Corpo Negro (1998) afirma que há cura para as dores causadas pelo racismo e que algumas vezes a cicatrização fica tão boa, que quase não dá para perceber.

Como mulher negra eu sofri várias dessas dores, que só anos mais tarde eu pude ler. Quase nunca no Grupo de Psicanálise e Educação eu ouvi sobre as questões do racismo, mesmo com colegas negros que atuavam na Educação. Quando comecei a ler sobre a solidão da mulher negra é que fui analisar fatos de minha vida com a realidade, que é uma política de destruição e assassinato da população negra. Foi terrível o tanto que trabalhei para conseguir a minha sobrevivência e a sobrevivência da minha filha. Eu me sentava e dormia. Não conseguia estar presente em nenhuma festa. Levava minha filha nos aniversários de amigos e amigas dela e dormia: um sono intenso, reparador, que às vezes parecia doentio, mas eram os únicos momentos em que poderia relaxar, pois sempre tinham as amigas queridas que ajudavam a tomar conta dela.

Acontece que feridas assim, podem ficar recebendo picadas e novos cortes, até que atinge os ossos e os trinca. A mente registra nas suas profundezas as dores e não há como lidar com tantas dores sem ajuda. Como é que a população negra, que luta insanamente para sobreviver vai conseguir pagar pelas terapias necessárias a fim de ajudar na cura?

"TAL SACRIFÍCIO:"

Este foi o título de uma carta que minha filha me deixou. Poderia ter sido uma carta de despedida, com um suicídio a seguir, mas a nossa rede de amigas e amigos foram eficientes e com tal meiguice me ajudou a dar a ela um amor e um carinho, que só o meu não chegava. Nunca chegou, ainda bem!

Ela indicou um caminho para algum tempo depois me escrever: "Você não é mais minha mãe!" "Nunca mais quero te ver"...

A carta, um indicativo que sua dor estava insuportável depois do título tem um asterisco e um pedido:

Box 2 – Quanta dor é preciso para crescer?

"Nunca disse: "filha eu te amo, me preocupo com você e fiz tal coisa para te educar e te ensinar algo. Me ensinou, e me educou, mas não como mãe. Sempre se mostrou ser mais preocupada com todos menos com a própria filha. Nunca sentou e perguntou: filha, você está bem? Quer conversar? Eu sou sua mãe e quero saber o que acontece na sua vida.

O único gesto de mãe foi uma vez, e ainda errado! Espancou a filha pelo fato de ter a envergonhado pelos amigos de trabalho: levou uma criança para um lugar cheio de doces e comidas, com crianças comendo, sem dinheiro para comprar nada para a filha!

Tratou a filha como uma rainha quando pequena, a impressão é que a criança é linda e foi amada, bem cuidada, mas quando cresce vira bicho, uma horrível que não dá pra ser controlada. Então, a solução dessa mãe é ignorá-la.

Lembra-se que todas as dificuldades que afetaram o psicológico dessa mãe, todos esses momentos de dores, a filha estava presente. Não se esquecendo que a filha não estava lá para ser cuidada, mas sim como um escoro, um apoio para essa mãe.

Ter desistido do trabalho com um bom salário em São Paulo realmente para melhorar seu crescimento psicológico para a filha? Ou já uma vontade de Ivonete voltar para o interior e ter um pouco mais de paz?... E a filha só foi uma desculpa, para um desejo planejado há muito tempo?

Levava ao dentista, médico, cinema, teatro, lazer em geral e ao zoológico...

Nas dificuldades mais ruins como na Jurene[12], passava segurança e proteção para a filha, mesmo com o estado financeiro crítico, desesperador mesmo

---

[12] Jurene era proprietária de uma casa onde morávamos. Ela meteu na cabeça que eu tinha que arrumar um homem para pagar as minhas contas. Não tinha como pagar o aluguel em dia e devido a isto foi uma perseguição cruel, até que ela me espancou com um machado. Até hoje não sei como não tive as costelas quebradas ou uma fratura mais grave. Estavam em casa minha filha e um sobrinho dela, que não podia sair diante da fúria da mulher que manejava o machado sem habilidade. Segurei a porta com meu corpo e ela machadando a porta de ferro. Foram meses de perseguição, humilhação, xingamentos a nós duas... pedi ajuda a tanta gente, mas só havia ajuda para uma ou outra coisa. Uma amiga para levar a gente na Delegacia, um amigo para entrar com um processo, outra amiga para testemunhar contra as denúncias que ela fez contra mim, inclusive me acusando de cárcere privado do garoto que eu não deixei sair para não levar machadada dela. Foram muitas dores que tivemos que passar! Chamamos o lugar de Casinha dos Horrores! Ela já morreu. De Covid-19.

No começo era nova e não sabia cuidar de crianças, e agora com 43 anos, qual é a desculpa?

Ter outro filho? Não consegue nem cuidar de um, até a filha o final da adolescência! E esse outro filho vai ser tratado como o primeiro? Será tratado muito bem quando pequeno, mas quando crescer será desprezado, e terá muitos problemas psicológicos. Não acha que terá problemas em dobro?

Ela disse: "quero ter uma experiência boa com filhos..." quer dizer então que a experiência com a primeira filha foi ruim!"

O filho não deveria confiar e amar mais a mãe? Pois o filho de Ivonete, confia mais nos amigos, ama mais os amigos. Pelo fato dele estar desesperado, e esses amigos acolher de braços abertos, querendo ouvir o que tem a dizer.

Material e beleza são importantes?

Até pouco tempo essa mãe não se importava, até o namorado. Se ficou claro que é tão importante para ela porque não para a filha. Renew, Panoxxil: necessidades materiais, blusa de frio, calçados, por exemplo. É o dever da mãe comprar!

Obs.: Se demonstra não é percebido. FALAR muitas vezes é o principal, para entender o que a pessoa sente, ou quer dizer com algumas, independente do que seja, demonstração.

"Não dou conta de cuidar de uma filha sozinha, nem financeiramente, nem psicologicamente."

Financeiro: mesmo não ter comprado nada material, e que fosse necessário para sua filha (tirando comida, absorventes e comida) não dá conta!

Psicologicamente: desde o início essa filha foi uma surpresa, e das ruins; foi um grande problema a vida toda e continua sendo. Foi uma única vida (filha) que estragou todo o meu projeto de vida.

PS.: Como se sentir e se comportar uma pessoa, quando sabe que é um problema e sempre foi dentro de uma casa? E como age essa pessoa quando ela é problema ao dobro? Por causa do marido se eu não estivesse em casa, seriam mais felizes?

A – Bem ou mal?

B – Deve ser simpatia, com falsidade?

C -Ou age no modo que sente?

Como uma criança e sente quando não tem os familiares por perto? Com 10 anos (11, 12, 13, 14) é muito importante ´para o crescimento, desenvolvimento e melhoramento do comportamento dessa criança, o convívio com os familiares biológicos, pois passa confiança, proteção e segurança.

Mas como agir esta criança quando não teve o convívio com a família??

Esta carta foi escrita pela minha filha tem mais de 10 anos e ainda hoje me faz refletir profundamente sobre o que é ser ou assumir o papel de mãe, um aprendizado que se faz enquanto se é. O profundo senso de responsabilidade me fez assumi-la sem pestanejar, mas realmente o planejamento para a maternidade não existiu. Agora, foi uma passagem muito curtida, muito querida e desejada também. Eu até imaginei que minha mãe ficaria irritada, ou daria muita bronca, mas ela ficou imensamente feliz e participou de todo a espera comigo. Fizemos compras juntas, escolhemos carrinhos para ela, o berço, parte do enxoval e ela até foi ver o que era um ultrassom, pois durante o tempo em que teve seus filhos e filhas este aparelho não existia. Até porque criança nascia em casa.

No nosso caso, como mulheres negras e mães solitárias na assunção de toda responsabilidade é um fato complexo. Ainda mais complexo quando a experiência é de uma única filha. Um ano antes dela decidir me rejeitar como mãe, eu já tinha entrado em contato com uma amiga cujo filho também a rejeitou, inclusive impedindo que ela tenha contato com os netos, o que lhe causa dores enormes e complexos psicológicos profundos. Então eu ficava solidária com ela diante de tanta dor. Quando a dor me atingiu algo do luto já tinha sido vivenciado. Ainda assim, num primeiro momento fiquei dolorosamente estupefata e sem condição de reagir e perplexa durante mais de 2 anos. Ainda fico perplexa. Com muitos medos algumas vezes.

Então, percebi que era preciso fazer mais, além de saber notícias através de meus amigos e minhas amigas, que ficaram por perto dela. Sem conhecer tudo que conheço sobre psicologia, filosofia e também de muitas outras experiências que as vivências na educação me propiciaram, eu não teria suportado os anos de intenso, mas tranquilo sofrimento. Nunca, em minha vida o sofrimento foi paralisante. Não sei quando percebi que o sofrimento não poderia me paralisar, mas foi ainda muito pequena, com pouco mais de 2 anos. Tenho lembranças extremamente precoces, mas penso que foi uma forma de crescer rápido para defender minha vida de tantos ataques.

No entanto, é preciso lidar com o sofrimento, sem que o trabalho para a melhoria da vida em comunidade pereça. Este princípio, ubuntu é fundamental para levar projetos negros avante. Minhas reflexões vão na direção de que uma mulher ou um homem negro deve deixar um legado de herança, inclusive herança em recursos financeiros. Nós nunca pudemos pensar em um Projeto antinecrofílico, numa antinecropolítica e agora nós podemos.

A arte tem sido, nas nossas vidas, um alento fundamental para resistir e avançar, porém o avanço é sempre muito lento e em muitos casos é preciso ter uma enorme paciência para verificar o que falhamos e onde falhamos para evitar os mesmos erros.

Vamos continuar na terapia contra a dor

Teria sido mais fácil evitar discutir as dores mais profundas causadas pela necropolítica em nossas vidas pretas. Mas já tem algum tempo em que decidi desatar os nós, mesmo que retirem as cascas das feridas e abra, de novo, os ferimentos profundos.

Ter desistido do trabalho com um bom salário em São Paulo realmente para melhorar seu crescimento psicológico para a filha? Ou já uma vontade de Ivonete voltar para o interior e ter um pouco mais de paz?... E a filha só foi uma desculpa, para um desejo planejado há muito tempo?

Levava ao dentista, médico, cinema, teatro, lazer em geral e ao zoológico...

Ao estudar sobre solidão no tempo da psicanálise lacaniana, entre 1997 e 2000, as discussões tratavam de gênero, não de raça. Somente anos mais tarde acompanhando vários sites feministas é que entrei em contato com as discussões sobre a solidão da mulher negra, as terapias com Constelações Familiares, as buscas pela ancestralidade material com os exames de DNA. No entanto, era assunto vivido e presenciado. Uma mãe que cria os filhos sem o marido, uma irmã viúva, sem ter coragem para tentar outra vez, uma irmã só e sem filhos, várias amigas sozinhas, com ou sem suas crias. Então por que o assunto continuou sendo ignorado em todos os cursos que fiz?

Algumas amigas serviram de esteio para minha filha. Amigas que tiveram pais presentes, que tiveram tios e tias presentes e uma imensidão de parentescos. Nossa família consanguínea começou em mãe e pai. Minha avó materna morreu quando minha mãe tinha 3 aninhos. Diz ela que foi tifo. Meu avô morreu no mundo. Tinha virado peão de trecho. Bêbado, sem a presença da família, tal qual o filho de Carolina Maria de Jesus. Meu avô era benzedor! E dos bons, afirmava enfaticamente minha mãe. E ela negando a possibilidade de educar sua mediunidade tão avançada.

Várias vezes, ela acordava e dizia: - Tal pessoa morreu e foi assim. E narrava os momentos de passagem da pessoa. Daí quando era mulher batiam no portão e ela já pronta ia ajudar a lavar a defunta. Nós, as crianças íamos atrás de flores para enfeitar o caixão.

Quando era criança defunta, a gente só pedia flores brancas, ou rosas clarinhas. No máximo, cravos amarelinhos. E tinha mulher especializada em distribuir as flores cobrindo o corpinho. Algumas ganhavam um véu. Aquelas muitos pobrezinhas iam nos caixões roxos doados pela Prefeitura. Era complicado. Tinha defunto que caia do caixão que quebrava de tão fraquinho. Virava uma bagunça o cortejo que a gente fazia a pé passando pelos trilhos da linha do trem. Gente gritando, outras rindo, outras chorando.

Eu gostava muito de velório. Era bem divertido e alguns defuntos falavam comigo. Vejo e converso com gente morta desde muito pequena e não tenho medo algum. Nunca tive. Só uma vez, que vários defuntos deformados quiseram me levar. Eu era muito pequena e demorou para conseguir pedir socorro! Daí gritei e disse para minha mãe que queriam me levar. Ela pulou na beira da cama, segurou minha mão e gritou, tudo de uma vez:

- Valei-me Minha Nossa Senhora da Aparecida!

Daí foram embora e fechou atrás daquele povo o portal que tinha se aberto. Eram monstros de todos os tipos. Levei anos com a nitidez daquela lembrança e soube que havia sim, outros mundos quase nunca narrados. Em casa, as conversas sobre mortos eram comuns, mas as mulheres escondiam estas prosas dos padres. Eu sei que alguns daqueles franciscanos também conversavam com pessoas mortas, como eu. E alguns deles sabiam que eu sabia.

As dores da ausência dita e escrita

Uma mensagem de texto, alguns anos depois:

"Oi"

E minha filha me contatou para retomarmos uma conversa que ficou presa em algum lugar do cosmos. Foi uma retomada muito dolorosa, porque nossas conversas repassaram as dores todas que nos impactaram, mas que vieram de uma sociedade doente. Em muitas ocasiões, a intensidade com que provoca dores incita a gente a pensar que não deseja saber de nada que possa curá-la. Então, a persistência em tentar fazer emergir dos processos antirracistas estas dores todas é terapêutico, em primeiro lugar para nós.

Foi em conversas agendadas, em plena pandemia, sem possibilidade de ser presencial que conversamos por duas horas, em média, uma vez por semana, até que pudéssemos de novo deixar o papo fluir, sem necessidade de marcar hora para as conversas.

Em muitas famílias negras esta possibilidade de cura inexiste, porque as dores vão se acumulando até que a necrofilia impera. Há morte de todo tipo. Do corpo, dos sonhos, a prisão ou a instituição para crianças e adolescentes. A recusa do processo de escolarização, ou o aumento do fosso entre os que podem ter acesso às tecnologias e aquelas crianças que não podem.

Então, conversamos sobre tudo isto. E conversamos também sobre as coisas boas que vivemos: a arte negra, as exposições, a trabalheira para constituir o Mocambo e até sobre seus grafites.

Marcamos uma sessão de trabalho e trabalhando selamos um acordo de carinho. Também fui marcada pelas dores que tive que suportar, até que pude ir deixando várias delas pelo caminho. É muito peso para uma única pessoa. Ao decidir contribuir no processo de pesquisa de outras meninas e mulheres negras, fiquei mais tranquila em relação às demandas das mulheres daqui do Mocambo.

Um grande sonho foi interrompido de supetão, porque o trabalho ficou ainda mais intenso com a pandemia e as várias oficinas já agendadas presencialmente tiveram que ser desmarcadas e fomos em busca de verificar o que era possível produzir à distância e como promover uma síntese de nossas produções, compartilhando com nossa comunidade alguns resultados de nossos anos de trabalho. Minha filha pedindo ajuda:

o cachorro precisa ser sacrificado e uma dor de novo para selar uma possibilidade de conversa.

Respiro fundo cada vez que percebo que é impossível saber o que nos espera, a não ser que a gente decida o que vamos querer semear. E brincar agora, sorrir agora. Eu trouxe dois filhotinhos da gata dela. "Olha, eu não posso cuidar da gata e dos filhotes!" Você pode ajudar?" Nomeei o gatinho de Igbin e a gatinha de Akuã: um nome africano e outro indígena.

Então, eu ajudo. Exigentes a gatinha e o gatinho. Ela também. Exigente! Um tipo de amor que eu não tinha experenciado ainda. Críticas intensas e sentidas. Uma análise das situações mais complexas que a situação do país. Talvez por estas razões eu não tenha ficado exasperada com a pandemia. Há dores, onde é preciso mais que medidas de cuidado. É preciso desfibrilar as cascas do ferimento e saber que arrancando dolorosamente aquelas cascas, irá nascer uma pele fresca, nova, curada.

O processo de Doutorado, de onde gestou este livro e todas as atividades que fui realizando, permitiu que eu desfibrilasse minha alma. Fiquei muito feliz por ser aceita. Fiquei muito feliz por ter encontrado amigues que são de uma vida inteira. Reencontrei até lugares ancestrais na UNICAMP. Eu li indicações de pessoas escravizadas que marcaram a paisagem da universidade e eu soube ler as inscrições. Mais uma parte de um grande Quilombo se juntou nas minhas memórias, seguindo agora para outras possibilidades de avanço.

Os coletivos da minha vida

Neste processo de militância aliado ao estudo teórico, após concluir o curso de Pedagogia em 2008) criamos o Mocambo Nzinga, em 2009 com o objetivo de responder à questão que muitas educadoras nos faziam: "Como trabalhar com a cultura afro-brasileira e africana em todos os âmbitos da sociedade?"; a partir de uma demanda das crianças do bairro onde fica o Mocambo, para confeccionarem máscaras étnicas. Nosso objetivo inicial era a geração de renda, principalmente para as mulheres cujos companheiros se encontravam presos (nossa região tem 36 penitenciárias). Ganhamos dois prêmios nacionais e então a sociedade prudentina soube que nosso trabalho era diferenciado e importante, mesmo dentre iniciativas do Brasil inteiro.

Os Prêmios foram na verdade, compromissos de trabalho. Olhei no espelho do quilombismo e fui me reconstituindo como uma pessoa preta, perpassada por uma enormidade de riquezas ancestrais vividas na comunidade onde nasci e cresci, vivendo conceitos tão profundos que mesmo mergulhada nos estudos, ainda tangencio a profundidade do que seja o pertencimento étnico e racial iniciado na minha infância urbano-rural, entre famílias espoliadas, com um profundo respeito pela vida, pelas benzedeiras, parteiras e lavadeiras de defuntos. Muitos rituais feitos e um conversar com passarinhos, sorrisos plenos para as flores dos jardins, aplausos incontidos para a produção de batatas doces, mandioca, milho de pipoca e até pintinhos sem mãe criados no bolso do avental. E gatos, cabras, porcos e cobras variadas que quase sem espaços na vizinhança, vinham aproveitar a quentura do borralho onde fora feita a comida guardada no embornal de sacos alvejados. Quantas brincadeiras de roda, pega-pega, passa-anel, balança-caixão, cantigas de trabalho povoavam nossos pensamentos quando o cansaço do dia nos vencia e íamos para a cama de palha, esquecidas dos sabugos que insistiam em ficar dentro dos colchões, renovados todos os anos na época da colheita dos milhos para os festejos juninos.

Foi assim, plena das minhas vivências de menina que sistematizei a primeira pesquisa com o temário das relações raciais, que aconteceu dentro de um Seminário de Formação no ano de 2012, agora já sobrevivente em Presidente Prudente. Depois de muitos anos trabalhando de graça, consegui um contrato remunerado! O questionário elaborado foi aplicado na manhã do dia 23/01/2012. Foram realizados alguns pré-testes para avaliar a pertinência das perguntas, espaços para respostas e planejamento para tabulação dos dados. Organizado em duas partes: uma para ser respondida antes da palestra e outra para ser preenchida após a palestra. O objetivo era possuir um material de diagnóstico do pensamento sobre as questões da igualdade racial e todo o campo de trabalho com a Lei 10.639/2003[13] (questões da "01" à "05") no sistema de ensino municipal, verificando também alguns dados que nossas pesquisas empíricas tinham apontado.

---

[13] Lei que tornou obrigatório o ensino de História da África e da Cultura Afro-Brasileira no currículo escolar no Brasil.

Box 3 – Igualdade racial em pauta na SEDUC de Presidente Prudente

Quadro 1*: Questões aplicadas ao grupo de educadoras da SEDUC Presidente Prudente em 23 de janeiro de 2012 e respostas dos 96 questionários devolvidos preenchidos, dentro do Processo Formativo "Por dentro da Igualdade":

1. Você conhece o assunto: "Igualdade Racial?" (a *quantidade de respostas estão em itálico/negrito*)

A – muito - *05* B- mais ou menos - *78* C – pouco - *13*

2. Você já leu o Estatuto da Igualdade Racial?

A – li todo o documento – ***nenhuma resposta*** / B – li alguma coisa do documento – *32* /C- li a respeito do documento- *21* /D – nunca li nada do documento e nem sobre o documento - *38*

Não respondeu: *05*

3. Você já leu a Lei 10.639\2003 ou alguma coisa sobre esta Lei?

sim *14* não leram *78* não responderam *04*

Se a sua resposta foi sim, resposta a próxima questão: (14 leram. Observação: A resposta sublinhada é a mais completa segundo o texto da Lei)

4. A Lei 10.639\2003 instituiu:

A - A obrigatoriedade do Ensino e a História e Cultura Afro-Brasileira no ensino público regular.

B - A obrigatoriedade do Ensino da História, Cultura Afro-Brasileira e Africana, no ensino regular, seja público ou privado, no ensino fundamental e médio. *5* respostas

C - A obrigatoriedade do Ensino da História e Cultura Afro-Brasileira no ensino regular, seja público ou privado, no ensino fundamental e médio e também no ensino universitário. *5* respostas

E *4* professoras que responderam que conheciam a Lei, não responderam esta questão.

5. A lei 11. 645/2008 alterou a 10.639/2003, incluindo o ensino da cultura indígena, com um texto complementar. Você consegue relacionar o Estatuto da Igualdade Racial com a Lei 10.639/2003 (alterada pela 11.645/2008)? /A. muito *4*- B. Mais ou menos *29* - C. pouco *24* Em branco: *39*

Fonte: quadro elaborado pela autora; a partir dos dados de questionários (*Foram distribuídos 600 questionários; a devolução facultativa)

Entregamos 600 questionários e recebemos preenchidos 96 questionários. Com base nesta pesquisa elaboramos um Programa de Ação, que envolveu oficinas, Projetos de Lei apresentados na Câmara de Vereadores e uma série de palestras, cursos e oficinas organizadas sobre Arte, Cultura e História da África e da Cultura Afro-Brasileira, além da publicação de artigos, matérias em jornais, participação em programas de rádio e documentários. Fez parte desse rol de atividades 2 grandes exposições temáticas em 2 Universidades da cidade de Presidente Prudente.

Em 2013 implementamos várias oficinas dentro do processo formativo denominado Sankofa – o antirracismo no cotidiano, onde foi possível trabalhar com a cultura africana e afro-brasileira de forma teórica e prática e em 2014, a continuidade do trabalho atendeu a demanda por alguns materiais e propostas que não puderem ser levadas adiante no início, como o grafite e as oficinas para a estética corporal e de cabelo crespo, demandas que sugiram durante o trabalho. Foram atividades práticas com os/as participantes aliadas a uma reflexão teórica, já atuando para que pudessem ser introduzidos projetos de geração de renda, exercitando a construção de um percurso profissional e pessoal aliado à ideia do coletivo, dentro da Associação dos Artesãos, por exemplo, assim como na Cooperativa de Reciclagem, que assessorei por um período em uma proposta do Prof.º Dr.º César Leal de da Prof.ª Dr.ª Marília Coelho, como bolsista profissional da FCT/Unesp de Prudente, em 2010 e 2011.

As propostas executadas foram tema de exposições públicas no município, que incluiu no Plano Municipal de Educação de Presidente Prudente, várias demandas elaboradas e discutidas nestas Cirandas de Trabalho[14].

Já no Programa de Pós-Graduação da FCT (em 2013), na pesquisa sistematizada em 7 Programas de Pós-Graduação em Educação no Estado de São Paulo, encontramos um índice de trabalhos que priorizaram as crianças pequenas negras das creches muito reduzido, o que nos levou a propor algumas atividades para este público específico, tema com o qual defendi a dissertação de mestrado em 2017.

---

[14] Cirandas de Trabalho muitas vezes são cirandas de brincar, já que o trabalho de criança é brincar. As cirandas foram espaços planejados para a formação na perspectiva da Educação Popular, principalmente nos movimentos sociais de luta como o Movimento Negro ou o MST – Movimento dos Trabalhadores Sem Terra, onde é chamado de "Sem Terrinha". Dentro dos espaços do FREPOP – Fórum de Educação Popular estes espaços formativos prioritários para as crianças denominam-se Frepopinho.

Figura 5 – Malungo monitorando exposição "Grito da Abolição" na UNOESTE em 2015

Figura 6 – Inauguração da Exposição "Um grito negro ecoa no silêncio" com as famílias do Mocambo "N" na FCT em 2015

Foto: Coletivo Mãos Negras

Foto: André Aoki

A foto da esquerda, destaca um garoto negro, de cabelos pretos curtos vestindo uma camiseta de listas na horizontal nas cores vermelha, cinza, branca, com fundo cinza. Ele aponta uma foto para um homem branco, de cabelos curtos e barba, vestindo uma camiseta preta e calça jeans. Na parede, ao fundo, há várias fotos, uma máscara africana.

Na foto à direita, destaca-se uma mulher negra, de cabelos curtos vestindo uma blusa alaranjada e bem na sua frente nota-se a cabeça de uma criança negra imediatamente ao seu lado uma jovem negra, com blusa branca e possivelmente um short preto de bolinhas brancas. Na frente delas um painel com muitas fotografias. Ao lado dela na fotografia uma capulana de fundo amarelo com duas máscaras africanas em destaque. Outra máscara está visível abaixo e à frente delas.

Trajetória de vida, militância e intelectualidade acadêmica: propostas

Em muitos momentos na leitura das dissertações e teses me pus a analisar minha trajetória de vida e pude perceber que a grande maioria das mulheres negras que conheço, possuem histórias dolorosas para contar sobre o racismo que impera nas relações raciais no Brasil. Nas leituras de trechos, principalmente dos depoimentos de educadoras negras em suas infâncias, tive uma total identificação com os fatos; com uma preocupação a mais: as crianças pequenas negras continuam sendo impactadas por situações cotidianas de racismo, sem que esta nação tenha assumido realmente um trabalho efetivo para desvelar as situações racistas, principalmente nas escolas e nos Centros de Educação Infantil. Mais que desvelar, construir competência epistemológica para lidar com as situações racistas no momento em que elas acontecem ou planejar as ações no combate ao racismo, até chegar à pauta necessária para as Relações Étnicas e Raciais Negras (RERN) menos nocivas.

Avaliando o papel das instituições de ensino superior, se não são totalmente democráticas em suas ações, também possibilitam, justamente pelo conservadorismo que adotam como geral, que exista a aglutinação de forças de resistência pelas permanências na sua política. Justamente porque exige o empenho no trato de temários complexos, recebe os impactos das pesquisas que conseguem aprofundamento no estabelecimento em texto. É conflituosa a relação, mas permite sim avanços significativos no processo educativo antirracista.

Assim, elaborar ações em consonância com o que já conquistamos com a cultura afro-brasileira, levando em consideração uma perspectiva afrocentrada. Já conquistamos a autoridade para tal: temos um acervo bem elaborado, livros, literatura, máscaras, bonecas, formações organizadas e uma equipe que foi sendo preparada ao longo de anos para lidar com as propostas antirracistas. Até mesmo a imprensa prudentina foi sendo preparada para conhecer e divulgar as ações antirracistas com propriedade. O fato de ter cursado jornalismo, além de atuar como educadora popular há tantos anos me preparou para trabalhar na formação com temas complexos.

Há um mundo de imagens e estéticas, além das palavras e dos textos estabelecidos que foram produzidos em uma realidade discriminadora, para solapar as identidades conflitantes com a heteronormatividade. No caso das famílias negras ainda há um histórico atual de exploração muito intenso. O impedimento para que estas famílias tenham acesso ao lazer, à cultura e à educação de qualidade imperam nas decisões políticas nada ingênuas. Antes do Golpe de Estado de 2016, em muitos locais onde nos pronunciávamos, havia um certo descrédito em relação a fala "desta negrinha" (ouvi esta frase pronunciada entre dentes, certa vez). Ainda existe muito desconhecimento sobre o nível e o aprofundamento da realidade das periferias e das áreas rurais neste país e nesta região, mas o Golpe fez cair a máscara da pseudodemocracia em que este país vivia.

Desde então, senti um acolhimento maior das nossas falas e do entendimento de nossas propostas, que apesar de não caber nos anos de pesquisa, já contribuíram e poderão contribuir ainda mais com a proposta antirracista e de valorização da cultura afro-brasileira e da cosmovisão africana no cotidiano escolar, reverberando positivamente em todas as famílias, mas com maior intensidade nas famílias negras que precisam ainda de uma assunção de sua identidade negra.

Ouvi muitas vezes "que não era da educação", pois cursei Comunicação Social, outras vezes que meu projeto não tinha quem orientasse ou que o tema que pesquiso era ausente deste ou daquele Programa. Minha dissertação "Educação infantil e relações étnicas e raciais: pele negra e cabelo crespo nas escolas públicas e sua tradução nos trabalhos acadêmicos" presentificou o tema com muita intensidade, pois com os coletivos onde atuo conseguimos ilustrar do que se trata a educação afrocentrada, mas é preciso avançar e a conquista do doutorado, apesar de estar em meu nome é em nome de várias gerações de famílias negras impedidas de ter acesso à educação. É em nome de minha mãe, mulher negra, impedida de estudar, de sequer saber desenhar seu nome (ela aprendeu, mas depois de alguns AVCs não escreveu mais). Morreu criança de novo, no momento em que eu coordenava uma Live no mês da consciência negra em 2022. É em nome da minha comunidade originária, onde ouvi de um professor "que pra ser boia-fria não precisa estudar". Só que a gente estuda, sobrevive, chora, sorri e luta junto, como apregoa a pedagogia ubuntu.

Então é com muita alegria e com a consciência muito em paz que sigo trabalhando e estudando, e no caminho sei que literalmente salvei algumas vidas com o meu trabalho na educação.

Não estar só em tempos de pandemia

A grande questão de minha filha era: "Você me falou que nunca ia casar!" e daí, anos mais tarde eu decido: "não quero mais ficar sozinha!" Foi um desastre na psiquê desta garota, que nasceu de mim, mas não me pertence! Sobre a qual eu não quis mais exercer nenhum controle, só ficar por perto e mostrar como agir, mais do que só dizer como agir ou como fazer. Foram anos de tentativas de adestramento para saber o que era ser mãe e impor deveres de como deve ser uma filha que sofri na minha família. Nunca quis repetir este processo de acusação com ela.

Eu disse várias vezes que tinha mudado, mudei com as experiências que vivi e com as dores enormes que passamos. Nenhum argumento foi suficiente e meu marido passou a ter todos os defeitos do mundo, inclusive que não servia para mim. Às vezes, até concordo com ela, mas é o tinha disponível nesta cidade quente e distante da capital do Estado.

Brincadeiras à parte, foi bom demais encontrar uma parceria para a vida e a condição dela era de que só não romperia comigo se eu deixasse meu marido. Uma imposição absurda, mesmo feita por uma mãe ou um pai! Disse não! Minha escolha, minha decisão!

Depois de 13 anos de casamento tenho percebido que jamais teria aprendido muita coisa que aprendi, sem o amparo que ele nos deu. A ela também! Então fico pensando que muitas mulheres negras são fortemente influenciadas por outras mulheres negras que impõem escolhas, impõem limites e cerceamentos que intensificam as impossibilidades! Este cuidado, ao trabalhar com relações de gêneros, feminismos e propostas antirracistas precisam ficar desveladas para o avanço. Discutir as razões de impedimento é importante, mas propostas de avanço são urgentes.

Para aprender sobre a outra pessoa é preciso ficar junto! Caso o aprendizado fique muito nocivo então é bom que se separe, mas não foi este o caso. Fomos acordando um projeto de vida, na maioria das vezes um projeto meu, com uma quantidade de crianças que entram na nossa vida. Elas ficaram em suas casas, e muitas vezes ficaram vagando pelas ruas no período da pandemia, mas a gente se preocupou com elas, fez planos, indagou, arrecadou roupas e alimentos, fornecemos plantas os chás e até as frutas que cada uma prefere, a gente escolheu no mercado para fazer chegar até elas o sabor que já degustamos em nossos momentos juntos.

Devido ao isolamento social, nós conversamos, trocamos ideias, fizemos planos e projetos no portão do Mocambo, depois de ser fornecido às crianças as máscaras descartáveis. Muita coisa só pode ser executada porque estamos juntos. Outras tive que alterar. Já teria ido para um intercâmbio fora do país se não tivesse me casado. Já teria passado um tempo em Moçambique, África do Sul e Botsuana.

E intercâmbios. Passamos a planejar férias ou participações no continente africano e percebemos que teremos que preparar nosso espaço para uma viagem. Saindo os dois, muitas plantas morreriam, tanto no nosso quintal, como no Parque adotado. Então, estamos preparando um grupo que possa ficar responsável pelas vidas que ajudamos a vicejar.

UM FAZER AFROCENTRADO

A materialidade da escrita deste livro está organizada com o princípio sankofado, de maneira que a narrativa da pesquisa é fruto também do meu amadurecimento físico, intelectual e espiritual na última década, dedicada ao encontro da minha ancestralidade negra e assunção de uma vivência com ancestrais deste e de outro plano. Eu sou uma das mulheres pretas no Mocambo onde está o foco da pesquisa. O processo de análise da minha trajetória e o envolvimento profundo na militância acadêmica, foram determinantes para a compreensão dos lugares pré-determinados para as pessoas negras com suas armadilhas epistemológicas que dificultam uma assunção teórica metodológica verdadeiramente libertadora.

Assim, em muitos momentos a narrativa das mulheres entrevistadas se imbricam com minha própria trajetória, já que estamos realmente juntas no processo de trabalho em um determinado território. A proximidade geográfica, nos bairros da zona leste do Município de Presidente Prudente também propicia vivências que nos impactam todas. Somos famílias, que por razões distintas, tivemos que adquirir ou alugar uma casa no extremo da cidade.

A escolha do grupo de mulheres que participaram, com suas demandas, na redação do trabalho, teve como critérios serem negras e residirem na região do entorno do Mocambo, além de ter tido, em algum momento, suas crianças participando das atividades desenvolvidas. Estas atividades também foram demandadas pelas crianças e alguns e algumas adolescentes. Lembrando que a proposta original desta pesquisa, da qual originou este livro, era priorizar a fala das crianças, ainda que o título anterior da Proposta fosse "Educando a negritude em três ou mais gerações de famílias negras em um Mocambo". Por sugestão da minha orientadora, Ângela Soligo eu trouxe as mulheres negras também para o protagonismo nas entrevistas iniciais, para depois solicitar as entrevistas com as crianças, ou mesmo conversar enquanto estivéssemos desenvolvendo alguma atividade.

Para desenvolver a pesquisa que gestou este livro, eu planejei as entrevistas com cada uma das mulheres negras que estavam numa lista inicial com doze nomes. A lista aumentou, diminuiu, aumentou de novo. Algumas destas mulheres foram muito receptivas e conseguiram solicitar o que estava nos seus projetos íntimos logo de primeira. Outras me impuseram algumas estratégias para tentar obter dados que contribuíssem para a execução das propostas. Uma das mulheres não quis assinar o Termo de Consentimento Livre e Esclarecido, mesmo com todas as explicações que dei e também não quis justificar porque não assinar e daí não utilizei seus dados, nem continuei as conversas com ela.

É importante salientar que este trabalho não seria factível se não estivesse imbricado ao trabalho na constituição, manutenção e implementação das ações do Mocambo APNs Nzinga Afrobrasil - Arte – Educação – Cultura, que em alguns Projetos conta com parcerias institucionais ou individuais. Outro fato é declarar que o livro é um recorte do Projeto maior que está em curso, mas já contém alguns indicativos de outras atividades necessárias, que não podem ser iniciadas ou executadas em um período mais próximo.

O Mocambo foi sendo tecido a partir da compra de um local, com uma casa queimada no Bairro Cambuci, extremo da zona leste do Município de Pres. Prudente/SP, em 2005. A violência[15] que atingiu a casa, os escombros lentamente adornados com mato, trepadeiras, ervas comestíveis e flores, também permitiu que nossos poucos recursos bastassem para adquirir o imóvel. Já envolvida com a experiência de ser professora da EJA – Educação de Jovens e Adultos no bairro, pois já morava no bairro desde 2002, também com uma pesquisa de campo visando verificar quem fazia e que tipo de artesanato era confeccionado na região eu animava as

---

[15] Uma jovem garota negra, com seu filho pequeno foi espancada pelo marido branco. O pai inconformado pediu ao filho de 18 anos que vingasse a violência do genro. Com uma arma em punho o jovem matou o cunhado. A família do rapaz, ainda com o corpo quente da vítima fatal, colocou fogo na casa e aos brados jurou que caso viessem morar outra vez na casa, colocariam fogo com todos dentro da casa. Durante alguns anos a casa ficou como um testemunho vivo de tantos atos violentos. Ninguém tinha coragem de comprar a casa. Como só tinha aquele recurso em mãos e uma imperiosa necessidade de também sair de uma situação de violência e desespero, eu e minha filha abraçamos o lugar, com a ajuda da turma de Pedagogia da FCT/ UNESP de 2004, que em mutirão nos ajudou a limpar, reformar e retirar o entulho, o sangue pisado que serviu de adubo às plantas e as pedras maiores do caminho. Herdamos também, como prêmio, um enorme pé de abacate, testemunho do fogo, no meio dos entulhos e com os galhos quase todos secos. Tiramos o entulho. Eu fui em um sítio próximo e com a carriola trouxe várias viagens de esterco de gado. Enterrei no chão, irriguei, apliquei calcário e cuidei da árvore. Ela ficou toda verde e enfolhada, floresceu e deu uma carga de abacates tão enorme, que precisou de escorra nos galhos para não quebrar. A vizinhança toda comeu abacate naquele ano ainda que tivessem na lembrança, as mortes do lugar.

pessoas da COPERLIX – Cooperativa do Lixo, a agregarem valor aos seus materiais coletados. Desde 2002 que já residia na mesma rua, onde consegui comprar o imóvel, hoje sede do Mocambo. Trata-se o Mocambo de uma tradição criada, ou tradição viva como denomina Hâmpatè Bá (2011).

Figura 7 – Mapa da região onde está o Mocambo Nzinga e Mapa de Pres. Prudente na Região Administrativa Paulista do Pontal do Paranapanema

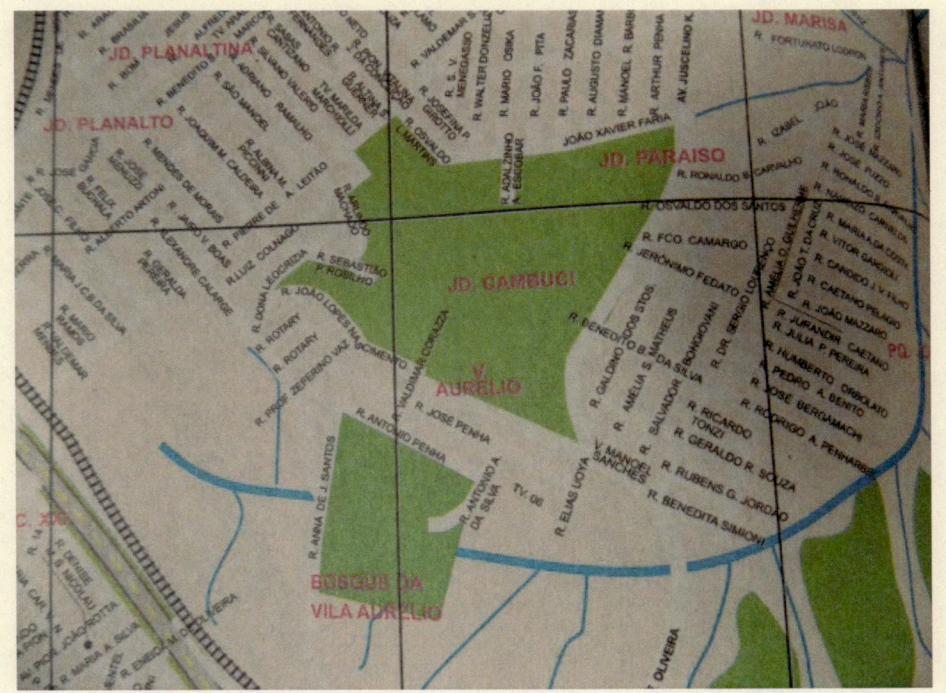

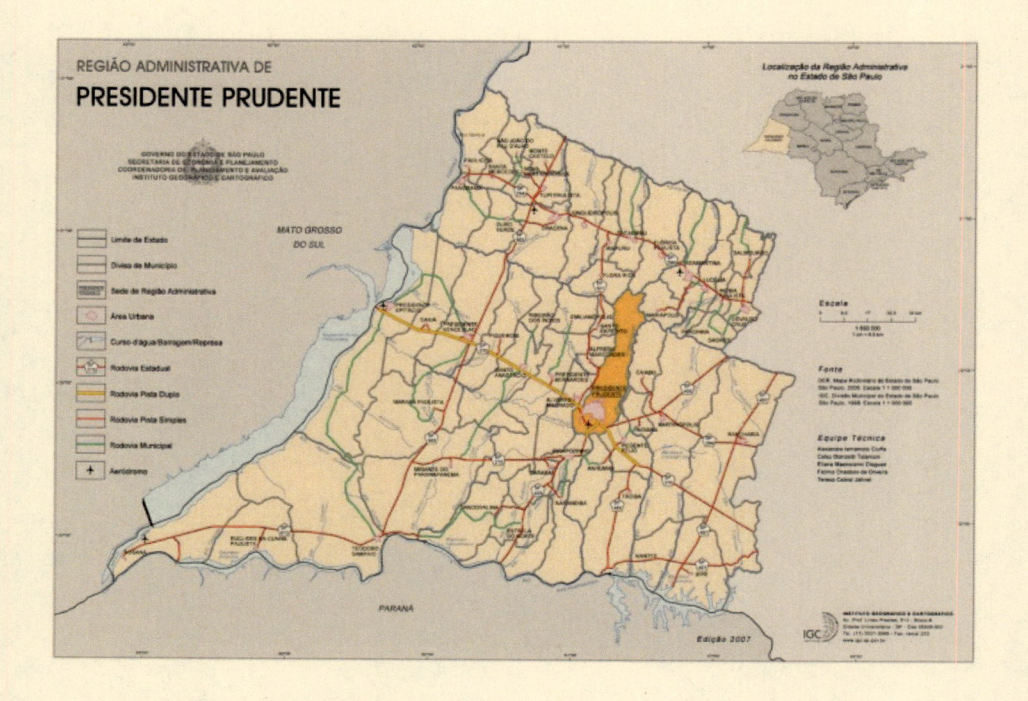

Fonte: foto do Mapa da autora (Fonte: Site Oficial da Prefeitura Municipal)

O primeiro mapa está dentro de um box e contém dois mapas. O primeiro mapa é confeccionado apresentando fundo bege e têm em destaque no centro do Jardim Cambuci e os bairros vizinhos, com o nome das ruas.

O segundo mapa tem o fundo em salmão clarinho e apresenta o Pontal do Paranapanepa em destaque. Tem o formato aproximado de um triângulo, em linhas levemente tortuosas, apresentando no vértice à direita o Rio Paraná, que faz divisa com Mato Grosso do Sul, e abaixo apresenta a linha do Rio Paranapanema, que faz divisa de São Paulo com o estado do Paraná, que está em pequeno trecho do Mapa em cor azul clarinho. No alto do Mata está escrito: Região Administrativa de Presidente Prudente.

O termo Mocambo foi registrado por Clovis Moura, no seu "Dicionário da Escravidão Negra no Brasil" da seguinte forma:

> Era como se denominavam, inicialmente, os redutos de negros fugidos do cativeiro. Vocábulo de origem africana, do quimbundo *mukambu,* passou a ser usado de modo geral

pelos senhores e autoridades até o século XVII, quando foi substituído por quilombo (2013, p. 277).

Nei Lopes continua a definição de Moura, registrando que o termo no quicongo significa "cumeieira", "telhado" que remete ao primeiro significado de "quilombo" que é "cabana", "palhoça", "habitação miserável": termos pesquisados por Lopes (2004, p. 443-444) de vários dicionários da Língua Portuguesa. Continua o autor: "como a palhoça primitiva era apenas uma cobertura, um teto, uma cumeeira com palhas e sem paredes, o vocábulo africano foi, certamente, aplicado em alusão à característica mais visível desse tipo de construção: o telhado".

Na atualidade, o termo Mocambo está sendo usado por grupos de pessoas que se consideram herdeiras das organizações quilombolas (NASCIMENTO, 2009), mesmo quando não são conhecidas as origens de seus ancestrais escravizados no Brasil. Os "malungos" e as "malungas", reconhecimento de autodefinição de quem adota a perspectiva afrocentrada, tendo o lugar comunitário de luta como circunscrição, para reconhecer-se como malunga. O reconhecimento está relacionado com a autoidentificação. Em vários casos, este processo leva alguns anos ou décadas.

No espaço onde está o Mocambo Nzinga, no início do processo de sua constituição, as pessoas adultas não quiseram aderir à ideia do artesanato ou à arte inspirada em originais africanas, ainda que sensibilizadas pelas longas conversas sobre autonomia, feminismo e comércio justo. Minhas máscaras étnicas, o grafite ou as bonecas negras pareciam estranhas no ninho de espoliação onde as pessoas da comunidade tinham se aconchegado. Foram as crianças minhas vizinhas, que em 2009 insistiram em "fazer também" as máscaras de inspiração afro que me fizeram entrar em contato mais íntimo com a ancestralidade negra (ALVES, 2017), negada a mim desde a infância.

Espaço de viver; espaço coletivo

Da calçada de casa, as crianças entraram. Algumas não queriam ir embora para suas casas, mesmo quando já avançava as nove horas da noite, o teto máximo que combinei com algumas famílias. Eu me perguntava como quase nenhuma família vinha buscar as crianças e a gente tinha que levar as pequenas embora. Eu não tinha experiência de trabalho com crianças pequenas naquele período e também não estava preocupada em investigar o gosto da presença que as aulas e exercícios de arte promovia nas crianças. Era um prazer e um desejo em fazer coisas, pintar, modelar que contrariavam algumas falas de desinteresse que eu já tinha ouvido na comunidade. Houve período em 2009 que chegamos a ter dentro de casa 36 crianças.

Figura 8 – Ivonete e David, agora já adul-   Figura 9 – Ivonete e três crianças (2012)
to (2012)

Fotos: Lisie Alves

Há duas fotos, sendo que a primeira há uma mulher negra de cabelos trançados, sorrindo. Veste camiseta branca de listas vermelhas no sentido vertical. Ela está abraçada com um garoto negro, que está em pé e veste uma camiseta verde, sem mangas, shorts azul escuro e boné preto. No fundo do espaço há mais duas cadeiras de plástico na cor branca. A parede é rosa e nela há cartazes com máscaras africanas e textos. No centro das imagens há uma grande máscara africana[16]. A segunda foto mostras três crianças, sendo uma garota e dois garotos sentados ao redor de uma vasilha rasgando papel. Aparece só o cabelo trançado e parte do rosto de uma pessoa negra, que se encontra de pé.

Ainda que focada na minha experiência profissional na Educação Popular com pessoas adultas, decidi acolher a proposta das crianças. Preparei os recursos que possuíamos (jornais, folhas de cadernos usados, água, baldes e cola) e comuniquei às crianças que poderiam vir no final da tarde, após a escola, para a calçada de casa fazer máscaras com pape-

---

[16]   Tive muitas dúvidas no uso deste termo para uma peça confeccionada no Brasil. Minha autoidentificação como uma africana na diáspora também dirimiu esta dúvida. A peça é africana.

l-machê. No primeiro dia foram 4 crianças, no final da semana eram 27 crianças. Na semana seguinte, uma menina teve a colaboração das primas e do irmão para ter sua cadeira de rodas amparada com uma enorme pedra para não rodar ladeira abaixo. Era fevereiro de 2009. Em maio fizemos a primeira exposição de arte afro em Presidente Prudente, no quintal e no muro do Mocambo, antes de 2009 só nossa casa. Inauguração festiva com direito a bolo, suco, pipoca e as famílias das crianças. A comunidade estava esperando pelas atividades, as crianças vibrando com a possibilidade de produzir arte de qualidade. As técnicas com o papel-machê, a abundância de material, a utilização de tintas de qualidade, os resultados dos trabalhos produziram uma nova dinâmica no bairro.

Notícias foram sendo reproduzidas, primeiro boca-a-boca, depois via a imprensa local. Vi um anúncio na Revista Raça Brasil sobre o Edital da Fundação Cultural Palmares, órgão do Ministério da Cultura, na época presidido po Zulu Araújo (militante do movimento negro). Sem acesso à internet no bairro, foi na *lan house* que busquei pelo edital, imprimi e li à exaustão para saber se tínhamos chance em responder. Com surpresa, soube que poderia inscrever nosso trabalho como pessoa física e então redigi a proposta, revisada por outras pessoas. Desde o início o que utilizávamos como base na elaboração das peças de inspiração afro as sobras de papel, sobras de madeira e vários outros materiais descartados pela sociedade, o que possibilitou a confecção de muitas peças, com um baixo custo de produção.

Concorrendo com Propostas de todo o Brasil (eram 12 que receberiam o recurso no total) conseguimos pontuar alto em todos os quesitos e ter acesso ao compromisso de trabalho com a proposta: "Mama África, Erê Brasil: a arte que nos une". Na época ainda utilizávamos o termo Coletivo Nzinga AfroBrasil.

Assim nascia o Mocambo, que em 2010 se filiou aos Agentes de Pastorais Negros e Negras -APNs, entidade do Movimento Negro como sujeito, já com uma história de lutas, que ajudou o Mocambo a entender a necessidade de ação também fora do âmbito municipal e até fora do Estado de São Paulo. Nilma Lino Gomes contribuiu enormemente nestas proposições:

> Quanto mais os setores conservadores, de direita, os ruralistas e os capitalistas se realinham nas relações sociais e de poder, provocando ainda maiores desigualdades, mais

> compreendo a força dos movimentos sociais nas lutas emancipatórias e pela democracia, em especial, entendo ainda mais a trajetória de luta do Movimento Negro Brasileiro e a produção engajada da intelectualidade negra como integrantes do pensamento que se coloca contra os processos de colonização incrustados na América Latina e no mundo... (GOMES, 2017, p. 15).

Na proposta enviada à Fundação Palmares, em 2009, propusemos 2 (duas) exposições de arte afro-brasileira (na escola do bairro) e no CRAS – Centro de Referência em Assistência Social do Jardim Cambuci; um curso de máscaras étnicas e um curso de bonecas étnicas, cada um em um local, além da confecção de uma estátua de Zumbi Menino, em tamanho natural em papel machê e papietagem. Quando as escolas e entidades da cidade tiveram acesso à notícia do Prêmio, as demandas começaram a surgir de todos os locais. O orelhão da comunidade tocava toda hora com alguém me chamando para falar, foram muitos convites para palestras, entrevistas e participação nas comemorações de novembro (Mês da Consciência Negra de 2009) em várias entidades, dentre elas a CUT – Central Única dos Trabalhadores – Subsede de Presidente Prudente e o SINTRAPP – Sindicato dos Trabalhadores do Município de Presidente Prudente.

Executadas as ações, pagas as contas com os R$20.000,00 (vinte mil reais), ficamos com um prejuízo de R$2.734,00 (dois mim, setecentos e trinta e quatro) reais, mais de 150 (cento e cinquenta) crianças batendo à nossa porta e muitos pedidos para interferir em casos de racismos, criação de Conselhos e ainda as entrevistas para conhecer um pouco mais do trabalho do Nzinga.

Esgotadas de tanto trabalhar eu e minha filha (na época com apenas 13 anos) conversamos com algumas amigas acadêmicas e decidimos interromper o atendimento às crianças até o início de 2010 para ver o que fazer, com a prioridade de pagar as dívidas, que no final, estavam no meu nome. Fiz um empréstimo no banco para pagar em 3 anos, tendo como avalista um professor da FCT-Unesp e sua esposa, parceiros do Coletivo, enquanto redigia uma nova proposta para a FUNARTE – Fundação Nacional das Artes, também do MinC.

A crise nas nossas atividades produziu várias conversas, um namoro e meu casamento, fatos que possibilitaram parcerias com pessoas e instituições, como o Centro de Direitos Humanos "Evandro Lins e Silva" e o CODETER – Colegiado da Terra do Pontal do Paranapanema. Com a apoio destas instituições foi pensada a Proposta de criação do Conselho Municipal da Igualdade Racial, de cuja criação o Mocambo foi signatário, com o apoio oficial do Centro de Direitos Humanos "Evandro Lins e Silva", e eu a primeira presidente do COMIR.

A proposta que redigi, enquanto prestava conta do primeiro edital, daí constituída e selecionada pela FUNARTE foi "Sacolas Culturais Afrobrasileiras: um centro de leitura dentro de casa" implementada em Pres. Prudente/SP, Paracatu/MG e Almeirim/PA, este último território estive como capacitadora do PEJA – Programa de Educação de Jovens e Adultos da Reitoria da UNESP, quando ainda cursava Pedagogia (2004-2008). O recurso recebido para execução da proposta foi minuciosamente organizado para evitar novo prejuízo financeiro, pois teria que bastar para seis meses de nossas atividades, agora em outros dois locais distantes também.

Alugamos um espaço físico por pouco mais de três anos e as atividades de Mocambo passaram a incluir uma sessão semanal de cinema para as crianças do bairro. Desta maneira o Mocambo Nzinga constitui-se como um exemplo de tradição recriada nos moldes de uma instituição de inspiração ubuntu: "eu sou porque nós somos", um princípio da língua bantu, que na escrita de Magobe Ramose significa a "flexibilidade orientada para o equilíbrio e para a harmonia no relacionamento entre seres humanos, e entre os últimos e o mais abrangente ser-sendo ou natureza (2002, p. 4).

Desde o início, a geração de renda, propostas de extensão e a preocupação com a sobrevivência das mulheres e crianças sob seus cuidados estiveram no centro das preocupações do Mocambo. No entender de Patricia Hill Collins, "uma revisão cuidadosa da emergente literatura feminista negra revela que muitas intelectuais negras, especialmente aquelas em contato com sua marginalidade em contextos acadêmicos, exploram esse ponto de vista produzindo análises distintas quanto às questões de raça, classe e gênero (2016, p. 100)". É esta interlocução entre raça, classe e gênero (CHERFEM, 2014) que forneceu base para a pesquisa mulheres negras protagonistas de suas famílias e educadoras em seus espaços de vida e sobrevivência.

A criação de um lugar afrocentrado para nós

A zona leste de Presidente Prudente fica a dez quilômetros da área central da cidade (Calçadão, concentração de restaurantes e de lojas comerciais), interligado por duas grandes avenidas, com um vazio urbano considerado como Zona Rural (área de Preservação Permanente que está sendo usada como pasto para animais). Possui vários rios em processo de ataque e resistência, doentes e um bosque de reserva natural: a mata da Vila Aurélio. Tem como circunvizinhança a Rodovia Raposo Tavares, mantendo uma constância de 100 metros até dois quilômetros das residências dos bairros Jardim Planalto, Planaltina, Vila Aurélio, Jardim Cambuci e Bairro José Rotta.

O Mocambo foi frequentado por crianças que antes residiam nestes bairros e algumas famílias mudaram-se para outros bairros mais a oeste, nos Jardins São Bento e Nova Itatiaia. Na região onde está localizado o Mocambo, há duas escolas de Educação Fundamental e uma creche sob a jurisdição municipal, duas escolas de Ensino Médio e uma Escola de Ensino Integral sob jurisdição estadual.

Figura 10 – Máscara Gueledés em Exposição em 2009 no quintal de casa

Foto: Lisie Alves (ao fundo um grafite de Lisie Alves)

Imagem de uma máscara capacete que foi produzida com papel machê. Ela foi pintada de marrom escuro e pode-se notar marcas profundas abaixo do desenho da boca e nas duas bochechas. Estas marcas indicam que se trata de uma peça étnica de uma determinada linhagem. Acima da parte que cobre a cabeça, a máscara tem um suporte onde há uma espécie de emaranhado de cipós da grossura de um cabo de enxada, só que bem lisinho e pintado de fundo branco, adornado com pinturas em cores fortes, onde se destaca o vermelho, laranja, verde limão, amarelo e azul profundo. Cada desenho é contornado por um traço na cor preta. No meio do emaranhado destaca-se o bico amarelo do tucano preto. Saindo em direção à base da máscara há uma serpente modelada, pintada de branco com manchas pretas, que está acariciando a face da máscara. No topo deste emaranhado, representando cipós, há um peixe pintado de amarelo ouro.

Neste período eu não sabia sequer o que significava a Sociedade Gueledés. Via as fotos das peças, ou olhava as fotos no Museu Afrobrasil, em São Paulo. Também imprimia fotos de peças africanas dos sites que pesquisava. Eu precisava ver como ficavam as peças materializadas. Nas Exposições fui descobrindo que outras pessoas tinham a mesma necessidade em ver e saber sobre a arte africana. Cada peça recebia um texto com explicações do seu local de origem e fotos das originais africanas. Anos depois consegui compreender algumas diferenças entre a arte ritualística e a arte de apreço, algumas vezes com uma linha tênue entre uma e outra e outras, sem marcação evidente.

Figura 11 – Mapa "Exclusão Social" em Presidente Prudente/SP

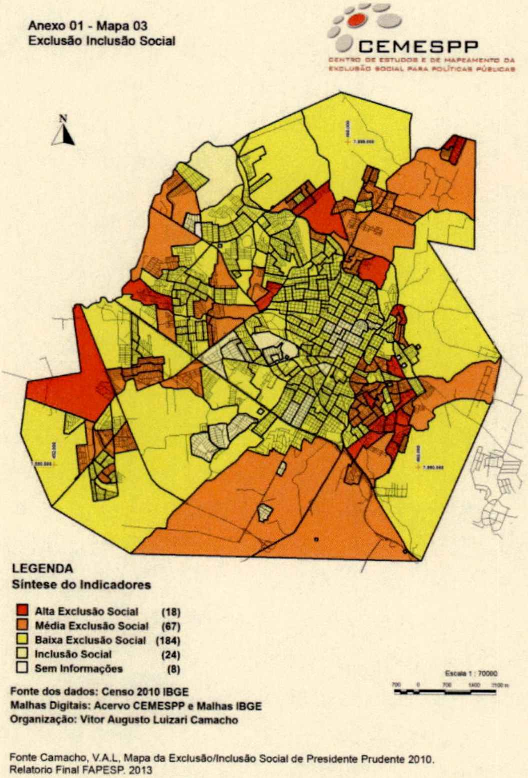

Fonte: dados Censo 2010 IBGE. Malhas digitais: Acervo CEMESPP e Malha IBGE. Organização de Vítor Augusto Luizari Camacho em 2010 do Relatório Final para FAPESP de 2013

A imagem do mapa tem uma preponderância de amarelo e laranja, com destaque para áreas em vermelho (a cor chama muito a atenção). Está escrito acima à esquerda Exclusão Inclusão Social e na direita acima escrito CEMESPP, em caixa alta e na cor preta e em letras vermelhas abaixo os dizeres Centro de Estudos e de Mapeamento da Exclusão Social para Políticas Públicas. No mapa estão representados os bairros da cidade de Presidente Prudente com os traçados das ruas e do zoneamento urbano. Tem acima o símbolo do norte geográfico. A legenda que traduz as cores está abaixo, à esquerda do mapa com os dizeres: quadradinho vermelho Alta Exclusão Social entre parênteses 18, quadradinho laranja Média Exclusão Social entre parênteses 67, quadradinho amarelo ouro Baixa Exclusão Social entre parênteses 184, quadradinho bege Inclusão Social entre parênteses 24 e quadradinho branco Sem informações "8".

Figura 12 – Mapa do zoneamento da cidade de Presidente Prudente

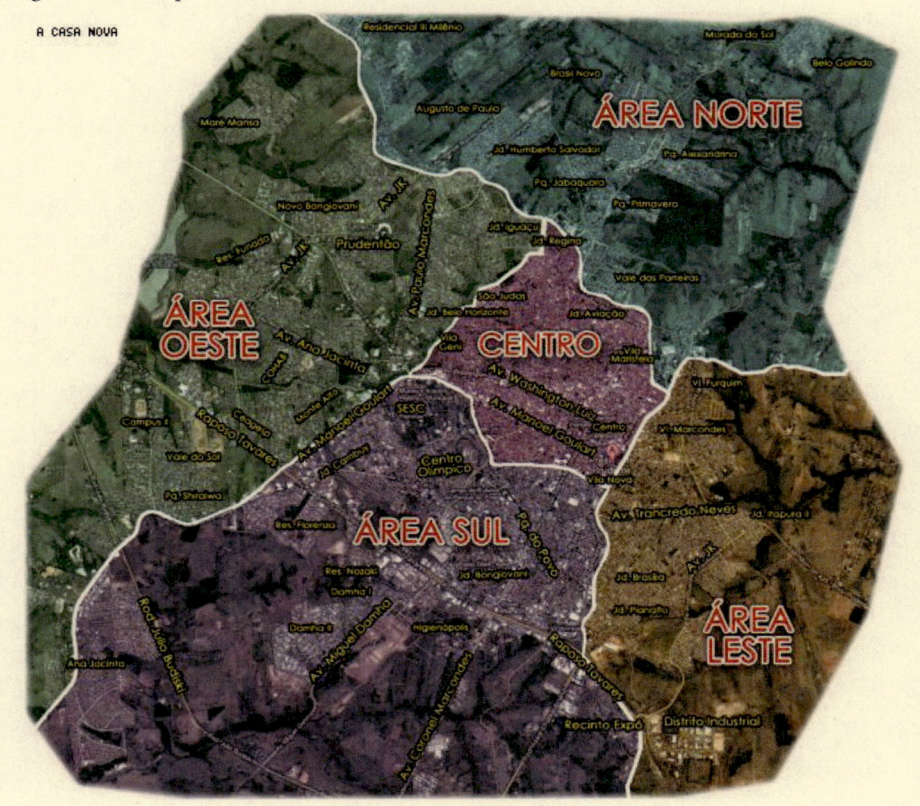

Fonte: site oficial da Prefeitura Municipal de Presidente Prudente

O mapa foi produzido a partir de uma foto de satélite com marcação das áreas naturais em relevo muito tênue a olho nu. Cada zona possui uma coloração: área Oeste (mais à esquerda do mapa) em tom verde musgo; área Sul do mapa, em tom roxo; área Leste do mapa em tom marrom; área Centro em lilás marcante e área Norte em verde azulado. Estão localizadas no mapa as Avenidas e Ruas mais conhecidas da cidade com destaque para a Rodovia Raposo Tavares que corta na diagonal a Área Oeste, Sul e Leste. Também se destacam a marcação das Avenidas paralelas Washington Luís e Manoel Goulart na área Centro do mapa. Ao fundo do mapa é possível perceber uma malha de vales e pequenos rios estriados em tom marrom escuro que estão concentrados na Zona Leste e na Zona Norte do mapa.

Na zona leste da cidade de Presidente Prudente (onde fica o Mocambo) a população é majoritariamente negra (SANTOS, 2016), com pouco acesso aos equipamentos públicos de lazer, mesmo possuindo dois grandes parques servidos por brinquedos, área para ginástica e razoável área verde. Este parque sempre foi utilizado por várias famílias, com uma frequência de crianças, adolescentes e jovens. Uma das malungas reside bem defronte ao parque principal da Zona Leste e um dos seus pedidos é que este parque ficasse "florido e bonito", assim adotamos oficialmente o Parque.

O Jardim Cambuci, onde está o Mocambo, em 20 anos passou de um bairro com baixa infraestrutura urbana (com terrenos sem construções) para um adensamento populacional maior e a construção de casas modelares realizadas por empreiteiras. Também foi significativo o aumento de veículos automotores. A constituição da Cooperativa do Lixo – Cooperlix fez aumentar um processo de conscientização ambiental, mesmo com as famílias negras em situação de maior vulnerabilidade social, ainda necessitando do acesso aos Programas de Renda Mínima do Governo Federal. A casinha ao lado da nossa sempre esteve entre as moradias com infraestrutura deficitária. Quando alugamos a casa em 2010 para abrigar a sede do Nzinga, nós tivemos que fazer uma enorme reforma na estrutura da casa, já com a insistência do proprietário que não poderíamos descontar no aluguel.

A herança escravocrata no Brasil e o não enfrentamento para "integrar" e depois "modernizar" a população negra são fatos históricos que determinaram a atual desigualdade de oportunidades que opera na manutenção do racismo estrutural nas relações étnicas e raciais (CARVALHO, 2003; CARNEIRO, 2005; MUNANGA, 2005-2006; MOURA, 2013; CALADO, 2014). As mulheres negras tiveram que assumir a herança maldita da escravização, ainda que meninos negros sejam os mais vitimados com a morte física, intensificando ainda mais a dor da solidão da mulher negra (SOUZA, 2008). Quando, na atualidade, revira-se estas feridas é necessário que a escuta qualitativa destas mulheres tenha uma respaldo referenciado e mais que isto, um processo de acolhimento que esteja preparado para o que pode vir como necessário desta escuta: um processo terapêutico, uma fonte de renda para melhorar sua condição social, um grupo de trabalho que possa orientar seus desejos, as melhoras no seu espaço físico de moradia, o amparo coletivo para que possa cuidar de si em alguns momentos da semana, etc. e este fato demandaria a criação de uma Ciranda Coletiva (ROSSETO, 2016) para as crianças filhas ou sob os cuidados destas mulheres. Em alguns momentos estas Cirandas transformaram-se em Oficinas ou mesmo em momentos festivos de encontro.

Ações disparadoras desta escuta qualitativa (que foram configurando-se no Mocambo como uma proposta de Educação Popular), ao serem planejadas podem provocar uma crise, que se assumidas no trabalho coletivo, colabora para que as vidas destas famílias negras possam melhorar. Desse processo advém a pesquisa qualitativa afrocentrada (NZIRI, 2019), que só faz sentido se provir de um trabalho comprometido com o acolhimento anterior e posterior ao processo da pesquisa. Sem utopias. São longos processos que só puderam constituir-se como fato neste momento, devido à anterioridade das ações de malungas e malungos neste Mocambo, com a participação de várias pesquisadoras e pesquisadores que foram tecendo parcerias com o Mocambo ao longo de sua história de constituição, como afirma O Velho Militante José Correa Leite: "nossos passos vêm de longe" (ALVES, 2017, p. 145).

O Mocambo tornou-se com sua história de acolhimento, um lugar de vida, espaço educativo para mulheres que aprendem com as experiências consideradas exitosas, pois o estudo sistematizado sobre a cultura africana e afro-brasileira, rodas de conversa que sistematizadas possibilitam emergir a fala sobre as situações de racismo que atingem estas famílias negras e inter-raciais. A junção da educação formal (das escolas do bairro) com a arte e o artesanato étnico, além de várias atividades de cuja participação as famílias comparecem reverberam na educação de suas famílias negras. Assim, das rodas de conversa sobre racismo tem emergido alguns desejos destas mulheres. Um destes desejos é a geração de renda com mais autonomia, e uma das possibilidades que o Mocambo ofereceu foi a geração de renda com o artesanato afro, hoje produzindo já 10 tipos diferentes de bonecas negras. A cor da pele das bonecas negras ou pretas, desvelam para as pessoas da comunidade sua cor, seus cabelos, seus modelos que entraram em conflito com as bonecas (sempre loiras e olhos azuis ou verdes) presentes nas infâncias negras e multirraciais destas mulheres. O encontro, por vezes conflituoso, daí advindo pode ajudar a responder como o cuidado de si pode ser implementado e até considerado como importante, diante das outras tarefas quase sempre priorizadas.

Neste momento da história já tivemos erigido um campo conceitual sobre feminismos, existindo de fato profundas mudanças nas relações das mulheres com as possibilidades de constituição de suas subjetividades. Desde Maria Firmina dos Reis (DIOGO, 2016), escritora negra maranhense em meados dos 1800 ou antes, com Esperança Garcia em 1770 (FERREIRA, 2008), os escritos de mulheres, por elas mesmas, constituem documentos que ajudam a alicerçar a conduta revolucionária de mulheres "dando à luz a si mesmas" (GONÇALVES E SILVA, 1998). No entanto, é o Mulherismo Amefricana que consegue teorizar todo o complexo de ações e reflexões que formos operando ao longo de todos estes séculos:

> Trata-se, então, de uma perspectiva emancipatória da população preta, pensada por mulheres pretas e suas dores frente ao racismo e não uma ação política de liberdade de um determinado segmento. Pensar apenas pela via do gênero não dá conta da desintegração ontológica das mulheres pretas e de seu povo. A proposta do mulherismo passa por pensar o lugar dessas mulheres pretas a partir de nós e não nos nutrir de ideologias que embrionariamente, não nos foram direcionadas. Não é possível reestruturar um Ser a partir da centralidade de experiências de outrem (NJERI; RIBEIRO, 2019, p. 601).

Uma das competências mais prementes no trabalho com comunidades foco do sistema capitalista de exploração é a conquista cotidiana da sobrevivência das atividades e até mesmo a sobrevivência física. Uma das táticas do racismo institucional é a morte com tiro (PAIXÃO, 2013), a morte através do silenciamento (SOUZA, 2008) e a morte com o desprezo pelas atividades afrocentradas (NOGUERA, 2011; MBEMBE, 2016). Ao planejar as ações, visibilizando a cultura afro-brasileira e africana, as possibilidades de geração de renda para as mulheres pretas estão sempre em foco, pois o mercado de trabalho faz parte da estrutura racista que impõe o subemprego ou desemprego às pessoas negras como bem estabeleceu em texto Abdias Nascimento (2009). Ao longo dos anos de existência do Mocambo, o artesanato e a arte têm sido uma fonte segura de geração de renda que financiam nossas ações. Estas ações foram fruto de uma pesquisa de campo com 30 pessoas (29 mulheres e 1 homem) que faziam algum tipo de artesanato na comunidade, com o Projeto Piloto "Sujeitos de EJA e geração de renda" para a disciplina de Estatística Aplicada à

Educação, que cursei durante a graduação em Pedagogia na FCT Unesp de Presidente Prudente, em 2008.

As demandas das escolas, da própria comunidade e também da comunidade acadêmica foram sendo respondidas com a organização de palestras, oficinas e cursos que possibilitam reestruturações de acordo com um diagnóstico inicial e podem ser modificadas, implementadas ou totalmente reformuladas, conforme a audiência qualificada desta comunidade. Estas propostas citadas respondem às questões de corpo, cabelo, constituição identitária, História da África, alimentação saudável e fontes de geração de renda etc. Uma equipe de artistas, psicólogas, professoras, ativistas de movimentos sociais, acadêmicos (as) e a Defensoria Estadual com sede regional em Presidente Prudente (onde atuo como Defensora Popular[17]) são parcerias com as quais o Mocambo atua em prol destas demandas.

Diante do trabalho de extensão realizado, ajudamos na criação do Conselho Municipal da Igualdade Racial, de cuja gestão estive a frente até 2013 quando entrei no Mestrado em Educação. Defendida a dissertação "Educação infantil e relações étnicas e raciais: pele negra e cabelo crespo nas escolas públicas e sua tradução nos trabalhos acadêmicos", em 2017, ano em que também participei do processo seletivo ao Doutorado em Educação na UNICAMP, com a proposta ora efetivada neste projeto, do qual resultou este livro.

A anterioridade das ações promovidas pelo Mocambo e como Agbá (Mais Velha), me levou a solicitar várias bolsas para o fomento da pesquisa sempre exigiu a aquisição de materiais, uma máquina de boa qualidade para fotos e filmagens, demandas que têm sido atendidas com os parcos recursos familiares e com alguns eventos como as Festas Pretas e os Festivais de PANCs – Plantas Alimentícias Não Convencionais - cultivadas na área do Mocambo, além do artesanato que já está incorporado como geração de renda. No entanto, as demandas quando possuem um prazo definido, nos impõe priorizar algumas atividades em detrimento de outras. No processo de mestrado compartilhei a Bolsa CAPES da seguinte forma: um terço para nossa manutenção, um terço para financiar ações antirracistas no município e na região (fizemos duas grandes exposições em duas universidades da cidade; formações em 6 municípios e adquirimos

---

[17] A Proposta da Defensoria Popular foi gestada em Presidente Prudente/SP com encontros formativos sobre o tema Relações Étnicas e Raciais no ano de 2015. Em 2016 uma série de formações incluíram as discussões sobre Gêneros, LGBTTQI+, Pessoas com Deficiência, Idosos e o Direito Público, Meio Ambiente e Educação nas Escolas.

livros, bonecas, capulanas etc.) e um terço foi poupado para emergências, o que possibilitou a revisão e manutenção das atividades pelo ano, pois a bolsa foi de dois anos e a pesquisa se alongou até o ano seguinte para sua conclusão e defesa. Todas as atividades que gerencio no Mocambo são voluntárias, sem remuneração e sem onerar a comunidade (todas as oficinas, sessões de cinema, cursos, atendimentos em domicílio, palestras e intermediações são gratuitas).

No processo do mestrado foram estudadas dissertações e teses sobre as relações étnicas e raciais negras resultando na dissertação, cujas questões principais foram: "O que as pesquisas acadêmicas dos Programas de Pós-Graduação em Educação (PPGEs) do Estado de São Paulo revelam sobre as práticas educativas racistas e antirracistas na Educação Infantil?" e "Quais eixos sobre Educação das Relações Étnicas e Raciais Negras (RERN) podem ser mais relevantes na luta antirracista?", que respondidas encetaram a constituição de uma capítulo sobre a História da Educação da Criança Negra (ALVES, 2017). A pesquisa foi fundamental para avaliar positivamente as atividades propostas organizadas no Mocambo e em outros locais da cidade e região, mesmo não tendo sido o Mocambo Nzinga o foco da pesquisa bibliográfica que deu sustentação à escrita da dissertação (ALVES, 2017) e aos artigos escritos no processo de sua elaboração.

Assim, a pesquisa com as mulheres que estão envolvidas nas atividades educativas do Mocambo, está respaldada pelas ações afrocentradas anteriores e também com o planejamento de ações após o processo de pesquisa, pois as atividades estão programadas para terem continuidade.

No cerne da ideia da afrocentricidade está a prerrogativa do cuidado de si[18] em comunidade, que se constituiu na existência dos Quilombos e Mocambos desde o período escravocrata. Foi um conceito cunhado primeiro com a resistência *in loco,* na experiência de negritude valorizada em contraposição à branquitude (SILVA, 2007) escravizadora. A afrocentricidade é um processo de conscientização - assunção da negritude e seus valores

---

[18]   O cuidado de si aqui preconizado não é o "cuidado de si" foucaultiano, já que Michel Foucault também não rompeu com o discurso hegemônico, pois sempre tive como centro a Europa, sendo pensador homem, branco e europeu. Djamila Ribeiro (2017) discute a ótica feminista negra de uma perspectiva que dialoga com o cuidado de si de Foucault, no entanto buscando a pluriversalidade dos discursos feministas e negrocentrados ou como escreve Achile Mbembe a partir de uma "necropolítica" (2016). É justamente fatos assim que intentamos romper. Da noção de vitimadas/os para as ações agenciadas numa outra ótica: afrocentrada no enfrentamento às hegemonias e também à necropolítica, o que nos encaminhou para o Mulherismo *Africana* ou os Novos Estudos *Africana*. Ainda que tenham me convidado para discutir um pouco mais Foucault não o farei, porque é uma armadilha ficar discutindo quem já é bem discutido, comentado e comemorado.

iconográficos: corpo, cabelo, identidade negra, e também de reeducação do subconsciente - *sakhu*: ancoragem psicológica (NOBLES, 2009).

A afrocentricidade surgiu devido aos fatos históricos de dominação cultural, geográfico e psicológico agravados através do processo escravizatório, que devido à sua duração (mais de 4 séculos) e efeitos gravíssimos ainda em curso, foi contraposto na organização de um novo paradigma: a pluriversalidade do conhecimento, sendo o conhecimento afrocentrado um dos pilares na constituição dos estudos sobre África e toda a diáspora (NOGUERA, 2011).

Quando a perspectiva afrocentrada é adotada obtém-se a afrocentricidade, que é a qualidade de adotar a perspectiva afrocentrada, priorizando autorias que tenham realizado esta imersão nas culturas africanas, partindo contemporaneamente tanto do continente africano, como da diáspora (MALOMALO, 2017).

A pesquisa afrocentrada na vida vivida numa perspectiva do Mulherismo *Africana*

Não existe caminho fácil para discutir o percurso teórico deste trabalho, a não ser categorizando algumas autorias que foram escolhidas com um crivo político libertário: serem mulheres, serem negras e terem discutido seu processo de constituição com base em sua ancestralidade negra. Os poucos homens citados, ou foram por serem também mulheristas ou porque seu trabalho era de tal relevância para a pesquisa, que não puderam ser substituídos. Assim, o processo todo de constituição do Mocambo e suas atividades foi respeitoso com os princípios da afrocentricidade, do Mulherismo *Africana*, ainda que o estudo sistematizado desse último aporte teórico tenha sido realizado após os trabalhos de cursar as disciplinas obrigatórias em 2018, primeiro ano do doutoramento, de onde originou este livro, foi processo muito inquietante, que suscitou várias controvérsias no momento mesmo das aulas e nas avaliações que escrevi de cada uma destas disciplinas cursadas.

Uma autoria fundamental neste processo foi a professora Petronilha Beatriz Gonçalves e Silva, componente dos APNs desde a fundação da entidade (GONÇALVES E SILVA, 1998, 2011, 2018). A história de luta desta professora, que com uma fala calma, porém incisiva, legou para nós mulheres negras exemplos contundentes da importância da política produzida por mulheres negras. Assim, mesmo quando não cito, a inspiração de seus atos move meus escritos e em várias ocasiões move os meus passos. Tê-la conosco na mesa de defesa do trabalho foi um encontro proporcionado por nossa ancestralidade negra. Sua indagação sobre os termos "escrevivências" e "inscrivivências" merece um artigo bem-organizado.

Eu viajava todas as semanas de Presidente Prudente para Campinas, saindo aos domingos de noite e chegando em casa na quinta-feira pela manhã. Algumas raras semanas alterava este cronograma, atendendo alguma demanda diferente: um curso que coordenei, um convite para uma roda de conversa ou até mesmo para participar de algum evento importante em Campinas ou em São Paulo. O custo destas viagens entrou no planejamento doméstico e não havia possibilidade de financiar o processo do Doutoramento e as atividades do Mocambo com o salário-fixo do meu marido, professor da rede estadual de educação de São Paulo. Pedidos insistentes junto à SAE – Serviço de Apoio ao Estudante me desgastaram de uma forma intensa e não consegui nenhum auxílio, só gasto de tempo com documentos, longas esperas para conversas e uma preocupação que me fez perder o prazo para apresentar o pedido da bolsa CAPES em 2019. Em 2018 não consegui participar do processo porque ele se encerrou em um feriado prolongado (Semana Santa e Páscoa), minha matrícula aparecia como não efetivada e não havia ninguém para responder as ligações nas instâncias da Faculdade de Educação e nem na DAC – Diretoria Acadêmica da Unicamp.

Desde o processo seletivo, em 2017, que procurei por pessoas conhecidas em Campinas, para poder economizar com diárias de pensão ou hotel. Meu irmão morador de Campinas, mas do outro lado da cidade. Optei por vez ou outra, pousar na casa dele, de maneira que pudéssemos reatar os vínculos de convivência neste período. Ele foi também uma vítima do ódio de nosso pai. Ainda com oito anos eu presenciei meu pai espancando-o. Uma paulada na cabeça fez com ele perdesse uma parte da audição. Ainda assim, ele evitou de todo jeito agredir nosso pai. Já era um garoto muito forte, pois trabalhava como carregador. Expulso de casa, com as roupas jogadas no meio da rua, ele buscou abrigo em carros velhos na cidade, até que o vizinho o abrigou na sua casa, para ódio e escândalo do nosso pai. O vizinho ficou no portão, enquanto nosso pai gritava querendo a todo custo que ele expulsasse meu irmão de sua casa. Foi uma novela as gritarias de um homem louco de ódio. Pouco tempo depois ele começou a direcionar todo o seu ódio contra mim e só não me matou porque eu fugia. Me escondia no meio do mato e lá ficava horas até minha mãe chegar da roça. Meu pai morreu de medo quando eu tinha 10 anos e estava na quarta série. Foi operar a cabeça e teve um ataque fulminante na mesa de cirurgia, antes de receber a anestesia. Era covarde e medroso! E sonhador. Sonhando o mundo, sem saber realizar nada do mundo sonhado.

Encontrar meu irmão todas as semanas e poder almoçarmos juntos no Restaurante Universitário foi um ganho à parte. Muito querido por várias pessoas na Unicamp, ele foi uma espécie de lenda: de servente de pedreiro de uma empresa prestadora de serviços para funcionário do Laboratório de Biologia, Seu Antônio como sempre foi chamado pelas pessoas, continuava sendo nosso "Toninho". Em 2020, pouco antes do início da pandemia da Covid-19, ele morreu de câncer. Três meses antes, nosso irmão mais velho também tinha morrido de câncer. Escondeu da gente todo o processo de tratamento. Só depois de morto é que fui entender o senhor tão magro, de aparência frágil em comparação com o irmão de corpo bombado que as minhas lembranças da infância ainda guardavam. O fato de ter chegado ao Doutorado era motivo de um grande orgulho para ele. Me apresentava às pessoas suas amigas como "minha irmãzinha que faz doutorado aqui, lá na FE".

Então, o cantinho do restaurante universitário – RU, onde ele se sentava, com seus molhos de pimenta, perdeu conversas calorosas e suas amigas e amigos deixaram de comer lá e foram buscando outros lugares, como se ali tivesse, de fato marcado pela ausência.

Minhas sacolas e malas ganhavam os lugares de outras vendedoras. Eu deixava do lado de fora do RU, sob a vigilância da senhora que vende geladinhos, balas e bombons para poder fazer as refeições, ou com o funcionário da saída do RU. Depois das refeições, descia para a Faculdade de Educação com as minhas malas de venda e de trabalho.

Durante as aulas eu me punha a costurar. Por dois motivos: é muito difícil para mim ouvir sentada e ouvir sem pegar no sono e também porque precisava fazer o tempo render. Sou hiperativa e preciso ter e executar várias tarefas ao mesmo tempo. Um terceiro descobri com o tempo. Confeccionar as bonecas pretas causava uma mágica em quem observava a constituição de cada uma delas. Era muito raro sair sem vender, ao menos uma. Alguns dias eu vendia todas as bonecas pretas que estavam comigo. Sempre deixava algumas de reserva na sala do CAP – Centro Acadêmico de Pedagogia.

Durante este processo, estando em Presidente Prudente, nós continuávamos a levar as crianças para passeios e eventos. Particularmente, eventos no Sesc Thermas de Presidente Prudente. Numa destas visitas, uma malunguinha viu uma Yemanjá na mochila de uma criança que adora as minhas bonecas. Ela gritou imediatamente:

"- Mãe a nossa boneca tá com aquela menina!" e esperneou no colo da mãe, que foi muito ligeira e a segurou no colo.

Levei um baque! Tantos anos produzindo bonecas pretas e fora uma família que a mãe costurava bonecas para o Mocambo, nenhuma criança tinha. Alguns bebês que nasceram no período ganhou um sonequinha de presente, mas as nossas crianças ainda não tinham em suas casas as bonecas.

Foi assim que juntei a boa vontade de outras mulheres pretas e fomos atrás de costurar as bonecas para as crianças. Ter uma bolsista treinada no uso de agulhas e tesouras contribuiu muito para a produção. Daí juntamos um pouco mais de esforços e customizamos todo um kit de material escolar. Também foi fundamental a contribuição dos bordados da minha produtora cultural da época Fabiana Alves, pois ela bordava enquanto participava de outras atividades e bordados de uma qualidade altíssima. Os mais de 30 sonequinhas foram bordados por ela.

As capulanas (os tecidos africanos teados na Índia inicialmente e agora teados em várias partes do mundo) fazem um enorme sucesso entre as brasileiras e alguns homens negros que já adotaram sua estética. Na nossa comunidade nossa família foi a primeira a utilizar roupas e turbantes com capulanas. Alguns sonequinhas e vestidos das bonecas que fizeram parte do kit afrocentrado foram produzidos com este tipo de tecido especial. Com uma certa raridade para encontrar bonitas estampas afrocentradas em Presidente Prudente, a chegada de alunos negros da África (Angola, Moçambique) começamos a comprar as capulanas aqui na cidade mesmo. Fui adquirindo estes tecidos e algumas bonecas ganharam roupas com as capulanas, valorizando ainda mais as nossas produções.

Foi assim que assumi uma postura de atenção redobrada às necessidades a serem supridas para conseguir disseminar no Mocambo e bairros vizinhos, também a materialidade cultural e artística afrocentrada. Nestes kits distribuídos para as crianças, todas as bolsinhas para guardar canetas, lápis, borracha, apontador e demais equipamentos escolares foram produzidos com as capulanas. Neste caso, a aquisição de capulanas com estampas variadas na mesma peça ajudou muito na variedade de estampas. Eu comprei uma na Praça da República, em São Paulo, na banca de um senegalês, com 8 estampas diferentes na mesma peça, com seis metros de tecido infestado (com um metro e vinte de largura).

Figura 13 – Coleção de bonecas expostas para venda na Semana da Consciência Negra em 2018 – FCT Unesp

Foto: Tatiane Gomes

A imagem tem oito bonecas e bonecos pretos. Destaca-se ao centro uma boneca preta com cabelo *black power* preto. No colo dela à esquerda tem um sonequinha pretinho com dentinhos de vampiro e está com uma capa vermelha. Do outro lado do colo outro sonequinha vestido com pijama feito de tecido branco de florzinhas lilases, com um cachecol verde claro, finalizado por uma flor e lacinho verde. Ele veste um gorrinho da mesma cor que o cachecol. Há outra boneca mais à esquerda, com cabelos crespos e brancos e um enfeite feito de pano branco com detalhes vermelho vivo. O vestido dela é de tecido na cor branca com bolinhas vermelhas, verdes e na cor laranja. Ela usa uma bolsinha a tiracolo do mesmo tecido do arranjo de cabelo. Um outro sonequinha está perto da bolsinha dela. Já na outra ponta, mais à direita há uma Oxum Sereia, com roupa de lantejoulas amarelo ouro. Do lado da Oxum Sereia há um boneco preto, com cabelos escuros encaracolados, vestindo camisa de mangas cumpridas e calças produzidas com uma capulana de fundo alaranjado e detalhes em preto e amarelo.

Neste momento, me recordo de que esta narrativa está produzindo o material de pesquisa e com a lembrança chega também as inquirições de várias defesas que fui acumulando durante o longo processo de ser pesquisadora e estar impedida de cursar a pós-graduação oficialmente. Trago então para conversar com este documento um artigo muito sensível de Sônia Maria da Silva sobre a experiência da criação da Cooperativa Abayomi no Rio de Janeiro, nos anos 1980. Recorda ela, que o nascimento da Boneca Abayomi toda produzida com nós e de corpo sempre preto, chegou através das mãos de Lena Martins:

> O encontro dessas mulheres, coincidência ou não, se dá num contexto em que, além da expansão da organização dos vários segmentos sociais, o "Movimento Negro" se fortalece nas articulações em torno das discussões sobre as históricas e trágicas conseqüências do longo processo de regime escravagista oficial brasileiro. Nesse momento a sociedade era convidada pelo poder público a comemorar os 100 anos da abolição da escravatura, oficializada com a assinatura da Lei Áurea. Os movimentos negros em muitos estados brasileiros produziam inúmeras manifestações, como resposta à representação do mito da democracia racial brasileira, atuação que conduziu à explicitação do racismo em âmbito nacional, naquele momento, ainda não atingido no Brasil. No Rio de Janeiro, uma passeata reuniu um número bastante expressivo de pessoas, como resultado de um processo articulado de mobilização, que envolveu ativistas militantes, educadores, políticos, agentes culturais, artistas, estudantes e categorias profissionais de diferentes áreas (SILVA, 2009, p. 1-2).

A narrativa sobre este processo inicial na criação da boneca Abayomi é conduzida de forma que os sentimentos emerjam da história destas mulheres negras, pois o entusiasmo com o Centenário da Abolição tentou glorificar as contribuições do povo negro, principalmente à cultura brasileira. Anos mais tarde o Movimento Negro dá uma guinada e desvenda o engodo daquele período, mas nossas mulheres da futura Cooperativa Abayomi estavam vivendo a história enquanto ela acontecia e não tinham como descolar todo o carinho e cuidado com que construíam suas peças do sentimento positivado de pertença:

Nessa ambiência Lena Martins uma sensível artesã cria uma expressiva peça artística, lúdica, afetivo, política, a Boneca Abayomi, que despertou o desejo inicial impulsionador do encontro de mulheres para a experiência do trabalho artesanal de criação dessas bonecas [...] (SILVA, 2009, p. 2).

Meu encontro com a confecção da boneca Abayomi aconteceu em 2012, no COPENE – Congresso Brasileiro de Pesquisadores/as Negros/as de Santa Catarina, em Florianópolis, na condição de aluna especial do mestrado na FCT-Unesp. Fiz a inscrição como monitora para ganhar o alojamento e as refeições principais e não precisar pagar as taxas de inscrição. Meu marido comprou as passagens de ônibus, incluindo meu retorno no cartão dele, parcelado em 8 vezes, de forma que eu pudesse ir pagando com as bonecas Nzinga, já presentes na nossa cestinha de produtos. Fui, com 5 reais para pagar um ônibus em Florianópolis. Na viagem, fui costurando e uma senhora ficou o tempo inteiro observando e antes de sairmos do Paraná, ela quis comprar uma bonequinha minha. Aqueles dez reais me ajudaram a pegar um táxi para chegar na escola onde ficaríamos alojadas.

Logo no alojamento vendi mais algumas bonecas e assim já fiquei mais sossegada, caso precisasse de algum dinheiro. Trabalhei no domingo, pois me inscrevi para atuar na monitoria do Seminário de Saúde da População Negra que estava como um dos eventos dentro do COPENE. Reconhecer os pesquisadores e pesquisadoras negras, o sentimento de pertença era quase só possível nos COPENEs, eu já aprendera desde o COPENE em Goiás, em 2008, quando também viajei em condições de sentir muita fome durante e na viagem de retorno à Presidente Prudente.

Foi a lembrança desta fome, que me fez tomar a decisão de retomar as atividades de fazer artesanato para poder ter algo para comercializar, pois verifiquei o quanto as professoras adquiriam peças, tanto para levar como lembrança, como para as atividades na escola. Eu já tinha vendido alguns artesanatos na Conferência Nacional de Saúde Ambiental, em 2011 em Salvador, mas não prestei atenção a esta possibilidade como fonte de financiamento para nossas ações. Foi a fome de Goiânia que me fez tomar uma decisão séria da necessidade de uma fonte de financiamento viável.

De volta a Florianópolis, eu estava na Monitoria e na distribuição dos kits de livros sobre Saúde da População Negra, consegui um kit a mais para a nossa biblioteca no Mocambo. Foi um trabalho intenso e minha experiência na organização de eventos contribuiu muito com os Mais Novos (Kekeres). Ainda que trabalhando na monitoria era possível acompanhar a maioria das comunicações da Mesa. Também havia uma preocupação para que cada pessoa da monitoria tivesse um período livre de participação no evento. Não pude assistir as falas de Kabenguele Munanga, nem de Nilma Lino Gomes e nem ver Petronilha Beatriz Gonçalves e Silva dançando no baile com Kabenguele Munanga, fato exaustivamente comentado na rádio corredor e até nas mesas de trabalho. Eu ficava no alojamento costurando. As bonecas Nzinga são muito trabalhosas e demora para produzir cada uma delas.

Figura 14 – Bonecas Nzinga

Foto: Ivonete Alves

Há 4 bonequinhas sentadas na imagem, fotografadas sobre uma mesa coberta com pano branco com relevo delicado. A boneca mais à esquerda é produzida com malha preta e está vestida com saia rodada em amarelo forte (mas não chega a ser amarelo ouro não). Usa sapatinhos vermelhos da mesma cor que a blusinha, tem boca marcada com tinta relevo em vermelho, olhos castanhos e cabelos brancos como o algodão. A segunda bonequinha é produzida todinha com malha vermelha com vestidinho em richiliê, que é um bordado vasado, em tons de verde claro, rosinha e amarelinho claro. Tem a boquinha marrom marcada com tinta relevo e usa cabelo com *dreads look* preto. A terceira bonequinha é negra e usa uma saia com suspensório produzida em tecido que alterna preto, relevo abaixo e branco relevo acima. Usa sapatinho do mesmo tecido que a saia. O suspensório foi feito com fita de algodão preto com detalhes em branco nas laterais. A marca da boca foi bordada com linha vermelha, como os olhos também foram bordados com a íris preta. Usa cabelo com *dreds look* preto. A quarta e última bonequinha da imagem é preta e usa saias de chitão verde com flores rosas grandes, rosas pequenas e ramados em variados tons de verde, com uma blusinha feita com malha verde limão com risquinhos em preto. Usa sapatinhos amarelos com amarrio vermelho. Tem a boca bordada com linha vermelha, olhos de íris castanha escura e cabelos brancos dredados.

Então, no COPENE de 2012, quando na segunda feira eu vi uma quilombola produzindo uma boneca Abayomi, só com nozinhos e finalizando bem rápido eu achei um sonho. Era ela. Era aquela bonequinha que mudaria nossas possibilidades de geração de renda e financiamento de várias atividades aqui no Mocambo. E a venda de chaveiros produzidos com bonecas Abayomis, assim como pares de brincos e nossas bonecas pretas financiaram boa parte dos materiais escolares das crianças, quando decidi montar os kits para elas. Várias crianças que receberam os kits não estavam no rol das famílias priorizadas para compor o agenciamento do, mas vivem na comunidade ou são parentes das que aqui vivem.

Porém, tive que aceitar um trabalho remunerado no Sesc Thermas no meio de 2019 porque a nossa situação financeira foi ficando mais precária do que o corriqueiro. Assim, precisei escolher deixar de fazer as viagens para Campinas e ficar mais tempo em Presidente Prudente. Este recurso, sistematizado, pôde financiar o que faltava para comprar o material escolar para o kit afrocentrado que seria para o ano escolar de 2020 e uma pequena poupança para situações de emergência, que vieram a galope no início da pandemia da Covid-19 no Brasil, que retardando o afastamento social decretou uma situação muito complicada do ponto de vista social e mais ainda para a população preta e periférica.

Em março de 2020 consegui a bolsa CAPES. Com o afastamento social, sem poder participar de feiras, teria sido um desastre para a pesquisa ficar totalmente sem recurso, além da tranquilidade que é saber que vai ser possível ajudar e contribuir para o sucesso de vários projetos que fomos criando, agora no formato virtual.

Há neste relato proposto a prática do Mulherismo *Africana*, pois "os discursos que conferem legitimidade às violentas conquistas e usurpações dos territórios africanos por povos europeus, assim o fazem também por meio da invisibilização das agências de sujeitas/os africanas/os." (ARAÚJO, 2022, p. 94). Ayni Estevão de Araújo pondera que "por meio do método afrocêntrico", em primeiro plano existe a "reflexão sobre o lugar das pessoas africanas nos fenômenos em que essas pessoas estejam implicadas".

A preciosidade das coisas

Nossa escola no fundo da vila onde nasci, em Garça/SP era repleta de crianças cujas famílias eram boias-frias. Então, o nosso material escolar era escasso, precioso. Como não podíamos gastar mais que um caderno por ano, eu comecei a escrever com uma letra minúscula para economizar. Quando me deparava com alguma folha com pauta, imediatamente verificava se era possível reaproveitar. Algumas delas eram usadas como papel higiênico, então tinha que tomar cuidado na hora de recolher.

Os toquinhos de lápis desprezados por outras crianças em melhores condições financeiras, eram cuidadosamente recolhidos, o mais discretamente possível, para serem usados até que somente o grafite coubesse entre os dedos sozinho, para escrever. Precisava técnica para cortar a madeira do lápis e retirar o grafite sem quebrá-lo. Os cadernos ganhavam folhas extras, usando as contracapas ou acrescentando folhas de embrulhos no início e final do caderno.

Era raridade uma embalagem de presente em casa. Lembro-me de ter ganhado uma bonecona loira com roupinha azul celeste de uma namorada do meu irmão do meio, que ficou anos enfeitando a estante (me proibiram de brincar com ela para não estragar a boneca).

Também minha mãe sempre falava dos caquinhos coloridos que encontrava no meio da terra na fazenda onde morou. Eram tão lindos que ela teve medo de recolher e alguém pensar que ela era ladra. Então perguntou para a mulher do fiscal, que era boazinha e ela riu muito e mostrou a quantidade de lousa colorida que havia em sua casa. Talvez tenha brotado aí o sonho de minha mãe de comprar uma cristaleira, de madeira, antiga, para guardar a lousa de porcelana. Ela comprava "bibelôs", para desespero do meu pai, que dizia ser um desperdício comprar bibelôs, ao invés de comprar comida. Até que um dia ela comprou um jumento de lousa branca. Ele se riu tanto que até chorou de alegria. Fugiu de casa com oito anos. Do sertão da Bahia. O sonho dele era voltar para a família rico. Nunca enricou, também não voltou para lá. Deixou uma orfandade de avô, avó, primos e primas na nossa família. Penso que aquele jumento de porcelana resgatou sua alegria de menino que sonhara com a riqueza e ele se riu por fora e por dentro. Quando recordo tantas frustações do meu pai, das mulheres com as quais trabalho, dos meninos fugindo da escola, minha convicção da necessidade do trabalho no Mocambo só se intensifica.

Como é que uma pessoa negra sozinha pode desvendar todas estas opressões frutos de um longo processo escravocrata? De que maneira estas famílias podem costurar os caquinhos de lousa, a não ser em mosaicos de arte, nos espaços públicos comunitários, onde suas lembranças de encontros refaçam os caminhos de suas casas ancestrais?

Quando vejo tantos cadernos rasgados, jogados fora no final do ano, me comovo com o desprezo que este ato representa. Eu recolho o que posso. Levo para nossa malunga que vive de recolher material. Encapo bonito os cadernos inteiros. Uso para minhas anotações e digo aos meninos que encontrei no caminho da escola. Mesmo que nossa comunidade inteira recolhesse tudo o que aqui preenche os caminhos, as calçadas, os parques, os rios, a Cooperativa de Catadores; mesmo assim não conseguiríamos reutilizar, ou reciclar tantas coisas desprezadas. Com minhas sacolas permanentes, não trago sacolas plásticas para casa. Mas há a feira, onde tudo, depois de pesado é acondicionado em sacos ou sacolas plásticas. Uma pequena remediação é o segundo uso[19]. Um paliativo, mas um paliativo que tenho conseguido argumentar com as pessoas. Outras companheiras e companheiros do Movimento Social também adotaram o lema do segundo uso para, ao menos, diminuir o impacto desta mudança cultural tão drástica!

É preciso que todas as coisas voltem a ser preciosas. Inclusive as pessoas.

---

[19] http://segundousopp.blogspot.com/2019/. Endereço do blog de Fernando Ávila da Cia Teatral Rosa dos Ventos, e Mari Palhares da Ocupação Cultural Galpão da Lua em Presidente Prudente.

QUARTO ATO

O QUE VOCÊ DESEJA? O QUE PRECISAMOS FAZER? MUDANÇAS DE CENÁRIO VINDAS DAS MUDANÇAS NA VIDA

O processo para aprovação do Termo de Consentimento Livre e Esclarecido pelo Comitê de Ética do Programa de Pós-Graduação da Faculdade de Educação da UNICAMP é um momento de burocracia muito angustiante, pois o sentimento de dúvida é intenso, diante de uma situação com muitas possibilidades. E de paralisia do processo, porque da pesquisa mesmo a gente paralisa. Fica na espera.

Nós no Mocambo ficamos trabalhando durante a espera. E planejando vivências malungueiras. Algumas para o dia, outras para daí um mês ou mais e deveras o tempo de uma geração para a outra entrou nos nossos planos.

Aprovado o Projeto, com as autorizações e sugestões de algumas alterações na Proposta original, planejei as entrevistas, com a contribuição de uma pesquisadora negra da Unesp de Assis, mestranda em Psicologia, **Jéssica Araújo Carvalho,** moradora na comunidade. O formato das entrevistas não teve um roteiro pré-elaborado, pois minha intenção era fazer emergir das conversas os desejos mais íntimos destas mulheres, de um jeito mais ameno, sem saber mesmo o que emergiria das conversas, até porque em muitos outros momentos nós já tínhamos conversado. Algumas delas já haviam me demandado soluções para questões pessoais e comunitárias.

Situações de tensões em suas vidas, ainda que eu tivesse informação sobre, evitei perguntar neste momento, pois algumas ocorrências precisam de planejamento para que possam avançar, seja porque não temos na comunidade uma equipe já preparada para atender ou porque é preciso que exista uma elaboração para que a frustração não preencha todo o pedido. Algumas situações não foram solucionadas é um fato, mas abrir feridas sem possibilidade de tratamento seria irresponsabilidade nossa.

Conversamos muito antes de iniciar as entrevistas e Jéssica me tranquilizou afirmando que tentaria ser discreta com as filmagens, de maneira que as mulheres pudessem ficar muito à vontade para falar. Foram momentos de escuta qualitativa e assistindo as entrevistas com as transcrições prontas ficou ainda mais evidente a naturalidade das mulheres. A lembrança de pedidos anteriores, as conversas por telefone e até mesmo lembranças de outros momentos em que trabalhamos juntas, também serviu de roteiro para a continuidade dos trabalhos.

Fico muito chateada com a utilização de alcunhas, números ou qualquer outro meio para salvaguardar a identidade das mulheres e famílias agentes desta pesquisa, então vou usar os dados no geral e trabalhar com fatos, evitando identificação durante as narrativas. Melhorando para uma família melhoraremos para nós todas.

Quadro 2 – Mulheres do Mocambo Nzinga com suas histórias de vida (quadro base do Projeto de Doutorado)

Estado civil	Cor do (a) parceiro (a) Mesmo ex-	Filhos (as)
Casada	Negro	1 filho; 1 filha
Solteira	Negros	2 filhas de pais diferentes
Casada	Negro/Branco	2 filhos de pai negro; Uma filha do atual parceiro
Casada	Negro	3 filhos de pais diferentes sendo 1 do atual parceiro
Casada	Branco	3 filhas e 1 neta
Divorciada	Negro	1 filho; 1 neto
Estado civil	Cor do (a) parceiro (a) Mesmo ex-	Filhos (as)
Casada	Negro	2 filhos, uma filha, um neto

Estado civil	Cor do (a) parceiro (a) Mesmo ex-	Filhos (as)
Casada	Branco/Negro	2 filhas e 1 filho de união anterior com homem branco
Casada	Branco – Ex: negro	1 filho de união anterior
Casada	Negro	5 netos, 1 filha adulta, 1 filho criança
Casada	Negro	2 filhos e 2 filhas
Solteira	Branco	3 filhos e acolhe 1 sobrinho
Casada	Negro	1 filha

Fonte: Ivonete Alves

Foi somente no último momento que me inclui como uma das malungas na pesquisa, chegando a 13 famílias negras no foco da pesquisa'. O fato de ser a pesquisadora que registra já me sinalizava muita presença minha no trabalho, mas foi uma assunção necessária para conseguir malungar na quilombagem[20].

Quadro 3 – O que solicitaram as mulheres do Mocambo APNs Nzinga

Demandas
Mais cultura, arte e cursos na comunidade
Geração de renda; relações raciais na escola das crianças
Assistência psicológica; relações raciais para os filhos
Geração de renda; formação para dar cursos em instituições

---

[20] Clóvis Moura em seu Dicionário de Escravidão Negra no Brasil (2013) anota o seguinte: "QUILOM-GABEM" é um "Movimento histórico e social que, no Brasil, teve início no final do século XVI, idêntico à marronagem nas áreas do Caribe e outras. Caracterizou-se pela formação contínua de grupos de negros rebeldes e fugitivos, que constituíam comunidades próprias, os quilombos (V). A quilombagem perdurou durante todo o tempo em que existiu a escravidão no Brasil e foi um elemento de desgaste permanente do sistema escravista [...]". p. 334. Conquistada a abolição da escravatura, de forma oficial, os quilombos permaneceram, próximos ou distantes das cidades, urbanos ou rurais, até que se constituíram   e m exemplos de luta coletiva para o Movimento Negro como Sujeito. Hoje vamos nos aquilombando em vários locais, inclusive nas Universidades.

Demandas
Atendimento da filha em propostas alternadas do horário escolar, passeios, ter uma renda melhor
Festas e bailes na comunidade, formação acadêmica com história da África, Cultura afro-brasileira nas faculdades de pedagogia e outras graduações
Informática, trabalho de Meio Ambiente no parque; ervas medicinais; PANCs; propaganda para seus bolos de festa e profissionalização do trabalho artesanal, ter um computador em casa
Aprender bordado, ter visitas para conversar, ter um Parque bem cuidado, aulas para pessoas da terceira idade
Assistência psicológica, espiritual, formação continuada, cuidados pessoais e com a filha, passeios, diversão, cuidado e plantio numa horta comunitária
EJA – Educação de Jovens e Adultos, assistência jurídica, melhorias na residência, colocar dentadura, óculos e tratamento "das vistas" para as crianças
Horário da creche do filho para poder trabalhar em período integral, cuidado com o corpo (massagem, hidratação), cuidado com os cabelos das crianças, assistência psicológica para os filhos e filhas
Informática, manuseio das mídias digitais, ter um computador em casa
Que o desejo de todas estas mulheres possa ser respondido, mesmo com um não e as razões para tal. Melhorar o espaço físico residencial e adequar para exposições. Conquistar um espaço público para atender demanda por ervas, flores, plantas da tradição caipira e ameríndia. Ter um local amplo e aberto para instalações artísticas de impacto social.

Fonte: Pesquisa de Campo com as entrevistadas

Cada vez que assisto às gravações das entrevistas surge outras demandas, até porque na audiência das entrevistas lembro-me de bilhetinhos, recado no telefone e até mesmo conversas nas ruas e em encontros casuais. Uma das mulheres entrevistadas atua numa escola da região e cursou Pedagogia na FCT/Unesp. Sua entrevista trouxe várias demandas que direcionam uma potente crítica para os cursos de Pedagogia e outras licenciaturas que ainda não conseguem trabalhar com as prerrogativas da Lei 10.639/2003 e com a 11.645/2008 que inclui o ensino da cultura indígena no currículo escolar. Esta professora, que está em um cargo de gestão também narrou que das 16 professoras que atuavam na escola naquele momento, somente uma é negra e que seu trabalho é bem diferenciado, com uma preocupação maior com a diversidade, que as outras professoras que atuam nesta escola de periferia. Houve também uma forte ênfase na necessidade do ensino de artes. As aulas de arte perderam uma parte de sua carga horária na Educação Básica.

Sua fala contrapõe algumas situações que já vivenciamos, enquanto ela estava em outra escola da comunidade, onde realizamos uma ocupação preta em 2009. Esta ocupação só pode acontecer na escola porque existiam duas mulheres negras nos cargos de gestão e isto fez toda a diferença para driblar o racismo institucionalizado, que dificulta sobremaneira o trabalho antirracista dentro das escolas.

Esta discussão é particularmente delicada quando se trata de famílias interraciais. Ter um pai branco presente para crianças negras não é algo tranquilo, diante do silenciamento da família sobre esta questão. Maria Isabel Donnatela Orrico (2021) faz uma rica discussão a partir da "Branquitude crítica dissimulada", pois se a família não discute, a escola se omite a criança fica à mercê da desinformação, sofrendo o racismo que a impacta e também com a alteridade comprometida. Ter um pai branco pode significar sofrer racismo dentro de casa, juntamente com outros conflitos que já impactam negativamente a formação da criança negra.

Este fato identificado já mesmo antes da rodada de entrevistas sistematizada, nos fez programar uma série de Oficinas, vivências, cursos, passeios, participação em eventos no SESC Thermas onde a negritude valorizada estivesse em foco e como protagonista.

Alguns desejos necessitam de um aporte financeiro difícil de conquistar. Adquirir um computador, por exemplo nem sempre está ligado com a ausência total de dinheiro para comprá-lo, mas sim à estrutura familiar que ainda não avançou no sentido de saber ser um computador muito mais que um eletrodoméstico. O período da pandemia da Covid-19 evidenciou o quanto um bom computador ou um bom notebook fez a diferença em termos de acesso. Não somente ao acesso à cursos, palestras, aulas *on-line*, mas a possibilidade de geração de renda. Neste caso, o nível de escolarização também foi determinante. Duas semanas após o decreto de afastamento social, nós no Coletivo Mãos Negras começamos a receber inúmeras demandas, sendo algumas com remuneração, mas com as exigências de competências no uso das plataformas digitais que algumas famílias, mesmo dois anos depois, ainda não conseguiram conquistar. Ou melhor, foram impedidas de conquistar, por um processo de racismo institucional que perdura.

A maioria dos desejos que compõem o escopo desta pesquisa, avalio como sendo possível de conquistar. Um deles veio com muita potência neste período de pandemia e pós ápice pandêmico, em 2022: a questão da assistência psicológica. Recebi um recado pelo WhatsApp e uma de nossas malungas pedindo mil desculpas, narrando o caso de uma mais jovem que estava numa crise muito profunda e ela tinha muito medo de uma tentativa de suicídio. De fato, ela esperou e ajudou em tudo que poderia, mas quando chega na questão financeira é bem difícil encontrar uma forma de atendimento psicológico no sistema local. Esta jovem teria que ficar na fila de espera para ser acompanhada pela sessão da psiquiatria.

De um dia para outro tivemos que nos mobilizarmos e recorrermos aos recursos da família para pagar um tratamento emergencial para ela. Seria ótimo se aqui a gente pudesse tirar o foco de nosso trabalho e na busca por soluções, mas não foi. De novo, são as ações pontuais que vão descobrindo as profundas fendas do racismo institucionalizado. O que fazer? Aguardar a notícia de mais um suicídio?

Conversamos um pouco diante dos afazeres, sempre assoberbados, e ela agradeceu muito e então perguntei de sugestões dela sobre estas questões de acompanhamento psicológico sempre muito difícil nas comunidades. Em muitos casos, analiso que a maioria das pessoas coloca suas esperanças de alívio na religião, ou melhor na religiosidade. É o meu caso também.

Uma das mulheres deste escopo tem uma rotina de orações muito sistematizada. Todos os dias ela ritualizou sua vida para rezar antes das atividades cotidianas. É uma das mulheres mais alegres e vibrantes diante de novidades ou afazeres propostos.

As Ações no Parque (este é também o nome do nosso grupo de cuidados com o Parque) da comunidade tem se configurado em momentos de riqueza comunitária, pois as pessoas sabendo que estamos no local todos os sábados de manhã, recorrem a este encontro para aprofundar os liames comunitários. As notícias sobre as famílias que se encontram em situações de risco temporário, encontram possibilidades de socorro com maior rapidez, devido aos encontros que agilizam as tomadas de decisão e também fomentam o desejo de ação. Isto ocorre porque ao conversarmos, as soluções são apresentadas e podem já serem combinadas e assumidas.

Várias demandas podem provocar a constituição de cursos, oficinas e também a melhoria das instituições da localidade: a demanda por acesso às mídias digitais já tinha sido foco de vários debates e conversas que tivemos antes do período da pandemia da Covid-19. Acompanhando os grupos de Pós-Graduação, as redes sociais de jovens e instituições que buscam garantir o acesso a estas mídias digitais, fomos detectando que é preciso várias pessoas pensando e agindo para permitir o acesso. Um computador de mesa ou um *notebook* está fora do orçamento da maioria das famílias negras que estão no escopo deste trabalho. Algumas poderiam adquirir, mas o fato de não se permitirem entrar no ensino superior dificulta a assunção de uma necessidade que ainda não se tornou premente.

Chegamos a pensar na possibilidade de criar uma Caixa de Poupança. Este processo era muito comum na maioria das comunidades africanas e depois na pós-abolição entre as mulheres negras que puderam poupar para os mais novos. O modelo de poupança coletiva exige uma administração dos recursos que é na base da confiança. É preciso que exista um compromisso visceral de todas as participantes para que o grupo possa auferir, em condições de igualdade a poupança coletiva.

Houve um esfacelamento destas relações nas cidades maiores e para fazer funcionar é preciso um investimento de energia para criar o grupo e depois lembrar dos compromissos, até que todas as pessoas sejam contempladas com o recurso. Poupar, mesmo que exista uma premência financeira no momento é uma forma eficaz para novos projetos. No entanto, sei o quanto é difícil convencer a família deste fato. Fui criada com esta tônica da necessidade da poupança, mesmo em tempos difíceis, mas avalio como é cruel e doloroso deixar de lado os desejos mais prementes avaliando a situação como um todo.

Uma das poupanças mais eficazes também se faz com o cuidado da natureza. As plantas de flores, as árvores frutíferas e as plantas de chás podem alimentar, curar e também servir como moeda de troca. É fato raro quem se disponha a pensar nesta possibilidade. Assim, a aquisição de equipamentos de informática foi ficando para outras oportunidades

O descarrilhamento negro causado pelo processo escravizatório e a vida na Maafa[21] são impeditivos poderosos (NJERI, 2019). Voltar a

---

[21] Segundo a doutora Aza Njeri, Maafa "é o processo de sequestro e cárcere físico e mental da população negra africana, além do surgimento forçado da afrodiáspora. (2019, p. 7). Aza Njeri estudou o legado de Marimba Ani e de várias outras pesquisadoras negras da Diáspora para elaborar seu Pós-doutorado em Filosofias Negras para indicar, dentre outros objetivos, as possibilidades de reunanização e recarrilhamento das pessoas negras na américa "Ladina" aí já com base nas pesquisas de Lélia Gonzalez.

avançar em direção ao desenvolvimento da população negra, com base em suas prerrogativas históricas é de muita urgência. No entanto a arte, como enfatizou uma das entrevistadas, é uma possibilidade muito real de enfrentamento ao racismo e reconstituição de uma vida afrocentrada na Maafa, com possibilidade de acesso à recursos financeiros, ainda que em muitos casos, este acesso continue dificultado por vários fatores estruturais[22].

As oficinas de jovens da pegada

No início da constituição do Projeto de Pesquisa, visando registrar a demandas das mulheres negras desta área, com audiência qualificada de suas falas, suas histórias de vida, desvelando as subjetividades de três ou mais gerações destas famílias negras ou interraciais, o foco inicial esteve nas demandas das crianças. O Projeto foi sendo alterado no seu percurso, como um resultante de um processo vivo, discutido e analisado com a Ângela Soligo. Uma interlocução competente e comprometida faz toda a diferença na constituição e ações necessárias para agir em uma proposta de pesquisa.

Para atingir objetivos propostos, após uma primeira rodada de audiência das conversas das mulheres negras, tivemos que organizar vivências sistematizadas de processos formativos para as relações étnicas e raciais pautadas na cultura afro-brasileira, com materiais construídos, organizados ou adquiridos para valorizar as práticas nos círculos de cultura constituídos como oficinas de trabalho de confecção das bonecas Abayomis, cerâmica ancestral e outras oficinas que fomos organizando ao longo de 2019. Tivesse aguardado para só ir a campo após cursar as disciplinas na Pós-Graduação da UNICAMP, teríamos deixado de caminhar com propostas que acabariam sendo totalmente inviáveis durante a pandemia da Covid-19. Ainda que o cronograma estivesse prevendo Rodas

---

[22] A Secretaria Municipal de Cultura de Presidente Prudente tem gestado um Edital denominado "Cultura e Arte por Toda Parte". Ao ler as regras do Edital logo a gente percebe a impossibilidade de acesso de pessoas negras e grupos periféricos porque o recurso só é disponibilizado "depois de executada a proposta". Como é um artista pobre pode se comprometer com um Edital assim? Ele é propositalmente excludente! Uma coisa é quando o grupo já possui uma estrutura montada (quase exclusividade de grupos brancos), a outra é o início de trabalho com várias exigências na qualidade de elaboração e execução das propostas. Por este motivo é preciso que exista uma caixa de recursos para que jovens negros e negras possam ter acesso a renda. Além disso, é preciso sim planejar pessoas negras que consigam produzir fortunas em dinheiro. Porque riqueza cultural e intelectual nós já possuímos. Mas são as pessoas brancas que continuam enriquecendo financeiramente com este cabedal.

de Conversas e Oficinas durante toda a pesquisa, foi muito importante executar as Oficinas antes do período determinado para afastamento social, devido à Covid-19.

Foram várias as oficinas solicitadas, mas o atendimento às crianças esteve presente em todas as entrevistas, ou mesmo nas conversas antes e depois da rodada de entrevistas individuais realizadas e sistematizadas com as mulheres negras do Mocambo. Assim, fomos convidando jovens que já faziam algum tipo de arte para elaborar um programa de oficinas variadas e capaz de atender alguns desejos e também algumas necessidades.

Foi escurecendo para mim vários princípios da afrocentricidade e também da perspectiva teórica adotada: o mulherismo amefricana. Na verdade, a constituição deste sustentáculo teórico também se confirmou numa Oficina, pois eu já praticava as recomendações desta abordagem, que vai muito além da teoria, mas não tinha tido condições de nomeá-la. Quando, durante o ano de 2021, fui solicitada para contribuir no processo de 6 alunas negras da graduação (psicologia, geografia, pedagogia, letras) que estavam em vias de desistirem de suas formações porque sentiam-se perdidas, inseguras e incapazes, foi preciso pensar quais eram estes mecanismos de expulsão operando nas Universidades e analisar meu percurso formativo, o percurso alijado das mulheres do Mocambo e de outras mulheres negras que já tinha conhecido, inclusive na autocensura que leva ao impedimento do acesso.

A percepção do auto-ódio, as narrativas das frustrações me impuseram um desafio: "se existem tantas assessorias para que mulheres tenham sucesso acadêmico, como será pensar no sucesso acadêmico de mulheres negras? Contribuir com estas meninas e mulheres negras, em vias de abandonarem suas graduações, é útil para a comunidade do Mocambo?

Cursei as aulas gratuitas de uma mentoria acadêmica, que nem quis saber o preço, porque não poderia pagar e segui na constituição de um processo de escuta qualificado das meninas que me procuraram. Uma das questões que surgiu com muita força, foi a sobrevivência financeira e também como trabalhar as relações raciais negras nos ambientes onde atuavam. Outro dado importante se traduziu no processo de pesquisa em si. Não é óbvio a utilização de ferramentas de busca, a necessidade de solicitação aos Comitês de Ética e nem a aliança incondicional da teoria afrocentrada e as práticas afrocentradas, preconizadas no Mulherismo *Africana*, tendo sido aprofundada por Lélia Gonzales na constituição da amefricanidade, antes mesmo da divulgação da nomeação como Mulherismo *Africana*.

Então, organizei um kit para este grupo que denominei "Trabalhos Acadêmicos". Além dos textos sobre mulherismo, das orientações individuais, nós marcamos duas oficinas. O Kit foi para mulheres do Mocambo e também para as garotas universitárias que já tinham demandado o trabalho com as relações raciais negras. Todas as mulheres do Mocambo já tinham recebido este Kit e sua utilização já estava em pleno vapor quando chegou a pandemia da Covid-19.

Para as garotas que fizeram parte desta Mentoria, mesmo que em outros municípios eu enviei o Kit pelo correio. Este fato foi importante, porque elucidou as dificuldades de algumas pessoas compreenderem que não há material didático pedagógico pronto para o trabalho com as relações raciais negras. Mesmo quando há recurso disponível para sua aquisição, ou você produz ao não terá plenas condições de atuação.

Box 4 – Carta que acompanhou o kit "Trabalhos Acadêmicos"

MOCAMBO

NZINGA

Presidente Prudente/SP, 14 de setembro de 2021.
Querida Amiga,

Você está recebendo um kit para elaborar peças de inspiração afrocentrada. O processo colaborativo entre mulheres negras, com o objetivo de empoderamento de outras comunidades negras, chama-se malungagem.

Então você é uma malunga: uma irmã na caminhada. Quando puder, faça o mesmo ou contribua com o que puder para empoderar outras comunidades, pessoas e crianças negras!

É assim que se tece a rede de filosofia "ntu": eu sou porque nós somos"!

Kit trabalhos acadêmicos – maio 2021

Este kit vai permitir que você produza as seguintes peças:

- Bonecas Nzinga - Bonecas Abayomis - Mascarinhas em papel machê

As pequenas máscaras inspiradas em originais africanas (técnica que eu criei para o trabalho com as Relações Étnicas e Raciais Negras), com a técnica do papel-machê será já mais próximo de outubro, pois é preciso aprender antes sobre as bonecas, e dar um tempo no processamento de cada uma destas técnicas. Quando chegarmos nesta etapa, vocês já poderão organizar os materiais necessários para a produção destes mascarinhas, por isto não vou enviar agora.

Até lá já terei providenciado um arquivo para publicar no meu blog (Ivonete Afroarte), com as instruções para providenciar a massa de papel, com as receitas de sua produção, armazenamento e materiais necessários para a confecção da mascarinha e de seus acabamentos possíveis.

Componentes do Kit que vocês estão recebendo:

Miçangas, pérolas variadas; Argolas para brincos de capulana; Recortes de capulanas; Kit montagem brincos tipo anzol

Bonecas Nzinga

1 boneca Nzinga pronta

1 boneca Nzinga preta para criar o acabamento

1 kit para montar várias bonecas Nzinga

Espumas sintética para encher a cabecinha da boneca

Espuma de sofás para produzir o corpinho da boneca

Cordões para produção de bonecas Nzinga em várias tonalidades de pele (colorismo)

Linhas para costura a mão branca, preta e vermelha

Agulhas para costura a mão

Produtos de uso geral

1 frasco de cola de silicone

1 alicate para montagem de brincos

1 rolo de fio de nylon (usar na produção de chaveiros)

Argolinhas para a produção de chaveiros (Bonecas Abayomis e Nzingas)

Produtos exclusivo para pintura das mascarinhas

*Tawá

* Tawá são pedras (algumas mais moles, outras mais duras) encontradas em regiões montanhosas, com grande variedade de altitudes. Estas foram coletadas em Paracatu/MG, que fica à mais de 600 metros de altitude. Região Noroeste de Minas Gerais, a cidade possui 5 quilombos. Aprendi lá como identificar e coletar estas pedras de pintar (foram usadas pelos escravizados na pintura de Igrejas.)

Terra Roxa

A Terra roxa é um tipo de solo extremamente fértil, possui uma característica bastante relevante devido seu aspecto vermelho-roxeada, por causada presença de minerais, especialmente ferro, advindo da decomposição de rochas de arenito-basáltico que foram depositadas neste terreno há milhões de anos atrás quando houve o maior derrame de lava que o planeta já conheceu durante a separação da Gondwana (atuais continentes Sul-Americano e Africano) na Era Mesozoica.

Como já tinha usado outras terras para pintura, testei e organizei várias obras pintadas com esta terra, que coleto em Iepê (bem pertinho da fronteira com o Paraná). Sua cor vermelho-bordô escurece um pouco, mas fica maravilhosa na pintura de muros e paredes. Também é possível fazer grafiatos variados com ela.

Ivonete Aparecida Alves

Agbá do Mocambo APNs Nzinga Afrobrasil – Arte – Educação - Cultura

Fonte: arquivo da autora

Foi somente depois de atuar com as mulheres daqui do Mocambo que descobri que a maioria das pessoas pobres na população brasileira introjetou a ojeriza a tudo que se relaciona com os papeis sociais de pessoas escravizadas: domésticas, donas-de-casa ou mesmo os serviços braçais mais necessários para a manutenção da vida. (Ainda que saiba da necessidade das críticas ao processo de desrespeito com as mulheres que desempenham tarefas domésticas). Uma introjeção necrofílica, porque são tarefas que precisam ser desempenhadas e numa comunidade pobre não há dinheiro para pagar quem faça. Então, é preciso que a família faça estas tarefas. Uma das malungas nascida em uma área rural não sabe como pegar na enxada. A questão não é que a pessoa não tenha direito de escolher o que deseja fazer de sua vida. Ela tem direito de escolher não aprender. Porém é um massacre midiático desqualificando o trabalho braçal, que as famílias pobres adotaram para as filhas e filhos, que demoniza o trabalho, principalmente o trabalho braçal, para então, desvalorizar o trabalho feminino não remunerado e pagar muito pouco pelos frutos do trabalho rural, ou primário. Em contrapartida, comida que foi transformada em "*comodities*" são caríssimas, impactando de forma nociva as famílias pobres. É preciso salientar que o trabalho doméstico não é um trabalho "natural" para as mulheres. É um trabalho necessário, que foi sendo assumido pelas mulheres e no mundo ocidental, principalmente nos países mais explorados, como é o caso do Brasil acabou sendo imposto como trabalho feminino. Há uma tal naturalização de que lavar roupas ou lavar a lousa é um trabalho de mulher, que mesmo as minhas amigas que se dizem feministas ficam admiradas de nós lavarmos cada qual sua roupa. Eu lavo as minhas e meu marido lava as dele. Infelizmente ainda tenho que assumir os cuidados com os panos de chão, guardanapos e afins. Por outro lado, ele lava as roupas de cama e sai todos os finais da tarde para passear com nossa cachorra e o cachorro: Lili mãe do Caramelo (Caramelo morreu no início de 2023).

Minhas irmãs ficam indignadas! Impossível explicar para quem nunca foi da militância acordos assim. Ou impostos assim!

Quando eu me posiciono no sentido de que, os frutos de todo trabalho humano são de uma preciosidade enorme, então há um processo de profundo estranhamento na própria comunidade, porque é preciso carpir o mato que está sobre a calçada, recolher o lixo que foi indevidamente jogado no ponto de ônibus, que precisa ser cuidado até por quem não usa sempre o transporte coletivo. O cuidado das áreas comuns é necessário, vai muito além da escolha de qual atividade eu quero privilegiar na minha vida. Há saberes que são para a vida e não somente para a atividade profissional.

O grande desafio estava em equilibrar o desejo de cada pessoa, os sonhos familiares de que seus filhos e filhas não tenham que fazer serviço braçal na marra para não morrer de fome, o racismo já estabelecido, a introjeção no corpo, rejeitando a ação manual e o aprendizado do necessário para sustentar os desejos mais ambiciosos. Só soube fazer isto com exemplos.

A confecção das bonecas Abayomis já tinha ganhado uma enorme competência por nós no Mocambo. Na gravação de um documentário dentro do Programa da Secretaria Estadual da Cultura em 2020, eu procurei uma boneca Nzinga e não tinha mais nenhuma nem para a filmagem, então resgatei sua confecção para fins de documentação. Todas estas ações já tinham, em algum momento, gerado renda para manutenção do trabalho e para meu sustento mesmo. As bonecas e sua comercialização foram determinantes para todas as etapas de constituição e manutenção do Mocambo. Assim, estas oficinas e conhecimentos basilares podem ser auferidos para manutenção de muitas famílias. O desafio está no convencimento do acerto em aprender um pouco de tudo e também de equalizar os desejos individuais, com as necessidades coletivas. Aprendi também que a aceitação da mudança varia muito de uma pessoa para outra. As crianças aceitam muito bem que precisam aprender de tudo, até para brincar melhor. Mas algumas pessoas adultas recusam-se terminantemente a traçar um plano de aprendizado onde o exercício manual esteja presente.

O recorte racializado nas atividades e até mesmo a hierarquização no acesso ao dinheiro, ao poder vender em locais privilegiados[23] também dificulta o convencimento sobre o aprendizado de algumas atividades manuais. Quando proponho a Exposição Arte Malunga foi também com o desafio de valorizar as atividades manuais que podem ser transformadas em arte.

Foram realizadas já 3 atos desta Exposição, que contou com atos formativos para que pudesse ser concretizada. Ainda retomarei as des-

---

[23] Considero que comercializar em eventos dentro das Universidades é um privilégio quando se trata de produtos diferenciados, como é o caso das bonecas Abayomis, bonecas pretas ou comidas pouco difundidas. Na verdade, o que a gente comercializa é uma história: a história de sua produção, o uso de materiais reaproveitáveis, o comércio solidário com as pessoas que estão na terra, a luta pela sobrevivência nas comunidades periféricas. Estas histórias e suas narrativas precisam de uma audiência, que é encontrada, em número expressivo em ambientes diferenciados. O que faz da comercialização um evento.

crições e a importância deste processo no Mocambo, principalmente para dar visibilidade ao fazer artesanal e à arte produzida por mulheres, especialmente a arte produzida por mulheres negras e invisibilizada na história humana.

Foi assim que convidamos algumas pessoas que são acadêmicas, para vir até o Mocambo ensinar algumas técnicas que seriam utilizadas na produção de obras artísticas, já pensando inclusive, na formação em Curadoria Afrocentrada e na Produção Cultural das Exposições de Artes.

O Oficineiro foi o Pedro Leonardo de Almeida (Mestrando da FCT-Unesp de Presidente Prudente) que teve como Auxiliares a Fabiana dos Santos e Paulo Henrique[24], inclusive que foram coletar os cipós para serem feitas as coroas na produção dos Filtros dos Sonhos.

A escolha das Oficinas que foram ofertadas, contribuíram para muito além do processo formativo do fomento à cultura. Os encontros entre as gerações e as amizades que vão estabelecendo liames positivos, são fundamentais para as crianças e adolescentes que vivem na periferia, quando passam a acompanhar outras realidades.

A pesquisa para aprender sobre os Filtros dos Sonhos foi importante para mim também, pois o fascínio que esta peça de arte promove nas pessoas me intrigava e pesquisar para redigir o texto sobre a obra, foi uma importante etapa na valorização de quem produz e comercializa os Filtros dos Sonhos no Brasil. É comum as comunidades alternativas produzirem e comercializarem os Filtros dos Sonhos. Outras obras eu compus depois desta com os filtros dos sonhos.

---

[24] O Paulo Henrique Leonardo é um homem cego (teve visão até os 19 anos e as perdeu em um acidente de carro) que contribui para que elaborássemos a descrição de imagem de forma poética, indo muito além das descrições somente. Durante a primeira exposição que fizemos em 2019, conseguimos contratar seus trabalhos para elaborar a descrição das 24 obras presentes na Exposição. Ele veio "ver" as obras com as mãos e fomos anotando cada uma delas. Depois, em sessões de trabalho fizemos a descrição e a revisão de cada obra, até que outras pessoas cegas ou de baixa visão pudessem ter acesso à gravação de audiodescrição. Esta nova competência me obrigou a produzir a descrição de todas as imagens deste livro, pois não adianta aprender se não for para aplicar. Trabalho árduo, mas necessário. Quando Paulo iniciou seu curso de Pedagogia na FCT Unesp veio para o Coletivo Mãos Negras e foi a primeiro cego a quem ensinei a confecção de bonecas Abayomis.

Figura 15 – Filtro dos sonhos usados na obra que constituiu o 1° e 2° Ato da Arte Malunga - Obra: *Chippewa dreamcattcher* (filtro dos sonhos)

Foto: Ivonete Alves

A base desta obra foi constituída com a parte de uma escada para cama do tipo beliche, então ela é retangular com a parte superior maior que a inferior. Sua estrutura foi encapada com malha preta. Ao centro e acima há um filtro do sonho em formato de meia lua produzido com linhas alaranjadas, deixando pontas finalizadas com contas coloridas. Na parte inferior há um filtro dos sonhos tradicional no formato circular produzido com cipós entrelaçados feito com linhas vermelhas escuras e na área mais próxima ao centro com linha amarelo ouro. O miolo foi produzido com 3 pedras verdes. O canto esquerdo superior da obra foi preenchido com bonecas Abayomis vestidas com uma malha de fundo branco com risquinhas em amarelo, vermelhas, azuis e verdes bem fininhas. O canto inferior esquerdo tem trouxinhas de malha branca com risquinhas pretas. O canto superior direito tem as mesmas trouxinhas e no inferior direito as bonecas Abayomis. Ao fundo da obra há um muro pintado com terra no tom avermelhado escuro ferroso. No canto superior direito vê-se a parte de outra obra de arte. O trecho que aparece é adornado com malha laranja muito viva.

Oficina de bonecas Abayomis

Esta Oficina entrou no rol de necessidades no Mocambo, pois até então ela só tinha sido ofertada, de forma sistematizada no Sesc Thermas, na Unicamp e outros locais distantes. No trabalho de produção, a Oficina fica diluída nas necessidades de peças específicas das bonecas Abayomis, seja com as cores ou iconografias que representem Orixás, segundo Edson Carneiro. Produzir 100 ou 200 peças acaba impondo um ritmo de planejamento no trabalho que hierarquiza alguns objetivos, ficando a análise sobre as etapas da produção, a filosofia que acompanha um trabalho coletivo sem análise ou discussão. Aprender a fazer e também produzir em quantidade, ao longo de um período, possibilita ganhos, porém não qualifica as ações como componentes de uma Curadoria Afrocentrada, ou como uma das etapas na produção de obras de arte. Nesta Oficina tive como ajudante a Alexia Mel, uma malunga com 10 anos na época.

É importante salientar que o processo de produção da escrita foi muito enriquecedor para refletir sobre o que já tínhamos executado no Mocambo, mas pensar sobretudo nos processos que executamos fora da comunidade e que de maneira geral, tiveram um planejamento detalhado, compra e oferta de materiais nas Oficinas e que aqui na comunidade não tinha acontecido, como por exemplo na formação "Sankofa: antirracismo no cotidiano"[25], financiado e executado no âmbito da Secretaria Municipal de Assistência Social - SAS.

Ainda que este processo tenha tido como foco profissionais da SAS que atuam nas periferias e também crianças e adolescentes dos Centros de Referência em Assistência Social periféricos, não havia possibilidade de acompanhar os impactos de constituição identitária e as reverberações destas formações após terem acontecido. Através da memória de quem participou e de suas falas atuais, possibilitam saber o que estão produzindo, mas é somente em avaliações constantes que podemos viabilizar novas formações, oficinas e cursos para garantir a efetividade das ações antirracistas, senão ocorre o mesmo que estamos criticando: processos interrompidos que nunca são efetivados como política pública.

Sim, nós já produzíamos bonecas Abayomis e ofertamos esta Oficina em vários locais, mas não tínhamos ainda pensado na organização dela no âmbito local, do bairro onde fica o Mocambo. Um rol muito grande de Oficinas foram programadas, mas estivemos sempre diante do que era possível no imediato e do que seria possível com uma planejamento e financiamento externo. Estas Oficinas imediatas precisavam ser acessíveis, inclusive financeiramente, pois aconteceram em um período em que eu não tinha a bolsa CAPES e nossa família financiou as ações, com algumas pequenas contribuições sistematizadas.

Em 2018, oito mulheres financiaram as Bolsas de Produção Artesanal, com uma cota de cinquenta reais por mês cada uma. No primeiro semestre quatro e no segundo semestre outras quatro. Mas em várias ocasiões existiu atraso no depósito, ou algum fato dificultava o depósito, além do trabalho extra para lembrar cada uma delas da necessidade do depósito, o objetivo da contribuição e em seguida o agradecimento. Isto tudo é uma demanda de trabalho. Quando uma pessoa na nossa comuni-

---

[25] O Processo formativo "Sankofa Antirracismo no Cotidiano" aconteceu durante dois anos, com o objetivo de trabalhar com as Relações Raciais Negras, a partir de ações práticas. Depois dos trâmites burocráticos, no primeiro encontro com a equipe de funcionários dos CRAS – Centro de Referência em Assistência Social, localizados em seis bairros periféricos do município de Presidente Prudente/SP, nós solicitamos que cada participante respondesse algumas questões e solicitasse o que desejava ou necessitava aprender sobre relações raciais negras. Este grupo de solicitações constituiu a base do processo formativo. No ano seguinte, após a avaliação no final do ano de 2013 a equipe pediu que eu pudesse atuar com as crianças, adolescentes e familiares em cada Núcleo. Fiz o mesmo processo com as crianças, familiares e frequentadores destes CRAS e montamos Oficinas de Grafite, Cursos de Bonecas Abayomis, Sessões de filmes, Vivências de Culinária e outros. Respondendo às demandas que surgiram. Algumas educadoras seguiram estudando e pesquisando sobre os temas o que demonstra como processos mais duradouros e que foram constituídos a partir de demandas, alteram os processos com as Relações Raciais Negras.

dade faz um pedido mais direto, como uma cesta básica, medicamentos ou outra demanda urgente, nem sempre é possível cotizar para atender seu pedido. Parece injusto que uma criança da família receba um kit de artes com um custo elevado e a família ainda esteja precisando pedir comida!

A fome é uma estratégia de opressão. A arte é uma estratégia de libertação. Mas não há como produzir arte com fome. Então, é preciso artesanar para trocar arte por pão e assim suprir outras fomes, além da mais básica que é a fome do pão ou do arroz com feijão.

Oficina de Rima: Pedrinho MC

A existência das competições de rima, uma das inovações do Movimento Hip Hop no Brasil revigorou a cena de produção de jovens negros e negras no Brasil. Estes encontros festivos conhecidos por várias nomenclaturas, mas o termo "Batalha" ou "Slans" prevaleceram sobre outros nomes. O termo "Sarau" é anterior, mas cada qual tem uma maneira de organização. São manifestações culturais e existe uma concordância de que faz parte do movimento Hip Hop, composto por cinco elementos: *breakdance*, grafite, DJ ou BGirl, MC e conscientização ou conhecimento crítico.

Em Presidente Prudente ficaram conhecidos dois movimentos[26] nesta área: a Batalha do Vale, que começou em 2015, e o Quilombo de Dandara, gestado pouco tempo depois, mas não adicionou a data de seu início na página do Facebook. Acompanhei a história dos grupos através das falas das garotas com as quais mantenho contato de amizade e também profissional. Então foi um movimento natural identificar que as Oficinas de Rima seriam sucesso no Mocambo e de fato houve a participação intensa da galera.

O programa da Oficina de Rima foi feito pelo Pedrinho MC com algumas contribuições da produtora Fabiana Alves. Houve um momento inicial da história do Movimento Hip Hop no Brasil e depois das Batalhas em Presidente Prudente. Mas o que animou as crianças foi fazer suas poesias e declamar. Não houve competição, mas apresentar sua rima para alguém que tem uma proximidade de vivências, foi muito importante para as crianças. Na época Pedrinho tinha 16 anos. Atualmente cursa Psicologia em uma Universidade de Presidente Prudente.

---

[26] https://www.facebook.com/Batalhadoovale/abou e https://www.facebook.com/Quilombo-de-Dandara-2071552553068590/?ref=page_internal.

A roda de bate papo que antecedeu a oficina ficou marcada na memória dos meninos e meninas que participaram. Suas falas, até a atualidade é de uma compreensão do Movimento Hip Hop que até então não tinham. Para que a Oficina de Rima com Pedrinho MC acontecesse, tivemos que planejar a chegada do garoto no Mocambo, e depois ir levá-lo até a cidade vizinha, onde reside com sua família. E seu pai só permitiu que ele viesse porque já nos conhecia de outras atividades. Um cuidado necessário com os meninos negros, pois são o alvo mais direto da violência policial, principalmente quando adotam um visual do movimento Hip-Hop, cabelos crespos em formato *black power* e uma maneira de falar de sua identidade, com o corpo.

A violência policial é tão nefasta, que a maioria dos garotos negros crescem com um ódio violento contra as forças policiais e em vários momentos da vida nós, do Movimento Negro temos que lidar tanto com a Polícia Civil como com a Polícia Militar. Conhecendo esta realidade nós agimos em um sistema de proteção destes garotos, evitando que sejam expostos a cada atividade que propomos. O horário é pensado para a proteção, quem pode contribuir neste processo e até no uso da linguagem das rimas como uma ferramenta de luta nos momentos em que também exista a rede de proteção. Estando sozinho é preciso que este garoto tenha maneiras de defender-se.

As Oficinas são fontes de discussões da história de resistência, quem fomentou os movimentos na cena, quem agora faz os movimentos com respeito profundo às pessoas que o fundaram e lutaram muito para que de batalhas entre pessoas negras constituísse-se Movimento Negro (GOMES, 2017). Então, desde DJ Áfrika Bambataa no Bronx, passando por Nelson Triunfo, Djonga, Racionais MCs até a cena atual foram narrativas compartilhadas.

Estas mesmas narrativas compuseram os assuntos das rimas que as crianças conseguiram produzir.

Figura 16 – Cantoria de música caipira e oficina de Fandango paulista com Bruno Sanches

Fonte: arquivo pessoal

A imagem é a fotografia de um cartaz. Há um homem branco de pele escura no centro do cartaz tocando uma viola. Ele é calvo e usa barba e cavanhaque cortados rente ao rosto. Sua fotografia, no cartaz, está emoldurada por uma estampa de um tecido de chitão de fundo verde com flores grandes. Abaixo há os escritos Show e Oficina em letras pretas e a seguir FANDANGO CAIPIRA em amarelo e letras grandes. Abaixo a data: 24 de agosto de 2019. Horário: 9h30. Local e oficineiro: Bruno. Abaixo à direita há uma logo onde se destaca as letras APNs em preto, a sombra de um mapa do Brasil em amarelo e uma face negra compondo o mapa do Brasil, abaixo do logo AGESTES

DE PASTORAL NEGROS. Depois há o logotipo do Mocambo Nzingafrobrasil, onde se destaca o rosto de uma mulher negra e a seguir o logotipo do Coletivo Mãos Negras, composto por uma mão fechada segurando um lápis com duas pequenas mãos nas laterais, tudo dentro de um círculo, onde se lê no alto Coletivo e abaixo Mãos Negras.

Figura 17 – Cantoria no quintal do Mocambo

Foto: Ivonete Alves

A fotografia mostra ao centro um quintal com o portão aberto, a rua e um carro prata estacionado no outro lado da rua, uma parte de um arbusto com cachos generosos de flores cor rosa avermelhada. Do lado esquerdo há três pessoas, sendo um homem sentado com uma criança no colo e uma garota sentada bem ao seu lado, tem um espaço e um garoto está sentado numa cadeira azul. Do lado oposto, sentados na mureta, estão um homem e uma mulher, com um tecido de chitão atrás dos dois. Em primeiro plano está um homem de barba preta curta, com uma boina, camisa escura e calça jeans segurando uma viola.

A região de Presidente Prudente tem um apreço muito forte pela chamada música de raiz. Há muitos cantores e cantoras que produzem uma música bem divulgada e outras pessoas que prezam pela produção de uma música de raiz de excelente qualidade, que não tem o trabalho tão divulgado, como é o caso de Bruno Sanches. Além de músico, um pesquisador sobre as raízes das músicas caipiras que narram histórias. Os causos estão presentes antes e depois de cada música, com intensa participação da plateia.

Nosso espaço sempre teve como característica uma convivência intergeracional como as atividades compartilhadas desde nosso primeiro evento planejado, em novembro de 2009. As Oficinas, encontros musicais ou até mesmo as sessões de fotografia fazem do encontro entre gerações uma comemoração. A ideia absurda de ter constituída o cotidiano da vida apartado em caixas por idade é contrária à sabedoria ancestral. O conhecimento teórico sobre determinados assuntos é uma parcela miúda do conhecimento e em situações específicas precisa ter um foco por faixa etária. O aprofundamento da pesquisa exige vivência prática e a escola tradicional insiste em boicotar crianças e jovens aprisionando estes corpos em caixas. E dentro da caixa grande faz pequenas caixas, obrigando as crianças a viverem em verdadeiras prisões infantis. É uma espécie de treinamento para a prisão de adultos.

É por este motivo, que desde o período de estágio na Pedagogia, em 2004 que na Escola mais próxima tenho contribuído para que as crianças possam sair das caixas e ir para o pátio. Diante da ausência de bolas, brinquedos ou outros materiais para atender as demandas da Educação Física, eu me dispus a ensinar brincadeiras caipiras na escola. Fizemos petecas de jornais velhos e bolas de meia. Brincamos de bolas de sabão usando canudos de mamão.

Foram histórias assim, de vivências caipiras que Bruno compartilhou conosco naquela manhã de domingo. Entre uma cantoria e outra nós aprendemos um pouco do fandango caipira, fruto das pesquisas de mestrado de Bruno Sanches.

A escola é central no processo de valorização da cultura escrita e das ações reverberadas do Movimento Negro como sujeito, propostas e executadas pelo Mocambo, pois é no processo de escolarização que estas famílias negras depositam suas esperanças de alcançarem uma vida melhor, tanto financeiramente como socialmente. Daí a importância em propor e executar ações que possam valorizar a escola e criticar sua proposta de trabalho enquanto contribui para sua mudança. Um moço que nasceu e foi criado na roça, agora famoso, fazendo apresentação no Senhor Brasil, apresentado por Rolandro Boldrin, tocando viola com grandes orquestras no Brasil é bom exemplo para os meninos e meninas do Mocambo.

Ao propor estas ações com base na afroperspectividade e na afrocentricidade, envolvendo a participação das mulheres da pesquisa, seus filhos e filhas, o artesanato por elas produzido visando geração de renda, oficinas coletivas de corpo, cabelo e identidade negra, executando ações que promovam a interação escola-comunidade houve um entendimento das muitas possibilidades de atuação possíveis entre as famílias, a comunidade e a escolarização. Isto ilustra o que é valorizar e priorizar a matriz africana na vida no Brasil (NASCIMENTO, 2009), com a colaboração dos estudos afrocentrados na diáspora (CARNEIRO, 2003; DAMASCO, 2008; RABAKA, 2009; CASTIANO, 2010; COLLINS, 2016; DAVIS, 2016, 2017); a diáspora realizou este processo promovendo interações o tempo inteiro, tanto com os grupos originários como com outras culturas que foram chegando ao Brasil. A travessia e a diáspora forçada foi sendo ressignificada aos pouquinhos. Com moedinhas depositadas na Caixa, ideia que fez nascer a Caixa Econômica Federal muitas famílias negras pagaram uma passagem, compraram um novelo de linha e uma agulha de crochê, fez uma caixinha de costura ou comprou uma foice para roçar o café no tempo da geada de 1975.

Eu tinha uns 10 anos quando minha mãe me levou na Caixa para fazer uma poupança. Foi na época da grande geada. Passamos fome. Toda família pobre passou fome naquele período. Fiquei muito feliz com aquela carteirinha azul onde tinha meu nome e um tantinho de cruzeiros depositado. Muitos anos depois descobri que poupar mesmo em tempos de pobreza pesada é o único jeito de fazer um Movimento. A poupança dos povos da Terra está nos ambientes naturais. Poupam para todo o Planeta. A poupança da Terra é o ar e a água. E a gente que é pobre poupa na Caixa. Rende um tantinho de juro, mas a esperança que estas moedinhas constroem suplantam os maiores juros das bolsas de valores.

Estas moedinhas compram mudas para replantar árvores que os ricos destroem (os mesmos herdeiros do nosso sangue, da escravização, da exploração das Terras dos povos indígenas, os que moram em casas inexpugnáveis). Servem também para doar um caderno, uma bolsinha de lápis ou uma salada de frutas. Moedinhas são milagrosas. Estão nos rosários de lágrimas para dar esperança. Estão no Manto do Bispo do

Rosário para denunciar o racismo. Na tigela dos Pretos-Velhos para expurgar alguns pecados e na poupança do pobre.

Nos Atos anteriores eu já adiantei uma parte da peça. Atuamos em várias frentes, que para quem assiste é como se a todo momento nós estivéssemos no ápice da ópera. Os momentos paroxísticos são sucessivos. Ainda bem que é preciso ver a luta dos beija-flores. É preciso olhar como é que a gota da água da chuva vai encontrar um caminho nas folhagens das árvores. Uma gota. Eu olho uma gota. E então vejo a flor e as enormes folhas da flor da Venezuela. Superaram todas as propostas de crescimentos. É preciso pensar numa trilha sonora tão bonita como a presença da Venezuela neste palco, agora iluminado.

Sankofei. Falei do desejo de algumas malungas, de meus desejos e também do desejo de algumas crianças. A memória afetiva vai e vem, assim o roteiro sankofa o tempo todo. A prática também mostrou, aqui no Mocambo, que o Projeto foi alterado devido às demandas que estas mulheres trouxeram nas suas falas de trabalho. A pandemia da Covid-19 nos afetou de forma intensa e pelas ocorrências ainda em curso o prognóstico é de várias surpresas nos anos vindouros. A queda do céu está em curso, com muitas epidemias que pareciam distantes e agora estão no cotidiano das nossas vidas.

Em 2018, foram priorizadas num primeiro momento, para a pesquisa, 10 mulheres negras protagonistas de suas vidas e famílias, dentre as que foram selecionadas inicialmente.

Dois meses antes da intensificação do afastamento social devido à pandemia provocada pelo Coronavírus, chegou ao Mocambo uma família, com uma demanda urgente: trabalho, escolarização, valorização de suas vidas, em busca de esperança para o futuro e muito mais. Tanto que precisei alterar algumas demandas e esta família com suas necessidades e com sua determinação em superar condições muito adversas para sobreviver, contribuiu para todo um processo de planejamento no trabalho com famílias interraciais. Retomaremos esta família mais adiante na pesquisa.

Durante um ano e meio atendemos esta família, cuja matriarca demonstrou muita vontade de superação das dificuldades, que passou desde sua infância e adolescência, nutrida por uma gravidez precoce, o que desencadeou sua urgência em ter um companheiro para a vida.

Para a intensificação de ações antirracistas, foram consideradas as mulheres, que em algum momento demandaram ou ainda demandam ações do Mocambo, que tem seus filhos (as) netos (as) frequentadoras das atividades do Mocambo. Uma destas mulheres reside fora da área circunscrita, mas seus filhos frequentam as atividades devido à proximidade da tia e primos que residem na zona leste do município de Presidente Prudente. Em determinado período a família radicalizou sua escolha por uma denominação religiosa. O fato de um dia ter estado próxima das atividades malungas parece ter incomodado muito, pois houve insistentes pedidos para que os eventos onde estivessem presentes, já documentados em recortes de jornais, reportagens da TV local, documentários divulgados no Youtube, reportagens do SESC SP, fossem alterados. Impossível apagar os rastros de participação, então foi preciso aplicar uma censura nas publicações que doravante serão feitas.

Compreendendo falas e desejos: o desafio para atender as primeiras demandas

Depois de identificadas as mulheres negras que comporiam a priorização para o trabalho de pesquisa, foram surgindo novas demandas destas famílias e algumas delas também eram demandas urgentes de suas famílias ampliadas (irmãs casadas que foram morar em outra localidade; irmãs que saíram para estudar fora; mãe que vive com a filha de uma destas mulheres foco do trabalho de intervenção etc.). Desta forma foi preciso organizar as demandas e elaborar uma classificação, refletindo profundamente sobre as possibilidades de atendimento no imediato, enquanto algumas demandas estão a exigir um planejamento, que vai desde a elaboração de um Projeto de Lei para a execução via legislativo municipal, até a organização com a ajuda da equipe da Defensoria Pública Estadual, onde temos uma parceria já de outros Projetos.[27]

Em 16 de janeiro de 2020 anotei que o quadro inicial "Mulheres do Mocambo Nzinga com suas histórias de vida" foi elaborado em dezembro de 2019, para registrar os pedidos das mulheres nas entrevistas realizadas em setembro deste mesmo ano, as necessidades das crianças e também o que seria possível fazer para avançar com o trabalho no Mocambo. Ao ouvir as falas das mulheres eu percebi que a maioria das crianças negras

---

[27] Trabalho em parceria com a Defensoria Pública desde 2015, quando fui convidada a preparar e proferir palestras sobre Relações Raciais. Sou Defensoria Popular e participei da formação da Primeira Turma de Defensoras Legais Populares, com a gestão do SINTRAPP – Sindicato dos Trabalhadores da Prefeitura Municipal de Presidente Prudente, com o apoio da Defensoria Pública Estadual, da CUT – Central Única dos Trabalhadores, Levante Popular da Juventude, MST – Movimento de Trabalhadores Sem Terra, e outras instituições de luta da região.

não tinham acesso à estética negra no seu cotidiano. Ainda que muitas crianças já estivessem frequentando as atividades do Mocambo, suas vivências ficavam descoladas de uma vida afrocentrada e até mesmo de ter objetos com a estética negra valorizada presentes no seu cotidiano doméstico e escolar. Estas crianças não possuíam bonecas pretas, não sabiam o que é um tecido africano e suas peculiaridades e também não sabiam sobre as personalidades negras do país.

Foi necessário um planejamento estratégico para acrescentar em nossas despesas a aquisição de material para elaborarmos um material escolar afrocentrado, o pagamento pela costura a máquina e depois longas horas de trabalho na finalização das peças, mas foi um movimento necessário. Estudei, conversei com as famílias, com uma diretora de escola do ensino fundamental e com uma de creche da comunidade para saber o que tinham de acervo da cultura negra nos locais. Na creche tinha bonecas e bonecos, mas em quantidade menor e também variedade menor que bonecas e bonecos brancos. Foi fundamental as informações das mães das crianças sobre o que havia nas escolas de brinquedos de matriz africana e se havia.

Olhei para os materiais escolares de meu uso e vi que tinha muitos anos que até minhas bolsinhas para lápis, canetas e colas tinha uma estética afro. Então por que não preparar kits assim para as nossas crianças do Mocambo?

Foi muito difícil para mim discriminar para quais crianças iria elaborar os kits, pois minha intenção era que todas elas recebessem um material escolar afrocentrado. A estagiária do Mocambo Fabiana Alves, produtora cultural de exímia competência, foi minha orientadora para conseguirmos elaborar uma proposta executável e chegar numa meta possível de adquirir com os recursos das amigas e nossos recursos familiares.

Diante da iminente falência financeira da família, tive que buscar um trabalho temporário para pagar as contas e poupar algum recurso na execução do trabalho. Não consegui nenhuma bolsa de pesquisa até 2019 e tive que optar em deixar de solicitar as bolsas para focalizar a energia na pesquisa e no trabalho com as famílias.

O trabalho de elaboração das bonecas (essenciais para a constituição de subjetividades negras positivadas); o corte e a costura de bolsas com capulanas[28] demandou um tempo muito maior do que o previsto. Isto porque, não conseguimos a adesão colaborativa de pessoas que já tinham se comprometido a ajudar nesta etapa do trabalho.

Tivemos que adiar a entrega das bonecas pretas que deveria ter sido entregue antes do Natal de 2020 para entregar juntamente com o material escolar, embolando tudo com uma dificuldade muito maior para organizar o espaço físico com tanto material de trabalho, com as bonecas prontas, conjuntos de mochilas etc. As lojas que comercializam material escolar estavam lotadas, não havia absolutamente nenhum caderno contemplando a estética afro, com preço acessível e quando havia eram os cadernos mais caros que contemplavam personagens jovens, geralmente heroínas de desenhos animados. Bolsinhas para lápis e canetas todas com uma estética ocidental, e quando havia uma menina negra era na composição com outras garotinhas, quase sempre em tom rosa, justamente um estereótipo que gostaríamos de quebrar.

Neste momento foi fundamental ter feito um estoque de capulanas ao longo de vários anos, para poder desenhar, cortar e costurar as bolsinhas e customizar as mochilas. Nosso pedido por bolsas e mochilas escolares surtiu efeito, mas eram bolsas também com a cor rosa ou no máximo lilás, quando vinha de meninas e preta ou cinza quando vinha de meninos.

Nas dezenas de revistas de artesanato que temos no acervo do Mocambo, não encontrei nada que pudesse ajudar a afrocentrar o processo de customização das bolsas. De novo, nossa experiência e visitas em museus e lojas de artesanato afro, fora de Presidente Prudente, ajudou a pensar na estética das peças, propondo maneiras de deixá-las bonitas, mesmo tendo que manter as cores originais, como a mochila da menina.

---

28 Capulanas são tecidos produzidos a partir de um desenho africano (de qualquer um dos países), confeccionado em algodão ou outra fibra natural. Eram os tecidos mais simples, usados pela população mais pobre. Suas cores e formas variadas, algumas muito coloridas ganhou o gosto de várias pessoas do mundo, chegando no Brasil como um perfeito representante da estética afrocentrada. Cada país ou região africana, conhece estes tecidos com um nome próprio, mas no Brasil eles são conhecidos genericamente como capulanas. Entre os Igbos, na atual Nigéria chama-se Lappa, narra-nos Buchi Emecheta.

Figura 18 – Crianças do Mocambo com as peças afrocentradas – Kit escolar e bonecas
Figura 19 – Ela e sua boneca preta

 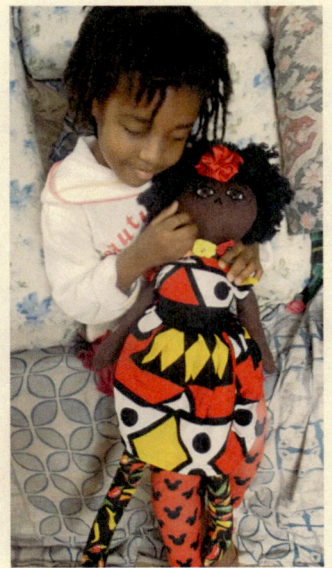

Fotos: Ivonete Alves

A primeira imagem tem duas crianças negras. Um menino e uma menina que estão sentados numa mesinha de centro. O menino com cabelos bem curtos usa shorts escuro abaixo do joelho, camiseta branca com estampas verdes em tons variados e uma medalha pendurada no pescoço com uma fita larga azul marinho. A menina ao seu lado usa shorts azul royal curto e camiseta preta, com cabelos crespos soltos e com bastante volume. Ela segura uma boneca negra com cabelos crespos, com o rosto bordado e um vestido produzido com capulana verde com desenhos afro em vermelho, azul, marrom e branco. Atrás dela tem uma mochila de rodinhas na cor rosa, com uma boneca preta aplicada na parte de cima da mochila.

A segunda imagem é de uma menina negra, com cabelos enroladinhos vestindo calça apertada em vermelho e preto e blusinha branca de manga cumprida. Ela está sentada segurando uma boneca negra. A boneca está vestida com uma capulana com estampas vivas nas cores amarelo ouro, vermelho, preto e branco. O tecido das pernas da boneca é na cor preta com pimentas amarelas, vermelhas e verdes e faz um forte contraste com a calça legue da menina.

Figura 20 – Mochilas do kit escolar afrocentrado

Foto: Ivonete Alves

Há 4 mochilas na imagem, sendo que as do fundo da imagem estão encostadas numa parede branca e são de rodinhas, aparecendo as alças e uma pequena parte da mochila, com as aplicações de capulanas coloridas. A mochila escolar da frente, à esquerda é preta e cinza, com as laterais em mosaicos de xadrez cinza, branco com divisórias do mosaico em branco. Sua frente foi customizada com uma capulana mesclada de estampas variadas. A mochila da direita é de fundo todo preto e foi customizada na parte frontal com retalhos de duas capulanas diferentes. A que foi usada na parte inferior tem fundo azul e desenhos em vermelho, amarelo e preto e a da parte superior possui desenhos em faixas com estampas étnicas em formado de bordados miúdos.

Figura 21 – Kit escolar afrocentrado: um mostruário

Foto: Doralice Ribeiro do Nascimento

A imagem possui diversos objetos sobre uma mesa com toalha de estampas com flores, dentro de mosaicos coloridos. Há um notebook com teclado separado na esquerda, a seguir um caderno universitário com uma capa onde se destaca um homem negro vestindo branco com chapéu também branco e está de cócoras. A seguir 4 embalagens de colas, sendo duas de bastão e duas de tubos com dosador, todas encapadas com tecidos coloridos. Ao fundo, uma mochila preta customizada com uma capulana de fundo azul turquesa e estampas em formado de tridente em tons terrosos, flores e folhas com detalhes bem pequenos. Abaixo, à esquerda duas bolsinhas para lápis e canetas feitas com tecido de capulana.

Estes kits foram preparados entre o final de 2019 e início de 2020. Foram contemplados 36 crianças e adolescentes. Algumas inclusive, não estavam no rol das famílias selecionadas para o foco desta pesquisa, mas são muito próximas fisicamente, e não receber o kit seria muito triste para elas. Foi um presente tão importante que uma das mães ficou relembrando de sua época de infância e abraçou a boneca com tanto carinho, comovida, agradecendo o presente. A filha curtiu, mas ficou muito pensativa olhando o quanto sua mãe tinha sido afetada por não ter tido uma boneca preta na sua infância.

Eu me lembrei que durante os anos em que minha mãe estava lúcida, ela adorava ganhar bonecas de presente. Esta sensibilidade com as ausências permite muitas prosas e elocubrações. Nem sei dizer o que é mobilizado diante desta presentificação da negritude positivada, que nos foi negada na infância, mas tenho muita convicção de que é preciso que ela emerja, mesmo que nos traga para uma área de percepção e recebimento de sentimentos que ainda não tinham aflorado. Aflorando a gente pensa no que fazer com estes afetos.

Quadro 4 – Atendimentos realizado em 2020 para crianças e adolescentes filhas das mulheres foco da pesquisa

1	Assessoria estética
2	Kit de cadernos, lápis, canetas
3	Kit escolar – bonecas – brinquedos
4	Adereços afro: kit escolar
5	Kit escolar
6	Kit escolar
7	Kit escolar
8	kit escolar
9	kit escolar
10	kit escolar – bonecas
11	kit escolar – bonecas
12	kit escolar
13	Caderno afrocentrado, canetas e lápis preto
14	Bonecas – brinquedos – cuidados cabelos e corpo
15	kit escolar - EJA
16	kit escolar - EJA
17	kit escolar - EJA
18	kit escolar

19	kit escolar
20	kit escolar
21	kit escolar – bonecas – cuidado corpo e cabelo
22	Brinquedos – customização de roupas
23	kit escolar
24	Kit escolar – boneco – cuidado corpo cabelo – aprendizado cuidados pessoais
25	Kit escolar

Composição do kit escolar

1 Cadernos de 10 matérias ou Caderno de recados para as crianças de creche

1 caderno de desenho de 96 folhas

2 Lápis preto

2 Canetas na cor azul e 2 canetas na cor preta

1 Régua

2 Borrachas

1 Apontador

1 Caixa de lápis de cor com 12 cores

1 embalagem de Canetões coloridos com 12 cores

1 Cola branca

1 Tesoura de ponta redonda

1 caixa Giz de cera para as crianças da creche

Kit de lápis, canetões, régua, esquadro, compasso para 3 famílias com mais demandas e dificuldades de manter um ambiente de estudo em casa.

A confecção do material e a customização

Cada criança negra brasileira que nasce em um ambiente hostil terá que repetir o gesto de libertação do processo escravocrata, porque a ausência das representações de sua cultura originária, do que representa de onde viemos é uma operação escravocrata. Não existe milagre para que o racismo seja combatido. Para cada gesto escravocrata é preciso muitos atos de libertação e ela precisa ser mantida cotidianamente, nos nossos ambientes, mas principalmente no que representa a iconografia libertária nos nossos ambientes. Ao conquistar o nosso cotidiano nós libertamos a nós mesmas e também libertamos nossos antepassados e antepassadas.

Prefaciando o livro-documentário escrito por Carlos Moore, sobre Fela Anikulapo-Kuti, Gilberto Gil poetiza que

> A África, com seus muito povos e muitas culturas, é o continente onde o destino trágico que tem marcado a raça humana se nos apresenta com sua máscara ao mesmo tempo mais bela e mais horrenda. Terra fundante, terra matriz, terra onde se encravam as raízes corporais e álmicas da humanidade, reconhecido berço de todos nós, a África tem sido também o mais desprezado, o mais ferido, o mais deserdado de todos os continentes. Ali a civilização humana tem ido buscar imensas riquezas materiais e simbólicas para construir sua grande obra, mas ali também se encontram os mais famintos de pão e justiça da história do mundo. (GIL; MOORE, 2011, p. 13).

Não penso que seja "destino", mas sim imposição de miséria. Imposição de cultura e quanto mais intensa é a imposição, maior precisa ser organizada a resistência e a existência. Evidentemente que o processo escravizatório marcou toda gente preta e cada pessoa preta africana que reverbera sua liberdade para o mundo, reverbera nossa liberdade negro--africana na diáspora.

São tantos ícones, tantos desenhos, alfabetos, gravuras, figuras, símbolos que seria impossível, em uma única vida recuperar e fazer valer a convivência negro-africana negada com o processo escravizatório, que um jeito para recuperar este legado é fazer do legado uma constância na vida cotidiana.

> Nesse sentido, é necessário compreender que a luta e estratégias genuínas, das experiências de mundo das mulheres

> pretas, não elimina outras existentes, mas as entende insuficientes para dar conta de uma dor de cunho coletivo, do negro, isto é, o mulherismo visa uma perspectiva que desloque as mulheres pretas desse lugar de violência histórica no qual fomos submetidas, pois, ao nos movimentarmos, tiramos um coletivo, também negro, da sulbalternidade comunitária. O levante da mulher preta é, portanto, o levante de sua comunidade africana. Esse levante, essa narrativa, essa potencialidade, identificamos tudo isso no mulherismo africana. (NJERI; RIBEIRO, 2019, p. 601).

Desta maneira, quando nós recuperamos o legado de Fela Kuti somos mulheristas. Quando adotamos customizar o material escolar de nossas crianças somos mulheristas, executando uma proposta de mudar uma realidade imposta. Há razões históricas para assumirmos esta mudança de perspectiva, a nós apresentada na teoria, por Aza Njeri e Katiúscia Ribeiro, mas há um processo de racismo real e operacionalizando as vidas negras e temos que sair dessa operacionalização com força:

> Isso por compreender que, em uma sociedade massacrada pelo racismo, nossa luta passa primeiramente pela manutenção do corpo preto vivo e o reestabelecimento de sua humanidade. Dessa forma, a preocupação do mulherismo passou a ser o resgate do matriarcado africano, berço civilizatório no nosso continente mãe, como via de enfrentamento ao racismo, genocídio e patriarcado, este último como ideologia dominante ocidental muito bem arquitetada para dividir e dominar. Se lembrarmos que estamos falando de um povo que vivia em comunidade, regido pelo matriarcalismo, percebemos a veracidade dessa mudança. (NJERI; RIBEIRO, 2019, p. 601).

Sair do processo de imposição cultural exige movimento e ação. E estas ações precisam de um grupo de mulheres regendo a vida cotidiana. Por vários motivos o homem negro no Brasil tem sido vítima e vitimador de um sofrimento intenso que culmina no seu genocídio. Assim, seus liames comunitários precisam ser agenciados para retomar o caminho comunitário e fazer vigorar um equilíbrio nas funções sociais originárias, que só recentemente estão sendo pensadas e colocadas em práticas nos coletivos que discutem masculinidades negras. Tenho estado muito atenta a este fato. Tia, irmã, conselheira, apoiadora e amiga de muitos homens pretos eu experimento as funções e adoto o mulherismo *africana* para discutir e agir em várias circunstâncias.

O gesto de alterar a aparência dos materiais escolares é um gesto político de enfrentamento ao racismo. Quando a gente operacionaliza as aparências eu discuto e coloco em xeque as impossibilidades da indústria cultural, que tenta manter sua hegemonia. Um ou outro detalhe que parece incluir a cultura negra é só mais uma tentativa de impor padrões ocidentais para uns poucos negros que avançaram financeiramente, mas a mudança precisa ser muito mais profunda. O gesto da customização é só um ato representando as muitas assunções identitárias em processo.

Foi para combater as marcas capitalistas que as colas tiveram as embalagens customizadas com capulanas. Os cadernos foram reencapados com a utilização de fotos e recortes de revistas (a maioria tiradas da Revista Raça Brasil compradas em sebos ou compradas em número duplicados), postais, capulanas e outros desenhos. A reutilização de Cadernos do SESC também contribuiu muito. Este processo levou mais de 4 meses de intenso trabalho, incluindo parcerias de pessoas de fora do Mocambo que fizeram alguma atividade em suas casas. Uma colaboradora externa, Fabiana Alves dos Santos, bordou o rosto de todos os sonequinhas.

Figura 22 – Exemplos de capulanas africanas

Fonte: https://casadaskapulanas.com.br/tecido-estampado/tecido-africano-estampado

A primeira imagem apresenta uma capulana nas cores amarelo ouro, preta e branca. Há desenhos de búzios sendo um lado amarelo e outro branco formando quatro pontas convergindo para o centro na imitação de um trevo de 4 pontas. Vários desenhos geométricos compõem o tecido produzido em alto contraste de cores. Na segunda capulana prepondera o amarelo ouro. É uma imitação do tecido "kente", que é produzido no tear. Possui quadrados alternados com seis combinação geométricas. A primeira combinação é com retângulo amarelo e faixas triangulares em amarelo, vermelho, verde e amarelo vivo. A segunda com retângulo vermelho e dentro um triângulo azul com pequenos quadradinhos brancos no contorno do triângulo. A terceira combina triângulo amarelo finalizado em escadinha com uma faixa triangular em roxo, depois amarelo ouro, depois vermelho, a seguir amarelo. As outras três combinações são variações das anteriores.

Além dos kits que coube a cada criança, nós programamos afrocentrar alguns espaços das escolas onde estas crianças, filhas e netas das mulheres negras foco da pesquisa, estudam. Assim, planejamos deixar em cada escola um kit de material, incluindo Sacolas Culturais Afrobrasileiras em todas elas.

Escolas da comunidade que seriam contempladas com kits de trabalho afrocentrado

Escola de Educação Infantil Prof.ª EUNICE de Menezes de Oliveira (Cambuci ao lado do Posto de Saúde)

Rua Benedita Semione, 560 – Vila Aurélio

Escola de Educação Infantil Irmã NAZARENA Zanite

Rua Milton José Bizoli, 268 – Parque Alvorada

Fone: 3903-9907 - 3223-0430

Escola Municipal Pioneira LUDOVICA Ligabo Rodrigues

Rua Milton José Bizolli, 500 – Parque Alvorada

Escola Municipal Prof.ª VILMA Alvarez Gonçalves

Rua Sérgio Lorenzo, 410 – Jardim Cambuci

Escola Estadual Prof.ª CLOTILDE Veiga de Barros

Rua Alberto Artoni, 225 – Jardim Santana

Escola Estadual Pastor João Carlos PADILHA

Avenida Juscelino Kubitschek de Oliveira, 14.407 – Jardim Santa Mônica

• Em caixa alta estão os nomes populares destas escolas.

A composição do kit escolar afrocentrado teve a contribuição dos anos de experiência com o temário das relações raciais negras, inclusive com a aquisição de filmes, DVDS, CDs e livros de literatura preta. Todo o processo assim constituído é moroso, exigente e criterioso, pois nem sempre a presença negra no material é de qualidade. Além disso, há materiais que são armadilhas e quando a gente discute um pouco mais acaba conseguindo detectar estas armadilhas. Ainda assim, a possibilidade de crítica do material e os estudos que estas críticas promovem já contribui para o avanço do trabalho. Estas escolas serão acionadas no futuro, pois as crianças da região do Mocambo serão frequentadoras delas, em algum momento.

Uma das malungas mais novinha do Mocambo acaba de ser matriculada na EMEI Eunice, justo a única onde conseguimos prover um kit afrocentrado. É nesta escola que deixaremos os outros kits. Foi nesta escola também que meu marido foi fazer o estágio de Educação Infantil e pode observar as atitudes das crianças brancas em relação às negras e ficou impressionado tanto com as atitudes das crianças, como de suas famílias em relação aos seus pertencimentos raciais. Mas estas histórias ele narra quando seguir no mestrado.

EM CENA OS SÉCULOS DE HISTÓRIA: OS DESAFIOS DA LUTA DENTRO DA FAMÍLIA E NA POLÍTICA

Uma das mulheres que chegou com uma série de demandas foi agregada ao trabalho de confecção das bonecas Abayomis, a seu pedido. Eu ainda consegui ensinar a ela e sua filha, em encontros presenciais, antes do afastamento social devido à pandemia da Covid-19. A menina teve um aprendizado muito rápido e eficiente na produção das peças para compor as obras de arte com uso das bonecas Abayomis e também com demais componentes utilizados na elaboração da técnica que criei e denominei kizombagem[29], dentro de um processo chamado quilombagem. A kizombagem é um processo de produção artística que supera os impedimentos na produção de arte nas periferias, pois tem como princípio político sua produção apesar do capitalismo, do racismo, do sexismo e da homofobia. Para produzir arte com este processo é necessário planejar uma obra com base nos seguintes princípios:

- usar prioritariamente material reaproveitado;

- pensar numa simbologia afrocentrada reconhecível dentro do grupo local, nacional ou da diáspora africana;

- ser arte produzida por pessoas negras, pretas ou indígenas;

- valorizar a inclusão de todas as pessoas no processo de fruição, ainda que sua produção esteja condicionada com base na raça e etnias negras e indígenas;

---

[29] Nei Lopes em sua Enciclopédia Brasileira da Diáspora Africana grafa QUIZOMBA: forma brasileira para o quimbundo quizomba, "festa", "festejo". O vocábulo, então em desuso, voltou a circular com a grafia africana, a partir da atuação do cantor e compositor Martinho da Vila, divulgador, na década de 1980, da cultura angolana no Brasil. Em 1988, Martinho da Vila escreveu, para a escola de samba Unidos de Vila Isabel, o enredo Kizomba, festa da raça, de belo e forte conteúdo afro, com o qual a agremiação se sagrou a campeã do carnaval carioca no ano do centenário da abolição da escravatura no Brasil." (2004, p. 555). Então, quis nomear a técnica de trabalho com este nome, porém no sentido de aproveitamento de sobras. A kizombagem usa vários materiais desprezados: de tecidos, a tinta e cimentos de vários tipos, inclusive cimento produzido com terras comuns e tawás. Para fazer e ensinar quizomba só sendo malunga velha ou Agbá, daí a gente malunga.

- promover o acesso de pessoas pretas e periféricas aos seus conteúdos como agentes de produção, curadoria e fruição em artes;

- respeitar a ancestralidade, a natureza e suas manifestações na vida cotidiana.

Imersa na produção artística e em outros afazeres malungos, lendo a carta desta mulher negra, agora já avó mais uma vez, fui desfiando as lembranças sobre a vida de outras mulheres com as quais convivi desde minha infância naqueles anos de 1960 e 1970, e nestes tempos de passado recente era muito raro ver um homem negro casado com uma mulher branca. Mais raro ainda era uma ver uma mulher negra casada com um homem branco. Ainda maior a raridade de uma mulher negra separar-se de um homem branco e seguir sua vida com os filhos e filhas.

Eu prestava muita atenção nas prosas destas mulheres enquanto carpiam ou lidavam com a colheita de café. Tinha momentos que eu sentia profunda inveja do carinho que algumas crianças recebiam de seus pais. A violência extremada do meu pai não permitia que eu pensasse ser possível um pai carinhoso. Para mim essa concepção era impossível.

Foi somente na minha adolescência, conversando com as amigas do Colégio Agrícola que passei a acreditar na possibilidade de um pai carinhoso. Várias delas narravam cenas cotidianas de carinho, bate-papo e até compreensão maior do que por parte das mães. Foi devagarinho, medindo as falas e vendo a vida delas com suas famílias nas viagens de férias, que pude conceber outras realidades diferentes daquela que vivi. Cheguei a ficar muito surpresa quando pude sentar-me ao lado do pai de uma delas e ficarmos horas falando sobre agricultura, minha paixão e dele também. Que papo maravilhoso. Acompanhei quando ele adoeceu e toda a família lamentava sua ausência, das decisões e carinho dele, até que ele faleceu e fomos todas as meninas do Colégio Agrícola para seu velório em outro município, para homenagear este senhor.

As lágrimas incontidas da família, as lembranças boas e anedotas compartilhadas, que eram narradas calmamente por várias pessoas, netas, filhas e parentes próximos contribuíram para que eu começasse a alterar minhas tendências assassinas contra todos os homens.

No entanto, meu senso crítico foi ficando ainda mais aguçado para as relações sociais que sempre privilegiaram a preguiça masculina, altamente tolerada. Evidentemente que conheci mulheres preguiçosas também, mas em número muito menor. Treinadas, adestradas para trabalhar muito na nossa família, eu ficava admirada com as pessoas sentadas horas a fio no mesmo lugar, vendo a vida passar. Naquela época eu não compreendia que viver em um cômodo só, sem ter um espaço delimitado, nos cortiços próximos de casa impedia qualquer ação. Aquele quartinho de cortiço era o espaço da vida daquelas pessoas e elas nem cabiam todas naquele espaço. A casa onde nasci sempre teve um quintal grande onde plantávamos muita coisa, o que demandava uma série de atividades para sua manutenção com produção de batata doce, milho, feijão, frutas e legumes.

Então, o caso que vou aqui registrar é de uma amiga da nossa família de Garça/SP, também boia-fria como nós, que desde sempre conheci já separada do marido branco. Sua negritude era plena. Tanto que os filhos e filhas nasceram todos negres. Ela teve um filho de minha idade assassinado. Nós sempre fomos parceiros de brincadeiras e de muitas brigas. Era comum sairmos no braço no meio do cafezal brigando por bolinhas de gude, pés carregados de tomatinho cereja, reboleira de serralha e até por saco de café. Ele tinha o péssimo hábito de roubar. Eu gostava muito dele e ficava uma fera quando ele roubava e mentia.

Era muito boa de briga e muito decidida, algumas vezes violenta demais. Foi o que aprendi com meu pai. Dele eu ainda não podia ainda me defender, mas tinha planos de aprender. Aprendi muito cedo a manejar foice e facão. Atirava facas com precisão, que era para me defender de qualquer outro homem que tentasse me bater.

Já adulta ficava profundamente indignada com a mulher que permitia ser humilhada por homens de sua casa e também por patrões ou namorados. Os anos de terapia contribuíram para que eu ficasse menos violenta e parasse de planejar espancar os homens, mas não me tiraram a indignação diante da permissividade ou do mau-caratismo masculino. Um caso familiar foi meu estudo de caso para a questão do racismo numa relação selada pelo casamento civil, intensificado por relações de gênero desiguais.

Estudando feminismo negro, a solidão da mulher negra com base nestas vivências desde a infância, me fez desconfiar das uniões interraciais. A romantização do cinema apregoando o "amor" acima da raça esteve presente em muitos filmes que assisti, assim como em telenovelas. Já na Faculdade de Comunicação Social, o tema do racismo chegou em pautas de colegas jornalistas, trabalhos de grupos e narrativas das poucas pessoas negras que estudaram ou trabalharam na FAAC/Unesp em Bauru, entre os anos 1990 e 1993, quando lá estudei.

A questão central nesta discussão, para mim, é a oportunidade do acesso à análise crítica dos fatos imbricados com a vida pessoal, para então possibilitar a militância, que é política. A política, portanto, dá o tom das possibilidades de maior ou menor escolha de parcerias, para mulheres negras que já estão no mundo onde suas subjetividades são massacradas. Os casos pessoais são narrativas que contribuem para diagnósticos e algumas possibilidades de superação das situações de opressão cotidiana.

Nestas narrativas não há como esquecer da frase célebre de Paulo Freire (1987; 2001) de que somente o oprimido pode libertar a si mesmo e também ao seu opressor. Acontece que a mulher negra oprimida numa relação afetiva só pode libertar-se enfrentando uma série de dificuldades, que estão dentro do seu lar, mas reverberam fora dele, impactando as crias desta e de outros relacionamentos. Elas reconhecem esta opressão e reconhecem que necessitam sair deste processo também.

Esta longa introdução ao assunto é para discutir os casos das mulheres agentes deste trabalho que acabam assumindo sozinhas o sustento financeiro, emocional e organizacional de suas famílias, além de serem obrigadas a permanecer no papel de empregadas domésticas do lar (sem remuneração alguma, por vezes nem "obrigada!"). Quando encontram uma migalha de carinho, uma boa transa ficam extasiadas e não conseguem avaliar as consequências de um relacionamento muito desigual, com regras previamente estabelecidas e muitas vezes não acordadas entre as partes. O medo de não ter carinho, de não estar com alguém, foi configurando-se em aumento de opressão na vida de muitas mulheres negras que conheci.

Ao fazer parte da equipe de formadores para uma primeira turma de Defensoras Legais Populares aqui em Presidente Prudente (2018) eu ouvi a narrativa de várias mulheres nos momentos de partilha. Muitos e variados medos. Isto porque, estas mulheres já estavam em um estágio muito avançado no processo de conscientização sobre suas realidades de mulheres em luta (a maioria proveniente dos assentamentos rurais do Pontal do Paranapanema).

Um fato preponderou: homem branco com mulher negra: alcoólatra, doente mental, preguiçoso ou com alguma pendência muito grave em sua constituição identitária. Os liames sociais foram e continuam esfacelados devido ao processo escravizatório, o que praticamente impede um relacionamento interracial saudável.

O tempo que esta mulher e sua filha estiveram conosco, houve uma intensa mobilização para que algumas de suas necessidades pudessem ser atendidas. Na casa delas ainda havia o hábito de alisar os cabelos crespos e uma intensa preocupação com as marcas (etiquetas) de roupas. As questões ligadas à assunção da negritude estavam caminhando para uma aproximação com outras mulheres que conseguiram pensar no cabelo como um símbolo de resistência e liame com outras mulheres negras, mas eu já sabia que seria um longo trabalho para que os questionamentos chegassem a uma assunção próxima das discussões que o Movimento Negro enfatiza.

Box 5 – A narrativa de uma mulher de luta

> Me chamo [...]. uma mulher que desde muito nova sonhava em casar e ter filhos. Pelo menos dois. Aos 15 anos conheci um Homem com nome de [...], vinte anos mais velho que eu. Me apaixonei e fui morar com ele e depois de uns 11 meses de namoro parecia ser um bom homem, mas fui morar num fundo de 1 bar pagar aluguel aos 4 meses morando junto ele começou a frequentar o bar e se tornou um alcoólatra eu já grávida do primeiro filho vivi aos trancos e barracos tive 4 filhos com ele sofri muito de toda forma vivi com ele sendo pai mãe e trabalhando muito para sustentar os filhos ele já não trabalhava mais muito viciado na bebida aguentei 12 anos. Chegou 1 hora que decidi me separar. Não demorou muito tempo com 4 meses separada conheci o [...] meu atual marido 10 anos mais velho que eu também uma mulher carente sofrida acreditei num novo amor. Cheio de carisma de simpatia como tive gêmeas na época elas tinham 1 ano e sete meses ele tão atencioso prestativo cuidadoso me apaixonei me senti cuidada e meus filhos me envolvi a ponto de arrumar com ele cinco filhos fomos morar juntos ele saindo de um casamento de 12 anos e eu também ele não teve filho no primeiro relacionamento ficou tão feliz radiante se sentindo o Homem mais feliz do mundo ia ser pai cuidadoso com todos os meu filhos e principalmente comigo fiquei feliz por pelo menos 4 anos mas ele se tornou um alcoólatra também se já não era. Eu não tinha noção, achava que ele bebia socialmente, mas me enganei foi ficando difícil o relacionamento, mas ele era e sempre foi trabalhador provedor do alimento pra casa pagando as dívidas, mas o vício tomou conta da minha vida e da dele eu como sempre trabalhando. Sou assim

feliz gosto da vida cuidando dos filhos fui tendo mais filhos até chegar a sete e daí meu relacionamento foi acabando os filhos foi crescendo muita contenda com as enteadas muita briga. Cheguei ao ponto de ir na Lei muita coisa ruim acontecendo por conta da bebida. Já não sei se quero continuar por conta da bebida ele teve que sair de casa pela lei por conta das coisas de ruim que tava acontecendo. Já não sei se quero continuar com o casamento percebo que o tempo passou mesmo ele não morando junto com as enteadas ele não mudou muito fica na casa dele ainda tenho um relacionamento, mas não o amo mais. Gosto da vida. Gosto de aprender coisas novas. Trabalho em casa se surgir alguma faxina vou trabalhar. Tenho muitas amigas cada filho é dum jeito tento ajudar todos pago meu aluguel minha água minha luz o [...] para o aluguel dele as contas dele e ajuda a manter as filhas dele. Gosto muito da vida, mas o meu casamento com ele a cada dia perdeu a graça quero ter força pra seguir a minha vida pra conquistar meus sonhos sou uma mulher mais independente do que já me achei. Esse ano lá pra dezembro vou ganhar mais um neto já vai pra três netos essa é a minha história de vida de muito sofrimento, mas me considero vitoriosa por ter passado todas os obstáculos a cada dia meu casamento com o [...] já em 15 anos.[30]

O alisamento, que foi deixando de ser o ritual do encontro e transformou-se em símbolo de dominação, ainda usado por algumas famílias negras que buscam o branqueamento. Quando se trata de pessoas de um preto mais retinto, o alisamento impacta a aparência de forma intensa. Nilma Lino Gomes introduziu a questão do corpo, cabelo, identidade negra na pesquisa com mulheres negras em salões étnicos de Belo Horizonte e surpreendeu a comunidade acadêmica com esta discussão sempre importante nos meios negros, mas que não tinha ainda ganhado, no Brasil, uma pesquisa sistematizada.

> Ao falarmos sobre corpo e cabelo, inevitavelmente, nos aproximamos da discussão sobre identidade negra. Essa identidade é vista, no contexto desta pesquisa, como um processo que não se dá apenas a começar do olhar de dentro, do próprio negro sobre si mesmo e seu corpo, mas também na relação com o olhar do outro, do que está fora. É essa relação tensa, conflituosa e complexa que este artigo pri-

---

[30] Optei por não fazer a correção ortográfica no texto desta mulher. Como já estávamos no período da pandemia da Covid-19 eu escrevi para ela solicitando que ela me narrasse sua história. A carta foi transcrita e mantive o texto tal qual ela produziu.

> vilegia, vendo-a a partir da mediação realizada pelo corpo e pela expressão da estética negra. Nessa mediação, um ícone identitário se sobressai: o cabelo crespo. O cabelo e o corpo são pensados pela cultura. Nesse sentido, o cabelo crespo e o corpo negro podem ser considerados expressões e suportes simbólicos da identidade negra no Brasil. Juntos, eles possibilitam a construção social, cultural, política e ideológica de uma expressão criada no seio da comunidade negra: a beleza negra. Por isso não podem ser considerados simplesmente como dados biológicos. (GOMES, 2004, p. 2).

Quando eu percebi as imposições do alisamento para esta família, fui buscar formas de pensar numa discussão sobre o cuidado do cabelo, porque se fosse discutir diretamente as outras questões que afetam os relacionamentos intrafamiliares (mulher negra/homem branco ou parte das filhas com pele branca ou com pele negra retinta) não conseguiria avançar com elas.

> O cabelo do negro na sociedade brasileira expressa o conflito racial vivido por negros e brancos em nosso país. É um conflito coletivo do qual todos participamos. Considerando a construção histórica do racismo brasileiro, no caso dos negros o que difere é que a esse segmento étnico/racial foi relegado estar no pólo daquele que sofre o processo de dominação política, econômica e cultural e ao branco estar no pólo dominante. Essa separação rígida não é aceita passivamente pelos negros. Por isso, práticas políticas são construídas, práticas culturais são reinventadas. O cabelo do negro, visto como "ruim", é expressão do racismo e da desigualdade racial que recai sobre esse sujeito. Ver o cabelo do negro como "ruim" e do branco como "bom" expressa um conflito. Por isso, mudar o cabelo pode significar a tentativa do negro de sair do lugar da inferioridade ou a introjeção deste. Pode ainda representar um sentimento de autonomia, expresso nas formas ousadas e criativas de usar o cabelo. (GOMES, 2004, p. 3).

As estratégias para iniciar o processo de intervenção positiva com a família foram pensadas, de maneira que a introdução da menina de pele retinta, pudesse ganhar um acolhimento com outras garotas negras que passaram pela transição capilar, assumindo suas coroas de cabelo pixaim. Como discute Nilma[31], se este cabelo pixaim é um símbolo de inferioridade, em relação aos cabelos lisos de outras mulheres, como é isto dentro da mesma casa? Esta é uma questão muito intensa, que eu venho acompanhando na minha família também. Uma irmã perdeu parte da raiz do cabelo com processo de alisamentos o que provocou sérias crises durante sua vida, porque foi impossível recuperar o cabelo nos locais afetados e daí entrou as perucas para disfarçar a careca logo na frente da cabeça. Quando nasceu minha filha iniciei as pesquisas para saber como cuidar de um cabelo crespo de forma saudável. O trabalho de pesquisa foi muito além do cuidado com o cabelo, passando também pelas questões de valorização da arte e da cultura negra.

> Estamos, portanto, em uma zona de tensão. É dela que emerge um padrão de beleza corporal real e um ideal. No Brasil, esse padrão ideal é branco, mas o real é negro e mestiço. O tratamento dado ao cabelo pode ser considerado uma das maneiras de expressar essa tensão. A consciência ou o encobrimento desse conflito, vivido na estética do corpo negro, marca a vida e a trajetória dos sujeitos. Por isso, para o negro, a intervenção no cabelo e no corpo é mais do que uma questão de vaidade ou de tratamento estético. É identitária. (GOMES, 2004, p. 3).

Esta identidade negra valorizada é muito difícil de ser assumida desde o nascimento, como ocorreu com Maria Carolina de Jesus (1993, 2021 - 1, 2021 - 2). Ao menos, ela registra isto nos seus escritos. Nilma assume que a identidade é construída historicamente:

> Parto também do pressuposto de que essa identidade é construída historicamente em meio a uma série de mediações que diferem de cultura para cultura. Em nosso país, o cabelo e a cor da pele são as mais significativas. Ambos são largamente usados no nosso critério de classificação racial para apontar quem é negro e quem é branco em nossa sociedade, assim como as várias gradações de negrura por meio das quais a população brasileira se autoclassifica nos censos demográficos. (GOMES, 2006, 03/04).

---

[31] Desde muito tempo tenho rejeitado uma parte das normas da ABNT porque elas não só interferem, de forma racista nos nossos escritos, como em alguns casos, ela impõe uma escrita machista. Encontrei respaldo nos escritos de outras mulheres negras, como bell hooks e mais recentemente nos grupos de mulheres negras brasileiras que não utilizam mais os sobrenomes para retomar a citação de um texto escrito por mulheres. Com base nesta prerrogativa, vou utilizar, doravante o primeiro nome destas mulheres para retomar citações suas. Por estas razões usei "Nilma" e não "Gomes". É um contrassenso ter que recorrer aos Referenciais Bibliográficos, lá no final do trabalho, para saber se a citação é de um homem ou de uma mulher.

Vivendo em meio a militantes do Movimento Negro universitário temos acesso a diferentes e fundamentais formas na abordagem do assunto, para conseguir uma transformação na forma de assunção identitária com as famílias interraciais mais próximas e que estão ainda impedidas da aproximação de uma discussão coletiva. Não é preciso um trabalho solitário de busca para o convencimento. Na FCT/Unesp, por exemplo, com a implementação das ações do Coletivo Mãos Negras, as discussões para o enfrentamento a uma estética imposta já existiam oficinas de corpo, cabelo e identidade negras presentes nas ações nos cursos de Dança Afro, nas sessões de estética negra e também nas discussões nas rodas de conversa. O empoderamento já avançava no trabalho de grupo. Duas famílias entre as que estão no rol desta pesquisa já participam de ações desse tipo há alguns anos. Desta maneira, nestas famílias onde foi possível a aproximação com meninas e moças acadêmicas negras, onde a discussão já avançou há um ganho no nosso trabalho. Ficar insistindo sobre o acerto de algumas escolhas, onde a escolha é possível, desgasta demais a nossa liderança.

Há um texto muito conhecido entre mulheres negras da militância dentro do Movimento Negro de bell hooks[32] chamado Alisando nossos cabelos (2004). Neste texto ela narra sobre a possibilidade do encontro entre mulheres negras adultas, adolescentes e meninas, que sonhavam com o momento em que poderiam participar deste ritual de cuidado entre as participantes do grupo. Foi com esta dinâmica do encontro que Madame C.D. Walker fez fortuna comercializando cremes alisantes e hidratantes para cabelos crespos, cremes específicos para pele negra. Havia uma revolução se constituindo a partir dos encontros para as mulheres negras. Muito diferente das imposições racistas que chegam de fora e impactam as mulheres que adotam o alisamento como meio de embranquecimento.

Politicamente é uma furada, porque os melhores trabalhos nunca são destinados a estas mulheres. Por mais complexo que seja adotar um visual afrocentrado numa sociedade racista e misógina, somente o empoderamento grupal que reivindica e assegura direitos na tônica da igualdade racial é que as mudanças puderam ser efetivadas.

32 bell hooks é o pseudônimo de Gloria Jean Watkins, escritora norte-americana nascida em 25 de setembro de 1952, no Kentucky – EUA, falecida em 2022. O apelido que ela escolheu para assinar suas obras é uma homenagem aos sobrenomes da mãe e da avó e até mesmo Paulo Freire no prefácio de sua obra "Ensinando a transgredir: a educação como prática da liberdade" (2013) grafou seu nome como ela disse que é para ser grafado: em letras minúsculas. Quando a gente se depara com situações assim é que a gente desvela até onde o processo de colonização nos atinge. Uma pessoa ilustre não pode nem escolher como deseja que seu nome seja grafado, porque as "normas" ditam até como grafar seu nome! Vou assumir o risco porque uma minha Mais Velha já assumiu e manter seu nome em letras minúsculas.

Aqui no Mocambo há muito para fazer. Ainda que tenhamos algumas cabeleireiras negras que conhecem sobre cuidado com o cabelo crespo, não conseguimos pensar nos cuidados com a pele negra, especificamente. Descobri tem alguns anos, que muitos cremes produzidos para pele negra não são os mais indicados, pois uma pele negra pode ser mais ou menos ressecada. Até porque é preciso pensar no clima local de residência e nos momentos de viagem. Alguns cremes indicados para crianças foram os que melhor produziram efeito hidratante em casa. Assim, fui criando formas e fórmulas hidratantes com a utilização também de essências naturais hidratantes como o extrato de melaleuca e a babosa (*Alloe Vera*).

Em relação ao cabelo crespo, introduzimos os usos de boinas e turbantes, mas seu uso fica restrito à nossa família nuclear e em alguns momentos em que proponho sessões de fotografias. Isto tem dificultado muito algumas intervenções identitárias positivadas sobre o cabelo pixaim. O *black power* é muito bonito, mas exige cuidados no penteado e algum tempo para ficar ajeitado, da mesma maneira que outros tipos de cabelo que precisam ser mantidos hidratados quando usados soltos. No filme Felicidade por um fio[33], com Sanaa Lathan no papel principal há um drama se desenrolando na personagem Viollet. Ela usa um tempo e dinheiro no cuidado do cabelo que só consegue avaliar o custo financeiro e emocional quando passa pela transição capilar provocada por uma crise profissional. Cortar careca durante esta crise é o ápice do filme a meu ver, apesar de ele estar na classificação de comédia romântica. A história narra o drama de uma publicitária perfeccionista por imposição de uma mãe que sempre acreditou que o cabelo alisado era o passaporte para uma vida de sucesso tanto no namoro e casamento, como no trabalho. Da filha. A mãe planejando e impondo seus desejos para a filha.

A narrativa de bell hooks em "Alisando nossos cabelos" indica como tudo começou nos EUA:

> Não íamos ao salão de beleza. Minha mãe arrumava os nossos cabelos. Seis filhas: não havia a possibilidade de pagar cabeleireira. Naqueles dias, esse processo de alisar o cabelo das mulheres negras com pente quente (inventado por Madame C. J. Waler) não estava associado na minha

---

[33] Nappily Ever After é um filme de comédia romântica americana de 2018, dirigido por Haifaa al-Mansour e escrito por Adam Brooks e Cee Marcellus. Baseia-se na novela do mesmo nome por Trisha R.Thomas. O filme é estrelado por Sanaa Lathan, Ernie Hudson, Lyriq Bent, Lynn Whitfield, Ricky Whittle e Camille Guaty. Fonte: Wikipédia. Acesso em: 11 fev. 2022.

> mente ao esforço de parecermos brancas, de colocar em prática os padrões de beleza estabelecidos pela supremacia branca. Estava associado somente ao rito de iniciação de minha condição de mulher. Chegar a esse ponto de poder alisar o cabelo era deixar de ser percebida como menina (a qual o cabelo podia estar lindamente penteado e trançado) para ser quase uma mulher. Esse momento de transição era o que eu e minhas irmãs ansiávamos. (hooks, 2005, p. 1).

Este momento de cuidado migrou, em algumas comunidades, para o salão de cabeleireiras. No Brasil, em Carapicuíba nós vivemos a saga das cabeleireiras afro que do alisamento foram adotando o uso das tranças. Isto não aconteceu de uma hora para a outra. Tanto é que até a atualidade muitas mulheres negras imaginam que ter o cabelo alisado facilita seu acesso à companhia masculina. Alguns homens chegar a afirmar que a pele negra é bonita, mas não curtem o cabelo pixaim. A narrativa de Nilma Lino Gomes e de bell hooks registram parte destas histórias negras em diferentes contextos.

Em casa havia um apelo para que eu alisasse meu cabelo. Para disfarçar inventaram um tal de encaracolamento. Era um alisamento, mas com o uso de bicudins para enrolar o cabelo, que durante o alisamento ao invés de ficar liso, ficava encaracolado, um degrau a mais na escala de aproximação do ideal branco. E eu caí nesta armadilha, de que encaracolar o cabelo "não era alisamento". Demorou para que eu percebesse o engodo.

Há ainda mais ênfase nas questões de conflitos identitários no texto de bell hooks, no livro "erguer a voz: pensar como feminista, pensar como negra". No artigo "superando a supremacia branca: um comentário" ela entra com ênfase na questão da exploração, que está intimamente ligada com a não superação dos traumas causados pelo longo processo escravizatório a que foi submetido o povo negro:

> Enquanto escrevo, tento me lembrar quando a palavra racismo parou de ser o termo que melhor expressava para mim a exploração das pessoas negras e de outras pessoas não brancas nesta sociedade, e quando comecei a compreender que o termo mais útil era supremacia branca. Com certeza foi um termo necessário quando confrontado com atitudes liberais de mulheres brancas ativas no movimento feminista que eram diferentes de suas ancestrais racistas – mulheres brancas que no começo do movimento pelos direitos das mulheres não desejavam nem mortas

> aliarem-se a mulheres negras. Na verdade, essas mulheres pediam e queriam a presença de mulheres negras. Porém, quando presentes, o que víamos era que desejavam exercer o controle sobre nossos corpos e pensamentos como haviam feito suas ancestrais racistas – que essa necessidade de exercer poder sobre nós expressava o quanto elas tinham internalizado os valores e as atitudes da supremacia branca. (hooks, 2019, p. 231-232).

A supremacia branca adentra todos os setores. Em alguns casos ela sequer leva em consideração o protagonismo negro, tentando adotar uma postura que mascare todo o processo racista, que perdura. Não há a assunção da necessidade de uma mudança real, pois a mudança real abala a estrutura racista e só com os abalos e o desmoronamento destas estruturas é que é possível mudanças reais.

No caso desta mulher e de sua família não houve um tempo anterior de processos em que estas discussões pudessem presentificar as armadilhas da branquitude na negação da estética valorizada afrocentrada. É provável que, se no seu processo educativo esta mulher tão aguerrida, de escrita densa e muito competente, tivesse entrado em contato com as discussões das relações raciais negras, ela pudesse avançar muito na maneira como encara a estética e também nas suas possibilidades de escolha, sem ter assimilado para a filha mais retinta os valores estéticos da branquitude.

> A assimilação é a estratégia que tem fornecido legitimação social para essa mudança na lealdade. É uma estratégia profundamente enraizada na ideologia da supremacia branca, e seus defensores incitam pessoas negras a negar a negritude, a imitar pessoas brancas racistas para melhor absorver seus valores. Ironicamente, muitas mudanças na política social e em atitudes sociais que antes eram vistas como formas de pôr fim à dominação racial têm servido para reforçar e perpetuar a supremacia branca. (hooks, 2019, p. 234).

Quando escrevo sobre as atitudes e a construção de uma vida negra numa família interracial não estou escrevendo apartada da vida cotidiana. Inclusive a preocupação com as possibilidades de novas constituições identitárias positivadas passa pela ação na realidade. Porém, há inúmeros fatores limitantes neste processo, pois são enfrentamentos diversos, trabalho e foco no trabalho também diversos. Ainda que todo o processo de análise crítica sobre os fatos ocorra imbricado aos escritos, imbricados às demandas para diversos grupos onde atuo e até mesmo na análise de conjuntura das instituições às quais tenho ligação, há propostas que necessitam de imersão e aprofundamento numa luta política partidária mais direta.

A ocupação do território político da branquitude incomoda horrores

Tenho buscado caminhos de preparar uma das malungas mais próximas aqui no Mocambo Nzinga para uma candidatura a vereança, por isto entrei na eleição passada numa candidatura coletiva, pelo Partido dos Trabalhadores. Esta mulher cuja carta despertou toda uma série de discussões é uma das candidatas que eu avalio que poderia estar numa candidatura coletiva de mulheres negras, mesmo que leve ainda algumas décadas. Já acompanhei alguns casos, em que na segunda ou terceira geração é que foi possível existir o passo da candidatura política. O enfrentamento institucional ao racismo pode ganhar um reforço enorme a partir da luta política, como bem ilustra Benedita da Silva, Leci Brandão, Lélia Gonzalez e mais recentemente Marielle Franco e Érica Malunguinho, além de várias parceiras do Movimento Negro que integram o grupo de Mulheres Negras nos APNs. Há exemplos contundentes também entre as mulheres dos grupos indígenas, como Joenia Wapichana, a primeira deputada federal indígena declarada, na Câmara.

No caso do PT, Lélia Gonzalez publicou um artigo na Folha de São Paulo, reproduzido no livro "Mulheres Negras na Política", que compartilho aqui, por ser um documento para nós mulheres negras e parcerias, que deve ser lido e relido muitas vezes:

Box 6 – Racismo por Omissão - Lélia Gonzalez

Artigo publicado na Folha de S. Paulo 51, em 13 de agosto de 1983. No texto, Lélia Gonzalez critica o programa de TV veiculado pelo PT, que foi apresentado em rede nacional e que não mencionava a questão racial. Entre os dez temas abordados pelo PT, não houve menção à situação da população negra e ao racismo. Lélia considerou a atitude como "racismo por omissão", um dos aspectos da ideologia do branqueamento.

O programa do Partido dos Trabalhadores, ao qual pertenço, levado ao ar em cadeia nacional de televisão, no dia 5 de agosto passado, decepcionou pelo menos 44% da população brasileira: os negros (pretos, pardos ou mestiços). Com o devido desconto das "jabuticabas" e acréscimos dos brancos que efetivamente estão aí, na luta conosco. A abertura leve e simpática, com Irene Ravache falando da "história de um sonho", aumentou a expectativa de quem já vinha aguardando com certa ansiedade a tão rara oportunidade em que aqueles que "não tem vez nem voz" pudessem se expressar. Mas o que foi que se viu?

Uma pesada sucessão de oradores que, com maior ou menos habilidade, discorreram sobre os dez temas selecionados. Apesar dos esforços, faltou jogo de cintura, inclusive por parte daqueles que tentaram falar numa linguagem popular. A impressão que se tinha era de que, com perdão da má palavra, havia "gringo no samba". E o samba atravessou, e a escola desfilou mal, devagar quase parando. De acordo com o enredo, "Da economia à mulher", a escola desfilou com dez alas, o que foi (p. 81) uma pena. Duas alas ficaram excluídas, embora pudessem ter sido enxertadas nas outras. A dos favelados (32 milhões, mais ou menos) poderia ter sido enxertada na da habitação, por exemplo. A dos Crioulos, em várias outras: Desemprego, Saúde e Educação, Mulher, Habitação (de novo), Reforma Agrária, Democracia etc.

Embora as alas excluídas só saibam cantar coisas do tipo "belezas mil do meu Brasil", continuo achando que podiam ter participado do desfile sem prejudicar a escola. Pelo contrário. Teriam dado o molho, o sal, o tempero ao desfile, demonstrado a força, o pique, a ginga e o caráter inovador da nossa escola. Sem elas, apesar da beleza do abre-alas, nossa escola não ficou melhor, nem pior, nem diferente das velhas escolas de sempre... Crioulices à parte, considero importante reproduzir aqui uma afirmação de Carlos Hasenbalg, num pequeno livro que escrevemos em coautoria: "No registro que o brasil tem de si mesmo o negro tende à condição de invisibilidade." Para não fugir à regra, o PT na TV não deixou por menos: tratou dos mais graves problemas do País, exceto um, que foi "esquecido", "tirado de cena", "invisibilizado", recalcado.

É a isto, justamente, que se chama de racismo por omissão. E este nada mais é do que uns dos aspectos da ideologia do branqueamento que, colonizadamente, nos quer fazer crer que somos um país racialmente branco e culturalmente ocidental, europocêntrico. Ao lado da noção de "democracia racial", ela aí está, não só definindo a identidade do negro, como determinando seu lugar (p. 82) na hierarquia social; não só "fazendo a cabeça" das elites ditas pensantes, quanto das lideranças políticas que se querem populares, revolucionárias. Isso não quer dizer que dentro do Partido dos Trabalhadores não existam companheiros empenhados na luta contra o racismo e suas práticas, entendendo o quanto ele implica em desigualdade, em inferiorização de amplos setores das classes trabalhadoras.

As denúncias de um Eduardo Suplicy, as eleições de uma Benedita da Silva, de uma Lúcia Arruda, de um Liszt Vieira não se fizeram a partir do nada. "É muito comum reproduzir-se o racismo a uma questão meramente de classe, o que não é verdadeiramente, embora haja pontos de contato" dizia um companheiro africano, por ocasião do 3º Congresso Internacional da Associação Latino-Americana de estudos Afro-Asiáticos (Rio De Janeiro, 1 a 5/8 de 1983), do qual participávamos. E acrescentava: "Se o racismo decorre de uma situação de exploração econômica, ele acaba por assumir uma autonomia própria" (Manoel Faustino). E, nesse sentido, passo adiante uma sugestão de literatura que nos foi dito no decorrer do congresso. Trata-se de uma dissertação de mestrado, de Suely Alves de Souza (Unicamp), cujo título é bastante sugestivo: "Entre nós os pobres, eles os pretos".

Para concluir, direi que o ato falho com relação ao negro e que marcou a apresentação do PT, pareceu-me de extrema gravidade, não só porque alguns dos oradores que ali estiveram possuem (p. 83) nítida ascendência negra, mas porque se falou de um sonho; um sonho que se pretende igualitário, democrático etc., mas exclusivo e excludente. Um sonho europeizantemente europeu. E isso é muito grave, companheiros. Afinal, a questão do racismo está intimamente ligada à suposta superioridade cultural. De quem? Ora... Crioléu, mulherio e indiada deste País: se cuida, moçada.

Fonte: Ana Carolina Lourenço e Anielle Franco (org.), 2021, p. 80-85

Em Presidente Prudente meu percurso de atuação esteve pautado numa luta intrapartidária e somente tempos depois compreendi algumas razões por nunca ter conseguido sucesso na montagem de um setorial afro dentro dos Partidos dos Trabalhadores. Não quero perder de foco os escritos desta mulher que é uma das entrevistadas, mas penso que devo indicar a discussão já neste momento, como uma possibilidade para esta geração de mulheres negras.

Voltando ao caso aqui no Mocambo, ser ter dele saído, encontrei um bilhete dela solicitando que também a filha pudesse produzir as bonecas Abayomis. Acatei o pedido e por 10 meses remunerei a garota com uma bolsa de produção. Ela conseguiu, não só produzir bonecas Abayomis, como produziu duas obras de arte, que para uma garota de 11 anos foi esplendoroso. E eu só fiz nomear para a Exposição Arte Malunga.

Nas conversas que tive com as mulheres negras que pretendia entrevistar para dar base às ações encetadas no Mocambo Nzinga, eu falei que as propostas que elas me fizessem, ou que a gente fosse detectando ao longo do trabalho, cujo atendimento não fosse possível em um tempo mais próximo, eu encaminharia para os poderes constituídos, inclusive para a Câmara de Vereadores da cidade de Presidente Prudente, para a Assembleia Legislativa do Estado e também para as Secretarias Municipais que pudessem atuar no sentido de responder demandas delas, que podem ser também demandas de outras famílias negras, interraciais ou mesmo não-negras, chegadas a mim através de suas vozes.

Diante deste compromisso, em muitos casos, a escrita já aponta inclusive, os Referenciais Bibliográficos que possam contribuir para as discussões nos grupos a quem possam ser destinadas as solicitações.

Pensando neste objetivo, considero pertinente citar um trabalho recente organizado por Ana Carolina Lourença e Anielle Franco, chamado "A radical imaginação política das mulheres negras brasileira", que corrobora com o pensamento de bell hooks, no contexto brasileiro, já referenciado na atuação de Nilma Lino Gomes. No prefácio Andréa Loppes da Costa aponta em relação às mulheres negras na política:

> Se por um lado, a representação na política institucional ainda é limitada, por outro, a presença e o protagonismo de mulheres negras têm sido progressivamente ampliados, pois não se trata mais de figuras solitárias em suas candidaturas e propostas. São pessoas que conscientemente levam consigo, as pautas políticas de uma coletividade, as narrativas de várias gerações e o legado de toda a ancestralidade. São potências que se sabem únicas, mas que representam muitas. (COSTA, 2021, p. 12).

Ela também já aponta vários questionamentos que surgem no nosso fazer cotidiano, pautado em tantas atividades que acometem nossa saúde, compromete os parcos recursos financeiros que temos acesso, e até faz com que a gente tenha que fazer escolhas muito duras, entre o presente atuante, o futuro necessário e o agora repleto de demandas "sempre urgentes"!

Figura 23 – De uma Ibeji
Figura 24 – Festa de Abayomis

Fotos: Ivonete Alves

Há duas fotografias de obras de arte. A primeira foto é de uma peça que foi encapada e produzida com o gosto de uma criança: a [...], aprendiz do Mocambo Nzinga, com 10 anos de idade na época. A obra de arte foi montada sobre o aro dos pneus de bicicleta. Ela escolheu as cores e as bonecas Abayomis para produzir uma peça colorida, sem uso de outras simbologias. Tem muitas bonecas Abayomis coloridas destacando-se em relação ao rosa choque que encapa o aro e trouxinhas amarelas dispostas entre os blocos de bonecas Abayomis.

A segunda foto refere-se à obra chamada pela Agbá Ivonete Alves de Festa de Abayomis. Também produzida pela Kekere [...], esta peça com base em um dos aros de bicicleta, destaca-se pelo miolo onde são colocadas as correntes da bicicleta de marcha, pintado em amarelo ouro em contraste com as bonecas Abayomis em tecido de malha branca riscadinha de vermelho, azul amarelo e verde claro. Como não houve Abayomis suficiente, a [...] escolheu Abayomis com roupinhas rosa choque para completar a obra. As trouxinhas de tecido branco com risquinhas completam a obra cheia, plena. No centro há um fluflu produzido com linha vermelha.

Ou seja, as mulheres negras, registra Andreia "chefiam sozinhas 41,1% das famílias brasileiras, 63% se encontram abaixo da linha da pobreza (COSTA, 2021, p. 15). Este fato impõe para as mulheres negras periféricas, ainda que tenham chegado ao status de pós-graduanda, como eu cheguei, uma série de tarefas que poderiam ser realizadas por outras pessoas. O acúmulo da pesquisa, da coordenação de Projetos e Ações, a mobilização para conseguir recursos que financiem ações imediatas, a médio e longo prazos extrapola, em muito, as funções da maioria das mulheres brancas acadêmicas que sequer imaginam o que é acumular mais as funções domésticas no seu cotidiano, sem condições financeiras que possibilitem o pagamento de várias atividades, inclusive remunerar adequadamente uma empregada doméstica que contribua com o gerenciamento das atividades em casa.

O passado de espoliação perdura.

> O acúmulo de desvantagens estruturais faz com que a prioridade para a maioria das mulheres negras brasileiras seja garantir a sobrevivência imediata de si e dos seus e suas, em uma sociedade que persiste no classismo, no racismo e no patriarcado. Mas sobretudo, uma sociedade que impede a emancipação do trabalho feminino negro, mantendo-o vinculado às sólidas relações hierárquicas; desautoriza a sabedoria ancestral acumulada, desqualificando formas de conhecimento que não reproduzem a hegemonia do norte global; se apropria de corpos negros, objetificando-os, subjulgando-os, mutilando-os e exterminando-os, perpetuando a experiência colonial. (COSTA, 2021, p. 15-16).

Este diagnóstico pode ser identificado nas solicitações de todas as mulheres com as quais conversei, nem sempre formalizando a entrevista, mas iniciando um bate papo gravado, relembrando fatos e momentos em que trabalhamos ou tivemos algum tipo de relacionamento. As conversas no mercadinho, os momentos de encontro na feira livre, nas calçadas ou mesmo em alguma necessidade quando bateram no portão de casa para pedir o que já tinham tentado em muitos outros locais.

Sempre é muito difícil para mim não poder atender as demandas delas. Mas há situações em que a necessário um tempo maior, até pensar nas outras gerações, porque para algumas mulheres negras e para parcerias que elas puderam ter nas suas vidas, é longo o processo de assumir os desequilíbrios de correlação de poder dentro do relacionamento afetivo que estão experimentando.

Neste processo de remunerar o trabalho das mulheres negras daqui do Mocambo, eu consegui por dois anos cotizar a bolsa delas. Pedia para cada amiga um valor de cinquenta reais. Depois fui conversar com amigos homens para dizer que agora a gente precisava de outras pessoas contribuindo. Deu certo por poucos meses e desisti. Era uma novela mensal conseguir que contribuíssem. Acabei tirando os valores das bolsas da minha bolsa de doutorado, que passou a financiar isto também. Chegou um momento que o recurso não bastava para as demandas da militância, que cada vez ia exigindo mais. Daí a gente ia em busca dos Editais Públicos de Fomento à Cultura e à Arte. E tome mais trabalho, registro, filmagens, edições, *lives*, cursos, palestras para cumprir as exigências dos Editais e no final o recurso todo comprometido, com uma parcela mínima para remunerar meu trabalho e o das mulheres da comunidade.

Quando houve o início do afastamento social, comecei a avaliar a situação material da nossa casa: muro desmoronando, paredes descascadas, sem piso cerâmico, vazamento de água em vários locais, banheiro com as paredes mofadas e montanhas e montanhas de material de trabalho. Foi um baque para eu perceber que o medo da falta de materiais para manter as atividades do Mocambo, me tornou uma acumuladora compulsória. E ao meu marido também. Logo que nos conhecemos ele confessou que tinha vergonha quando eu catava coisas nas caçambas ou pedia retalhos nas confecções. Depois de um tempo ele começou a aparecer com um monte de coisas que sabia que a gente usava. Parava o carro e ia catando madeira, arame, telas, latas, caixas de tinta ou de massa de construção etc.

Minha transformação e assunção como acumuladora teve a ajuda de várias amigas que passaram a descarregar tudo que não queriam aqui em casa. Algumas faziam chás festivos (regados a muitas guloseimas) para arrecadar roupas e vinham trazer. Acontece que há um trabalho insano para classificar as peças de roupas (como exemplo), algumas precisam de reparo, a maioria tem que ser lavada, seca e só então separadas para doação. E isto dá um trabalho enorme! Diante das outras atribuições eu passei a dormir menos, porque era o único jeito de conseguir fazer todo o trabalho ou pelo menos os mais urgentes. Quanto mais competente eu me tornava em alguma atividade, mais trabalho foram empurrando para mim na cidade, até que me tornei a escravizada acadêmica das relações raciais. Até mesmo parcerias dentro do próprio Coletivo Mãos Negras começaram a me cobrar afazeres de alta complexidade, como se eu tivesse a obrigação institucional de realizar. O que a Universidade não realiza. E eu não sou uma instituição. Sou uma pessoa. Com boa vontade, mas tenho aspirações, além do trabalho que passei a realizar por necessidade na região.

Daí me recordei que minha escolha de trabalho é a agricultura e as questões ambientais e que gosto muito de arte. Planejei então um jeito de retomar minha carreira como artista plástica e com esta retomada, verificar o que seria possível continuar operando e o que teria que deixar de participar. A pandemia da Covid-19 para mim foi um alento! Eu podia dizer não, motivada por uma questão sanitária de afastamento social. Eu poderia já ter aprendido a dizer não para preservar minha saúde e bem-estar na vida, mas não tinha conseguido ainda.

Em 2020 foi o primeiro ano que consegui dizer não sem culpa alguma. Tive a colaboração do descaso das pessoas com as medidas de cuidado para não disseminar a Covid-19. Eventos no Mocambo, eu posso fechar o portão para quem não se submete a regras de entrada (álcool 70% em todo o corpo, gel nas mãos e desinfecção das bases do calçado com cloro). Em outros locais não posso impor estas regras. Então não fui em nenhum local que me convidaram. E disse por quais razões não iria. Foi despertar a ira racista e preconceituosa. Foram poucos casos que obtive apoio e compreensão.

Então fiz um Programa para ver se nossa casa poderia ficar mais fácil de ser cuidada e limpa e me pus a separar os materiais, planejando a Exposição que teria que ser abrigada no quintal de casa. Em novembro de 2020 foi agendada o Primeiro Ato de Arte Malunga no quintal de casa, mas a situação era de entulho para todo lado. Eu até compus e publiquei nas redes sociais um poema:

HERANÇA DE MISÉRIA – Ivonete Aparecida Alves (Para um mandato coletivo de mulheres pretas)

Eu poderia fazer muitas matérias
Para as redes sociais.
Compor muitas poesias

Escrever músicas
Poetizar melodias.
Mas o cotidiano está seguindo.

Folhas caindo
Outono atrasando a primavera.
 Não importa se é nova era
Para nós mulheres negras
A escravização perdura.
Diplomas acadêmicos
Nem ganham moldura!

Paredes inteiras repletas de tarefas:
Limpar, pintar, tirar teias de aranha
Fuligem daquela nova queimada
A mangueira (cara! O vendedor
garantiu que não enrola!)
Que nada!
Enrolada.
Mais um nó
Desatando a correria
Da vida
Não existe possibilidade
De pensar em qualquer candidatura.
Preta lava
Preta enxuga
Preta cose
Preta **cozinha**
Preta estuda
Preta cuida das plantas
Preta olha o feijão
Pra não queimar
Preta colhe
Seu tomate sem veneno
Preta corre
Tá na hora de plantar.

A araruta desprezada
Debaixo do pé de bertalha
Gruda gavinhas no chão
Espera uma leira
Mas não espera não!
O guandu seca no pé
Faz música sob as patas de Cilorié.
A cidade poluída
Com a crise de humanidade
Os cães abandonados na cidade
Mais um saco de lixo
Arrastam pra lá e pra cá
Sobras de tudo que é tipo.

Tudo junto e misturado
Apanha aquele coitado
O desatino, de tanto consumo
O mundo que perdeu o rumo.

Uma montanha de embalagens
Uma montanha de dor
Uma montanha de candidaturas
Pra repetir a montanha
Não pra fazer canto de Ossanha
Não chega a mim não senhor!
Preta para. Preta rara. Preta fala
Preta chora
Preta lava a face e até decide postar
no Face.
Respira fundo! Espera
Toda espera resultante
Toda espera suplicante

Por um fazer militante
Que saiba entender num instante

O quanto o machismo insulta
Um preto sorriso de amor!

Figura 25 – Quintal da casa; Dentro de casa

Fotos: Ivonete Alves

A foto da esquerda mostra um monte de entulho de construção caídos sobre algumas plantas ao fundo. Há um pedaço de madeira encostado no muro sem reboco e ao fundo entra os raios de sol através do portão aberto. A foto da direita mostra uma quina de parede descascada, aparecendo tijolos sem acabamento. Na outra parede da quina há um cano de esgoto em PVC dependurado, um buraco na parede com um cano sanfonado solto no ar no meio do buraco que se estende por uns oitenta centímetros. Acima, vê-se parte de uma veneziana com vidros transparentes.

E assim estavam as situações materiais do nosso espaço de viver, mas havia outras questões como o acesso à internet. Eu tinha que ir ao Parque próximo, porque há uma caixa da Vivo Telefônica no muro de casa, mas desde 2012 que tento instalar a Internet a cabo desta empresa em casa e não há rede disponível para nós. Então fui atrás de uma digital. Foi uma novela até que encontrei um pacote (bem caro) que funcionasse em casa. Mesmo em meses de uso intenso, não consumo 20% do pacote, porque se não for este pacote, a Internet não funciona aqui. Ainda assim há dias em que preciso de socorro da Internet do meu marido ou do vizinho, porque esta fica instável, mesmo com uma antena externa. Este processo chama-se espoliação social, promovido por uma divisão no território. Cada vez que um território vai ficando com toda a estrutura urbana mais adequada para a vida na cidade, as pessoas pretas são expulsas para áreas mais distante e vai ocupar áreas com estrutura urbana deficitária ou inexistente e inicia um processo de ocupação arcando com despesas, trabalho extra, luta política reivindicatória para que outros grupos usufruam do resultado deste trabalho insano. Isto precisa mudar e o povo preto usufruir da estrutura que constrói.

Figura 26 – Obra de arte onde havia entulho e o muro arrebentado

Foto: Ivonete Alves

Há uma obra de arte a imagem produzida em variados tons de rosa. O destaque, além da cor, fica para uma cabeceira de cama usada na horizontal, pintada em rosa degradê com cor branca e carimbada com o símbolo adinkra "Gye Nyame" em preto retinto. Do lado direito da obra há um leque aberto com bonecas Abayomis vestidas de rosa e trouxinhas em variados padrões de tecidos rosa. Já do lado esquerdo de quem olha um retângulo menos possui bonecas Abayomis vestidas com capulanas coloridas e com um tecido azul celeste por baixo. Tiras do tecido azul celeste compõe os fundos unindo o retângulo da esquerda (menor) com o retângulo central da obra quatro vezes maior, de maneira que este retângulo menor fica ao arremedo de um apêndice, porém integrado à obra através das tiras de malha azul escuro profundo em contraste saindo do fundo da peça.

Então, como é que posso impor atividades malungas para as famílias do Mocambo se existe toda uma estrutura que solapa os nossos mais acalorados desejos? Andrea Lopes da Costa aponta que:

> A agenda política dessas mulheres (negras) converge para a própria agenda de construção de uma sociedade igualitária de fato. Educação, Saúde, Segurança, Justiça, Trabalho, Habitação são os principais pontos apresentados nos programas da maior parte das lideranças de políticas negras e, do mesmo modo, não é coincidência que sejam os alicerces para a existência de um modelo social justo. Aqui reside a revolução. Uma vez preocupadas em garantir a sobrevivência de si e dos seus, conseguiram traduzir as condições de sua existência em luta política. E, por sua vez, suas políticas traduziram-se em determinantes para a construção de uma sociedade efetivamente democrática. (COSTA, 2021, p. 16).

Figura 27 – A cozinha padrão com uma janela de Sankofa

Foto: Ivonete Alves

A imagem ilustra uma quina de uma cozinha onde se destaca uma janela de vidro com grade de ferro, onde há o símbolo sankofa compondo a grade de ferro. Na parede ao fundo vê-se uma prateleira de aço inox com produtos de limpeza, um guardanapo pendurado em um gancho também de inox e a parede azulejada com peças de cerâmica quadrada na cor branca e pequenos detalhes em relevo da mesma cor.

A participação efetiva de mulheres negras na política pode empoderar a base. O projeto que implantou a Lei Aldyr Blanc[34] foi de autoria de uma Deputada negra Benedita da Silva (PT/RJ), que vem fazendo uma luta árdua para implementação do Sistema Nacional de Cultura, desde as conversas iniciais com Lélia Gonzales nos anos 1980 (GONZALEZ, 2008; RIOS; LIMA; 2020). Este processo foi bem complexo para nós aqui do interior, com uma primeira experiência de Conferência Municipal de Cultura em 2009, mesmo ano de nascimento organizacional do Nzinga (ainda como Coletivo). A cidade foi herdeira de um coronelismo duradouro e a pasta da Secretaria Municipal de Cultura teve um "dono" por mais de 28 anos. Este filhote do coronelismo foi obrigado a aderir ao SNC - Sistema Nacional de Cultura para continuar auferindo dos recursos do Fundo Nacional de Cultura, só que o Conselho Municipal de Cultura discutia, conversava, ponderava, mas não conseguia avançar efetivamente com as ações da base: artistas, produtoras das mais diversas áreas das artes e até mesmo grupos já reconhecidos nacionalmente que tinham que trabalhar em tempo extra para sustentar suas ações.

Com o trabalho na periferia, longe das articulações locais da Cultura, muito mais próxima da Educação (tanto municipal, como estadual) fui eleita como presidente da Comissão Organizadora da Conferência Municipal de Cultura, em 2009, importante para compreender todo o processo de espoliação contra as mulheres, pessoas negras e artistas, pois esta área era responsável por estremecer um pouco as estruturas classistas da região.

Anos mais tarde, este gestor promoveu a Conferência Municipal de Cultura numa escola particular para ter o controle das pessoas que poderiam participar. Fui, como representante das pessoas artistas e denunciei de público as artimanhas para que a Cultura no município continuasse com cabresto. Seguir para as Conferências Estaduais e para a Nacional foram processos políticos muito fortalecedores para nós, mulheres negras. Eu não tinha consciência que estava provocando profundas fissuras no processo de poder na região, já que durante todos estes anos seguia trabalhando na base e em alguns momentos discutindo com as elites, tanto falhas da

---

[34] Lei nº 14.017, de 29 de junho de 2020 (Lei Aldir Blanc): Dispõe sobre ações emergenciais destinadas ao setor cultural a serem adotadas durante o estado de calamidade pública.

gestão dos patrões, como da gestão da classe trabalhadora (quase todos alinhados com a gestão dos patrões), mesmo dentro do PT.

Da mesma forma que muitas mulheres negras sentiram-se representadas com a minha participação dentro do sistema de articulações no município, na Educação, na Cultura, na Justiça, Segurança Alimentar e Nutricional, Saúde, Saúde Ambiental, Território da Cidadania etc., eu também me senti e continuo me sentindo representada por estas mulheres que estão na política produzindo fissuras onde nós aqui da base podemos preencher com calços. No entanto, estes calços na fissura só podem ser mantidos lá com grupos organizados, articulando entre si as ações necessárias para a luta.

Neste sentido, a Coalisão Negra por Direitos nasceu com o objetivo de agregar as milhares de instituições negras atuantes no Brasil. Conhecer uma parcela de todas as histórias de luta do Movimento Negro como Sujeito altera a solidão que as mulheres em seus núcleos familiares sentem, porque a luta pela sobrevivência sobrepõe-se a todas as outras lutas. E não pode. Como grupo é preciso que tenhamos um pacto social para que "não tenha gente com fome".

Box 7 – Alguns princípios da Coalizão Negra por Direitos

NA PROMOÇÃO DE AÇÕES CONJUNTAS DE INCIDÊNCIA POLÍTICA, SÃO PRINCÍPIOS DA COALIZÃO NEGRA POR DIREITOS:

1. Lutar por um país justo, com igualdade de direitos e oportunidades que, para se concretizar, exige um longo e profundo processo de reparação histórica à população negra brasileira;

2. combater a discriminação racial, o racismo, a dominação patriarcal, a lesbofobia, a transfobia e o genocídio da população negra;

3. enfrentar as assimetrias e desigualdades raciais, bem como buscar efetivação da justiça social redistributiva e da justiça racial restaurativa;

4. defender o exercício do protagonismo de mulheres negras e homens negros, cis e trans, com especial atenção ao legado de luta de mulheres negras em nossa sociedade;

5. enfrentar de modo intransigente o feminicídio, a violência doméstica, o machismo, o sexismo e a exploração[35] infantil;

6. lutar pelo direito à cultura como patrimônio, pela valorização de todas as manifestações culturais afro-brasileiras e africanas, reconhecendo-as e as incorporando como método de luta e como canais de preservação de nossa identidade;

7. promover o fortalecimento da sistematização e da disseminação de nossas memórias e história, bem como a defesa do direito à imaginação negra, como fundamento para a construção de futuro;

8. defender o respeito coletivo à livre orientação sexual, à identidade de gênero, ao direito à vida LGBTQI+, bem como enfrentar a lesbofobia, homofobia e transfobia;

9. lutar pela preservação e proteção de comunidades quilombolas e outras comunidades tradicionais negras, dos rios, das florestas e dos terreiros;

10. combater o racismo e o ódio religioso, enfrentar as violações do direito de culto e crença nas religiões de matriz africana, promover o acolhimento de vítimas e a garantia da reprodução cultural de nossas práticas ancestrais, em nossa diversidade;

11. atuar em prol do fortalecimento dos coletivos, movimentos e organizações compostas e protagonizadas pela juventude negra e da promoção do diálogo intergeracional;

12. promover o fortalecimento da identidade racial de negras e negros nos bairros, periferias, comunidades, favelas, escolas, universidades e presídios;

13. estimular e valorizar o trabalho de base permanente e a ação comunitária e local, no seio dos territórios atingidos pela barbárie, como elemento fundamental para a legitimidade das ações desta Coalizão, bem como buscar que as lideranças de base que enfrentam o cotidiano das dificuldades e violências, sejam elas próprias, a representação de suas

---

[35] Chamo a atenção para o uso do termo "exploração" infantil e não trabalho infantil. Uma criança numa comunidade tradicional seja urbana, seja rural tem tarefas. Uma delas é brincar, assim como as pessoas adultas também precisar brincar. Em várias ocasiões brincam juntas, o que mantém seus vínculos comunitários, humanos, de acolhimento. Quando uma legislação é implementada para tolher a "exploração de crianças" e com ela se imiscui em relações tradicionais coletivas, onde há brincantes que também trabalham, para que, no coletivo, o trabalho renda e fortaleça os vínculos, há um equívoco profundo. Na tentativa infrutífera de combater a exploração das crianças no contexto capitalista, a estrutura da "justiça" demoniza o termo e os sentidos do trabalho. É um horror tentar convencer os operadores da justiça ignorantes. Um horror!

pautas nos diversos espaços de incidência política em nível nacional e internacional;

14. construir alianças transnacionais com movimentos, organizações, entidades, grupos e coletivos negros e não negros aliados, para a promoção eficaz da incidência política em organismos e fóruns internacionais.

Fonte: https://coalizaonegrapordireitos.org.br/

E neste momento de crise aprofundada (2020) por um período de governo escravocrata, a Coalizão Negra por Direitos está com uma campanha de arrecadação de alimentos, quando a maioria de outras instituições não seguiu com suas arrecadações.

Quando respondemos ao Edital da Lei Aldyr Blanc, em 2020, o que mais me deixou apreensiva era justamente a necessidade de Reforma do nosso espaço. O machismo é um fato entre os profissionais da construção civil. Como é difícil lidar com a pseudossabedoria de quem domina a técnica de construir e reformar. Foi por situações de descaso, de desprezo de vários pedreiros que aprendi a bater masseira de cimento, fazer reparos e pequenas construções. Fui atrás de aprender os termos, as receitas e cobrar, mas também saber fazer um bom acabamento.

Mas então conseguimos dois pedreiros para refazer os muros caídos. Um horror a quantidade de entulho, o desperdício de material e a trabalheira para separar as sobras para depositar no Centro de Reciclagem Municipal - ECOPONTO. Mas fiz este processo, com uma raiva danada. Uma raiva gritada.

Entre uma reforma e outra aprendi a construir as muretas, onde poderia proteger as mudas de medicinais e de PANCs para evitar que recebam novas pilhas de entulhos nas próximas reformas.

A luta dentro da família e a luta política partidária pode encontrar audiência no fazer militante de mulheres negras. É por isto que mulheres negras precisam aprender a luta partidária.

Uma cena sankofada do passado: Sacolas Culturais e uma proposta adiada devido à pandemia da Covid-19

"Meu irmão que me chamava de cabelo duro, cabelo de Bombril, entendeu? É isso que a gente não esquece, mas não que me afetou, né? Não me afetou, mas

ele fazia questão de falar que o meu cabelo era de Bombril. O xingamento dele era esse. Então, é a única lembrança que eu tenho. Do resto, eu levei uma vida normal, como todas as outras crianças.". Fala de uma entrevistada.

"É porque tentei coisa, lá, no tal do Encceja (Exame Nacional para Certificação de Competências de Jovens e Adultos), mas desisti no meio do caminho, porque eu vi que não ia dar conta – sozinha eu não ia dar conta. Aí, é isso, aí. Apoio, incentivo, ser assistido, sabe?"

Elaborado um diagnóstico das falas coletadas nas entrevistas iniciais das mulheres negras, ouvindo as crianças e com base em outras experiências prévias assumidas no Mocambo, reorganizei vários kits de trabalho, onde o foco está nas relações raciais negras. Trata-se de uma proposta que começou em 2009 que chamamos de Sacolas Culturais Afrobrasileiras.

Os trechos que aqui reproduzo estão na redação da proposta enviada à FUNARTE – Fundação Nacional das Artes, no artigo que escrevi depois e apresentei em alguns eventos, e também no Relatório de Prestação de Contas, enviado à FUNARTE depois de cumpridas as exigências da execução do Projeto contemplado com os recursos públicos.

Os primeiros conjuntos das Sacolas Culturais elaboramos com livros de literatura afro-brasileira e africana que eu já tinha comprado para minha filha e também para contar histórias para as crianças nas formações para professoras/es das redes municipais e estadual aqui da região. Estas sacolas circularam na Comunidade ao redor do Mocambo, para as famílias cujas crianças participavam de nossas atividades (sessão de cinema, cursos, oficinas) e também entre as professoras da Escola Municipal Prof.ª Vilma Alvarez Gonçalvez.

Em 2010 redigi uma proposta para a FUNARTE – Fundação Nacional das Artes e fomos comtempladas com o Edital de Literatura, com esta proposta. O Edital fez parte de uma ação direcionada para os Territórios de Cidadania O Programa Territórios da Cidadania foi lançado em 2008, no governo Lula do PT, com o objetivo de diminuir as desigualdades no meio rural, construindo uma política de desenvolvimento sustentável conjunta: governos municipais, estaduais e a esfera federal. O Programa, em 2009, foi implementado e o número de Territórios atendidos aumentou de 60 para 120, em todo o Brasil. O número de Ministérios envolvidos também subiu de 19 para 22, atingindo a população urbana. Estava direcionado para as regiões onde o IDH – Índice de Desenvolvimento Humano fosse abaixo da média nacional. O Pontal do Paranapanema é uma destas regiões. Aqui já existia o CODETER – Colegiado da Terra, onde eu atuei como representante da Cultura Negra e do Centro de Direitos Humanos Evandro Lins e Silva, um dos signatários do CODETER e de apoio jurídico ao MST – Movimento dos Trabalhadores Sem Terra.

Estas Sacolas Culturais Afro-brasileiras, após circularem no Cambuci, bairro de Presidente Prudente/SP, também circulou em outros locais do município (Escola Municipal, COOPERLIX, SESC THERMAS etc.); em Paracatu/MG e Almeirim/PA, no primeiro semestre de 2011 com financiamento da FUNARTE – Fundação Nacional das Artes, do Ministério da Cultura.

O objetivo das sacolas é compartilhar conhecimentos sobre leitura, literatura e peças étnicas que valorizem a cultura afrobrasileira, brasileira e africana, desconstruindo preconceitos e processos discriminatórios; amparando uma práxis, onde está inclusa a estética dos povos da diáspora africana e suas reelaborações no contato intercultural: uma outra leitura do mundo, que passa também pela leitura da palavra e avança na construção de outras estéticas.

A leitura, a arte, e o artesanato fazem parte de nosso cotidiano, porém nem sempre é fácil identificar a origem histórica desses traços que permeiam nossa cultura. Esta é uma leitura de negação, que ao ser desvelada, diante da história das peças artísticas vivenciadas, há a emergência do Real e descoberta das nossas manifestações culturais. Ainda que existam manifestações culturais empapadas das mais diferentes etnias que compuseram a sociedade brasileira, há indícios de uma riqueza enorme das culturas africanas e indígenas que aqui estão, realocadas aos poucos e eficientemente com as sacolas culturais, pois com elas vão as exposições de arte africana e diaspórica, música, teatro, rodas de

Depois de muito dialogar com várias pessoas que já atuam em projetos culturais e participar do 17º. COLE – Congresso de Leitura do Brasil, na UNICAMP, em julho de 2009, assisti à comunicação das professoras da Educação Infantil de Campinas, Sidinéia Ferreira Lopes e Cassia Arlete Tossini da Costa, na sessão 4 do Tema: Políticas Públicas em Leitura. As professoras narraram sobre 2 sacolas de leitura que circulavam entre as famílias das crianças de suas turmas da Educação Infantil, onde elas também haviam detectado as poucas experiências leitoras que realizavam em casa, além da qualidade e variedade destas leituras. As professoras decidiram enviar contos em trechos para as famílias das crianças até chegarem a enviar a sacola com livros e revistas. O projeto deu tão certo que muitos familiares começaram a pedir livros extras para continuarem a ler.

Também buscávamos uma maneira de ampliar o universo leitor das pessoas do bairro onde atuamos e cada ideia necessitava do trabalho de pessoas que ainda não tínhamos formado. Na época como coletivo, Nzinga AfroBrasil, Arte, Educação, Cultura já atuava com as crianças desde o início de 2009, mas a participação dos familiares era ínfima, inclusive na hora de compartilhar conhecimento sobre nosso trabalho e peças que as crianças elaboravam.

Decidi então, fazer uma provocação, escolhendo autores e autoras que nos pereciam muito diferentes daqueles que compõem o universo das pessoas das classes mais excluídas de nosso município e compor as 10 primeiras sacolas culturais que circularam em 2009 e 2010 no bairro, e no início do ano letivo em 2010 circularam na Escola Municipal Prof.a "Vilma Alvarez Gonçalves", a mais próxima do Nzinga, também no Jardim Cambuci, entre as professoras da escola. Em 2011 essas primeiras sacolas ficaram como referenciais para divulgação do Projeto e então elaboramos 10 sacolas com conteúdos novos para implementarem o trabalho na Escola Vilma; 10 para circularem na COOPERLIX – Cooperativa de Reciclagem do Lixo de Pres. Prudente; 10 para Paracatu/MG e 10 para Almeirim/PA (onde também circulam 5 sacolas de literatura), compondo 03 Territórios da Cidadania, como previa o Edital da Bolsa de Literatura da FUNARTE – MinC, com o financiamento desse órgão.

A montagem das primeiras Sacolas Culturais Afrobrasileiras foi uma estratégia para conseguir fazer circular o que já tínhamos como acervo e ficava parado, pois para ter acesso seria necessário que alguém ficasse de plantão na nossa sede (que neste período ficava em um espaço alugado, do lado da nossa residência). Nos anos de 2010 até 2014 o trabalho presencial na sede do Nzinga acontecia nos sábados de noites e domingos pela manhã.

Pesquisando propostas de leitura, arte, educação em geral eu detectei que havia um grupo gestor destas ações que conseguiam mobilizar duas ou mais pessoas com suas famílias. E aqui na comunidade só a gente da família. Mesmo diante da solidão local, me sentindo muito chateada, às vezes, decidi planejar para que outras famílias da região aprendessem sobre seu povo e também pudessem ter mais acesso à cultura geral e às artes, aqui restrita ao rádio, TV e uma banda de música na Igreja Evangélica.

Na Igreja Católica tem um grupo musical fechado, mas não montaram um curso ou coral para maior participação da comunidade.

Funcionou. Em 2011, separei uma parte do recurso para remunerar uma bolsista, responsável por ir até as famílias e fazer as trocas das sacolas. Nos outros Territórios (Paracatu/MG e Almeirim/PA) promovi um curso sobre Cultura, Artes e Contação de Histórias, pois não teria condições de acompanhar o processo de circulação do material. Estive duas vezes em cada local, sendo a primeira visita de convite e apresentação da Proposta e a segunda visita para deixar as sacolas, promover algumas Oficinas, uma Exposição de Arte Afrobrasileira no Museu Histórico de Paracatu e um curso de Teatro do Oprimido no mesmo local, além de discutir a circulação da Sacolas Culturais com grupos organizados na cidade.

Esta Proposta foi reorganizada, com outras Sacolas Culturais para uma Proposta de trabalho executada para a Secretaria Municipal de Assistência Social – SAS, em 2014 e 2015. Trabalhamos dois anos em uma formação continuada, de maneira que as crianças de vários bairros de Presidente Prudente pudessem ter acesso à arte e cultura afrocentradas. Houve uma convocação da SAS para que todas as educadoras sociais, psicólogas e demais agentes da secretaria participassem deste processo formativo. No segundo ano atendemos também crianças e adolescentes com Oficinas de Grafite para alterar a estética das sedes dos CRAS – Centros de Referência em Assistência Social em seis comunidades periféricas.

Assim, em 2019, depois das entrevistas com as mulheres negras do Mocambo, para atender as demandas de algumas mulheres que solicitaram um trabalho com relações raciais nas escolas de suas crianças eu recompus algumas Sacolas Culturais, para alcançar as 6 escolas da zona leste de Presidente Prudente, onde as crianças e adolescentes da comunidade estudam.

Quadro 5 – As Sacolas Culturais reelaboradas em 2020

Sacola 1
Livros: 1.Ulomma: a casa da beleza e Outros contos; Sunny e Denise Nascimento; 2.Benedito; Hugo Monteiro Ferreira e Douglas Barzon
Revistas: História Mandela e Martin L. King
CD: Djavan

DVD: Miss Spider

Peça étnica: Gêmeos de Gana – Ac'uaba (bonecos da fertilidade)

Revista Raça Brasil: 196 – capa Ivi Pizzott

Sacola 2

Livros:　1.Outros contos africanos para crianças brasileiras;

2.Sua majestade: o elefante

Revistas: João Cândido Heroi Brasileiro

CD:　　Abigail Moura – orquestra afro-Brasileira

DVD: Quem quer ser um milionário

PEÇA ÉTNICA: Boneco Afro-Americano

Revista Raça Brasil: nº 212 – Vem para o Olodum: 40 anos do bloco mais famoso do Brasil

Sacola 3

Livros:　1.Parece que foi ontem de Kapusu Aco'i Juk; 2.O mundo no black power de Tayó

Revistas: 1.Diálogos interculturais: identidades indígenas na escola não indígena; 2.Bijagós: a arte dos povos da Guiné-Bissau

CD: Luedji Luna: um corpo no mundo

PEÇA ÉTNICA: Máscara do Pará dentes de piranha, escama de Pirarucu

Revista Raça Brasi: 208 – Amor preto na família de Joyce Ribeiro

DVD: Kirikú e a feiticeira

Sacola 4

Livros: 1.Zumbi de Kayodê; 2.Contos africanos para crianças brasileiras

Revistas: 1.Tecnologias negras em rede; out. 2019; 2.AfroBrasil: o DNA do negro brasileiro

CD: BarLavento: Maroca

DVD: Cocoricó- Meu primo João

PEÇA ÉTNICA: Máscara de Angola

Revista Raça Brasil: nº 210 – Palco e plateia preta!

Sacola 5

Livros: 1.Omo-Oba: Histórias de princesas; 2.Olelê: uma antiga cantiga da África

Revistas: Marie Claire: a voz do feminismo negro

CD: Erth, Wind & Fire

DVD: Charlie e Lola

PEÇA ÉTNICA: Anjinha negra

Revista Raça Brasil nº 153: A inclusão pela educação científica

Sacola 6

Livros: 1.Betina; 2.José Moçambique e a capoeira

Revistas: Fórum: Egito e a primavera islâmica

CD: CultureInCulture (reggae)

DVD: Depois da Terra com Will e Jaden Smith

PEÇA ÉTNICA: Chaveiro filtro dos sonhos com uma abayomi

Revista Raça Brasil nº211: Globo inova e família negra protagoniza especial de Natal

Box 8 – A carta que acompanha as Sacolas Culturais

Olá, Professora,

Você está recebendo um kit de trabalho afrocentrado, que compõe meu doutoramento em Educação na UNICAMP.

As Sacolas Culturais já estão sendo produzidas por nós desde 2009, quando consegui uma ajuda das mulheres aposentadas do Banco do Brasil, que a cada ano promoviam a colaboração com alguma instituição da cidade. Para nós elas bordaram uma garota em uma sacola de nylon.

Nestas Sacolas Culturais que reelaboro, já foram atualizadas as Revistas Raça Brasil e algumas peças étnicas.

O conteúdo das Sacolas é para seu usufruto. Você vai verificar se é adequado usar algum material em sala. Sei o quanto é gostoso muitas vezes, receber uma sugestão de lazer para curtir com nossa família e de alguma maneira melhorar nosso desejo em relação à cultura em geral, e neste caso em relação à cultura negra.

Peço que opine no caderno que acompanha o kit. Caso alguém de sua família também queira opinar ficarei feliz em saber e buscar acatar as sugestões.

Fonte: Arquivo pessoal

Quadro 6 – Escolas selecionadas para receber as Sacolas Culturais:

	Nome da escola
1	EMEI Eunice Menezes de Oliveira
2	EMEI Irmã Nazarena Zamitt
3	EMEF Pioneira Ludovica Ligabo Rodrigues
4	EMEF Prof.ª Vilma Álvarez Gonçalves
5	EE Prof.ª Clotilde Veiga Barros
6	EE Pastor João Carlos Padilha de Siqueira

Consegui entregar um kit antes da pandemia de 2019 na creche municipal. Quando fui entregar na Escola de Ensino Fundamental, a diretora me informou que eu teria que solicitar autorização na Secretaria Municipal de Educação de Presidente Prudente e a burocracia barrou a continuidade do trabalho. Daí chegou a pandemia da Covid-19 e tivemos que suspender as ações de contato direto com as escolas. Diante deste fato, tivemos que repensar várias atividades, inclusive replanejando nossos encontros de produção das bonecas Abayomis e também das Oficinas e Cursos que tínhamos planejado para atender as demandas presentes nas entrevistas iniciais com as mulheres do Mocambo.

Como estratégia para atender as demandas que surgiram das falas de mulheres da região que também atuam como professoras na rede municipal de ensino, fiz um convite especial para que participassem do Coletivo Mãos Negras e das formações que organizamos durante a pandemia da Covid-19, que no início do afastamento social impôs vários desafios para a continuidade do nosso trabalho.

Uma cena nos EUA reconfigura o teatro em Presidente Prudente

Um assassinato na frente das Câmaras e uma onda de comoção muito estranha quando Jorge Floyd foi assassinado e sua morte registrada, insistentemente veiculada por todo o mundo, com um tom necrofílico no Brasil, e nós recebemos uma enxurrada de solicitações. A página do Coletivo Mãos Negras cheia de mensagens, professoras e professores aguardando que "alguém" preta fizesse alguma coisa, e vários convites para que participássemos com entrevistas nos meios de comunicação na região. Em uma cidade próxima uma estudante de medicina negra sofreu racismo no Carrefour e mobilizou a cidade em um protesto bem articulado.

Diante de várias demandas marcamos uma reunião e decidimos propor uma formação *on-line*. Abertas as inscrições tivemos de 284 pessoas inscritas em menos de 24 horas. Isto porque elaboramos um formulário de inscrição muito detalhado e a pessoa só conseguia inscrever-se se respondesse todas as questões. O caso havia alterado mesmo as percepções de quem ainda não tinha parado para pensar tanto no racismo fora do Brasil, como dentro de nossas fronteiras. A formação foi pensada para oito encontros, uma vez por semana, às quintas-feiras, entre 11 de junho a 30 de julho de 2020. Ficou com este nome: "Curso de Formação Antirracista: vidas negras importam", com a seguinte Programação:

Primeiro encontro: "Não consigo respirar" – O renascimento negro por Cheik Anta Diop (físico, antropólogo, historiador, literato do Senegal);

Segundo Encontro: Racismo, violência psicológica e tratamento pós-traumático;

Terceiro Encontro. 1991: "O negro e sua participação no Movimento de União de Consciência Negra de Pres. Prudente. 2020: Onde e como estamos? (com a participação de Edis Moreira de Araújo, militante dos anos 1970 do Movimento Negro de Pres. Prudente)

Quarto encontro: Ações Afirmativas e ensino acadêmico: muito além das cotas;

Quinto encontro: Feminismo Negro e Masculinidades Negras (com a participação de Airton (do DIS-UNICAMP, mestrando da FE) e do Ikê de um grupo de Masculinidades Negras de Campinas);

Sexto encontro: Pretagogia: fundamentos da educação afrocentrada;

Sétimo encontro: Movimento Negro como sujeito: gênese e resistência dos coletivos negros acadêmicos;

Oitavo encontro: Respostas para as dúvidas e avaliação do curso.

Durante este tempo de formação, das mulheres agentes diretas desta pesquisa não consegui prover a possibilidade de participação delas, então fui enviando mensagens para alguma jovem da família que pudesse participar e compartilhar em casa os conteúdos da formação. Este fato acabou sendo mais eficientemente difundido devido à cobertura da imprensa local, pois ainda era retomada a morte de Jorge Floyd em muitas notícias que se repetiram sobre casos muito veiculados de assassinatos de meninos e homens negros.

No caso de Jorge Floyd escolhi como mote para o primeiro encontro desta formação antirracista o texto de Dodô Azevedo publicado na Folha de São Paulo:

Box 9 – Um artigo sobre assassinato

Dodô Azevedo na Folha de São Paulo de 28 de maio de 2020

Não consigo respirar.

Mais um homem negro foi assassinado por um policial branco nos EUA, na segunda-feira passada. Menos um homem negro no mundo.

Sem ar, erro: escrevo "mais um homem negro foi assassinado...". Está errado.

Em Oakland, manifestantes pela morte de George Floyd seguram cartaz com datas e cidades em que homens negros foram mortos por policiais brancos: Oakland, em 2009; Ferguson, em 2014; Baltimore, em 2015; e Minneapolis, 2020. (Foto: Noah Berger/AP)

4ª noite de protestos nos EUA por morte de George Floyd deixa mortos e centenas de detidos

É preciso dar nomes. Não normatizar genocídios.

George Floyd, 46 anos, trabalhador, pagador de impostos, assassinado no último sábado, por um policial branco em Minneapolis, EUA.

Suas últimas palavras enquanto era enforcado por seu assassino:

– Não consigo respirar.

Morreu em 5 minutos. Segundo a medicina forense, uma eternidade dividida em 4 fases.

Primeiro, sente-se enjoo, vertigem, sensação de angústia, inconsciência.

Dois minutos depois, a medula colapsa, causando convulsão, contrações na musculatura (tanto da face quanto a respiratória) e os relaxamentos dos esfíncteres. A vítima se urina e se defeca inteira.

No terceiro minuto, a fase respiratória, o ar que falta. Lentidão e superficialidade dos movimentos respiratórios. Insuficiência ventricular esquerda.

O último minuto de vida é o colapso cardíaco. Arritmia, parada cardíaca e morte.

Em algum destes 5 minutos, teve forças para dizer apenas uma coisa.

– Eu não posso respirar.

5 minutos. Uma eternidade.

Leio o estudo publicado no UOL, informando que, no Brasil, negros sem escolaridade tem mais chances de morrer de Covid-19. Gente preta que vai morrer por não conseguir respirar.

E então eu não consigo respirar.

Estou dentro de casa, calma.

Preciso escrever a coluna. Sou um profissional. Sou um milagre estatístico. Um dos poucos negros brasileiros que conseguiram trabalhar com o que ama, que venceu pelo simples fato de ter tido as mesmas chances que um branco.

João Pedro, negro, assassinado em São Gonçalo, mandou antes de morrer uma última mensagem de *WhatsApp* para a mãe:

"Estou dentro de casa. Calma."

Morreu com um tiro de fuzil nas costas. A dor de um tiro de fuzil não se compara a nada. Rompe músculos e artérias, mas destrói nervos e ossos do tronco. A pressão demora a cair. Passa-se pelo menos 5 minutos sentindo essa dor inimaginável.

5 minutos. Uma eternidade.

Casos que, de tão corriqueiros, viram notícia de vítima sem nome, sem corpo, sem dor, de alguém que não teve o corpo violentado. Um corpo que dava prazer aos amigos, aos parentes. Um corpo vivo e com nome.

Em um colégio da zona nobre do Rio de Janeiro, alunos brancos se referem à colega Ndeye Fatou Ndiaye, 15 anos, negra, corpo com nome, assim: "Venderia no Mercado Livre". E "Para comprar um negro, só com outro negro mesmo".

Ndiaye respirou e reagiu nos 5 minutos que lhe foram dados. Os jovens racistas de família de elite, que no futuro serão adultos racistas no mercado, hoje estão afastados temporariamente da escola.

5 minutos. Uma eternidade.

O site Mercado Livre, a qual o garoto racista de elite se referia, já teve que retirar do ar um anúncio de produto, feito por um brasileiro, que colocava uma foto de uma criança negra à venda, com os dizeres: "Filhote de Macaco".

Eu não consigo respirar.

O presidente da Fundação Palmares resolve criar o selo "não-racista", para pessoas ou marcas que, segundo ele, venham a ser difamadas, acusadas injustamente de racismo.

Vejo o estudante racista recebendo o selo "não-racista". Vejo os policiais que assassinaram João Pedro recebendo o selo "não-racista". Vejo o assassino de George Floyd recebendo o selo "não-racista". Vejo o sujeito que anunciou uma criança preta no Mercado Livre recebendo o selo "não-racista". Vejo o próprio presidente da Palmares condecorando a si próprio com o selo "não-racista".

"Para comprar um negro, só com outro negro mesmo".

A história da escravidão do homem pelo homem tem um capítulo especial no Brasil. É aqui, na região central do Rio de Janeiro, onde funcionou o maior porto escravagista da história da humanidade. O Cais do Valongo. O útero do Brasil.

O Mercado Livre.

Eu não consigo respirar.

Vivemos na economia do Livre Mercado.

Um sistema que dá o direito de respirar a uns e não a outros.

Que sufoca pretos negando-lhes, por exemplo, escolaridade.

Escolaridade é ar.

E é só isso que o povo preto quer.

O mesmo direito de quem não é preto tem.

O direito de respirar.

5 minutos. Uma eternidade.

Fonte: https://quadronegro.blogfolha.uol.com.br/2020/05/28/o-direito-de-respirar-
-em-um-mundo-racista/. Acesso em: 5 jun. 2020.

Quebra de paradigma: negras que respiram arte

Durante este período de formação, coincidente com a pandemia da Covid-19, as atividades de produção das bonecas Abayomis foram sendo coordenadas por cartas e montagens das peças de exemplo. Eu fiz cada um dos modelos com bonecas Abayomis, etapa por etapa, colava numa página com as instruções de produção e enviava algumas peças prontas, para que as bonequeiras pudessem ter acesso à fabricação. Processo muito trabalhoso e demorado. Em alguns casos gravava vídeos e áudios para ajudar na compreensão das tarefas.

Tenho plena consciência que poucas destas tarefas seriam cumpridas, se não fosse a extrema necessidade financeira destas mulheres. Um caso de sofrimento psíquico causado por racismo ou mesmo o impacto da morte de um garoto ou homem negro na família, acaba não conseguindo mobilizar as pessoas desta mesma família ou comunidade para aderir a uma proposta antirracista sistematizada, até porque na maioria dos casos, há um impedimento material para tanto. Somente uma das mulheres agentes desta pesquisa tem acesso a computador na sua casa, porque fez faculdade, suas filhas também estudam e ela está no posto de Coordenadora Pedagógica de uma das escolas onde atuamos desde alguns anos. Nenhuma outra família preta tem computador, além de nós duas. Esta é uma limitação que até o momento não conseguimos suprir, em uma proposta coletiva, pois o espólio da dívida impagável[36] do processo escravizatório ainda é das pretas e pretos. Nós continuamos pagando a dívida da escravização, que continua fazendo lucros absurdos para os escravizadores.

Logo depois deste processo formativo nós recebemos um convite para a Coordenação da Disciplina de Áfricas e Africanidades na FCT/ Unesp daqui. Ainda na empolgação da Formação Antirracista, as meninas e meninos do Coletivo Mãos Negras tiveram um papel fundamental para que eu assumisse mais esta atividade. Isto porque, a maioria conhece um pouco dos conteúdos das relações raciais negras, mas ainda não ganharam experiência para as muitas armadilhas que uma formação assim possui. Assim, assumi mais de oitenta por cento das aulas da disciplina. Sem remuneração, porque NUNCA há mecanismo institucional nesta rede Unesp para pagar nós, as pretas. Então solicitamos uma taxa de dez reais para quem pudesse contribuir, com o compromisso não de ter uma remuneração pessoal, mas de prover um pequeno caixa para o Coletivo, que desde seu início recebe, não só meu trabalho voluntário, como o financiamento da nossa família, com uma ou outra doação (muito esporádica) de alguém que fica momentaneamente sensibilizado com a causa.

Aqui temos um ponto fundamental entre os processos antirracistas nos EUA e no Brasil. Além do racismo nos EUA ter sido oficializado e assumido socialmente, também o processo de escolas segregadas facilitou a assunção identitária das pessoas negras desde o período escravocrata. Em 1667 a escravização foi legalizada nos EUA e 1808 o tráfico foi proibido. Mas os casamentos interraciais eram proibidos desde 1861. Em 1801 é sancionada lá, a primeira lei de segregação racial no Tennessee, o que provoca uma grande mobilização de pessoas negras na construção de escolas, igrejas, bares, escolas de ofícios etc., para negros e negras. Michelle

---

[36] Esta é uma citação indireta do texto de Denise Ferreira da Silva: a dívida impagável (assim mesmo tudo em letras minúsculas) que ganhei de uma filha do coração que nasceu menino e cuja transformação em menina eu acompanhei e acolhi, Vulkânica Pokaropa. Em 2022 tive a oportunidade de ter uma aula na Formação Pemba: Residência Negra do SESC Brasil para a qual fui selecionada. Então Denise poetiza em prosa, sobre as artes que pode acompanhar, fazer curadoria ou ver nas exposições de artistes negres que discutem o corpo negro e suas implicações no campo das artes, quando reivindicam, quando denunciam que de fato o processo escravizatório é uma dívida impagável. No entanto, estamos em coletivos reivindicando o pagamento de, ao menos, uma pequena parcela desta dívida. Toda pessoa branca que nasce e usufrui em um país escravocrata está em dívida e precisa saber disto. Caso não saiba devemos pôr o dedo em sua cara e cobrar. Com toda a insistência. Com todas as armas que tivermos. Particularmente detesto armas de fogo e já não me atraem as facas de atirar, assim como abomino os atos terroristas, porque penso que Onilé não merece este tipo de sangue ruim que escorre nos escombros.

Alexander narra esta história, com os pés sankodando o presente em "A nova segregação – racismo e encarceramento em massa" (2017). Então, houve todo um movimento de mobilização que possibilitou o surgimento de lideranças negras muito aguerridas para pensar e construir um sistema educativo que fizesse do povo negro nos EUA uma potência, mesmo com a segregação oficializada.

Em "As almas das gentes negras", Willian Edward Burghardt Du Bois elabora uma narrativa poética de um longo período da constituição da tomada de consciência dos negros nos EUA, após a libertação oficial, até chegarem na proposta de uma possível solução com o incentivo à Educação, tema que muito interessa a esta pesquisadora. Narra Du Bois:

> A Nação ainda não se libertou dos seus pecados; o liberto ainda não encontrou na liberdade a sua terra prometida. O que quer de bom que tenha vindo nesses anos de mudança, a sombra de um profundo desapontamento paira sobre o povo negro – um desapontamento ainda mais amargo porque o ideal inalcançado era irrealizável, exceto para a ignorância simples de um povo humilhe. A primeira década foi apenas um prolongamento da procura vã da liberdade, a benção que parecia sempre esquivar-se do seu alcance – como um torturante fogo-fátuo, enlouquecendo e enganando a multidão desnorteada. O holocausto da guerra, os terrores da Ku Klux Klan, as mentiras dos *carpet-baggers* (nortistas que foram para o sul após a Guerra Civil, em busca de vantagens políticas e econômicas), a desorganização da indústria e os contraditórios conselhos de amigos e inimigos, deixaram o transtornado servo sem qualquer palavra de ordem além do antigo grito de liberdade. À medida que o tempo passava, entretanto, ele começou a agarrar-se a uma nova ideia. O ideal de liberdade exigia para sua realização meios convincentes, estes, a Quinta Emenda lhe dava. (DU BOIS, 1999, p. 56-57).

A quinta emenda à Constituição dos EUA, em 1865 proibiu a escravização, concedeu direitos de cidadania aos libertos e depois direitos eleitorais aos libertos. Du Bois narra todo este processo e em alguns trechos sua narrativa muito se assemelha a uma narrativa atual aqui no Brasil, caso eu tivesse a mesma competência que ele, para traduzir, em tão poucas linhas, uma parte importante da vida negra nos EUA. Continua Du Bois:

> Ser pobre é duro, mas ser uma raça pobre numa terra de dólares é a dureza mais extrema. Sentiu o peso da sua ignorância – não simplesmente das letras, mas da vida, dos negócios, das humanidades; a indolência acumulada, os subterfúgios e a falta de jeito de décadas e de séculos algemavam-lhe as mãos e os pés. E seu fardo não eram só a pobreza e a ignorância. A mancha rubra da bastardia, que dois séculos de sistemático aviltamento legal das mulheres negras haviam estampado em sua raça, não significava apenas a perda da antiga castidade africana, mas também o peso hereditário de uma massa de corrupção de adúlteros brancos[37], ameaçando até mesmo aniquilar o lar negro. (DU BOIS, 1999, p. 59).

Como base para análise das razões que diferenciam profundamente nossas histórias negras, mas também influenciam nossa história, não foi por acaso que a morte de Jorge Floyd impactou tão fortemente as discussões sobre assassinatos de negros aqui no Brasil. E também não foi por acaso que havia tão poucos coletivos com a competência necessária para responder a esta demanda de forma organizada, muito rapidamente. Se por um lado, tenho minhas queixas de ser uma intelectual escravizada, também reconheço o importante papel do Mocambo, sob minha liderança, e de todo o nosso trabalho, numa tentativa insana de transformação de trabalho solitário para um trabalho coletivo. Os dois séculos que separam a mobilização do grupo negro norte-americano em relação ao grupo negro no Brasil, possibilita tanto as influências de referência positiva (Angela Davis, Malcom X, bell hooks, Marimba Ani, Aza Njeri) como várias imposições da indústria cultural, derramando uma enormidade de informações negativas no país e ditando normas de condutas para crianças e jovens negres.

Na formatação das Sacolas Culturais, na elaboração das formações, no processo de atendimento das demandas das mulheres negras para a atuação desta pesquisadora, as situações do cotidiano precisam de um olhar atento, diante das enormes dificuldades que encontramos. Diferente de Du Bois que conclamava a união das raças, em seu tempo, para elevação da Nação americana, não acredito nesta possibilidade. Nenhuma pessoa branca vai sair de seu lugar de privilégio, por boa vontade, mesmo que tenha pro-

---

[37] O registro do estupro das mulheres negras que gerou a "massa de adúlteros" desloca o foco do estudo das mulheres pretas para os homens brancos, colocando-os no foco na cena, mesmo com a intenção de crítica. Esta postura machista, não nos impede de citar e admirar o trabalho realizado por Du Bois, mas é uma lástima ter que verificar sua postura machista, que perdura até a atualidade, porque as diferenças de tratamento ainda são reais entre homens e mulheres. Uma lástima!

fundo conhecimento das desigualdades provocadas e promovidas através do racismo. O máximo que a gente detecta é uma cooperação para que a gente preta avance um pouco mais. Com uma carga de trabalho muitas vezes superior a outras pessoas brancas.

Muitas informações, conhecimento da causa negra acumulado e então formulei uma proposta, onde as ações práticas poderiam sair do papel, ir para casas, ruas, parques, museus e galerias, enquanto garantiam a sobrevivência não só do Mocambo como lócus de resistência negra, mas também pudesse esperançar na comunidade fatos novos e bonitos através de uma Arte Malunga.

A CENA PAROXÍSTICA DA ARTE MALUNGA AGREGANDO ARTE AOS DESEJOS DE GERAÇÃO DE RENDA

Em 2018 quando passei no processo seletivo do Doutorado na UNI-CAMP, senti que qualquer outra atividade que quisesse fazer seria possível. Foi o ápice de empoderamento que abalou todas as pessoas próximas, tanto do Mocambo, como de outros locais onde tivesse estado. Colegas do curso de Comunicação Social dos anos 1990 enviaram congratulações, pessoas de Garça onde fiz da 1ª à 4ª série nos anos 1970 relembraram fatos e uma certa euforia permeou colegas negres, de convivência local dentro do Coletivo Mãos Negras.

A sensação que tive é de que havia uma quase certeza sobre o bloqueio racista, que eu já tinha fissurado aqui na FCT seria constituído com mais vigor do que foi para que eu seguisse na Pós-Graduação. Então, eu precisava muito comemorar este feito, e do jeito que melhor sei fazer: trabalhando. Foi junto com o aprofundamento de meus estudos sobre o Egito Negro que concebi uma série de Exposições que denominei Arte Malunga. Concebi uma cabeça de rainha Egípcia, mas levaria um tempo até que conseguisse executá-la, pois decidi fazer esta obra em massa cerâmica. Em 2021 pude modelar, queimar e finalizar esta Rainha Egípcia.

A primeira obra que elaborei foi para Exu e as Pombas Giras. Sua base foi coletada dentro de uma caçamba estacionada na área central da cidade, onde há bons despojos da gana capitalista. Pintei a grade e fiquei dias olhando para ela. Minha produtora insistia: "E agora, como é que você vai transformar este tanto de bonecas Abayomis, em obra de arte?"

Como?

Como?

Como?

É muita boneca Abayomi que precisa para preencher a tela toda. E não é possível que estas bonecas fiquem jogadas aí em cima da tela. Tem que ter liames entre elas. Precisa ter um nexo estético. Precisa ter as cores e também as simbologias fálicas que configuram a ancestralidade exúnica e das Yabás yorubanas. Como é que junto tantos elementos ancestrais e contemporâneos numa única obra?

Olhei centenas de obras. Retirei e folheei todos os Catálogos de Exposição do Museu Afrobrasil que temos na Biblioteca e ainda fui imprimir os vários catálogos que não consegui comprar, ou porque estavam esgotados ou porque o Museu não chegou a produzir para disponibilizar para vendas. Revisitei sites com as obras de El Anatsui, Mama Ester Mahlangu e fui organizando arquivos, que imprimi e encadernei para poder materializar, olhando para cada uma daquelas obras. O livro com as obras de Sônia Gomes ficou marcado de tanto que folheei. Eram processos criativos destas artistas que nunca pude conversar para saber de seus processos criativos. Todas as informações que obtive foram mediadas por Curadorias. Raras entrevistas delas tinha a marca de questionamentos que não foram os mesmos que os meus.

Durante a confecção das bonecas Abayomis em 2018 e 2019 nós conversávamos durante o tempo de produção coletiva, mas nenhuma destas mulheres ou crianças tinham estado em uma Exposição de Artes Afro. As Mostras Pedagógicas nas escolas da cidade não realizam o processo de Curadoria Coletiva, ou mesmo discute seriamente esta importante etapa na Produção e Curadoria de Exposições. O Centro Cultural Matarazzo (da Secretaria Municipal de Cultura de Presidente Prudente) dificilmente tinha entrado no Roteiro das malungas. As poucas vezes que estivemos lá juntas, foi para outras formações. Novamente é a perspectiva de usufruto do Parque que poderá contribuir para formações de Produção e Curadoria em Artes, além da implantação ali de Exposições individuais, coletivas juntamente (ou não) com as Mostras Pedagógicas.

Daí comecei a produzir os símbolos exúnicos. Produzi o falo. Produzi um falo de mulher. Separei contas africanas e contas nacionais. Separei as bonecas Abayomis confeccionadas com vestimentas em tons de vermelho. Separei lãs, linhas, tecidos vermelhos e pretos e fui tecer na grade de ferro a maciez do tecido e de outros materiais. Mas faltava um elemento que eu me senti na obrigação de alojar na obra: um símbolo adinkra, pois estes símbolos ancestrais revolucionaram o mundo das artes visuais nas últimas décadas. Escolhi o Tabono (símbolo de força, confiança e persistência: NASCIMENTO; GÁ, 2009, p. 144-145). A escolha recaiu sobre este símbolo também devido ao seu formato muito próximo de uma cruz Kopta, a igreja de Kimpa Vita[38]. A cruz copta tem um desenho que aproxima o traço vertical do horizontal com as bordas arredondadas, o que me remete à lembrança do símbolo adinkra Tabono.

Figura 28 – Tabono
Figura 29 – Símbolo Tabono, em destaque na obra AKilo Roxo

Fotos: Ivonete Alves

Do lado esquerdo da página há o símbolo adinkra Tabono, caracterizado por uma imagem toda na cor preta com fundo branco. O símbolo toma o formato de uma cruz com as quatro pontas arredondadas a semelhança de pétalas de rosa. Todas as bordas do símbolo são arredondadas.

---

[38] Dona Beatriz Quimpa Vita nasceu em 1684, nas proximidades de monte Quibangu, no Reino do Congo, região que na modernidade localiza-se no norte de Angola. O nome "Dona" indica que ela nasceu em uma família da alta nobreza congolesa, do ramo monárquico Muana-Congo, sendo possivelmente neta de Nvita a Nkanga e António I do Congo; mais tarde, ela recebeu o nome de "Beatriz", em homenagem ao orago católico Santa Beatriz. Foi batizada na Igreja Católica Romana ainda criança, numa altura em que seu reino já completava quase dois séculos de convertidos ao catolicismo. Seu avô havia morrido na batalha de Ambuíla em 1665 e, à época do seu nascimento, o Congo estava sendo dilacerado pela guerra civil. Estas guerras começaram pouco depois da morte de António I e resultaram no abandono da antiga capital de São Salvador (Mabanza Congo) em 1678, e na divisão do país por pretendentes rivais ao trono.
De acordo com o testemunho do padre capuchinho Bernardo de Gallo, Quimpa Vita teve visões ainda quando jovem, sendo que sua intensa espiritualidade e perspectiva sobrenatural fizeram com que dois casamentos que teve quando na juventude fracassassem, e a levassem para uma maior introspecção espiritual. Assim, Quimpa Vita foi treinada como "naganga marinda", ou seja, uma pessoa que seria capaz de se comunicar com o mundo sobrenatural. A naganga marinda era um tipo de sacerdotisa que estava ligada ao culto Quimpassi, uma prática religiosa de fertilidade e cura que floresceu no final do século XVII, no Congo. No entanto, por volta de 1700, ela renunciou ao seu papel como naganga marinda e aproximou-se dos pontos de vista da Igreja Católica. Fonte: https://pt.wikipedia.org/wiki/Quimpa_Vita. Acesso em: 11 fev. 2022.

Na segunda imagem, na obra AKilo Roxo, o símbolo Tabono aparece em destaque, formado por muitas trouxinhas de retalhos mesclando trouxinhas vermelhas e pretas. O contorno de todo o símbolo é preenchido com bonecas Abayomis em variados tons de vermelho. No meio delas, o símbolo Tabono assemelha-se com um pássaro de quatro asas, em tons de preto e tons de vermelho produzidos com as trouxinhas amarradas aleatoriamente.

É muito importante, como registro histórico, relembrar que a Exposição **Arte Malunga** teve uma ação antecedente que foi a participação em um documentário, onde ganhou uma síntese como nome: Museu Afroperiférico, nome cunhado por Fabiana Alves, na época em que gravou, produziu e editou o documentário[39].

A ideia do Museu Afroperiférico

A ideia do Museu Afroperiférico surgiu com a produtora cultural Fabiana Alves em 2019 depois de gravarmos um documentário sobre as ações do Mocambo APNs Nzinga afrobrasil – Arte – Educação – Cultura, que sempre estiveram interligadas com meu trabalho como artista plástica e também com as pesquisas científicas nas questões étnicas e raciais que fui desenvolvendo ao longo dos anos em Presidente Prudente/SP.

Estas ações de militância no Movimento Negro como Sujeito, são frutos também das ações dos APNs – Agentes de Pastoral Negres, entidade nacional (Quilombo Central) e estadual (Quilombo Paulista) com vários Mocambos espalhados. É importante salientar que os Mocambos possuem especificidades: uns priorizam as formações continuadas, outros estão ligados aos Terreiros de Candomblés ou Umbanda, muitos ainda estão muito próximos da Igreja Católica onde vicejaram, mesmo tendo a entidade nacional se desvinculado oficialmente das Pastorais do Negro Católicas, já na década de 1990.

A ênfase na história dos APNs está em concordarmos com seu mote desde a fundação: "Conscientização – Organização – Fé e Luta", princípios que o Mocambo APNs Nzinga respeita e busca valorizar, principalmente com a arte negra africana e afro-diaspórica, com ênfase na produção de obras nagô.

---

[39] Assista ao vídeo que inspirou a criação do Museu: https://www.youtube.com/watch?v=kNY8v85HEJU&app=desktop

Sem a existência de todo este trabalho anterior seria impossível chegar hoje no estágio de planejar e executar a parte material, física do Museu Afroperiférico, com as ações organizadas na Exposição Arte Malunga que ocupou os muros e telhados com nossas obras malungas, com sede no Mocambo Nzinga.

Estas atividades precisam de colaboração para que possam garantir obras de arte que impactem positivamente a comunidade negra daqui e colabore para criar um campo de ação para nossas malungas que já trabalham a tanto tempo, sem ter conseguido ainda um reconhecimento de suas ações. Em alguns casos sem ter condições de autodeclaração como pessoa preta. Todas as pessoas já conscientizadas do processo de racialização sabem que ela é preta, mas ela não consegue se autorreconhecer negra.

Meu trabalho como artista plástica também não recebeu ainda o devido respeito, mesmo sendo um trabalho já premiado em ações anteriores.

Figura 30 – A identidade de um território

Foto: Ivonete Alves

A foto contém duas identidades visuais que estão fixadas no muro pintado com terra vermelha escura. Acima há uma placa de acetado onde se lê Mocambo Nzinga no centro em letras maiúsculas, tendo a palavra Mocambo em verde escuro e Nzinga em laranja escurecido. A placa é contornada com desenhos afros. Abaixo há o quadro de energia elétrica e mais abaixo à direita uma placa com um símbolo adinkra colorido em vermelho, amarelo e marrom no centro e em formato circular a escrita museu afroperiférico em letras minúsculas em preto. Há um símbolo adinkra no centro, formado por duas lagartixas que compartilham o estômago chamado Funtummireku Denkyemmireku[40]. Sobre o muro é possível ver galhos enfolhados e no limite da fotografia, parte de um portão de ferro pintado de branco, com o galho de uma pitangueira em plano de destaque.

1° ATO[41] – 2020 no Mocambo Nzinga com a gravação de vídeos e instalação nos muros do Mocambo com 24 obras em Exposição.

2° ATO – Gravação para as Redes de Comunicação Social de um roteiro acessível com as 24 obras do Primeiro Ato de Arte Malunga, com a assessoria de Paulo Henrique para elaboração da proposta de audiodescrição.

3° ATO - 2021 com a Ocupação Preta, com a seleção de 10 obras narrando um percurso formativo em Artes Negras, nas redes sociais com financiamento da Lei Aldyr Blanc de fomento à cultura e à arte.

4° ATO – 2022 com 10 obras da artista Ivonete Alves juntamente com a mostra pedagógica das obras de 11 crianças do Mocambo produzidas a partir do Intercâmbio Cultural Brasil/Japão. Por enquanto esta Exposição está sendo chamada de "Sankofando Arte e Alteridade", mas pode mudar, assim que iniciarmos a Curadoria com as crianças.

---

[40] Segundo Nascimento & Gá (2009), na página 52 este símbolo adinkra significa que "compartilham um só estômago, porém brigam pela comida. Símbolo da unidade na diversidade e advertência contra as brigas internas quando existe um destino em comum".

[41] Estes Atos da Exposição de Arte Malunga foi uma primeira experiência de atuação organizada com Arte Negra sequencialmente. A Tese também foi apresentada em Atos com objetivos diferentes, evidenciando cenas sankofadas de um teatro malungo, portanto espelhados na experiência artística anterior, assim como este livro resultante da Tese.

Aconteceu sua estreia em Assis, durante a Flia Abayomi[42]. Em 2021, a Proposta "Abre Alas Negritude" culminou com uma exposição no Museu da Cidade de Pres. Prudente com este mesmo nome.

O preparo de quem produziu as mais de 4 mil bonecas Abayomis

Durante todo o ano de 2018 e 2019 nós conseguimos agendar e produzir bonecas Abayomis em processos coletivos. Mesmo quando eu me colocava a função de cortar tiras de tecido preto para a produção dos corpinhos das bonecas ou quando produzia muitas rodelinhas para facilitar o processo de montagem, era para que uma das malungas fizesse sua cota de produção. Uma cota cada vez mais exigente.

Todo este processo esteve ligado à produção de Orixás. Eram as cores usuais descritas por Edison Carneiro, em Candomblés da Bahia (1978), com algumas exceções onde respeitei as falas de algumas Yalori-xás que conheci ao longo da vida. Processo de fantasia, já que os orixás (com nomes diferentes em cada língua africana), são cultuados sem estas "fantasias", que no Brasil tiveram uma forte influência do catolicismo. Em muitos grupos étnicos o culto aos Orixás se faz sem roupa alguma. As lembranças de algumas conversas informais, durante as Conferências Nacionais de Cultura, contribuíram para que fosse estabelecida a ima-gética das bonecas Abayomis componentes de Arte Malunga. Uma das iconografias mais complexas foi a de Obaluaê, porque já estávamos no contexto da pandemia e tive que fazer modelos, bem detalhados para cada uma das malungas. Concomitante à produção de bonecas Abayo-mis para as montagens de obras de arte, nós também confeccionamos brincos com as bonecas Abayomis. Com certeza, a produção dos pares de brincos de bonecas Abayomis é o grande desafio no nosso trabalho. Tanto os brincos de bonecas Abayomis como os brincos produzidos com capulanas estão entre os produtos mais procurados e que auferem uma renda muito interessante. Por este motivo busquei incentivar que outras mulheres aprendessem sua produção, inclusive para presentear pessoas

---

[42] A 4ª Feira Literária de Assis – FLIA Abayomi aconteceu nos dias 12, 13, 14 e 15 de maio de 2022, no Galpão Cultural e na Unesp de Assis. O Galpão é uma ocupação de abriga artistas da cidade e da região promovendo atividades semanais. A Feira teve o apoio do Zimbauê – entidade do Movimento Negro de Assis e contou com uma apresentação minha para apoio concorrendo a uma PROAC – Programa de Ação Cultural de São Paulo. Foi a primeira Feira Literária financiada, pois as anteriores foram realizadas com recursos do grupo do Galpão e pessoas apoiadoras, com voluntarismo de autores e artistas. Levamos para a Feira, Obras de arte das crianças (do Projeto Takeo Sawada financiado pelo SESC Thermas) e três obras de minha autoria compuseram a decoração do Palco principal.

de sua família. Desta maneira, elas iam ganhando prática e eficiência tanto na hora de cortar, como na montagem de uma peça tão pequena. Algumas bonecas Abayomis para a produção de brincos têm menos de três centímetros e precisam ficar parecida uma com a outra, de maneira que exista harmonia no par confeccionado.

Figura 31 – Cartas malungas

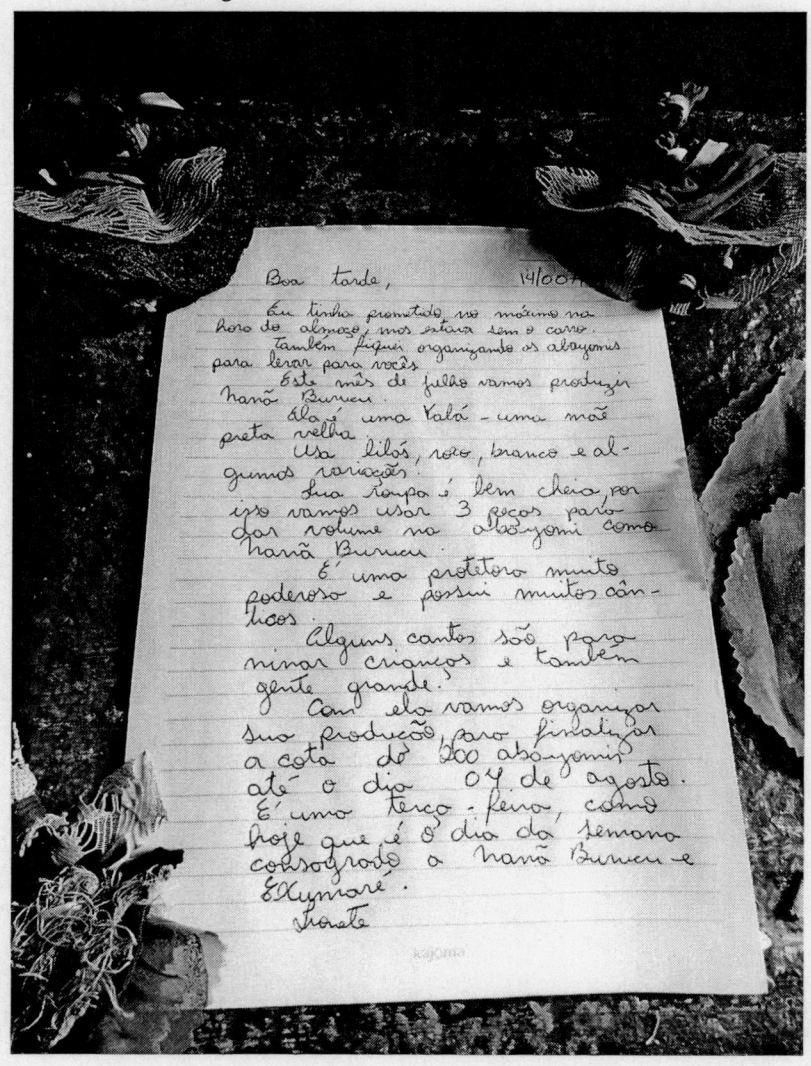

Fonte: arquivo pessoal

Texto da carta: "Eu tinha prometido no máximo na hora do almoço, mas estava sem o carro. Também fiquei organizando as abayomis para levar para vocês. Este mês de julho vamos priorizar Nanã Burucu. Ela é uma Yabá – uma mãe preta velha. Usa lilás, roxo, branco e algumas variações. Sua roupa é bem cheia, por isso vamos usar 3 peças para dar volume na abayomi como Nanã Burucu. É uma protetora muito poderosa e possui cânticos. Alguns cantos são para ninar crianças e também gente grande. Com ela vamos organizar sua produção para finalizar a cota de 200 abayomis até o dia 04 de agosto. É uma terça-feira, como hoje, que é o dia da semana consagrado a Nanã Burucu e Exumaré. Ivonete".

Em alguns momentos foi preciso muita tranquilidade para incutir confiança nas mulheres, diante da beleza que estava sendo apresentada a estas mulheres. Uma beleza essencialmente negra, para que suas mãos pudessem reproduzir, com diversidade ainda maior que os exemplos que já tínhamos materializado. E elas fizeram isto. Teve meses que ao abrir as caixas com a produção, eu ficava admirada com o resultado enviado por elas. Vez ou outra havia alguma coisa que me desagradava, mais devido à impossibilidade de estarmos juntas e adequar um ou outro detalhe, do que propriamente devido à produção. Mas em alguns casos, quando eu apresentava o desafio de que poderiam produzir como quisessem, com o material enviado, recebia, por exemplo, toda a cota de produção de brincos do mesmo tecido e da mesma cor. E a gente vende no varejo, com uma promessa de elaborar peças únicas, uma a uma, sem linha de produção. Claro, que uma produção assim facilita fazer sem pensar, só ir produzindo, mas dificulta muito a comercialização, porque é justamente a variedade, e a possibilidade de ser uma peça única que caracteriza o fazer artesanal para as feiras e exposições. Esta produção tive que separar e deixar para ir colocando na cesta de comercialização aos poucos. E pares de brincos é nosso grande desafio na produção.

Figura 32 e Figura 33 – Etapas da confecção das Bonecas Abayomis enviadas para as malungas

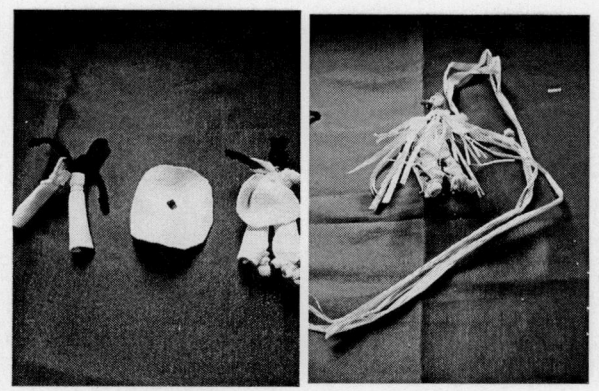

Fotos: Ivonete Alves

A foto da esquerda possui um fundo de tecido na cor verde escuro, e sobre o tecido estão um corpinho preto de boneca Abayomi, no centro um círculo em malha branca, com um furo no centro e a seguir há uma boneca ABayomi vestindo calças brancas já com a roupinha feita com o círculo de malha branca.

Na foto seguinte a Boneca Abayomi recebeu um manto de palha da costa e um arranjo de cabelo onde se destaca um amarrio vermelho, compondo a iconografia do Orixá chamado Obaulaê ou Capanã.

Figura 34 e Figura 35 – Fotos com o tamanho médio dos corpos das Bonecas Abayomis para a Confecção de brincos

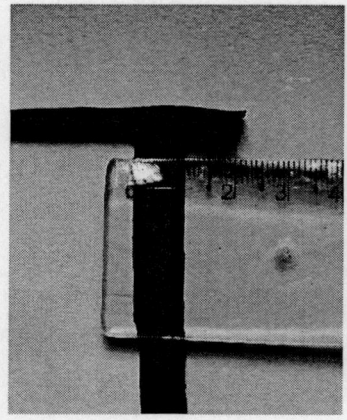
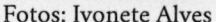

Fotos: Ivonete Alves

Na primeira foto o fundo é branco escuro e ilustra dois pedaços de malha preta. O pedaço acima, à esquerda está enrolado. Debaixo da régua é possível ver outro pedaço de malha preta aberta onde se confere a medida de cinco centímetros de largura desta tira de malha.

A segunda foto tem o fundo de tecido branco com pinturas clarinhas em tons rosa, verde e amarelo, mas o branco se destaca neste fundo. Mostra dois conjuntos de malha preta. No primeiro conjunto, há quatro bases bem pequenas para produção de bonecas Abayomis. À frente destes conjuntos há mais duas bases para confecção de bonecas Abayomis.

Figura 36 – Obra em constituição com Bonecas Abayomis no formato de Obaluaê

A foto ao lado é de uma obra produzida sobre um aro de bicicleta, encapado com malha azul royal formando figuras geométricas variadas. Ao fundo há uma malha mesclada em tons verde, preto, rosa e branco. Há dois saquinhos à guisa de patuás sobrepostos na trama de malha azul. Acima há duas pulseiras produzidas com búzios e palha da costa trançadas, dependuradas. Há um Obaluaê do lado esquerdo da obra e sete destes orixás abaixo, ao centro.

Foto: arquivo da autora

Diante do desafio para a produção dos pares de brincos comecei a organização de um Manual de Produção de Brincos com Bonecas Abayomis, pois o processo é realmente complexo. Quando pudemos fazer as nossas produções no Mocambo, a gente tinha todo um ritual para trabalharmos juntas. Eu preparava o café, o chá com ervas do Mocambo e suco para regar o trabalho. Sempre um suco surpreendente: tamarindo, chá suco de hibisco com hortelã pimenta, suco fermentado de acerolas e outros. O chá também tinha várias misturas com o uso de flores sagradas como calêndula, camomila, jasmim e alfazema. Quase sempre eu separava uma parte de ervas para que pudessem levar e compartilhar os sabores com a família.

Figura 37 – Foto que compunha as instruções técnicas para a produção de brincos

Foto: Ivonete Alves

Há um fato, centralizada na página. Os materiais estão sobre uma toalha branca, onde aparecem sessões separadas com bordado de crivo. Quase no centro da foto há uma vasilha de plástico transparente onde se vê várias rodelinhas cortadas, com a tesoura de picotar. Ao lado desta vasilha há um saquinho de plástico, daqueles com a borda que cola, com outro saquinho do mesmo tipo abaixo e à esquerda do primeiro. Abaixo, pouca coisa à esquerda, têm duas bonecas Abayomis, bem pequenas formando um par. Uma está de costas outra de frente. Elas vestem roupas produzidas com rodelinhas de tecido estampado com o fundo bege e flores vermelhas. Estão com sapatinhos do mesmo tecido e arranjo de cabeça, também do mesmo tecido. O amarrio da cintura é em vermelho. Logo depois, ao centro, levemente à direita tem um bilhete escrito à mão, com a seguinte informação, abre aspas, para produzir um par de brincos com Abayomis são necessárias 6 rodelinhas. Fecha aspas. A seguir têm várias rodelinhas de tecido com as bordas picotadas em tom de fundo vermelho estampadas de bolinhas brancas, flores amarelas com delicadas folhinhas verdes.

Nestes encontros eu ensinei a preparar e degustar as PANCs – Plantas Alimentícias Não Convencionais, pois os cursos que coordenei no SESC Thermas sobre reconhecimento, preparo e consumo de PANCs, não contou com a presença destas mulheres. Um final de manhã preparamos uma omelete com ora-pro-nóbis e bertalha, temperadas com ervas desidratadas.

Nos encontros também eu fazia a narrativa dos processos de captação de recurso para financiamento das bolsas de produção, que na maioria das vezes foi um suplício para mim. Como tem sido difícil conseguir recursos para financiar o trabalho! Mas eu sempre me lembrava das situações desesperadoras que passei com minha filha pequena. Caso tivesse, naquele período, tido um pequeno apoio em um projeto afrocentrado, teria avançado muito mais rápido com as ações antirracistas necessárias. Então, uma das malungas vinha do outro lado da cidade de bicicleta para aprender a produção de bonecas Abayomis. Ela é uma mulher negro indígena que cria um filho com muita luta.

Para cada mulher que chegou no trabalho eu fui adquirindo um kit composto por todos os equipamentos necessários para a produção de bonecas Abayomis, mas que serve também para os mais diversos usos. Neste kit, elas receberam alicate para artesanato, uma tesoura grande de excelente corte, uma tesoura de picotar tecidos profissional, várias tesouras de qualidade com pontas redondas (para ensinar as crianças a cortar rodelinhas e outros tecidos), caixas organizadoras, caixas decoradas para armazenar os tecidos sem processamento e outras para guardar os tecidos processados. Além de todos os acabamentos necessários na produção artesanal como rendas, fitas de cetim, botões, miçangas variadas, agulhas de costura a mão, agulhas para crochê, linhas de costurar, linhas para bordado etc. Tudo que eu já tinha usado para produzir artesanato incluí no kit para elas, com a recomendação de que o que estava no kit era para uso delas, da família e para presentear outras pessoas.

Tomei esta decisão, porque fiz muitas oficinas ao longo da vida e em cada uma delas eu ficava muito frustrada, porque nossa condição financeira não permitia que eu desse continuidade ao trabalho. E isto porque comecei a produzir crochê com 09 anos. Minha cunhada me ensinou e minha mãe me deu um dinheirinho e fui comprar um novelo de linha (bege) e uma agulha de crochê. Em casa nós sempre tínhamos uma caixinha de costura, mas aprendi logo cedo, que a maioria das famílias não tinha, porque vinham emprestar agulhas e linha em casa. Depois de crochê aprendi a fazer arranjos de cabelo e ainda menina fiz um arranjo para uma noiva e aquele dinheiro fez muita diferença para mim.

Nas viagens para prestar o processo seletivo para o Doutorado em Campinas foi o artesanato que financiou minhas viagens. Depois no ano seguinte inteiro paguei minhas passagens com o comércio das bonecas pretas, artesanato com as bonecas Abayomis, além de financiar as ações no Mocambo por todo o ano. Em 2019 consegui fechar um contrato para atuar por 6 meses no Educativo da Exposição "Revelações Imaginadas: a natureza de uma cidade" no Sesc Thermas de Presidente Prudente e todas as Oficinas que já tinha coordenado no Mocambo, no próprio Sesc Thermas foram fundamentais para atuar neste projeto: a única negra contratada de seis vagas ofertadas. O detalhe é para identificar que existem várias mulheres negras que poderiam atuar neste educativo, mas o fato de não serem frequentadoras do SESC dificultam sua participação em trabalhos assim.

Acompanhando as falas dos artistas, como também de outras educadoras que já estavam no Circuito Sesc há muito tempo, eu convidava as famílias do Mocambo e quando aceitavam encontrava um jeito de levá-las comigo. Eu ia para o trabalho e elas iam passear no Parque, assistir apresentações e/ou participar de alguma Oficina.

Ao verificar a importância de todo o nosso trabalho, na voz de pessoas frequentadoras da "Feira Agroecológica" ou funcionárias do Sesc, estas famílias foram compreendendo o quando o coletivo prepondera sobre as atuações pessoais, ainda que minha influência estivesse presente em muitas ações. Foi assim que conseguimos fechar um contrato para uma costureira da comunidade, que já tinha sido minha ajudante de trabalho em uma das Oficinas que coordenei no Sesc Thermas. Foi assim também que pensamos em uma estratégia onde estas mulheres pudessem passar a integrar as Feiras Solidárias que já acontecem há algum tempo na cidade e região. Para tanto era preciso pensar em uma estratégia onde a formação para o comércio estivesse presente.

Já na montagem do 1º Ato de Arte Malunga atingimos a meta de produzir as quatro mil bonecas Abayomis. Por que 4 mil? Porque é tanta boneca que possibilita encher o Parque daqui da Comunidade com obras produzidas com elas. Porque a confecção repetida colabora para que nunca mais nos esqueçamos de sua estética e também conduz aos liames quase sempre tênues entre artesanato e arte. Os conceitos imbricados na obra, que transformam uma linda peça artesanal, em arte, é de complexa definição. Quando a gente da população periférica consegue amalgamar nossos pensamentos com a luta política por acesso à cultura e sua complexa valorização, então a gente avança muito.

Curso de empreendedorismo preta dentro da Ocupação Preta

O termo empreendedorismo me causa engulhos. Conheci muita gente bacana no início da Ashoka[43], porém o uso do termo foi cooptado por uma rede de instituições aproveitadoras que não só deturpou o sentido do termo, como todo o sentido da rede original de apoio a pessoas que mais necessitam de apoio. Porém, não encontramos outro jeito de aproximar as pessoas do trabalho.

Durante o período da pandemia ficamos enlouquecidas tentando encontrar outras maneiras de manter o trabalho com as mulheres do Mocambo funcionando, enquanto eu me esforçava para compor um texto que trouxesse ao menos, parte das emoções que foram açambarcando nossas vidas, profundamente impactadas por uma situação que até antão, desconhecíamos. As medidas de proteção contra a propagação da Covid-19 foram adotadas muito parcialmente pelas pessoas da comunidade e as crianças demoraram para serem convencidas de que não deveriam ficar num indo e vindo sem uso de máscaras e nem querendo saber de usar o álcool em gel. Rapidamente conseguimos comprar máscaras e álcool para distribuir para as famílias do Mocambo. Soube depois que uma delas usava o álcool para pôr no enxague das roupas "porque deixa um cheirinho gostoso". Apesar da minha indignação fui analisar as questões mais urgentes destas mulheres. A Covid-19 é só mais um fator de risco em suas vidas, e daí vivendo, vai se dando um jeito de sobreviver a ele. Na comunidade usava-se máscaras somente para entrar no Mercadinho do bairro ou no posto de saúde. Poucas pessoas adotaram o uso de máscaras o tempo inteiro de contacto externo. Nada de máscaras nas praças e vias públicas, mesmo nos momentos de alta taxa de transmissão da Covid-19. Nem mesmo diante da morte de familiares ou contaminação de famílias inteiras, as máscaras foram adotadas. Adotei em casa medidas muito severas que permanecem mesmo após as terceiras e quartas doses da vacina, porque a irresponsabilidade geral fez perdurar uma situação que poderia ter sido muito amenizada em tempo menor. Toda pessoa que adentra o espaço do Mocambo recebia o álcool 70 de borrifadores dos pés à cabeça. Os objetos todos eram desinfectados e álcool em gel

---

[43] Instituição que nasceu na década de 1980 já discutindo e conceituando o empreenderorismo social. A Ashoka identifica e apoia empreendedores sociais no mundo inteiro, aprende com eles novos modelos e tendências de inovação social e mobiliza uma comunidade global que reconhece e aplica essas inovações para construir um mundo de pessoas que transformam (Everyone A Changemaker). Fonte: https://www.ashoka.org/pt-br/sobre-ashoka

ainda ficam disponíveis durante as visitas. Foram poucas as ocasiões de filmagens, ensaios fotográficos absolutamente necessários para manutenção das atividades em 2020 e 2021.

Neste caso, as equipes precisavam apresentar o teste negativo. Nós tivemos um caso de um amigo que esteve com Covid-19 no Mocambo e as medidas protetivas impediram que outras pessoas se contaminassem. Até porque antes da chegada das pessoas eu dispunha bancos e cadeiras longe umas das outras, sempre no quintal, de forma que o ar livre nos protegesse. Depois deste fato fiquei ainda mais rigorosa com as pessoas que, por necessidade extrema, deixei entrar no quintal de casa.

Em novembro de 2021 aconteceu a primeira experiência de curso presencial pós-covid, com 7 crianças e uma pessoa adulta acompanhante, com atenção ainda mais rigorosa porque as crianças ainda estavam em fase de primeira dose da vacina contra a Covid-19, sendo que algumas delas ainda não tinham recebido a 1ª dose.

No entanto, continuamos elaborando Projetos e intervenções *on-line*, com base em Exposições de arte organizadas para divulgar e agregar valor ao trabalho de arte realizado no Mocambo. Um dos desafios mais intensos está na comercialização da nossa produção agora já passando de milhares de peças prontas. Como são peças de arte e artesanato afro, a comercialização destas peças também exige formas de comercialização que necessitam de alternativas que atendam os princípios da afrocentricidade, do comércio justo, da possibilidade de escambos entre nossa arte com as pessoas que possuam outras coisas para trocar.

Como então aliar o que tem sido divulgado nas redes sociais, como empreendedorismo, inovação tecnológica, formação de redes de mulheres negras etc., com os ideais de nosso trabalho no Mocambo?

Ao sermos contempladas com o Edital "Ocupação Preta" do Coletivo Mãos Negras, o que planejamos teve uma ligação direta com o que já vínhamos fazendo em termos de geração de renda. Duas das mulheres que estão no grupo de entrevistadas já atuavam com muita competência na elaboração das Bonecas Abayomis. Uma das metas que nos desafiamos era a produção de 4 mil bonecas Abayomis para montar painéis de arte afrocentrada. Outro desafio era que todas as bases, ou boa parte delas fossem com material reaproveitado.

Box 10 – Texto de divulgação do Festival Ocupação Preta em várias mídias sociais

Coletivo Mãos Negras Pres. Prudente <coletivomaosnegras@gmail.com>

Anexos

30 de mar. de 2021 16:01

Vivemos em um país, no qual sua história começa a ser escrita a partir de uma invasão, maquiada de descoberta. A ocupação do território brasileiro, foi feita de forma rápida e sem preocupação com suas consequências, pois a meta dos seus "descobridores/ colonizadores" era explorar.

Com o projeto Ocupação Preta, o Coletivo Mãos Negras busca refletir como as memórias que vieram para a diáspora, ancoradas aos corpos das pessoas negras, têm influenciado nos seus modos de se constituir como sujeitos de conhecimentos; como tem se dado suas relações nas arenas de poder; e como seus comportamentos os transformam em agentes sociais e culturais, donos de seus próprios protagonismos.

Vem OCUPAR com a gente!!

Coletivo Mãos Negras

Napege - Faculdade de Ciência e Tecnologia

Universidade Estadual Paulista

Campus de Presidente Prudente

Fonte: arquivo do Coletivo Mãos Negras

Figura 38 – Cartaz da apresentação do evento Ocupação Preta

Fonte: arquivo pessoal

O cartaz diz respeito ao Festival Ocupação Preta, termo que aparece em destaque centralizado em letras pretas sobre uma base branca do cartaz. Do lato esquerdo há as seguintes informações, De 03 a 23 de Abril, abaixo Evento Online e a seguir os logotipos das plataformas YouTube, Zoom, Google Meet e Instagram. No centro do cartaz há uma jovem negra com dreads look com a mão na face tapando um olho e com várias tatuagens na pele. Entre a jovem e o fundo há uma mão negra fechada reproduzindo o símbolo dos Panteras Negras. Depois, mas antes do fundo branco imagens de ladrilhos com simbologias afro. Do lado direito da face da jovem um ramo de capim santo e a seguir as informações: atividades artísticas, mesas de conversa, Oficinas, Cursos. Abaixo do cartaz há os seguintes logotipos: Coletivo Mãos Negras,

Nupe, Lei Aldyr Blanc, Município de Presidente Prudente, Secretaria de Cultura e por fim o logotipo do Ministério do Turismo com a bandeira do Brasil estilizada onde se lê: Pátria Amada Brasil.

Figura 39 – Cartaz de divulgação do curso de empreendedorismo preta

Fonte: arquivo pessoal

A imagem é de um cartaz com a identidade visual da Ocupação Preta com o fundo branco, onde se lê acima Ocupação Preta em legras garrafais. Abaixo há os escritos: Curso com as datas 10, 11 e 14 de abril às 19. Abaixo, à esquerda, dentro de um balão verde azulado há os dizeres AFROEMPREENDEDORISMO PRETA, E ABAIXO COM: Emily Fernanda - @emicriou. E Plataforma Google Meet. Dentro do espaço em cinza clarinho Certificado: 20h e 15 vagas. Abaixo do cartaz há os seguintes logotipos: Coletivo Mãos Negras, Nupe, Lei Aldyr Blanc, Município de Presidente Prudente, Secretaria de Cultura e por fim o logotipo do Ministério do Turismo com a bandeira do Brasil estilizada onde se lê: Pátria Amada Brasil.

Figura 40 – Cartaz da Exposição de máscaras: arte preta inclusiva

Fonte: arquivo pessoal

O cartaz trata da Ocupação Preta e diz respeito da Atividade Arte Preta Inclusiva, um bate-papo pelo YouTube com Ivonete Alves e Paulo Henrique. Abaixo dos nomes dos debatedores há a frase com acessibilidade em libras e abaixo Certificado de Participação. No centro direito há uma foto de uma mulher negra com adereços em vermelho no cabelo e no pescoço, com uma blusa com estampas vermelhas e brancas. Abaixo, sobrepondo uma borda em triângulo tem uma foto de um homem branco de pele escura, barba e camiseta branca olhando para a câmara de perfil. Ao fundo, na foto do homem uma paisagem rural. Abaixo do cartaz há os seguintes logotipos: Coletivo Mãos Negras, Nupe, Lei Aldyr Blanc, Município de Presidente Prudente, Secretaria de Cultura e por fim o logotipo do Ministério do Turismo com a bandeira do Brasil estilizada onde se lê: Pátria Amada Brasil.

Para compor as obras de Arte Malunga, estudei com afinco as obras de várias artistas, com especial cuidado no estudo das obras de Sônia Gomes, El Anatsui e Bispo do Rosário. Fiz também vários painéis copiando mesmo a iconografia de Mama Ester Mahlangu, que deu origem a uma obra muito complexa que está aguardando um outro Ato para ser exposta.

Então uma das propostas aprovadas na Ocupação Preta foi o curso de "Empreendedorismo Preta" planejado para ser em 3 encontros, com o objetivo definido para que as mulheres do Mocambo aprendessem como fazer vendas via redes sociais. O curso foi coordenado por uma jovem empresária local, que conseguiu criar uma marca de sucesso produzindo e comercializando bijuterias basicamente via Instagram. Daí mais um desafio: como conseguir a adesão destas mulheres. Justamente as que mais precisam de renda, são as que mais dificuldade encontram com as redes sociais. Adotamos como meta o pagamento de uma bolsa-auxílio para que elas pudessem colocar créditos no celular e indagamos qual o melhor dia e horários para que esta formação pudesse acontecer.

No primeiro dia do curso fiz uma encomenda de um bolo (uma de nossas malungas tem o sonho de ter uma empresa de confeitaria) e repartirmos entre as participantes para que pudessem degustar e fazer propaganda da delícia. É incrível. Tivemos muitos elogios, mas nenhuma outra encomenda, a não ser a nossa. Assim, a estratégia de *marketing* ficou para um tempo no futuro. Continuo encomendando seus bolos para nosso consumo, mas uma estratégia para vendas que façam uma diferença financeira na sua vida, depois de aposentar, que é seu desejo, vamos precisar focar neste objetivo e pensarmos em estratégias de forma muito intensa.

Algumas barreiras já se apresentaram logo no início da formação: como assistir o curso com as crianças pequenas? Como faço para anotar, ver o celular e pensar no que estou aprendendo? Muitas dúvidas. Uma parte das nossas conversas foi justamente falar sobre as questões que envolvem as mulheres que precisam cuidar das crianças em todos os momentos! É muito pequena a contribuição dos homens das famílias no cuidado com as crianças. Assim, procuramos ser sensíveis e repetir as informações quando a gente notava que uma das crianças pedia atenção, incluindo a criança na conversa. Uma das lições que ficou, foi justamente que precisamos, além de repetir as formações, é compartilhar o que anotamos no papel. Para que algumas delas participe, será preciso um curso que dure de 6 meses a um ano, de maneira que as informações necessárias para que elas tenham o domínio do uso do aplicativo, ganhe a intimidade necessária. Só aí poderíamos pensar nas vendas. Uma medida emergencial seria conseguir uma remuneração para uma mais jovem que ficasse responsável pelas vendas *on-line*. Uma das malungas contratou a irmã para cuidar das propagandas *on-line* e teve muito sucesso com o comércio de *lingerie*. A irmã aprendeu a lidar com as redes sociais e foi trabalhar com outras pessoas para melhorar sua própria renda.

No entanto, as peças produzidas de forma coletiva para pensar na gestão financeira das atividades do Mocambo estão ainda, armazenadas, o que causa um enorme transtorno nas minhas atividades cotidianas. Este também é um fato preocupante: minha casa é um Centro de distribuição, uma biblioteca, um Museu arquivológico, local de comércio e produção, local de produção de sementes e mudas e de pedidos para medicações naturais de várias naturezas, que vai de folhas para chás até tinturas para os mais diversos fins! O período de pandemia da Covid-19 me colocou cara a cara com meu espaço de viver, que sempre esteve um pandemônio e que tive uma necessidade de organizar para podermos trabalhar em casa neste tempo que passou de dois anos.

Retomando a questão do comércio, então há várias atividades que estas mulheres sabem fazer, mas no momento de conseguir organizar o processo de comercialização é sempre um profundo desafio, pois conseguir aprender a lidar com um mercado hostil para as mulheres pretas, é uma estratégia importante da branquitude para que não possamos avançar para além das atividades que demarcaram para nós. Cada vez que estas mulheres não conseguem sucesso numa atividade profissional, elas voltam a trabalhar como domésticas. E com remuneração abaixo do piso conquistado. Ou então, como a irmã de nossa malunga consegue trabalho com melhor remuneração. Este fato é fundamental para pensarmos no mercado preto ou invés do sistema capitalista, onde somos oprimidas o tempo inteiro.

"O conceito de empreendedorismo no neoliberalismo", é um neologismo para desemprego, argumenta Ângela Soligo no trabalho de revisão desta escrita. E continua: *"não é à toa as mulheres negras estão na base da pirâmide econômica, pois esse é o projeto de uma sociedade capitalista colonial, patriarcal e racista. Mas que a apropriação do empreendedorismo pelas mulheres negras, de forma coletiva, é uma prática de sobrevivência e liberdade"*. Concordo plenamente com esta posição e nós mulheres pretas estamos nos organizando e apoiando umas às outras para que possamos ter uma rede solidária que possa inovar o Mercado Africano, como bem discutiu Mônica Pimenta Velloso, em "As tias baianas tomam conta do pedaço" (1990) e Amanda Gatinho Teixeira no artigo "Joalheria de Criolas: Subversão e poder no Brasil colonial" (2017).

A estratégia de maior sucesso que consegui identificar, mesmo no interior profundo, como é o caso de Presidente Prudente, é ficar em contato com o mundo acadêmico. A comercialização de qualquer natureza, encontra no público acadêmico um sucesso imediato. Agora, como fazer isto, se estas mulheres não conseguem ainda, organizar suas vidas e principalmente suas mentes para adentrar a universidade? Tenho pensado muito na leitura compartilhada de "Quarto de Despejo" da Maria Carolina de Jesus, assim como de "Casa de Alvenaria 1 e 2" (2021), onde a autora dá uma ênfase enorme para que mulheres pretas e suas famílias estudem e leiam muito!

Desde o início das atividades do Mocambo que venho convidando e também propiciando encontros de várias delas com os meios universitários locais, mas a vivência só pode se concretizar diante desta quebra do encoraçado: é preciso que alguém da família faça a travessia e consiga ficar perto de sua família para propiciar a toda família as benesses deste encontro com a universidade[44]. E este processo é longo. Foram reflexões assim que ficaram deste processo formativo.

No dia 04 de setembro de 1987, o porta-voz do emergente Movimento Indígena Ailton Krenak fez discurso histórico que logrou reverter a conjuntura política anti-indígena naquela legislatura do Congresso

---

[44] Fonte: https://www.youtube.com/watch?v=kWMHiwdbM_Q.

Nacional. O pronunciamento contundente do defensor Ailton Krenak, com a presença de espírito do gesto de luto, foi ato decisivo para a aprovação dos artigos 231 e 232 da Constituição Federal de 1988 pelos parlamentares constituintes. Este vídeo me ajudou muito a compreender o que é a luta antinecrofílica no chamado brasil (assim mesmo em letras minúsculas). Quando assisti o vídeo tive profunda identificação e daí em diante compreendi que nós as pretas devemos aos Povos desta Terra nossas vidas e sobrevivência. Assim, acompanhar a trajetória de luta de Ailton Krenak quando ele rompe com a Ashoka nos manda um recado forte de como pensar novo. A Terra tem limite. E o tal do empreendedorismo esqueceu que a Terra tem limite, como nos ensina o povo Yanomami. Em nome do empreendedorismo o capitalismo está destruindo os recursos naturais, com nomenclaturas enganadoras, com o apoio massivo das redes sociais e de instituições do comércio, da indústria e de Universidades cooptadas.

Com todas as críticas possíveis ao termo e suas reverberações na nossa realidade, na resistência, durante esta formação, eu acabei aprendendo melhor como desvelar o tal do Instagram. Continuo detestando o aplicativo, mas aprendi como lidar com ele.

Finalizamos o curso de Empreendedorismo Preta conhecendo um pouco mais da vida de empresárias negras da cidade e região que estão conseguindo comercializar seus produtos, conseguimos aprender um pouco mais sobre nossas limitações e pudemos quebrar algumas barreiras do uso de aplicativos com algumas mulheres. Uma delas teve que fazer seu Instagram e com a ajuda de outras meninas mais jovens ela iniciou um processo de fotografar a si e sua família para postar as fotos, de maneira que foi treinando para um uso profissional da rede de comunicação social. Deu tão certo que recebeu encomendas em quantidade para ter um local só para produção, embalagem e de espaço das peças costuradas.

UM PALCO ABERTO PARA NOVAS PEÇAS TEATRAIS - UM PARQUE PARA APREÇO, UM MOTE, UMA ARTE

Quando fizemos uma entrevista inicial, no formato de um bate papo com as mulheres negras da região do Mocambo, nós perguntamos muita coisa. Também recordamos fatos e conversas anteriores. No caso de uma de nossas malungas a relação de envolvimento mais direto vem desde 2004, na sala de EJA – Educação de Jovens e Adultos, dentro do PROEX – Programa de Extensão Universitário – Unesp. Então, esta relação passou pela monitoria no Projeto do Mês da Consciência Negra em 2009, pela participação de sua filha e filho nos cursos, sessões de cinema, passeios e outros eventos ocorridos aqui no Mocambo, ou por intermédio.

Muitos convites de outras instituições são direcionados às crianças do Mocambo, porque é preciso ter público para peças de teatro dos editais, shows musicais, semanas de livros etc. Em muitos casos as famílias da comunidade nem prestam atenção, porque o acesso à arte e à cultura está quase ausente de suas preocupações cotidianas. Além da televisão e do rádio, ouvir música ou vídeos na internet é o máximo de acesso que a maioria consegue. Assim, é possível compreender que as igrejas, principalmente evangélicas atendem um mínimo com a existência de instrumentos musicais, cantos e algumas aulas de música que promovem este acesso, ainda que pautado na obrigatoriedade de frequência aos cultos.

Compreendendo este oco e tendo vivido estas ausências, a audiência que fiz das entrevistas iniciais para esta Pesquisa, foi a todo momento inspirada em fatos pregressos, juntando caquinhos de nossas histórias na comunidade: a festa de inauguração do Mocambo (2009) na calçada e na rua; o grupo de Teatro "Brincantes do Pisa-Chão" (2009) percorrendo as ruas do bairro ao som de tambores, cantorias, maquiagens de todo tipo e fantasias; o curso de Teatro do Oprimido (2011) e as muitas oficinas ofertadas no Mocambo ou no SESC Thermas, que conseguimos organizar as crianças e pessoas adultas para comparecermos. Estas conversas iniciais com as mulheres e negras do Mocambo, em 2019, produziram a escuta e então eu identifiquei duas questões que poderiam ser atendidas com uma proposta a longo prazo. A primeira questão é que todas as entrevistas relataram o desejo de algum curso, festa, dança, brincadeira ou encontro festivo. A segunda, que há a necessidade de um local público onde o exercício do encontro do lazer esteja também presente atividades esportivas, lúdicas e educativas para todas as idades.

Uma malunga verbalizou: "quero que este parque aqui em frente fique lindo, cuidado". Na época anotei seu desejo, que também perpassou a fala de outras mulheres, mas avaliei como uma proposta ousada demais. Em plena pandemia, em 2021, recebo uma ligação de uma Agente Cultural do Sesc Thermas para que eu indicasse alguém daqui do Mocambo para participar de uma Formação totalmente *on-line*: "Cidades para todes", onde o foco seria pensar e produzir mobiliários e brinquedos para uso comum nos parques públicos; cuidado dos parques públicos e possibilidades de intervenção das pessoas da comunidade nestas áreas, reutilização de madeiras de pallets etc. Cada participante receberia uma bolsa para custear a internet. Conversamos e nossa malunga se inscreveu, depois de uma verdadeira novela para baixar o aplicativo e testá-lo.

Com a ausência de um equipamento de boa qualidade, como um computador ou *notebook*, na maioria das casas das famílias aqui da comunidade é sempre uma limitação para participação em formações assim. Então, fiz um relato sobre o planejamento da formação e imprimi para que ela pudesse ter um roteiro onde realizar suas anotações e preparamos as práticas sugeridas durante os encontros. Depois do primeiro encontro *on-line*, ela me contou que, no momento das aulas *on-line*, nem tocava no celular, com medo de que o aplicativo "sumisse". Imprimi todo o bate papo, para depois elaborarmos o Relato desta formação, e acrescentei informações que parecem óbvias, mas que necessitam de "tradução":

Box 11 – Explicando a linguagem digital para uma malunga iniciante

Cidades para todes: mobiliários e brinquedos para uso comum

Dia 03 de agosto de 2021 - Coordenação da aula: Carolina Panini

From SESC Prudente to Everyone: 07:46 PM

Pessoal vou mandar algumas dicas aqui para quem tiver dificuldade para ver a apresentação. Só chamar se precisarem

Site para conhecer o trabalho da Carolina com mobiliários urbanos para locais de usos comuns, como praças, proximidades dos fundos de vale etc.

https://cacambaria.com.br/pt_BR/

A Carolina é da cidade de Jaú, que fica a uns 80 quilômetros de Bauru, mais ou menos no centro do estado de São Paulo. Dá uns 350 quilômetros daqui de Presidente Prudente.

Ela ilustrou sua apresentação com fotos de locais onde estão implantados mobiliários construídos com material reaproveitado.

Como palavras-chave ela apresentou: CUIDADO - EMPATIA - SUSTENTA-BILIDADE - CRIATIVIDADE.

From SESC Prudente to Everyone: 07:53 PM

Pessoal quem precisar ver mais pessoas clicar na opção view

From Roberta Assef to Everyone: 07:54 PM

 Observação: Eu fiz este Relatório com as minhas anotações, então falta algumas falas.

Questões: o que você tem feito por você e pelos outros? O que você gostaria de fazer por você e pelos outros?

Durante a apresentação de cada pessoa era para que usássemos esta pergunta como guia. Algumas pessoas seguiram o roteiro à risca, outras aprofundaram ou focaram nas atividades que envolvem mais profundamente suas vidas. Apresentação das pessoas que estavam na Aula Inaugural: Ivonete Alves, Agbá do Mocambo APNs Nzinga Afrobrasil – Arte – Educação – Cultura e do Coletivo Mãos Negras.

Observação: 1. (Todas as vezes que aparece o termo em inglês "from" significa que a pessoa logada escreveu no *chat – O aplicativo Zoom na sua versão gratuita não é traduzido, então precisa gravar os termos mais usados para aprender como lidar com ele. Para quem só possui o celular é muito difícil, porque as letrinhas ficam miúdas e com o tot – toque – é fácil fechar o programa ou acionar alguma função sem intenção).*

Observação: 2 (Há uns números que indicam a hora exata em que a pessoa escreveu no blog. Por exemplo ás "7:58PM", representa que a Ana Paula Ambrósio – ou uma pessoa que estava utilizando o equipamento dela – é porque o comentário foi escrito às sete da noite e mais 58 minutos, ou seja, quase oito horas)

From Ana Paula Ambrósio to Everyone: 07:58 PM

Que maravilha, Fernando! Não sabia do blog

2. Fernando Ávila to Everyone: 08:04 PM

Este é o blog do Fernando do Grupo Rosa dos Ventos e integrante do Galpão da Lua: segundousopp.blogspot.com

3. José Henrique Junqueiro: grupo Tá Qui Tá, músico. Com uma proposta de composição para crianças. Integrante do Galpão da Lua.

Tenho que atualizar

4. Donizete Cerqueira: representante de bairro da região da cidade onde fica o Balneário da Amizade. Bairros Servantes I e II, Jardim Vale Verde, Green Ville Parque Mediterrâneo e Jardim Baleneário.

5. Lígia (Espaço Quintal). Ela falou sobre trabalho dela e do Marcelo sobre o lugar onde moravam que está no Residencial Gren Ville, é próximo de uma área preservada com uma mata secundária em processo avançado de recuperação. A Praça, agora já livre de entulhos e outros materiais foi recomposta em vários mutirões de trabalho. Lá foi construído um forno com barro, mesmo material utilizado para alguns ensaios de pintura.

O Espaço quintal coordenou algumas oficinas sobre as PANCs – Plantas Alimentícias Não Convencionais no Sesc Thermas e como o Mocambo, também esteve presente em todas as Feiras Agroecológicas que aconteceram no ano de 2019 e 2020 no SESC Thermas de Presidente Prudente (foi interrompida devido à pandemia da Covid-19).

Salvo engano a Primeira Feira de Produtos Ecológicos foi em 27 de abril de 2019, um sábado e a segunda em 18 de maio de 2019, até que ficou estabelecida que seriam no segundo sábado de cada mês, data mais próxima ao pagamento da maioria de trabalhadores (as) que possuem registro ou contrato oficial. [...]

Fonte: arquivo pessoal

Foi um longo relato que nossa malunga, participante da Formação leu inteiro, e depois ela me passou as dúvidas. Fiz a formação também, porque senti que ela e outras pessoas necessitavam de alguém que soubesse fazer a interpretação de algumas dúvidas, inclusive postando no *chat*, informações sobre nossa realidade local. A natureza de práticas educativas no mundo virtual é muito diferente do contexto anterior, onde nós podíamos realizar os exemplos e até participar de oficinas práticas. Assisti o vídeo indicado para a construção de um mobiliário para Parques[45]. Vimos muitas fotos de áreas onde esta intervenção urbana esteve efetivada, mas na avaliação de nossa comunidade, era preciso atividades para a interferência positiva nas áreas públicas (como usar para plantio de árvores, limpar, podar a grama com mais assiduidade etc.).

Um funcionário da Secretaria do Meio Ambiente da cidade de Presidente Prudente estava na formação. A equipe do SESC Thermas conversou e pautou as possibilidades de oficialização das parcerias entre pessoas da sociedade civil e o poder público constituído. Então, começamos as conversas para poder adotar o Parque, já que esta demanda esteve presente nas entrevistas iniciais e também por parte de várias outras pessoas da comunidade, que sempre estão à busca de plantas para remédios tradicionais aqui no Mocambo.

Desde 2020 que esteve atuando no Mocambo um grupo de estudantes e uma professora do curso de Arquitetura da FCT-Unesp de Presidente Prudente. O grupo Varanda Social já tinha tentado uma ação em outro bairro da cidade e ficaram com uma enorme frustração quando a ação não avançou. Trabalhando com Educação Popular durante muitos anos é possível identificar alguns fatores que impedem o avanço do trabalho. O mais corrente deles é a linguagem rebuscada dos grupos universitários. Mas o que mais dificulta as ações é não saber o que fazer em que momento. Porque cada grupo tem sua dinâmica e não há como conhecer estas dinâmicas a não ser no processo de convivência. Para alterar a realidade de um parque público, além de uma boa proposta escrita é preciso avançar nas ações práticas. Ir visitar, fazer o diagnóstico, levantar as demandas até que a maioria consegue, e daí?

No ano seguinte, ou no mesmo ano outro grupo chega e realiza o mesmo processo. Porque quem executa as tarefas cotidianas do trabalho braçal sempre esteve no lugar de escravizado e de escravizada e este país não quis e não quer fazer as tarefas legadas aos escravizados e às escravizadas. Pegar uma enxada para capinar, a cavadeira para fazer as covas e os sacos de lixo para recolher o lixo são ações necessárias. É só com mais esta ação, que os passos seguintes do planejamento podem ser

---

[45] No dia 27 de agosto de 2022, tivemos uma reunião presencial no Sesc Thermas, com a presença da Carolina Panini e com as pessoas que participaram do encontro *on-line* avaliamos o que foi possível realizar após o processo de formação e as novas propostas que surgiram após a formação.

assumidos na comunidade, que poderá (ou não) seguir os exemplos para manter o Parque limpo. E ainda assim são anos de processo educativo, de trabalho árduo para que as conquistas permaneçam.

Então, marcamos algumas conversas e depois de um lindo projeto escrito, elaborei o pedido de adoção do parque (Anexo 03). Uma semana depois estiveram aqui dois funcionários da Secretaria Municipal do Meio Ambiente e em seguida a Proposta foi assinada pelo Secretário e o Parque estava adotado. Assim, marcamos de trabalhar no Parque todos os sábados, de maneira que pudéssemos ter uma dimensão das atividades necessárias, quanto tempo levaríamos, em pequenos grupos, trabalhando para que as propostas fossem viabilizadas, ou seja, o parque ficar "florido e produtivo". Três grandes desafios diagnosticamos na primeira caminhada em grupo pelo Parque adotado: 1. muito lixo acumulado (desde sacolas plásticas, embalagens de lanche) até móveis, colchões, pneus etc.; 2. vários animais pastando no Parque e na Área de Preservação Permanente ao lado; e 3. um solo precisando de muita adubação e irrigação para que as plantas possam crescer, nascer (quando são sementes) e prosperarem, com a temperatura desértica que caracteriza nossa região.

Então decidimos atuar defronte a casa de nossa malunga, preparar o solo e aguardar uma boa chuva para implantar as primeiras mudas e também as sementes que já estavam aguardando para plantio. Logo neste primeiro dia já recolhemos o lixo e capinamos ao redor das pequenas árvores que tentavam sobreviver no meio do mato. Plantamos sementes de pitanga, trazidas do Mocambo para simbolizar o início do nosso trabalho. Este ato simbólico fez uma enorme diferença para a professora que acompanha o Varanda Social, que disse sempre ter compreendido a necessidade de ações práticas, mas nunca soube como fazer. Agora já sabe!

O Parque está configurando-se em um lugar potencial para a implementação de ações afrocentradas, fora do espaço do Mocambo (nossa casa também), expandindo fronteiras. Como disse um dos garotos: "Esta placa aqui do muro é igualzinha aquela placa que tem lá no Parque! Agora aquele Parque também é nosso!" Vai render muitas discussões ensinar a ele sobre áreas públicas comuns, mas suas reflexões já ajudam muito no roteiro que faremos nas nossas próximas Rodas de Conversa.

Territórios do Comum devem ser de fato, espaços cuidados pelas pessoas todas. Sejam elas moradoras destas localidades, como passantes no local. Há pessoas, dentre elas algumas crianças, que insistem em organizar seu tempo para colocar fogo no Parque e na área de Preservação

Permanente. Situações de manifestação de uma doença, porque o fogo é planejado. A pessoa traz gasolina, comprada em um galão específico para gasolina e coloca fogo na área.

Por outro lado, observamos o elo entre alguns rapazes e os animais de criação, cavalos, éguas e suas crias. Com a ajuda dos meninos, que chamamos de "primos"[46] conseguimos mapear onde vivem estas famílias que usam o Parque Público como pastagem para seus animais de criação. O primeiro impulso nosso foi pensar no recolhimento dos animais porque, de fato, é o que apregoa a legislação. Porém há coisas positivas no elo entre as famílias e seus animais de criação. Mais um longo trabalho para criar soluções se avizinha neste caso.

Figura 41 e Figura 42 – Animais de criação pastando no Parque e na área de Preservação Permanente

Fotos: Ivonete Alves

A primeira imagem é de um potro marrom com crinas mais claras aparadas no meio de uma grama braquiária alta. Próximo ao potro há um capim que chega quase de forma irregular a passar da altura do potro. A segunda imagem é de uma égua na cor branca que tem as patas cobertas pelo capim. Ela está atenta olhando para a câmara e tem um freio de corda mais escura.

---

[46] Criamos alguns códigos para identificar as famílias que frequentam o Mocambo. Algumas destas famílias estão sempre necessitando de amparo, cuidado, coisas materiais e aconchego afetivo. Estes códigos são nossos, porque para compreendê-los é preciso malungar aqui conosco. Assim, em vários momentos esta escrita deve ser apreendida em partes, sem a pretensão de que, quem porventura leia e não seja malunga consiga interpretar nossos códigos. Fica em paz. Agora, pode vir também passar uns tempos aqui conosco para aprender na prática.

De forma cuidadosa, uma das malungas está conversando com os rapazes para evitar que os equinos comam as plantas de cultivo, que foram plantadas no Parque. No caso dos chás tivemos que cercar com caixotes porque equinos gostam tanto de erva cidreira como pessoas, e não deixam que cresçam. As pessoas cortam antes de formar as moitas e os equinos pastam porque adoram brotos novos.

Outra questão séria foi a instalação do registro de água, que pode servir de exemplo para a espoliação urbana. Assunto para um artigo em futuro próximo. Nós solicitamos a instalação da água no Parque depois de contratar o pedreiro e comprar os materiais necessários para abrigar a Caixa do Registro de água. Ao solicitarmos à SABESP – Companhia de Saneamento Básico do Estado de São Paulo, que tem a concessão para explorar o serviço na cidade, a empresa contatou a Prefeitura, por tratar-se de área pública, com o termo de adoção que deixamos anexado à solicitação. Avisando a Secretaria Municipal de Meio Ambiente tivemos que esperar para fazermos a "doação" à Secretaria de Obras para que a melhoria fosse incorporada ao Patrimônio Municipal, para só depois conseguirmos a ligação da água no Parque. Os questionamentos das pessoas da comunidade foram incríveis, mas teríamos que registrar as manifestações de indignação em muitas páginas. Deixemos para o futuro.

Mas é preciso salientar que nos Parques Urbanos próximos à área central a prefeitura cuida com zelo. As plantas e gramado são irrigados com os caminhões pipa e há funcionárias de plantão no recolhimento de lixo e folhas de árvores. As plantas ornamentais são renovadas e cuidadas. Agora, as periferias demoram para ter a grama podada, os bancos deste Parque aqui na zona leste nunca receberam manutenção e há um lado do Parque com as luzes queimadas tem mais de um ano. A alegação do Prefeito é que a empresa de manutenção, vinculada à Prefeitura perdeu funcionários para a Covid-19 e com isto não há funcionários suficientes para atender toda a cidade.

Ao iniciarmos todo o processo de cuidado do Parque há vários palpiteiros que passam e sugerem algumas medidas que nós ("já que vocês estão cuidando do Parque") façamos. Estamos anotando as sugestões, pois documentar demandas populares é jeito afrocentrado para propor Projetos Políticos e encaminhá-los. Esta é a etapa de culminância para os nossos próximos trabalhos. Depois do lançamento do livro.

O lixo seco é uma chatice para recolher, mas já identificamos que vamos precisar de uma Campanha muito bem elaborada para melhorar ainda mais os hábitos de quem frequenta o Parque. Isto porque, desde que iniciamos os Mutirões de Limpeza a quantidade de lixo diminuiu muito. No entanto, as pessoas continuam depositando galhos, animais mortos e sobras de reformas e construção dentro dos limites do Parque.

Figura 43 – A coleta de um mutirão de limpeza no Parque

Foto: Ivonete Alves

A imagem é uma foto onde há 8 sacos de lixo pretos e um sofá marrom de dois lugares, onde se nota parte do estofamento saindo. Os sacos de lixo e o sofá encontram-se numa área verde, sobre a grama podada. Na frente nota-se o calçamento e ao fundo um passeio cimentado e uma quadra com muros pintados de azul na margem da fotografia. Há uma pastagem já distante e lá no fundo, distante alguns quilômetros, uma faixa de árvores e depois telhados e paredes de um aglomerado urbano.

No sábado, dia 25 de junho de 2022 tivemos que enterrar grandes partes de um porco. Na hora pensamos que eram dois cachorros mortos, porque tinham oito patas e duas cabeças. Daí entranhei muito o fedor. Não parecia em nada com o fedor de cachorro morto e não houve assédio dos urubus. Urubu é seletivo com a carniça que consome e alguns conseguem identificar se há veneno presente na carniça ou se é algum tipo de carniça que usualmente não compõe seu cardápio. Fiquei intrigada, até que me lembrei dos porcos que minha família criava e o fedor que vinha das tripas, que a gente era obrigada a limpar. Usávamos uma vareta para virar as tripas e limpar bem por dentro. Foi o trabalho mais horroroso que tive que fazer na vida. Nunca consegui comer chouriço, tripas ou miúdos de qualquer natureza. Então identifiquei o cheiro. Eram porcos. Vai saber o que foi que aconteceu para terem jogado os porcos no Parque!

Fato é que tivemos que abrir um buraco, comprar um saco de cal hidratada[47] e enterrar a carniça. Final de semana o Centro de Zoonoses não vem coletar bicho morto.

Figura 44 – Sobras jogadas próxima à placa "Lixo aqui não"

Foto: Ivonete Alves

---

[47] Esta dica também aprendi quando criança com as pessoas da comunidade onde nasci. Era comum bicho morrer e para que outros animais não fossem desenterrar e não ficasse com cheiro ruim a gente colocava cal hidratada por baixo e por cima da carniça. O mau cheiro desparece. Também pesquisar as razões da cal ser tão eficiente, mas não encontrei fácil, daí deixei para depois.

Imagem com destaque para uma placa fixada no chão por dois pés pintados de verde. A placa de metal é bem colorida e está escrito com letras grandes na cor branca os dizeres PRESERVE NOSSA CIDADE E FAÇA A SUA PARTE, em caixa alta. Logo abaixo, em amarelo, há os dizeres LIXO AQUI NÃO! em caixa alta. Estes dizeres estão diagramados sobre uma fotografia de materiais recicláveis depositados inapropriadamente em algum local da cidade. Abaixo sobre uma faixa em vermelho há os dizeres JOGUE LIMPO COM A CIDADE e em tamanho menor os dizeres LIXO AQUI NÃO. Depois há um box escrito Denuncie e o número 156. Ao lado da faixa um espaço na cor branca onde há o logotipo em vermelho e preto com os escritos ao lado Cidade (em vermelho) e Presidente Prudente (em preto).

Este trabalho no Parque, a pedido das malungas daqui tem sido um alento de esperança para várias outras ações. Em um feriado nacional marcamos uma ação para desenharmos e pintarmos algumas amarelinhas na calçada e daí convidamos duas crianças para serem nossas assessoras no desenho das amarelinhas. Um encanto a gente relembrando as amarelinhas de nossa infância e as crianças desenhando um tipo, que até então, a gente não conhecia. Foi interessante observar as pessoas olhando, quando passavam de carro e comentar sobre o fato. Nos finais da tarde, sempre tem alguém lá pulando amarelinha. Elas foram desenhadas bem defronte a casa da malunga. Assim, é possível ter mais gente ajudando a cuidar das plantas.

Figura 45 e Figura 46 – Cadê as abóboras que estavam aqui? Proteção contra animais e contra as mãos ávidas das pessoas

Fotos: Ivonete Alves

Há um círculo produzido com mais de 10 caixotes daqueles de feira. Todos pintados de verde bandeira. Encontram-se ligados por um amarrio chamado horrorosamente de enforca gato na cor preta. Dentro do círculo há uma terra escura onde se vê mudas de arruda e um capim lutando para ficar verde. Ao lado uma fotografia com um pé de abóboras com flores laranja.

O círculo de proteção das plantas feito com caixotes teve um processo demorado de preparação e no final muito caro, pois usamos tinta de piso na cor verde adquirida na loja. Os caixotes foram lixados, limpos dos resíduos, pintados e depois receberam duas camadas de verniz acrílico. Em pouco tempo as pessoas começaram a furtar os caixotes. Os que sobraram tivemos que amarrar bem uns aos outros para evitar os furtos.

Os pés de moranga produziram, mas furtaram uma das morangas que já estava grande. A outra nós colhemos. Incrível alguém furtar o produto de um trabalho coletivo, assim no miúdo. Abóbora aqui no interior é considerada "comida pra porcos". Em Presidente Prudente não é barata, mas nos assentamentos rurais do MST ou do MAST, onde frequentamos a gente ganha abóbora de sacos. Em algumas ocasiões nosso malungo liga e diz que tem um carro vindo pra Prudente com sacos de abóbora madura. Elas são usadas para um doce que criei: abóbora com hibisco roxo, uma delícia!

O grupo Varanda, o desejo de uma malunga e a adoção de um parque público

Toda vez que recebíamos um convite para tratar das questões ambientais ou das relações raciais negras era motivo para muita alegria. Foi assim por mais de 10 anos. No entanto, durante uma entrevista numa emissora de rádio eu percebi que uma jornalista que já tinha me entrevistado mais de 6 vezes, ao longo de mais de 10 anos, nunca tinha prestado atenção nenhuma ao que eu falara. Ela simplesmente me usava para ter uma reportagem prontinha e de qualidade. Então, tive que iniciar um processo de registro para me desocupar das pessoas aproveitadoras, sem ser pedante. Anotar todo o processo público do meu trabalho no blog. Cada demanda surgida, ou mesmo criada no Mocambo ganhou uma postagem, repleta de fotos e articulada com as Referências Bibliográficas. Desta maneira, para seguir conversando, eu peço que a pessoa leia alguns artigos ou que participe atuando em alguma atividade que já está organizada e precisando de contribuição para sua continuidade.

Esta estratégia afastou um pouco os aproveitadores, mas também me impôs o trabalho extra de organizar artigos em tempo hábil, pois cada assunto exige a pesquisa e sua organização.

Como já citei, um grupo em especial já me contactou com uma demanda específica e uma frustração real: tinham ofertado o trabalho para um local muito necessitado na cidade e não foram ouvidos. Este fato foi motivo para várias reuniões *on-line*, enquanto pensávamos juntos, possibilidades de trabalho coletivo, onde a contribuição do grupo fosse uma resposta para demandas já criadas, porém não descaracterizando a proposta do grupo – em síntese – contribuir na melhoria de parques ou áreas públicas nas comunidades.

Li uma proposta elaborada pelo grupo e sugeri que pudessem fazer uma leitura sobre afrocentricidade, de forma que pudessem entender que tínhamos já uma abordagem metodológica e uma filosofia nas ações do Mocambo. Os artigos já publicados foram muito úteis, pois o grupo já tinha afinidade com os referenciais bibliográficos acadêmicos e estudar os referenciais afrocentrados foi mais uma etapa necessária no processo.

O tempo de maturação nos conhecendo foi mais de seis meses com reuniões *on-line*. Nas reuniões íamos conversando e adequando nossas possibilidades, até que pudemos iniciar as atividades práticas. Durante quase um ano houve um grande investimento de tempo na busca por uma alternativa para a comercialização das peças de arte e artesanato já produzidas e armazenadas no Mocambo, após a necessidade de afastamento social. E um enorme desafio: como conciliar as demandas coletivas (recursos para manutenção do trabalho, formação e qualificação profissional das famílias da comunidade, e várias outras demandas pessoais e sociais já identificadas) com as possibilidades e impossibilidades no período da pandemia?

Box 12 – Varanda Social: Resumo da Proposta de Trabalho implementada com o Mocambo

---

Varanda no Mocambo Nzinga: arquitetura social e arte afro-brasileira - práticas de enfrentamento da pandemia no Jardim Cambuci

Resumo:

O grupo Varanda Social é composto por alunas e alunos da graduação do curso de Arquitetura e Urbanismo da Faculdade de Ciências e Tecnologia da Unesp - Campus de Presidente Prudente e desenvolve ações a partir do contato direto com a comunidade local. Ele pretende investigar e propor soluções que vão ao encontro das necessidades da área em que o grupo estiver inserido.

A maior motivação é aplicar e difundir conhecimentos e práticas adquiridos na graduação, sempre partindo da compreensão das características de um local e da colaboração entre as pessoas que nele estão inseridas. Desta forma, acredita-se na metodologia participativa como principal forma de envolver e empoderar as comunidades.

Atualmente o grupo iniciou uma parceria com o Mocambo APNs Nzinga Afrobrasil Arte - Educação - Cultura, localizado no Jardim Cambuci, em Presidente Prudente/SP. A principal determinação para essa união parte de uma perspectiva de educação libertária, a fim de valorizar a cultura afro-brasileira e contribuir em atividades e ações sociais que envolvam as moradoras e moradores do bairro em questão, especialmente no período pandêmico do novo coronavírus (Sars-CoV-2), momento repleto de dificuldades para as famílias mais carentes.

Palavras-chave: projeto participativo; arquitetura social, arte afro-brasileira

Fonte: arquivo pessoal

Então, o curso para cuidar de áreas comuns, planejado e levado adiante pelo SESC São Paulo foi uma possibilidade de execução de várias demandas, tanto individuais, como coletivas. Neste curso convidei a malunga que me solicitou que gostaria de ver o Parque defronte sua casa "bonito e florido" que descrevi, com um pouco mais de detalhes, no Sexto Ato deste trabalho.

Mulambos: uma identidade visual que combina com Mocambos

Em 10 de outubro de 2022, o professor Kabengele Munanga ensinou para a gente que a palavra "Mulambo" nas línguas do tronco bantu, significa "tributo" ou "oferenda". Ele se disse encantado com este nome e com o fato de a gente ter sugerido um nome assim tão especial para os produtos de nosso trabalho no Mocambo Nzinga.

O Grupo Varanda Social manteve-se no trabalho até o final de 2022, quando todes terminaram o curso de Arquitetura, com a execução de uma proposta da produção de logotipos para uma marca que identifique a comercialização dos produtos do Mocambo, além dos trabalhos aos sábados na área do Parque da Comunidade. A proposta ganhou uma institucionalização através da PROEX – Pró-reitoria de Extensão da UNESP, possibilitando que fossem direcionadas para esta ação duas bolsas de pesquisa para estudantes de graduação. O que temos observado é que nem sempre quem recebe a bolsa de extensão é quem tem maior assiduidade no comparecimento das ações aos sábados. Combinamos, depois de várias conversas que o melhor dia e horário para sistematizar os encontros de trabalho seria aos sábados de manhã.

Firmei um compromisso que estaria lá todos os sábados, às oito horas da manhã, salvo alguma outra atividade inadiável ou que fosse de interesse do grupo. Tivemos uma reunião no SESC Thermas, para retomada das Atividades do Projeto "Territórios do Comum". Outro professor da FCT-Unesp também se juntou ao grupo e têm contribuído de forma decisiva para o sucesso das Ações No Parque (nome também de um grupo de *WhatsApp* que criamos).

Quadro 7 – Mulambo e as propostas de identidade visual

Fonte: arquivo pessoal

Há vários logotipos dentro do quadro com a marca Mulambo. O primeiro conjunto possui o título com o desenho de uma boneca Abayomi colorida na extremidade direita do logo. O segundo é todo produzido em caixa baixa com uma folha na extremidade direita do logo. Há um último conjunto com os fundos diferenciados com o escrito mulambo em caixa baixa e axurrado. Fundo branco, mulambo em axurrado preto. Marrom/marrom; marrom/bege; marrom/axurrado preto.

Criado o logotipo passamos para a etapa de consulta com as crianças e famílias. Cada um gosta de um ou de todos, até porque o conjunto dos logotipos ficaram mesmo a nossa cara, também muito variada. Então, decidimos ficar com todos, pois a marca poderá ser utilizada para nossa cesta de produção que é bem grande e vamos aguardar para que no momento de comercializar, consigamos o apoio de quem gosta do que produzimos para chegar a um ou o máximo duas propostas de logotipo.

Passamos já por este processo na construção da marca do Mocambo Nzinga, até que na constituição do logo final, tivemos a assessoria de uma *designer* especializada em iconografia negra que fez todo o processo de adequação da logo.

Concomitante ao trabalho da logo, nós fotografamos todos os produtos para que pudéssemos organizar um site de comercialização, etapa que estamos patinando ainda. A comercialização continua sendo um enorme desafio, pois garantir as vendas não é algo tranquilo.

A questão do comércio por mulheres pretas foi bem descaracterizada na diáspora e também no continente africano. O comércio entre os povos originários sempre foi uma questão de equilíbrio de poder na sociedade. Na diáspora brasileira o comércio das criolas ganhou destaque na realidade escravocrata, mas sua história foi mascarada e muitas vezes boicotada, de maneira, que só nas últimas décadas houve um resgate de acontecimentos que puderam reconstituir alguns fatos representantes da importância fundamental que tiveram estas mulheres comerciantes na resistência do povo negro.

As mulheres negras e sua joalheria provou que já no período escravocrata, o comércio africano foi reconstituído na diáspora e que foi possível o acúmulo de riqueza por parte de muitas mulheres negras, que inclusive repetiram na diáspora uma instituição comum entre a yorubás, a figura das mulheres-marido (OYĚWÙMÍ, 2021). O mito originário yorubano do comércio cabe a Osun (Oxum), sustentáculo psicológico das mulheres que já conquistaram sua independência ou ainda sonham com ela. "Cadê o meu ouro, grita Osun!".

PARA AS CRIANÇAS – PREPARANDO PARA A CONTINUIDADE DO TRABALHO EM "UMA INFINDÁVEL VIAGEM!"

Em 2020 surgiu para nós uma demanda muito interessante: a possibilidade de um intercâmbio do trabalho das crianças do Mocambo, com trabalhos de crianças japonesas. As negociações para este processo formativo iniciaram-se em maio e foram efetivadas em outubro de 2021. Não fosse a pandemia, é provável que esta fase de trabalho com as crianças não estivesse presente em nossos escritos.

A Proposta do Sesc Thermas nasceu a partir da pesquisa de uma aluna do Professor Takeo Sawada, "imigrante, artista, professor de arte" Carmem Malacrida (2021). Trabalho este que sugerimos ser publicado. Eu pouco sabia sobre o trabalho de Takeo Sawada, mesmo ouvindo seu nome inúmeras vezes, pois uma das salas de exposição da Secretaria Municipal de Cultura do município de Presidente Prudente, tem seu nome. Quando recebi o arquivo, com mais de duzentas páginas, ricamente ilustrado com obras de Takeo Sawada e de crianças que tinham estudado arte com ele, pude dimensionar a importância de suas ações como professor de arte na cidade e região.

As ações propostas inicialmente pela equipe do Sesc Thermas foram potencializadas no nível estadual da entidade, que entendeu a importância histórica do legado do artista e possíveis outras articulações em torno de seu trabalho. Então, de uma ação entre ateliês de arte e no caso do Mocambo, Xirê de Artes, daqui da cidade de Presidente Prudente e do Japão, a proposta ganhou também a participação de professoras e professores das Redes Municipais de Educação da Região de Presidente Prudente e da Secretaria Estadual de Educação do Estado de São Paulo, culminando em uma Exposição de Artes com Mostra Pedagógica no Centro Cultural Matarazzo em Presidente Prudente com um educativo de 6 meses, para receber grupos organizados na Exposição.

O Japão ainda em fase de distanciamento social não teria encontros presenciais. Com a intermediação da Fundação Japão foram iniciadas as negociações entre as equipes daqui e a equipe japonesa. Um grande desafio o fuso horário. Outro maior ainda as traduções de cartas e materiais da Língua Portuguesa para a Língua Japonesa e vice-versa. Uma solução foi a utilização da língua inglesa como mediadora. Pena que não foi o Esperanto!

Quando recebi o convite, a produção local começou a me indicar vários cursos *on-line* e também presencial para que eu pudesse participar. Cursos de pintura, desenho e uma ousada proposta de encontros *on-line* que envolveu mais de 300 pessoas da rede municipal e estadual de educação da nossa região.

Box 13 – Pesquisa e desenho de criança: formação de professoras

O projeto "A infindável Viagem: Takeo Sawada, artista, educador" apresenta o ciclo de formação em arte e infância na escola. Neste terceiro encontro, tendo como referência uma coleção de desenhos produzidos por crianças e adolescentes no início do século XX, vamos conversar sobre como as ideias que temos hoje sobre as expressões gráficas e plásticas das crianças vieram se entrelaçando para que possamos pensar sobre: O que sabemos sobre o desenho das crianças? Que concepções temos sobre essas produções? Como nos relacionamos com esse universo? O que podemos fazer para ampliar e estimular a nossa relação e a das crianças com as artes? O projeto explora a partir de uma série de atividades gratuitas de formação e desenvolvimento artístico, a reflexão sobre a importância da arte e cultura nas escolas e na sociedade na companhia de pesquisadores, artistas e especialistas.

Convidada:

Rejane Galvão Coutinho

É professora do Instituto de Artes da UNESP, desenvolve pesquisas com foco na história do ensino de artes e na formação de arte/educadores e mediadores culturais.

Mediação:

Valquíria Prates

É doutora em artes pelo Instituto de Artes da Unesp, pesquisadora das áreas de mediação cultural das artes, arte contemporânea, história da arte, públicos das artes, aprendizagem em instituições culturais, livro ilustrado e processos colaborativos em artes.

Valéria Prates Gobato

É produtora cultural, educadora, mestre em Indústria Criativa e Cultural pela London Metropolitan University, realiza pesquisas sobre os temas ilustração, leitura e educação, e desenvolve projetos e publicações pedagógicas em escolas e em instituições culturais brasileiras e estrangeiras. Apresentação Ana Paula Ambrósio, bacharel em Turismo pela Universidade Federal de Ouro Preto (MG), especialista em Sociologia Política. Atualmente, coordena a Programação do Sesc Thermas de Presidente Prudente. #ProgramaçãoSescSP #aulaaberta #artesvisuais #live #takeosawada #InfindávelViagem #artesvisuais #SescThermas #arteeducação #japao

Fonte: https://www.youtube.com/watch?v=U75rb4BXus0 – out. 2021

Esta etapa de formação aconteceu junto ao redemoinho para construir o Seminário de Consciência Negra do Coletivo Mãos Negras, com inúmeras demandas de várias famílias da comunidade em situação de intensificação das vulnerabilidades e um fato que eu não tinha ainda identificado na base[48]: a negação em relação à vacina contra a Covid-19.

Uma das exigências institucionais era a de que as famílias das crianças estivessem vacinadas e que todas as crianças com mais de 12 anos estivessem com a primeira dose da vacina em dia. Ao solicitar a documentação das crianças para elaborar o processo visando a autorização judicial para participação das crianças no Curso de Arte no

---

[48] No trabalho social, nós militantes dos Movimentos Populares damos o nome de "base" àquelas pessoas que sobrevivem em áreas periféricas ou rurais. Trata-se numericamente da grande maioria das pessoas do país, que, no entanto, acessam as menores taxas de recursos financeiros, de acesso à cultura e também de vários outros bens e serviços.

Mocambo, ouvi os maiores despropósitos. Incluindo que tomando a vacina vira jacaré e que a "seringa tinha quase meio metro" e a "agulha era da grossura de um dedo".

Foi o ápice do desespero argumentar com os meninos que se recusaram a tomar a vacina. Insisti muito com eles e com as famílias. Elas assinaram todas as autorizações e depois de um trâmite burocrático imenso, as autorizações saíram. Porém, 3 crianças que mais necessitam de acompanhamento e poderiam usufruir de um material de qualidade para produções artísticas, não puderam participar do processo, neste primeiro momento, porque não tomaram a vacina.

Uma das famílias tomou providência assim que narrei a necessidade da vacinação. A mãe tinha perdido o calendário e precisou ir até o posto central para ser vacinada. Insisti muito com ela e diante dos argumentos, ela foi e levou o filho para ser vacinado. Outras duas mães não tomaram as mesmas providências e ainda que estivessem autorizadas a participar, eu insisti que só participariam com a apresentação da carteira de vacinação, daí eles demoram a vacinar-se e perderam a oportunidade e eu ganhei um trabalho insano extra, porque foi preciso coordenar outra Oficina para o grupo. O que viria a ser meu pró-labore virou despesa para adquirir mais um Kit extra de material de uso na segunda oficina.

Este fato deixou expostas as dificuldades para quebrar os bloqueios de pessoas que não conseguem ter um raciocínio crítico em relação às lideranças políticas manipuladoras. Um período com uma liderança assim, retrocede um século de ações educativas e culturais para a liberdade. No entanto, fiquei muito tranquila com a decisão, pois seria um risco para as outras crianças menores de 12 anos a presença de um grupo ainda preso à ignorância sobre a proteção social que o cuidado de si proporciona. A gente não toma vacina só para proteção pessoal, mas para a proteção social. Epidemia é fato social e se desejo compartilhar da vida social, meu desejo está em relação ao que é melhor para a sociedade.

Figura 47 – Kit de material do curso de Arte que as crianças receberam

Foto: Ivonete Alves

O kit escolar possui duas telas para pintura em branco, uma de cada lado da imagem. Do lado esquerdo há uma paleta de tinta aquarela, uma caixa de tintas guache, tesoura de cabo azul, uma fita adesiva. A seguir vê-se caixa de lápis de cor, duas de giz de cera, jogo para desenho geométrico, grafites, pinceis, fitas kraft e um bloco de papel bege abaixo no canto. o material está sobre uma mesa de madeira de pallet pintada de branco.

A Proposta previu um recurso de R$3.000,00 (três mil reais) para compra de material de desenho e pintura para as crianças. Quando preparei a lista de compras, já percebi que o recurso não bastaria. Uma coisa é planejar um curso onde o material de base é reciclado, a outra é adquirir materiais de alta qualidade para as crianças. Quando fiz a primeira compra já identifiquei como necessária a aquisição de uma Mochila para guardar o material na casa das crianças. Todas elas vivendo com famílias em espaços físicos apertados, sem ter um local adequado para fazer as lições, que dirá espaço próprio para guardar seus pertences.

O próprio espaço do Mocambo não oferece local ideal para cursos. A gente improvisa tudo. Foi assim que fui improvisando onde as crianças poderiam desenhar e pintar, tendo um local adequado para isto e com um certo distanciamento uma da outra. Também planejei o material que apresentaria às crianças e o uso destes materiais, que nem mesma eu já tinha utilizado.

Quadro 8 – Programação do Curso de formação em artes para crianças do Mocambo Nzinga

Rua Amélia Sanches Matheus, 305 – Jardim Cambuci Presidente Prudente/SP – CEP 19.045-020 –

nzingaafrobrasil@gmail.com

Agbá Ivonete Ap. Alves – ivoneteambiente@gmail.com

18-99740-6152

Intercâmbio entre os ateliês/Xirê de arte infantil - Brasil/Japão

Projeto a Infindável Viagem: Takeo Sawada, artista educador

Data	Conteúdo da aula	Prática
10/11	Como aconteceu este curso Takeo Sawada em Pres. Prudente	Desenho livre com lápis preto e lápis de cor
12/11	O olhar no desenho de Takeo Sawada da Igreja da Vila Marcondes	Desenho livre olhando um objeto ou ser vivo do espaço do Mocambo com lápis preto, giz de cera e nanquim
17/11	Autorretrato de Takeo Sawada – Outros rostos das gentes	Meu espelho, meu desenho de mim com lápis preto, giz de cera, canetões e nanquim
19/11	Barco abandonado de Takeo Sawada – Bate papo com as crianças sobre os quadros das suas lembranças	Desenhando e pintando a natureza do quintal do Mocambo. Incluindo tinta guache e tinta acrílica aquarelável em pastilha

Data	Conteúdo da aula	Prática
21/11	Passeio para desenhar esboços no Parque do Jardim Cambuci	De volta ao Mocambo para colorir meus desenhos. Material: livre
24/11	Takeo Sawada e as obras "Foz do Iguaçu" e "Bandeirantes": Pintura em tela.	1."Cadê os indígenas daqui?" Material livre 2.Planejamento para pintar uma tela
26/11	Pintura em tela (tema: livre)	Acrílica sobre tela
Dezembro		
01/12	Volume nas artes: papel-machê; folha de papel, massa de papel	Produzir o que desejar e pôr para secar
03/12	Obra de Takeo Sawada: "Meu Sítio"	Prática: "Meu tesouro do coração" Técnica livre
10/12	Pintura em tela	Técnica livre

Fonte: arquivo pessoal

Descobri, durante a fase de formação anterior ao Curso, que podia desenhar paisagens até com uma certa facilidade. As minhas pesquisas com tinturas naturais já tinham avançado muito, mas fiquei no dilema entre ensinar (ou aprofundar) as técnicas de reaproveitamento com as crianças ou permitir que tivessem acesso à materiais já difundidos de desenho e pintura. Então, fiz um planejamento onde faríamos uso das mais variadas técnicas artísticas e também com vários resultados, além de possíveis mudanças durante o processo.

Poucos dias antes de operacionalizar os últimos procedimentos de contrato com o Sesc Thermas, uma companheira de luta me contactou e pediu alguma atividade para seu filho de 4 anos, pois estava já sem saber como criar atividades para ele, já que estava com receio de matricular o garoto na Escola de Educação Infantil com as restrições impostas pela pandemia da Covid-19. Diferente de outras mulheres mais próximas, a preocupação dela com as medidas protetivas era intensa. Então, combinei que financiaria a participação do menino nesta formação, pois assim teria a garantia da participação de uma pessoa adulta no processo de avaliação do curso de formação. Ela é uma mulher negro indígena, muito aproximada da autodescrição que bell hooks faz de si mesma (hooks, 2013) em Ensinando a transgredir – a educação como prática de liberdade.

Foi muito produtiva, em termos de avaliação, a participação dele e dela, pois ficou muito patente para mim, o quanto é fundamental para crianças negras o envolvimento de suas famílias nas atividades organizadas, que é o que acontecia nas Oficinas do Sesc Thermas quando eram presenciais. Nossos meninos e meninas dificilmente tinham a presença de uma pessoa adulta da família fazendo a oficina junto. Só era possível este fato, se eu contratasse a mãe ou outra pessoa parente. Nem sempre o cachê da Oficina permitia que eu contratasse uma pessoa, mas ainda assim sempre busquei ter uma ajudante com o pagamento de uma diária, de maneira que a atividade de arte profissionalizada fosse sendo absorvida.

Um fato muito importante é o padrão de qualidade exigido pela rede Sesc. Desde as fotografias, com um mínimo de 360 DPI[49], o que exigiu da gente a aquisição de uma máquina fotográfica profissional, além do cuidado na produção visual para fazer as fotos. Este fato, foi sendo conquistado ao longo dos anos, pois estudar os Cadernos de Programação do SESC trazendo estes cadernos e deixando nas casas das malungas passou a ser uma preocupação para tentar promover o acesso.

Figura 48 – O artista (4 anos) e Sua Obra

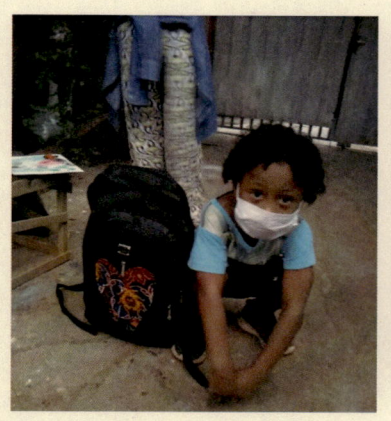 

Fotos: Ivonete Alves

---

[49] A relação da quantidade de pontos que formam uma imagem com o tamanho que esta imagem é exibida é chamada de Resolução. Daí a sigla utilizada no nosso sistema para definir resolução ser DPI – *Dots per inch*, que significa Pontos por polegada. Fonte: https://www.fotografia-dg.com/o-que-significa-resolucao/. Acesso em: 11 fev. 2022.

Tem um menino negro agachado usando máscara branca, com uma camisa azul com branco, shorts cinza e tênis colorido, e ao seu lado esquerdo uma mochila preta customizada com uma capulana colorida recortada em formato de coração. Ao lado, uma pintura produzida com tinta aquarelada em tons de amarelo, preto e roxo, que o artista chamou de "pão de queijo".

Durante o Terceiro Encontro da formação "A Infindável Viagem: Takeo Sawada: Artista, educador" a Professora Doutora Rejane Galvão Coutinho[50] do Instituto de Artes da Unesp de São Paulo trouxe para nós o universo da pesquisa de Mário de Andrade sobre desenhos de crianças, além de outros artistas que se debruçaram sobre os estudos dos desenhos de crianças. Até então, assim como a Professora Rejane fez com desenhos dos sobrinhos, eu fiz uma pequena coleção dos desenhos da minha filha. Confesso que foi mais para um registro afetuoso do que propriamente para os estudos sobre os desenhos das crianças.

Eu aprendi a ensinar arte para crianças porque recebi pedidos insistentes das próprias crianças do Mocambo, então eu fui juntando as questões da formação identitária negra e os desenhos que fui entrando em contato na minha formação profissional. Com minha filha fui possibilitando que ela tivesse acesso a vários materiais para a produção de desenho e sem que eu ou minhas amigas falasse diretamente, ela buscou retratar as amigas e amigos. Bem antes dos 10 anos os desenhos dela retratavam pessoas de todos os tipos físicos. Com o trabalho no Mocambo, ela passou a constituir um acervo de desenho com foco nas pessoas negras, agora também já grafitando as paredes e muros de casa.

Nestes mais de vinte anos de trabalho com arte, educação e cultura nosso foco nunca tinha sido direcionado para os desenhos das crianças negras e nem mesmo para um conjunto de técnicas para serem ensinadas, com especial atenção na formação identitária negra, pois todas as crianças selecionadas para participar desta formação o foram por serem negras. Isto porque, ao longo dos anos, detectei que ao ofertar cursos e formações, ou mesmo passeios ou acesso à arte e cultura são as famílias brancas ou interraciais as que conseguem mobilizarem a dinâmica de seus lares, de maneira que as crianças consigam participar.

A parceria de trabalho e ação com o SESC e a dinâmica da própria entidade que tem buscado promover o acesso de pessoas da periferia aos

---

[50] Disponível em: https://www.youtube.com/watch?v=U75rb4BXus0.

produtos e ações da instituição, possibilitaram a participação das crianças do Mocambo. Evidente, que ao comentarem sobre o Curso nas escolas que frequentam as próprias crianças foram criando o desejo de participação de várias outras. O ideal é que pudéssemos manter e sistematizar ações assim ao longo do ano, mas isto necessitaria da constituição de uma política pública de acesso, ou como tem sido denominada, de uma "didática da participação", título do livro escrito por Victor J. Ventosa (2016) tratando da Educação de Adultos no tocando à animação sociocultural (ASC) caracterizada pelo autor como "uma metodologia ativa, destinada a gerar processos auto-organizativos individuais, grupais e comunitários, orientados para o desenvolvimento cultural, social e educativo de seus destinatários" (VENTOSA, 2016, p. 19).

Quando minha orientadora, Ângela Soligo me sugeriu que alterasse o objetivo focal das crianças para as mulheres lideranças de suas famílias foi uma estratégia acertada, de maneira que o atendimento das demandas das crianças brotou das falas destas mulheres. Assim, quando todo o trabalho de argumentação para a fruição das artes na comunidade pode ser levado adiante, já existia um compromisso de participação na família.

Sabendo de antemão que as famílias negras são muito mais vulneráveis do ponto de vista da participação e da fruição em artes (ALVES, 2015; BENTO, 2011) o critério para que crianças negras participassem destas Oficinas foi justificado.

Figura 49 – A artista e Figura 50 – Sua obra com instalação

Fotos: Ivonete Alves

Há duas fotos. A primeira é com uma menina negra que está apoiada numa mureta, sobre a qual há um estojo com giz pastel e outro com lápis de cor, além de uma vasilha plástica com água e um pincel. Veste calça justa branca com flores laranjas e ramos verdes de estampas e blusa cor de rosa clara sem mangas. A menina é negra e está com os cabelos crespos feitos em rolinhos e presos no alto da cabeça. A fotografia ao lado é de uma pintura onde prevalece o verde musgo na parte inferior, depois preto sobre verde e acima um tom de vermelho escuro como se fosse terra com textura. Sobre a paisagem há uma boneca Abayomi vestida com uma saia branca de listas pretas e blusa cor de rosa choque, de sapatinhos deste mesmo tom e arranjo de cabeça do tecido igual ao da saia, compondo uma obra.

O exercício de utilizar as bonecas Abayomis em instalações já tinha sido feito em outras atividades, inclusive em cartazes de nossos eventos de arte. Os testes de fotografar as bonecas Abayomis sobre bases coloridas, garantiu a presença da estética negra em muitas atividades, além de propiciar exemplos práticos da passagem de um trabalho artesanal, que deve ser profundamente valorizado, para um processo artístico, que em várias ocasiões tem uma marca de *status* elevado, não somente pela qualidade da obra, mas em referência à classe social da pessoa artista, seu gênero (os homens são muito mais citados e comemorados que as mulheres artistas); assim como o bloqueio contra as pessoas negras, que o mercado de artes tem conseguido impingir com tão profunda eficiência, deixando um vácuo na história da arte, invisibilizando, menosprezando e até mesmo boicotando os trabalhos produzidos por pessoas negras.

As bonecas Abayomis, com sua pretitude imperiosa, conseguem presentificar nossas mais profundas reivindicações de acesso e permanência no mundo das artes e garantem que a beleza da obra cresça aos olhos, mãos e sentimentos das pessoas todas que são instigadas a participar de um trabalho assim. Diante da beleza que brota das imagens há uma reverberação na estética da pessoa negra que ainda está em processo de sua constituição identitária sem condições de dizer-se negra ou preta.

O autorretrato como estratégia de assunção identitária

Durante o curso de Pedagogia (que cursei na FCT-Unesp de Presidente Prudente, entre os anos de 2005 e 2008), nossas atividades na disciplina de Metodologia do Ensino de Artes ficou muito focada em referências teóricas e poucos exercícios práticos, tanto que não me recordo dos exercícios, mesmo já estando produzindo arte afro-brasileira quando cursei.

Os exercícios sobre o autorretrato eu mesma não tinha podido elaborar e foi somente no ano de 2021 que tive a plena percepção deste fato, e do quanto este exercício é fundamental na percepção e assunção da identidade negra. Eu precisava fazer o exercício para poder chegar a elaborar o plano de aula e sugerir que as crianças fizessem, quando encontrei na obra de Takeo Sawada um autorretrato muito singelo. O pintor na área de sua casa, onde o grande destaque eram as plantas, o desenho da área de madeira trançada, com o título "Minha casa antiga". Imprimi a fotografia da obra e no dia de fazermos o autorretrato eu mostrei às crianças a maneira como o professor Takeo Sawada retratou a si mesmo. Mostrei também minhas tentativas de autorretrato, além de comentar sobre as fotografias (as famosas *selfs*) que as gentes produzem.

A proposta do autorretrato foi no nosso terceiro encontro programado, já com algum conhecimento dos materiais presentes na mochila de artes. Comprei um espelho para cada criança, que foram amarrados em locais estratégicos em alturas que permitiam que as crianças desenhassem sentadas, com a possibilidade de prender o espelho um pouco mais alto, caso quisessem ficar de pé desenhando. Foi uma delícia ver a concentração, as possibilidades de escolha para produzir o desenho, a escolha das cores feitas de maneira muito tranquila, sem aquele desespero de procurar retratar-se como pessoas brancas.

As lembranças que tenho sobre o tal do lápis "cor de pele" nunca foram tranquilas. Com o passar dos anos e já no Movimento Negro, pensar nas ofertas de tinturas, lápis de cor, canetinhas e os mais diversos materiais de colorir que possam retratar com fidedignidade as matizes das peles negras, já tinham sido estudadas e discutidas em vários cursos, formações e acalorados debates.

Com certeza já entrei em contato com a discussão da constituição da identidade da criança negra em várias oportunidades, incluindo a experiência de ser mãe de uma menina negra, tia de sobrinhos e sobrinhas negras, além da consultoria especializada para colegas professoras e professores que ao longo das últimas décadas pedem socorro (e o termo é este mesmo) para casos graves de racismo. Com as experiências anteriores pude detectar que não existe milagre na constituição identitária positivada para crianças negras e indígenas. É preciso focar na constituição positiva, de forma que as crises provocadas na ocorrência de atos racistas, encontre enfrentamento a partir do que já existe de construção na resistência.

Figura 51 – Lápis para matizes e tons de pele no Brasil

Fonte: americanas.com

A figura é composta com a imagem de 12 lápis de cor que de baixo para cima, começa com a cor preta, depois chumbo, marrom escuro, marrom médio e vai em degradê até um amarelo, passando pelo rosa claro e tons beges. A apresentação dos lápis é feita de forma a intercalar um espaço branco entre uma unidade e a próxima.

A arte e seus múltiplos processos tem se configurado em possibilidades argumentativas que vão muito além de palavras ditas ao vento. A configuração das histórias de vários artistas negres e também de pessoas dos outros grupos subalternizados, que constroem processos para lutar contra a opressão é material de imensa riqueza. Takeo Sawada teve que abandonar suas referências e vir imigrado para o Brasil. No entanto, aqui encontrou uma colônia japonesa bem-organizada, com espaços físicos conquistados e também com outras pessoas já estabelecidas no território. Território indígena.

Nós as pretas e os pretos ainda lutamos por este território. Inclusive para constituir um território de afetos positivos para nós mesmas e também para nossas crianças. O desenho de si foi um enorme avanço neste processo de luta e trabalho efetivo.

Figura 52 – Os desenhos de si durante o curso: Figura de si – ela e Figura 53 Figura de si - ele

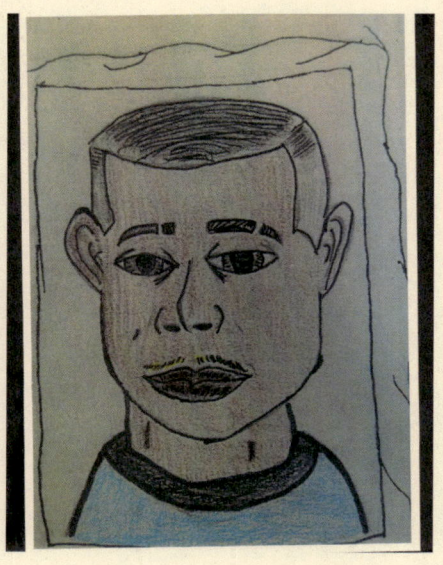

Fonte: Ivonete Alves

A primeira imagem trata-se de um desenho de uma menina negra que está com uma blusa preta de mangas cumpridas. O desenho também ilustra um colar de continhas vermelhas, amarelas e azuis de tom claro. Tem uma marca de boca com batom vermelho e sombra rosa forte nos olhos. As sobrancelhas foram bem-marcadas com tinta preta e aparece o cabelo amarrado para trás deixando entrever tranças até abaixo dos ombros.

Já a foto do segundo desenho trás somente o rosto de um menino negro, com cabelos curtos e com a boca marcada com tinta marrom. As sobrancelhas foram marcadas com tinta preta e possui cortes na horizontal. O desenho possui olhos grandes e castanhos. Este desenho foi produzido na Residência Artística "abre Alas Negritudes" em 2021. Mel e Silas são irmãos.

Durante a elaboração do trabalho acadêmico, quase sempre há uma exigência para que a pesquisadora faça uma retomada histórica até localizar o tempo presente. Na maioria dos casos há o esquecimento do tempo sankofado, então há uma dor, um uso extremado de energia discutindo o processo escravizatório, sem possibilidade de retomar o Antigo Egito Negro, que é na verdade o ápice da constituição civilizatória mundial e aí sim localizar as origens da pesquisa sobre a constituição da identidade negra, para que nossas crianças possam saber que o processo escravizatório precisa ser utilizado como arma de luta contra o racismo e não como foco identitário. Eu amo o título da tese (e o conteúdo também) de Ana Paula Procopio da Silva: "O contrário de "Casa Grande" não é Sanzala. É Quilombo!" (2017).

Na entrada da frente do Mocambo Nzinga temos uma placa em cerâmica da Rainha Tye[51], com vários símbolos do Egito Negro, incluindo o *ankh*[52], para escurecer o conhecimento que nos representa como povo.

Figura 54 – Obra em cerâmica da Rainha Tye do Antigo Egito

Foto: Ivonete Alves

---

[51] Tí, Tiyi, Tiye ou Teye foi uma rainha do Antigo Egito, Grande Esposa Real do faraó Amenófis III da XVIII dinastia. Foi também mãe de Amenófis IV (Amenófis IV ou Aquenáton – o rei do Deus único) e de mais seis príncipes e princesas conhecidas. Fonte: https://pt.wikipedia.org/wiki/T%C3%AD. Acesso em: 15 fev. 2022.

[52] O Ankh é um hieróglifo egípcio que significa vida e também um símbolo religioso usado como amuleto de proteção. Sua imagem é o retrato de um cordão de sandália. ☥ Fonte: https://pt.wiktionary.org/wiki/%E2%98%A5#/media/Ficheiro:Ankh.png.

A fotografia é de uma peça produzida em cerâmica, no formato arredondado, e está fixada em um muro colorido com terra em tom vermelho escuro. A obra representa uma mulher negra com cabelo pixaim com brincos de ouro velho, e colar com pedras coloridas em tom de azul lázule. A parte de baixo representa um busto em cobre envelhecido. Do lato esquerdo, abaixo está escrito em preto sobre tintura azul turquesa Rainha Tye e do outro lado do rosto Ivonete em tinta preta. (Não apareceu na imagem a cobra sobre a cabeça da Rainha Tye, elemento importante na cultura egípcia, e apareceu somente a parte superior do Ankh em azul turquesa que adorna o busto da rainha). Há delicadas teias de aranha na narina direita e na boca da estátua.

Os trabalhos acadêmicos são exigentes. Em muitos casos há uma tradição na sua constituição que formula uma estrutura de escrita, onde é preciso justificar (de novo e de novo) a importância do tema naquele determinado programa de Pós-Graduação. Assim, a pesquisadora acaba tentando organizar seu trabalho para conseguir que ele tenha esta estrutura. Acontece que a própria estrutura proposta e aceita é racista! A estrutura mesmo já dificulta em muito os avanços. Ouvindo as mulheres negras que conquistaram seus títulos acadêmicos este fato é muito citado. Também homens negros são incisivos em depoimentos nesta tônica[53].

É uma armadilha assim que culmina na dissertação "Práticas pedagógicas e relações étnico-raciais: uma análise da construção da identidade negra da criança nos anos iniciais do Ensino Fundamental de uma escola pública da cidade de João Pessoa", tese defendida por Maria Fabrícia de Medeiros na Universidade Federal da Paraíba, em 2019. Uma discussão rica, mas com foco muito intenso na história onde a branquitude foi protagonista, para só depois de muitas narrativas sobre racismo e processo escravizatório chegar na discussão sobre o trabalho na escola, quando foram propostas atividades de constituição identitária com o uso de vídeos e exercícios de desenho. Não há como negar a importância de todo o trabalho anterior para que a pesquisadora pudesse constituir os objetivos de sua pesquisa:

> Nessa configuração, a questão central, consistiu: se e como a prática pedagógica das professoras dos primeiros anos do Ensino Fundamental de uma escola pública no município de João Pessoa - PB pode interferir na formação

---

53 Veja o canal de Aza Njeri: https://youtube.com/shorts/j4J09Tz1IMk?feature=share. Neste canal Aza Njeri discorre em vários vídeos sobre mulherismo africana e vários outros temas de interesse das relações raciais negras.

da identidade negra das crianças? E a tese hipotética: A construção da identidade negra das crianças sofre forte e direta influência da prática pedagógica das professoras, uma vez que não se separa o ser profissional do ser pessoal, englobando, portanto, suas aprendizagens adquiridas durante a vida, então, sua própria identidade é/faz parte de suas ações cotidianas dentro da escola. A criança que por sua vez está em processo de construção de sua identidade e esta depende diretamente das primeiras e intensas interações sociais que acontecem basicamente na família e na escola, e sabendo-se que observam os adultos e os imitam, poderão consequentemente negar, afirmar e/ou ressignificar sua identidade negra já iniciada e direcionada no ambiente familiar neste contato diário com suas professoras. (MEDEIROS, 2019, p. 44, 45).

Desta maneira, quando a gente constitui uma proposta de trabalho onde as relações raciais negras já estavam no foco das ações e reflexões sobre a histórias destas ações há possibilidade de enfatizar onde o foco sempre foi muito necessário, observando que os registros onde o povo negro não foi protagonista possam ficar a cargo de outras pesquisadoras. A gente quer mesmo é mudar a história e podemos fazer esta mudança com a devida competência.

Foi assim, que mesmo com algumas crianças que entraram depois no curso, (porque fiquei tentando trazer para a formação os meninos que sei que mais necessitavam de um curso assim) nós propusemos o exercício do autorretrato. Quando percebi que não daria tempo de serem vacinados, eu convidei crianças de mais perto da sede do Mocambo para que viessem participar. A bolsa com os materiais foi o que mais chamou a atenção da comunidade externa, incluindo a escola, pois as crianças já estavam frequentando a escola presencialmente. Um dos garotos que chegou depois no curso disse que estava esperando sair seu pagamento para comprar as canetas de desenho. Ele já desenha e gosta muito de grafite. A caneta nanquim e outros materiais de desenho eram desconhecidos para as crianças. Dois anos depois deste processo formativo recebi a visita de um dos participantes do curso que veio pedir que a gente fizesse outros cursos. "Eu não sei como usar as tintas da minha bolsa sozinho, quero aprender mais", reivindicou o Pedro em 2023.

Este também foi um dos pontos importantes de diagnóstico das necessidades da comunidade, porque durante as aulas da formação o bate papo entre nós fluía e assim, várias demandas das crianças foram surgindo de maneira natural.

> Foram distribuídas entre os estudantes folhas brancas e foi pedido para que fizessem seu autorretrato, desenhando e colorindo de acordo com suas características. O foco principal nesta atividade era notar como essas crianças iriam colorir seu tom de pele, a fim de se entender como essas crianças se veem e lidam com as diferenças. A atividade foi executada em uma aula de cada turma durante o mês de Maio de 2018. (PORTELA; ALMEIDA NETO; THIENGO, 2018, p. 6).

Neste estudo as pesquisadoras forneceram uma folha branca para as crianças e a gente já sabe como fica o desenho sobre uma folha branca. Em muitos casos em que já existiu o trabalho de desenho com os espelhos, juntamente com várias discussões de formação identitária, haverá maior tranquilidade na representação de sua cor e até de seus gostos. Porém, há maior possibilidade de uso prático quando há maior variedade de oferta na base para o desenho e pintura, com folhas em outros tons.

Rosa Iavelberg discute as propostas do fazer e ensinar arte no pós-modernismo com a proposta de aprender a partir das produções já existentes (2015, p. 136), uma tônica que tivemos que adotar, justamente porque pensamos no fazer artístico como um processo.

Escolher os materiais ofertados é uma decisão política que deve partir de uma política de acesso. Então, as bases para desenho e pintura já podem e devem ser pensadas visando uma variedade das representações que poderão ser elaboradas sobre estas bases. Sabendo disto, eu comprei para compor o kit de artes para as crianças papel *craft* preto e também marrom, além das bases cortadas do papel paraná (um papel com gramatura de papelão grosso, que tem a vantagem de ser muito mais barato).

O bloco de desenho que acompanhou o kit também tem um tom pastel, o que já quebra com a questão da folha em branco. Na verdade, nem sempre o fundo branco é o mais vantajoso para desenho ou pintura. Quando vamos direcionar o trabalho para a constituição identitária negra, a primeira providência é evitar o papel branco. Mesmo que seja preciso cortar papelão e padronizar a oferta para toda a sala de aula, discutindo as questões da preservação ambiental com esta prática, é melhor que assim seja. Anoto isto, porque nem sempre as famílias na periferia onde atuo compreendem a importância da constituição identitária negra, mas é raro alguém que não tenha participado de uma discussão da preservação ambiental. Eu preciso saber dos objetivos de uma ação, mas posso usar de estratégias que possam garantir o sucesso destas ações. Quando já apresentam o conflito paroxístico com a denúncia dos atos de racismo é uma coisa, mas quando não, há formas outras de trabalhar a constituição identitária negra.

Desta maneira é possível escurecer os processos de identificação na autorrepresentação de crianças negras e indígenas que nasceram em contextos de hierarquização racial como o nosso, provocando fissuras em situações preexistentes e que precisam de nomeação para um melhor combate.

Eu sou porque nós somos malungas

Sempre que me indagam sobre o trabalho no Mocambo há algumas versões que me lembro, mas as versões escritas documentam e acabam preponderando sobre o nascimento do Nzinga. A nomeação do que nos constituiríamos tem uma história, ligada com algumas leituras que pude fazer anteriormente. "Deixa a gente fazer também!" arte foi um fato. Como é que as crianças desejam e solicitam para atendimento ao seu desejo? E com o passar dos anos, como conseguimos constituir o futuro, a partir das experiências prévias que pudemos vivenciar?

Eu fui criança. Mas gosto de continuar acalentando a criança que habita em mim, me deixando cheia de energia inovadora. Mas a experiência me fez velha ainda muito jovem, com certa consciência de dever que permitiu que eu fizesse escolhas éticas para o trabalho que deveria assumir. Quando me identifiquei como malunga também houve um longo tempo desta constituição, da mesma maneira que quilombolas de várias localidades do Brasil, diziam ser quilombolas quem pesquisava Quilombo. A nomeação vem depois da constituição. Por isso que é preciso ter consciência do tempo sankofado.

Esta "Infindável Viagem" como processo foi de uma contribuição enorme para que eu pudesse reviver muitos outros momentos com estas e também com outras crianças da comunidade, inclusive satisfazer um desejo meu de que houvesse uma participação efetiva das crianças malungas do Mocambo na redação deste trabalho de pesquisa coletivo, que me coube a função de registro.

Na gravação da avaliação do curso apareceu muito a questão das tinturas naturais, mas a variedade do material foi muito citada. Para um dos garotos a pintura com pontos foi a melhor técnica e foi outra criança que ensinou. Ela viu no YouTube e ensinou as outras crianças.

Figura 55 – Pintura usando a técnica de bater o pincel imerso na tinta aquarelável sobre a tela ou folha

Foto: Ivonete Alves

A imagem é a fotografia de um desenho onde o tom azul degradê sobrepõe-se. Há estrelas desenhadas em preto e vários pontos em branco sobre o azul, como se tivessem caído como a chuva sobre a tinta do fundo. Há no canto esquerdo do desenho uma figura desenhada em preto que se assemelha a uma minhoca com três pernas pretas finalizadas por uma bolinha amarela à guisa de sapatos. No desenho do ser há alguns detalhes em branco.

Uma aula me tocou profundamente: a ida ao Parque no domingo de manhã. Os meninos tinham outro compromisso e marcamos com eles outros dias e fui com as duas garotas do curso número um (o número dois acontece meses depois, para as crianças que atrasaram a vacinação contra a Covid-19). Foi um deleite para mim, porque eu senti muitas saudades de algo que gostaria de ter vivido na minha infância e não vivi. Ao longo dos anos também poderia ter feito o exercício de observação e não tinha feito. Foi como uma descoberta de uma coisa muito querida e deixada de lado.

Figura 56 – O desenho da menina mais velha   Figura 57 – A foto da árvore desenhada

Fotos: acervo do Mocambo Nzinga

Duas imagens provenientes de fotografias. A imagem à esquerda é um desenho de uma árvore no caderno fotografado sobre o gramado. Na parte de baixo da página há pintura com tinta preta, depois branca, seguida de azul-claro e escuro. O desenho da árvore parte da base com um tronco pintado de marrom, assim como os galhos grossos. As folhas foram representadas com bolhas verdes escuras, verde limão e verde azulado, pendendo para o lado direito.

A fotografia da natureza tem a árvore desenhada na imagem anterior, com destaque no centro ao fundo. No primeiro plano aparece o gramado aparado em tons de verde e bege que acontece logo depois de uma poda durante a seca. A sombra da árvore vem em seguida e no plano principal a árvore com seu tronco pendendo para o lado direito. Ao fundo vê-se um círculo com aparelhos de ginástica dentro do círculo, que tem o gramado no seu entorno. No último plano, já distante, há as copas de árvores de um parque e algumas casas bem distantes.

Nas conversas na finalização desta etapa do curso falamos da questão do intercâmbio e da continuidade dos trabalhos, pois a equipe no Japão não conseguiu acompanhar o ritmo nosso aqui no Brasil e retomamos as atividades adiante, inclusive com o planejamento das obras que foram escolhidas para se tornarem cartões postais, um combinado da Curadoria do trabalho contratada pelo Sesc. Os cartões ficaram maravilhosos, mas ainda pensamos na estratégia de divulgação. Provavelmente faremos um documentário com os depoimentos das crianças e famílias participantes.

"Artes Plásticas são as Abayomis, o desenho é tipo um esboço, a pintura a gente faz em tela... Escultura acho que foi as máscaras que a gente fez e modelagem acho que foi o papel machê". (fala de uma das participantes).

Este exercício eu propus porque já tinha elaborado uma Oficina assim para o Sesc Thermas em 2017, e outra anterior em 2011. Em 2011 conseguimos a aprovação de uma Oficina de Máscaras Étnicas em cinco encontros para um grupo intergeracional. As crianças do Mocambo foram conosco de carro. Porém, em 2017 só aprovamos uma Oficina rápida, exigindo da minha experiência uma estratégia para conseguir montar com muita antecedência o material. Eu preparei bases em papel machê, de maneira que já levava as bases prontas, permitindo que no tempo de duas horas, a criança conseguisse compor sobre esta base a "carinha" da máscara.

Figura 58 e Figura 59 – As máscaras étnicas e os avanços desde 2009

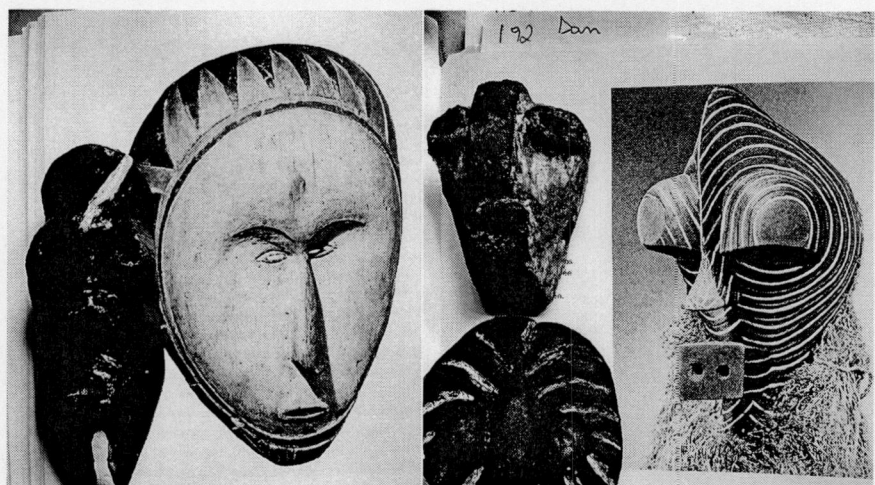

Fonte: arquivo pessoal

A primeira foto ilustra uma mascarinha produzida em papel machê fotografada sobre a página de um livro com uma máscara africana. A peça do livro é em preto e branco e a máscara produzida em papel-machê é colorida com laranja, vermelho, azul, marrom e preto.

Na segunda fotografia, também sobre o livro, há duas máscaras em papel-machê coloridas com terras chamadas de tauwás. A página do livro traz a foto de uma máscara Luba, feita em madeira. É uma Kifwibe ritualística do povo Luba, que se caracteriza por apresentar estrias afundadas pintadas de branco à guisa de estrias profundas.

Estas imagens eu reproduzi em tamanho grande e coloquei no varal durante a aula, para que as crianças pudessem ver o modo como produzo minhas peças, sempre pautadas, em um primeiro momento, nas originais africanas. Também produzi uma cola orgânica feita com polvilho azedo e que substitui com vantagens a cola comercial. Falei como produzir a cola, pedi para que anotassem o endereço do meu blog e enviei para as mães o link, de maneira que pudessem consultar junto com as crianças. E então fomos para a prática.

Meu desejo por uma máscara africana vinha de muitos anos. Desde a Faculdade de Comunicação, quando fui para Minas Gerais, em 1990, e conheci muitos escultores de pedra sabão. Conheci também parte da arte de Aleijadinho nas igrejas de Ouro Preto e Mariana, que visitamos. Comprei umas 15 esculturas de pedra sabão, responsável por excesso de bagagem e um peso fenomenal.

De lá pra cá fui pensando em como aprender arte, já que não fiz o vestibular para Educação Artística, porque não sabia o que significava a prova de aptidão que descrevia as provas dos cursos presentes no Cadernos de Cursos da rede Unesp.

A primeira técnica que dominei foi o uso do papel machê, mas me sentia um pouco incomodada por não conseguir esculpir na madeira, no ferro ou modelar o barro, pois foram estas as técnicas utilizadas pelos artistas originários em África, Américas, Austrália e em alguns locais da Ásia, onde o povo preto vive.

Foram muitos anos de dúvida, até que comecei a estudar arte contemporânea e também o período modernista. As visitas ao Museu Afrobrasil foram fundamentais para que eu exercitasse a produção de arte, com as possibilidades materiais disponíveis na comunidade.

Esta formação com as crianças financiada pelo Sesc teve origem em um ato meu, quando a Unidade de Presidente Prudente foi inaugurada. Levei minhas peças e uma Sacola Cultural financiada pela Fundação

Cultural Palmares, em 2009, quando já éramos referência em trabalho com arte afro-brasileira na cidade. Com tudo isto, só em 2021 eu pude ofertar uma Oficina de Máscaras Étnicas voltada para as crianças no Mocambo, no nosso território.

Esta observação é para justificar a importância de um trabalho a longo prazo, focado nas Relações Raciais Negras, pois todo o acervo arregimentado leva um tempo para que possa ser disponibilizado de forma organizada. Este trabalho (de constituição de acervos), a Educação Formal já poderia ter assumido, pois desde 2009 que estamos organizando eventos na escola da comunidade, emprestando material, doando objetos, com possibilidade de visitações ao acervo do Mocambo.

Esta formação com as crianças também consegue reverberar nas escolas frequentadas por elas. Assim, a cada etapa do trabalho há um aumento das possibilidades de positivar a constituição identitária das crianças do Mocambo, como também de outras crianças com as quais as malungas convivem.

História constituída e em processo na Maafa: um legado para nossas malungas

A pedido da Prof.ª Petronilha Beatriz Gonçalves e Silva, presente na Banca de Doutoramento, de onde originou este livro, em 10 de outubro de 2022, vou registrar aqui fatos sobre os APNs que depois encontraremos uma maneira de chegar aos kekeres (Mais Novos). Nossa matriarca das Relações Raciais Negras pediu a mim, que sou Agbá e então preciso respeitá-la. Ela, delicadamente me pediu para acrescentar no trabalho algumas notas sobre os APNs, o que significa ser APNS e quais contribuições teve esta entidade nas atividades do Mocambo.

Em 2012 nós organizamos na cidade de Presidente Prudente/SP, um encontro regional de APNs, com uma forte influência de Nuno Coelho, o coordenador nacional dos APNs que aqui esteve. Fizemos uma cruzada em Presidente Prudente e também nos municípios vizinhos para convidarmos estas pessoas a retomarem um forte movimento das Pastorais do Negro, ocorrida nos anos 1990 e que no período de nossa reorganização, já não estavam mais na militância identificável.

O disparador para esta busca de militantes "adormecidos" aconteceu porque me dispus a ficar como presidente do COMIR – Conselho Municipal da Igualdade Racial. Conseguimos mobilizar alguns grupos, dentre eles a Capoeira Regional de Álvares Machado (município colado a Pres. Prudente) que participou intensamente das atividades de nosso encontro.

Os APNs - Agentes de Pastoral do Negro nasceram dentro dos movimentos da Igreja Católica e tiveram um importante papel na constituição de Políticas Públicas da Igualdade Racial no país. O site dos APNs do Quilombo de Belo Horizonte tem alguns históricos que nos contemplam:

> Os Agentes de Pastoral Negros nasceram impulsionados pelas lutas de libertação desenvolvidas nas comunidades eclesiais de base e nos movimentos sociais nas décadas de setenta e oitenta. A consciência dos direitos dos empobrecidos fez perceber a negação dos direitos dos negros por motivos étnico-culturais. A partir dessa consciência um grupo de negros e negras propõe uma reflexão a respeito do racismo e da discriminação nas Igrejas e na sociedade. Neste contexto de lutas raciais e no processo de conscientização, os APNs, apresentam uma realidade nova: o dado da fé como elemento fundante no processo de superação do racismo e das desigualdades. Deste modo, os membros do movimento dos APNs, se auto-compreendem como sendo militantes de diferentes comunidades de fé preocupados e empenhados no desenvolvimento de ações que visam a promoção e a valorização da população negra[54].

Fato muito importante nesta trajetória foi a assunção da espiritualidade de matriz africana no bojo dos APNs, pois a questão da fé encontra poucas entidades do Movimento Negro que acolhem sinceramente este princípio da vida afrocentrada. Mesmo as pessoas negras que estão enfronhadas na militância em partidos considerados de esquerda (ou com bases marxistas) possuem este liame com a macumba ou com outra fé. Com minha percepção da espiritualidade e da minha ancestralidade muito intensa, era impossível para mim adotar uma postura negacionista, por exemplo, já que a fé, o sonho, as rezas e benzeduras são fatos corriqueiros na nossa vida negra. Assim, ainda que muito titubeante, eu pude encontrar um grupo onde esta ancestralidade negra vicejava. Onde nasci, em Garça, foram as benzedeiras que me despertaram para o conhecimento do mundo dos espíritos e da continuidade da vida, tendo a morte do corpo físico como uma simples passagem.

Amadou Hampâté Bâ, um dos colaboradores no registro na História Geral da África (2010), levada a efeito pela UNESCO – Organização da

---

54 Fonte: https://sites.google.com/site/agentesdepastoralnegros/estrutura-organizativa.

Nações Unidas para a Ciência, Educação e Cultura, até o momento em oito volumes, relata em "Ankoullel, o menino fula" situações em que o sonho, a espiritualidade se fazem presentificados e como parte do Real:

> Outra coisa que às vezes incomoda os ocidentais nas histórias africanas é a frequente intervenção de sonhos premonitórios, previsões e outros fenômenos do gênero. Mas a vida africana é entremeada deste tipo de acontecimentos que, para nós, são parte do dia a dia e não nos surpreendem de maneira alguma. Antigamente, não era raro ver um homem chegar a pé de uma aldeia distante apenas para trazer um aviso ou instruções a seu respeito que havia recebido em sonhos. Feito isto, simplesmente retornava, como um carteiro que tivesse vindo entregar uma carta ao destinatário. Não seria honesto de minha parte deixar de mencionar este tipo de fenômeno no decorrer da história, porque faziam – e sem dúvida, em certa medida ainda fazem – parte de nossa realidade vivida. (HAMPÂTÉ BÂ, 2013, p. 12).

Fato comum na minha infância, as premonições de minhas mais velhas sempre foram levadas a sério. Assim, quando me encontrei com os APNs houve uma total identificação com os princípios da organização e também com a estrutura organizativa:

> O alicerce de toda a organização dos APNs é formada pelos Mocambos/Núcleos que são compostos por no mínimo 5 (cinco) associados, que se reúnem periodicamente com o objetivo de implementar as políticas e diretrizes traçadas pela Associação Cultural de Agentes de Pastoral Negros do Brasil, além de constituir espaços para a valorização, conscientização, estudo, reflexão, construção da identidade e cidadania do povo negro. É através dos Núcleos/Mocambos, que os APNs ampliam seus trabalhos e atividades nos diversos estados da federação. Nos Estados, os APNs estão estruturados nos Quilombos Estaduais, sendo assim considerado aquele que possui no mínimo 03 (três) Mocambos estruturados. A orientação, animação, coordenação e articulação dos referidos quilombos está sob a responsabilidade de uma Coordenação Estadual. Para coordenar, articular, executar e implementar as ações dos APNs, a nível nacional, existe uma Coordenação Nacional, composta por um Coordenador(a) Geral, Secretario(a) Geral, Coordenador(a) de Finanças, Coordenador(a) de Comunicação e Coordenador(a) de Formação. A Assembleia Nacional, instância máxima de decisão, acontece

anualmente e nela são traçadas as políticas e diretrizes a serem executadas pelos APNs nas diversas realidades em que estão inseridos. (fonte: https://sites.google.com/site/agentesdepastoralnegros/estrutura-organizativa).

A Prof.ª Petronilha frisou muito para que eu trouxesse para o trabalho as convergências e as divergências em relação aos APNs. Tenho refletido sobre nosso trabalho em relação ao trabalho de outros Mocambos no estado de São Paulo. Um dos diferenciais está nas ações presentes no cotidiano, justamente porque as conquistas de trabalho coletivo tem sido mote e também provocação da pesquisa acadêmica.

A exigência da escrita e também a exigência de reflexões referenciadas em textos já publicados em outras pesquisas acadêmicas contribui muito para as análises críticas da realidade. Outro fator muito importante é o fato dos APNs ter tido uma influência muito marcante em muitos militantes do Movimento Negro que nós já admirávamos, como Frei Davi de Ofm, Ivair Augusto Alves dos Santos e a própria Prof.ª Petronilha que esteve nos APNs desde seus primeiros encontros organizativos, tendo participado ativamente de escritos da entidade e também na formação de várias lideranças negras que até o momento continuam persistindo na luta, como os APNs Nuno Coelho (SP) e João Pio (MG) e Edgar Amaral (SP), que tem um trabalho intenso no campo da Segurança Alimentar e Nutricional e nos últimos anos têm dedicado muita energia na formação de jovens negres.

Depois do encontro regional dos APNs em 2012, em Presidente Prudente, não conseguimos mais pautar a organização dos encontros na nossa região. Vários fatores influenciaram esta realidade, mas foram principalmente os processos de mestrado e logo em seguida o de Doutorado que impossibilitaram também os afazeres de mobilização para os encontros. A entidade não possui recursos próprios, com pouca tradição de poupar e até mesmo de captar recursos públicos para a organização dos encontros. Em 2013, organizamos a Conferência Municipal de Igualdade Racial, seguindo para as etapas estaduais e depois para a etapa Nacional, com ajuda financeira de Agnaldo Júlio de Paiva, meu marido, que também teve um importante papel na retomada dos contatos com os chamados APNs históricos da região. No caso das Conferências é o poder público que financia as viagens dos representantes eleitos da Sociedade Civil, que seguem para as Conferências Estaduais e se lá conseguirem votação expressiva, seguem para as Conferências Nacionais.

Ele já foi seminarista e no tempo do Seminário conheceu tanto a Teologia da Libertação, como também padres militantes, outras pessoas de fé negras que foram em busca das reflexões para combater o racismo no bojo mesmo das instituições religiosas.

Durante a pandemia da Covid-19 tivemos as Assembleias Eletivas dos/as APNs e também um encontro formativo sobre Mulherismo *Africana* gestado e coordenado pelo Quilombo de Minas Gerais, com aulas coordenadas por duas APNs do Maranhão.

Então, deixo aqui este registro para que minhas Mais Novas possam dar continuidade a ele, já com outros movimentos sankofados do passado para que possamos avançar nestas lutas, principalmente com as crianças que já compreendem a identidade malunga.

NONO ATO

DAS PLANTAS NO MOCAMBO – FITOTERAPIA INTERGERACIONAL

O território negro foi sendo constituído na diáspora, com uma contribuição fundamental dos povos indígenas daqui, principalmente com o silêncio gritado das "mulheres indígenas catadas a laço", ensinantes do uso de ervas curadoras de muitos males: dor de barriga, contra vermes, cataplasmas de muitos tipos e até extratos capazes de combater o veneno de cobras. Na maioria dos casos de cura ou de morte não existiram registros confiáveis sobre estes fatos. A narrativa foi acontecendo de uma geração a outra, como mágica, cercada de mistérios e bravatas, de maneira que só recentemente (entre 10 e 20 anos) uma literatura começou a recuperar vários conhecimentos que estiveram na oralidade somente.

Onde nasci, em Garça, aprendi o uso de centenas de plantas assim: ouvindo minhas mais velhas. Quase importância nenhuma meus irmãos e irmãs davam a este conhecimento. Minhas duas irmãs mais velhas seguiram outro caminho e as "coisas da roça" só importavam na medida em que serviam de alimento. Minha mãe, atenta, inventava comida com curcubitácias e outras plantas variadas: de cachi refogado a mamão verde temperadinho com pimenta do reino, passando pelas deliciosas cambuquiras (uma iguaria feita com brotos dos ramos das abobreiras ou dos pés de chuchu – que particularmente acho menos saboroso que os brotos da abobreira). Décadas depois, já em Presidente Prudente fui chamada a ensinar o preparo e o plantio das PANCs – Plantas Alimentícias Não Convencionais numa oficina financiada pelo SESC Thermas. Quando comentei em casa, com minha mãe o que tínhamos preparado ela riu muito e ficou admirada de uma instituição pagar (e muito bem) "pra ensinar a comer mato?".

Um grupo de São José dos Campos até adotou o nome de "Mato no Prato" para nomear as deliciosas receitas que compartilham. Aqui mesmo no SESC Thermas fizemos uma Oficina, coletando, preparando e degustando receitas finas com flores, folhagens, sementes, bulbos e batatas encontradas em vários quintais caipiras.

Desde minha chegada na comunidade, em Presidente Prudente (em 2002) que identifiquei várias mulheres que têm um apreço muito grande por seus quintais. Um modelo de quintal, que as equipes de jardinagens profissionais estão enterrando no esquecimento. Tem de tudo misturado no mesmo lugar. É comum a presença de manjericão, losna, boldo, guiné, palma de Ogum, palma de Oxum, rosas meninas, hortelã, pimentas de muitos tipos no meio de margaridas, rosas miúdas de muitas cores, ixoras, comigo-ninguém-pode, arnicas e picão preto (usado desde sempre para curar doenças de pele, notadamente o amarelão ou icterícia em bebês recém-nascidos).

Esta cultura caipira continua muito forte, mas há um desmerecimento por parte dos mais jovens, que demoram muito para validarem o que existe de verdade nesta cultura milenar. Entre os bons usos de ervas, há também crendices e usos inadequados de procedimentos nascidos da ignorância e não de cultura caipira.

As benzedeiras mais tradicionais foram minguando e seu saber, organizado em décadas de experiência, sempre acompanhado de uma mais velha, que tinha já amealhado uma série de remédios no seu quintal e no quintal das vizinhas minguou, deixando órfãs pessoas que dependem de uma liderança orgânica próxima de si, para cuidar da sua própria saúde e da saúde da família.

Em 2015 escrevi um artigo para apresentar na Semana da Geografia da FCT/UNESP de Presidente Prudente, narrando um processo muito importante ocorrido nos anos do governo popular de Lula: o RENISUS – Relação de Plantas de Interesse do SUS – Sistema Único de Saúde. "Plantas Medicinais, o RENISUS no Mocambo APNs Nzinga: Território Urbano de Resistência Cultural" cujo resumo transcrevo abaixo:

> Tem este artigo o objetivo de apresentar um breve histórico dos avanços alcançados pelo Mocambo APNs Nzinga Afrobrasil – Arte – Educação – Cultura, de Presidente Prudente/SP, quanto ao cultivo, divulgação e organização das plantas medicinais, aromáticas, de uso tradicional e estético, que podem ser cultivadas no processo de agricultura familiar, tanto rural como urbana para promoção da saúde corporal e mental. O Mocambo mantém uma sessão de cultivo, pesquisa, divulgação e trocas de sementes criolas e de mudas compiladas a partir de várias regiões do Brasil, no espaço urbano do Mocambo. Para tanto, desde 2006 há um intercâmbio com o CODETER – Cole-

> giado da Terra; órgão no qual o Mocambo está na gestão no biênio 2014/2015, para dialogar com os assentados e agricultores familiares visando difundir o cultivo dessas plantas que podem ser muito úteis, tanto na manutenção como na recuperação da saúde; além de promover a cultura afro-brasileira com foco nas tradições de cultivo, na memória dos hábitos perdidos ao longo do tempo. Nesse caso, as práticas tradicionais são valorizadas tanto quanto as pesquisas científicas mais recentes que souberam ouvir as demandas entre campo-cidade na agricultura rural e também na agricultura urbana. As metodologias de trabalho e pesquisa do Mocambo são embasadas na Educação Popular e Libertária.

O processo do grupo de trabalho que compôs a lista do RENISUS para chegar às 71 plantas, levou em consideração o uso corrente delas, mas também teve uma ancoragem importante em pesquisas realizadas por longos anos, contando com análises bioquímicas de componentes presentes nas plantas. Alguns que necessitam da combinação que a evolução de cada planta alcançou ao longo dos milhares de anos de sua seleção, tanto natural, como conduzida por mãos humanas (quase sempre mulheres). Ficaram de fora da lista do RENISUS plantas sabidamente curativas, mas que a indústria farmacêutica impede, através de mecanismos os mais torpes, que sejam validadas através das pesquisas em laboratórios públicos. Não conheço nenhum instituto particular no Brasil que proceda pesquisas fitoterápicas ou naturais sistematicamente. Usam para comercializar os produtos das pesquisas conduzidas por órgãos públicos.

Na verdade, fiz este trabalho de pesquisa e compilação, porque observei o ceticismo de muitas pessoas em relação aos processos da medicina convencional, que em muitos casos, adota uma postura de bloqueio no uso de fitoterapias indígenas ou afroameríndias. Há uma disputa de mercado nesta área, extremamente prejudicial para as comunidades tradicionais ancoradas no uso de ervas e terapias preventivas e curativas. Fui anotando os pedidos mais correntes das mulheres da comunidade e observando quais plantas elas ainda mantinham em seus quintais. Cheguei a fazer um levantamento do território identificando a rua, o número da casa e quais plantas existiam nestes quintais caipiras. Já agora em 2021, consegui coletar várias receitas muito utilizadas ainda por estas mulheres no tratamento de suas famílias. A maioria são chás bem difundidos, como chá de capim santo, hortelã, camomila, erva doce; mas há receitas familiares de combate às úlceras e cânceres.

A geração de mulheres com mais de 50 anos ainda acompanha os usos destas plantas tradicionais e ensina como preparar os medicamentos. Várias destas plantas estão na lista do RENISUS. Quando preparei a pesquisa, logo percebi que o Ministério da Saúde tinha utilizado somente o nome científico das plantas. Um mecanismo que dificultava muito a leitura por parte das pessoas do povo, interessadas em ver e acompanhar uma pesquisa científica que foi extraída do conhecimento popular. Então refiz a lista, olhando em várias publicações os nomes (muitos) populares das plantas. Algumas plantas possuem uma enormidade de usos. Para equalizar seus usos, fui perguntando para minhas Mais Velhas para que fim utilizavam determinadas plantas. Foi um longo processo, que ainda se faz. Estes usos tradicionais estão muito aproximados dos usos recomendados por pesquisadoras médicas homeopatas. É o popular que ancora a ciência ou é a ciência corrente que confunde o popular?

De qualquer maneira, não sou ingênua a ponto de pensar que todas as pessoas conseguem compreender as diferenças na manipulação de medicamentos naturais. Os processos tradicionais são muito exigentes e há charlatões por toda parte. A existência de usos tradicionais em comunidades completamente afastadas umas das outras têm evidenciado que houve, em determinada época ou período uma pessoa, um médico local, uma benzedeira, um raizeiro ou mateiro que indicou por longos anos, determinados usos para determinadas plantas. É muito raro médicos indígenas cujo conhecimento tenha sido preservado por inteiro. Entre os Yanomanis houve um Pagé que conhecia de memória a utilidade de mais de 10 mil plantas da mata. Caso excepcionalíssimo.

Aqui na região do Mocambo, algumas mulheres preservaram alguns usos. Uma das plantas cujo uso proveio de uma cidadezinha vizinha a Presidente Prudente, Taciba, é o avelós. Um dos nomes comuns desta planta remete a uma lenda muito utilizada contra o uso dela: dedinho do diabo! Uma das malungas mais velha, adotou o uso dela, porque o avô usava e na cidade de Taciba, onde viveram, esta planta é de uso corrente. Sua receita, muito recomendada e já com uma restrição de dosagem mínima remete às técnicas de manejo homeopáticas. Nove gotas do leite da planta para dois litros de água, com a insistência de que a pessoa deve tomar desta mistura, um copinho pequeno, daqueles de pinga, por dia somente, e que o uso deve ser interrompido vez ou outra. É um tratamento preventivo contra cânceres, úlceras e problemas estomacais.

Em casa, a planta chegou para tratar cortes e ferimentos externos no corpo. Seu leite possui uma liga que cola, literalmente cola os cortes. Para casas com crianças é sempre útil, pois, além de colar os ferimentos, também desinfecta o local. Esta mulher é de quarta geração. Há sua filha, sua neta e neto e bisnetas que participam de atividades no Mocambo. Testei o uso da planta em mim mesma, aumentando a dose e chegando ao uso de 10 gotas do leite por meio litro de água, sem manifestação de intoxicação aparente. Tenho um corpo físico forte e minha alimentação é bem regrada. Não como carne, nem alimentos que dificultem a digestão, então é preciso continuar com cuidados para outras pessoas que não podem manter uma alimentação assim tão bacana. Produzimos mais de oitenta por cento dos nossos alimentos, sem uso de veneno ou adubação artificial.

A lista do RENISUS foi elaborada com a coleta de informações pelo grupo de trabalho que decidiu pesquisar os usos tradicionais e elaborar uma compilação que deveria ter sido adotada dentro do SUS, em todos os postinhos de saúde. Completamente desprezada na maioria das cidades, foi, no entanto, uma base fantástica para a Educação Popular, e nas tendas Paulo Freire serviu de mote para as conversas não hierarquizadas promovendo um debate muito profundo sobre a Saúde Coletiva.

A Faculdade de Saúde Coletiva em Lagarto, em Aracaju liderou, através de Simone Leite, uma Prof.ª Dr.ª da instituição e Educadora Popular, que partiu para o Orum em 2021, vítima da Covid-19 o debate sobre a Saúde Coletiva em muitos FREPOs. São nos encontros para pessoas do povo e pesquisadoras acadêmicas, que as fitoterapias afroameríndias, caipiras, populares, encontram audiência qualificada e ancoram projetos de pesquisa entre gerações.

Quadro 9 – Lista de Plantas do RENISUS com adaptações realizadas em pesquisas após sua divulgação

	Nome popular	Nome científico	Uso
1	Mil-folhas, Dipirona	*Achillea millefolium*	combate úlceras, feridas, analgésica

	Nome popular	Nome científico	Uso
2	Alho	*Allium sativum*	antisséptico, anti-inflamatório e anti-hipertensivo
3	Babosa, áloes	*Aloe spp (A. vera ou A. Barbadensis)*	combate caspa, calvície e é antisséptico, tira lêndea de piolhos e é cicatrizante;
4	Colônia	*Alpinia spp (A. zerumbet ou A. Speciosa)*	anti-hipertensivo, combate inflamações
5	Caju	*Anacardium occidentale*	antisséptico e cicatrizante
6	Abacaxi	*Nanas comosus*	mucolítica e fluidificante das secreções e das vias aéreas superiores
7	Jucá, pau-ferro verdadeiro, ibirá-obi	*Apuleia ferrea = Caesalpinia férrea*	infecção catarral, garganta, gota, cicatrizante
8	Crajirú, carajiru	*Arrabidaea chica*	*afecções da pele em geral (impigens), feridas, antimicrobiano*
9	Artemísia	*Artemisia absinthium*	boa para estômago, fígado, rins, verme (lombriga e oxíurius, giárdia e ameba)
10	Carqueja	*Baccharis trimera*	combate feridas e estomáquico
11	Pata de vaca (com flores brancas)	*[Bauhinia spp (B. affinis, B. forficata ou variegata)]*	combate diabetes e elefantíase
12	Picão	*Bidens pilosa*	combate úlceras, ictirícia e é alimento (PANC)

	Nome popular	Nome científico	Uso
13	Bonina, calêndula	*Calendula officinalis*	feridas, úlceras, micoses
14	Andiroba	*Carapa guianensis*	combate úlceras, dermatoses e feridas;
15	Guaçatonga, apiá, acanoçu, bugre branco, café-bravo	*Casearia sylvestris*	combate úlceras, feridas, aftas, feridas na boca
16	Camomila	*Chamomilla recutita = Matricaria chamomilla = Matricaria recutita*	combate dermatites, feridas banais, combate gases estomacais
17	Mastruz, erva-de-santa-maria	*Chenopodium ambrosioides*	corrimento vaginal, antisséptico local e vermífugo
18	Copaíba	*Copaifera spp*	Anti-inflamatória
19	Erva baleeira	*Cordia spp (C. curassavica ou C. verbenácea)*	Anti-inflamatória
20	Cana-do-brejo	*Costus spp (C. scaber ou C. Spicatus)*	combate leucorreia e infecção renal
21	Alcanforeira	*Croton spp (C. cajucara ou C. zehntneri)*	combate feridas, úlceras
22	Açafrão	*Curcuma longa*	cálculo biliar, vesícula biliar, fígado, psoríase, leucemia, colesterol, câncer de colo de útero, feridas (PANC)
23	Alcachofra	*Cynara scolymus*	combate ácido úrico

	Nome popular	Nome científico	Uso
24	Verônica	*Dalbergia subcymosa*	auxiliar no tratamento de inflamações uterinas e da anemia
25	Marupa, palmeirinha	*Eleutherine plicata*	hemorroida, vermífugo
26	Cavalinha	*Equisetum arvense*	diurético
27	Mulungu	*Erythrina mulungu*	sistema nervoso em geral
28	Eucalipto	*Eucalyptus globulus*	combate leucorreia, problemas respiratórios
29	Pitanga	*Eugenia uniflora ou Myrtus brasiliana*	combate a diarreia
30	Funcho	*Foeniculum vulgare*	Antisséptico, alivia gases, digestivo, calmante leve
31	Soja	*Glycine max*	sintomas da menopausa, osteoporose
32	Garra-do-diabo	*Harpagophytum procumbens*	artrite reumatoide, anti-inflamatório
33	Peão-roxo, jalopão, batata-de-téu	*Jatropha gossypiifolia*	antisséptico, feridas
34	Anador, Dipirona, Cibalena	*Justicia pectoralis*	cortes, afecções nervosas, catarro bronquial
35	Folha-da-fortuna	*Kalanchoe pinnata = Bryophyllum calycinum*	furúnculos; antibacteriana, antiviral e antifúngica (PANC)
36	Urtiga-branca	*Lamium álbum*	leucorreia

	Nome popular	Nome científico	Uso
37	Estrepa cavalo, alecrim, alecrim-pimenta	*Lippia sidoides*	antimicrobiana e antisséptica
38	Malva, malva-alta, malva-silvestre	*Malva sylvestris*	furúnculos
39	Espinheira-santa, concorosa, concerosa, combra-de-touro	*Maytenus spp (M. aquifolium ou M. Ilicifolia)*	antisséptica em feridas e úlceras
40	Poejo	*Mentha pulegium*	anti-helmíntico, antiespasmódico, aromático, carminativo, diaforético, diurético, emenagogo, sedativo, estimulante estomacal, tônico uterino, vasodilatador
41	Hortelã, hortelã-pimenta, menta	*Mentha spp (M. crispa, M. piperita ou M. Villosa)*	analgésico, anódino, antibacteriano, antiparasítico, antiespasmódico
42	Guaco	*Mikania spp (M. glomerata ou M. laevigata)*	broncodilatador
43	Melão-de-São-Caetano	*Momordica charantia*	regula menstruação, combate cólicas intestinais, leucorreia e vermes intestinais. Frutos maduros para hemorroidas, hastes contra febre, etc.

	Nome popular	Nome científico	Uso
44	Amora	*Morus sp*	afta, amigdalite, bronquite, queda de cabelo, catarro, diarreia e doenças das cordas vocais, combate sintomas de menopausa
45	Alfavacão	*Ocimum gratissimum*	antisséptico, analgésico carminativo, diurético, sudorífero e expectorante
46	Babaçu	*Orbignya speciosa*	tratamento de inflamações, cólicas menstruais e leucemia
47	Maracujá (folhas)	*Passiflora spp (P. alata, P. edulis ou P. Incarnata)*	calmante
48	Abacate	*Persea spp (P. gratissima ou P. Americana)*	combate ácido úrico, prevenir queda de cabelo, anticaspa
49	Salsa, salsinha, cheiro-verde	*Petroselinum sativum*	cura dor de estômago e distúrbios urinários
50	Erva-pombinha, quebra-pedra	*Phyllantus amarus, P.niruri, P. tenellus e P. urinaria*	tratamento de pedras nos rins e como diurético, dor nas costas
51	Tanchagem, tanchás	*Plantago major*	feridas, úlceras, corrimento vaginal (banho de assento)
52	Boldo	*Plectranthus barbatus=Coleus barbatus*	afecções hepáticas, dispepsias, gastrite, úlceras, diarreias, flatulência, diurético e auxiliar no tratamento de hipercolesteromia

	Nome popular	Nome científico	Uso
53	Erva-de-bicho, quebra demanda	*Polygonum spp - P. acre ou P. hydropiperoides*	corrimentos; anti-inflamatória, analgésica, estimulante e vermicida, adstringente, vasoconstritora, hemostática, cicatrizante e diurética
54	Amor-crescido	*Portulaca pilosa*	feridas, úlceras
55	Goiaba (folhas)	*Psidium guajava*	leucorreia, aftas, úlcera, irritação vaginal
56	Romeira	*Punica granatum*	leucorreia (vaginite, corrimento)
57	Cáscara sagrada	*Rhamnus purshiana*	obesidade, diabetes, digestivo, depurativo, diurético
58	Arruda	*Ruta graveolens*	sudorífica; anti-helmíntica; anti-hemorrágica e carminativa
59	Salgueiro branco	*Salix alba*	sudorífera, antipirética, antiflogística, analgésica, antirreumática, antiagregante
60	Araguaíba, aroeira, aroeira-do-rio-grande-do-sul	*Schinus terebinthifolius = Schinus aroeira*	feridas e úlceras

	Nome popular	Nome científico	Uso
61	Jurubeba	*Solanum paniculatum*	estimulante do apetite, contra problemas da digestão, diurética, acidez da secreção gástrica, anorexia, azia, bronquite, cicatrização de mucosa, cistite, ingurgitamento do fígado e do baço, estômago, gastrite e úlcera péptica, hepatite, hepatopatia crônica, náusea, síndrome pós-hepatite e tosses
62	Arnica	*Solidago microglossa*	contusões
63	Barbatimão, casca-da-virgindade	*Stryphnodendron adstringens = barbatimão*	feridas, úlceras, leucorreia
64	Jambolão	*Syzygium spp (S. jambolanum ou S. Cumini)];*	contra diabetes, (folhas da árvore), prisão de ventre, distúrbios gástricos e pancreáticos, disfunções nervosas, diarreia, espasmos, gases
65	Ipê-roxo	*Tabebuia avellanedeae*	eczemas, psoríase, câncer, alergias, desinterias, ferimentos, aftas, úlceras, viroses, queimaduras, picadas de cobra

	Nome popular	Nome científico	Uso
66	Cravo-de-defunto	*Tagetes minuta*	antifúngico, anti-helmíntico, antisséptico, calmante, laxativo, inseticida, repelente, trata reumatismo, resfriado e sudorífico
67	Trevo vermelho	*Trifolium pratense*	acne, artrite, bronquites, câncer, coágulos no sangue, congestão linfática, conjuntivite, eczema, feridas, flebite, gota, menopausa, psoríase, queimaduras, tosse seca, tuberculose, tumores, vaginite
68	Unha-de-gato	*Uncaria tomentosa*	imunoestimulante, anti-inflamatório
69	Boldo da Bahia	*Vernonia condensata*	analgésico, hepatoprotetor, digestivo, estimulante
70	Assa-peixe	*Vernonia spp (V. ruficoma ou V. polyanthes)*	bronquite, litíase, tosses rebeldes, gripes fortes, pneumonia, contusões, afecções do útero, cálculos renais e o uso externo é indicado para combater afecções cutâneas.
71	Gengibre	*Zingiber officinale*	Tosse

Fonte: arquivo pessoal

Há cura para o câncer?

É necessário que as pesquisas continuem e sejam incluídas nelas os saberes afroameríndios. Então também não existem respostas já prontas para esta questão. Fiquei profundamente intrigada com vários usos de plantas e substâncias que combatem os cânceres, principalmente. Na região do Mocambo, na minha própria família, um mal já vivenciado. Nos anos 1980 Frei Romano Zago (1997) já fazia uma peregrinação nas Paróquias mais longínquas divulgando a cura do câncer com a utilização da babosa. Anos depois publicou um livro: "Câncer tem Cura". Minha mãe ficou muito empolgada com a fala de Frei Romano, quando ele esteve em Garça, no período do lançamento de seu livro, que comprou um exemplar do livro para cada filha e filho. O meu ficou perdido na Bahia com minha biblioteca inteira, quando tive que retornar às pressas para tratar minha filha. Mas os outros exemplares foram desprezados. Minha irmã mais velha guardou, mas não consulta o livro, pergunta para mim. Desalentada, procurei em sebos e livrarias até conseguir comprar outro exemplar, pois o livro tinha todo um histórico muito bem redigido da pesquisa intensa em várias localidades do Brasil e do mundo, onde o *Aloe Vera* curou pessoas.

Vou utilizar uma permissão poética para trazer ao corpo do texto a narrativa da contracapa do livro, por sugestão do Prof. Ronaldo Alexandrino: *"Em julho de 1995, Frei Bernardo Kleinert, OFM, sofre internação cirúrgica, na qual lhe é cortada a falange do segundo pododáctilo esquerdo. Em novembro do mesmo ano, perde o primeiro dedo do mesmo pé. A radiografia fala em osteolielite aguda, agravada pela diabete. No dia 04/01/96, o superior provincial, Frei Nestor Inácio Schwerz, é intimado a redigir autorização, em nome da Ordem e da família, em que liberaria a junta médica a amputar a perna do frade, do joelho para baixo com o intuito de se evitar a propagação da gangrena. O local das operações anteriores mantinha vasta área em necrose, apresentando falta de circulação e total insensibilidade. Frei Bernardo, que mede 1,93 m, pesa 77 kg. Na primeira semana de janeiro de 1996, pediu-se tempo à equipe médica e iniciou-se a terapia com babosa, via oral, bem como aplicações tópicas, alternando chás de alpiste, jambolão, alcachofra e, após as refeições, uma dose de cloreto de magnésio. Terminado o conteúdo do primeiro frasco, em quinze dias, a ferida reduzira-se em 50%. O local da cirurgia agora irriga-se com sangue, o que oxigena. Recupera-se a circulação e a sensibilidade. Tudo sem qualquer outro remédio químico"* (Frei Romano Zago, OFM, 1997, contracapa).

Os encontros e as decisões sobre o Movimento Popular em Saúde tiveram na publicação da Lista de Plantas de Interesse do SUS – RENISUS, um episódio importante com contributo de médicas e médicos, além da pesquisa e intervenção positiva dos vários grupos de Educação Popular. A FIOCRUZ – Fundação Oswaldo Cruz foi entidade fundamental para implementar as várias decisões que emergiram dos encontros de Educação Popular em Saúde.

> Ao nos debruçarmos sobre a teoria da ação coletiva enquanto modelo explicativo da atuação política dos movimentos sociais em saúde, enfatizamos as limitações que tais teorias detêm, sublinhamos a dificuldade, embutida nessas concepções da ação coletiva, de dar conta de processos de formação de identidades sociais e políticas que dizem respeito não só a um cálculo em relação à participação, mas também à própria noção do 'coletivo'. Considerar essa questão do 'coletivo' e dar-lhe maior precisão nos obriga a penetrar nas questões específicas que a trajetória e a atuação dos movimentos sociais colocam. A problemática que envolve a análise dos movimentos sociais de extração popular e, neste caso, a dos movimentos populares em saúde, relaciona-se basicamente a três eixos de questões decisivas em processos de formação, assim como na atuação dos mesmos: a relação com o Estado, sua institucionalização e a autonomia em relação a outras forças políticas. (GERSCHMAN, 2004, p. 90).

Aqui no Mocambo as PANCs estão entrando aos poucos na alimentação das pessoas, que além de virem buscar remédios para si e sua família, também recorrem às plantas que temos para banhos de limpeza, energização e cura. Esta também foi uma das razões que decidi adotar o Parque, a pedido das mulheres que entrevistei para a produção deste trabalho. A demanda por plantas para chás, tratamento do corpo e do espírito precisam de espaço para atender a comunidade e outras pessoas que buscam tratamentos. Este pequeno oásis em meio às construções chama muito a atenção, até porque a população do entorno ainda está intimamente ligada à terra. No entanto, temos muita dificuldade com o manejo de resíduos sólidos (que prejudica o cultivo), causando alguns transtornos para a boa manutenção de áreas comuns. Saquinhos de embalagens são jogados no ponto de ônibus que fica ao lado do terreno de cultivo do Mocambo. Durante o tempo em que a área não estava cercada, pessoas despejavam entulho por cima das plantas.

Plantas presentes na área do Mocambo

Abacate

Açafrão

Acerola

Alfafava

Amora

Araçá

Arnica do Brasil

Arruda

Assa-peixe

Avelós

Babosa

Bálsamo

Banana prata

Batata doce

Bertalha

Boldo

Boldo do chile

Bredo

Bredo major gomes

Brilhantina

Capim santo

Capota

Cará moela

Caruru

Citronela

Conta do rosário

Cravo

Crotalária

Erva de bicho

Espada de Ogun

Espada de Oxum

Folha da fortuna

Fumo

Girassol

Goiaba

Guandu

Hibisco roxo

Limão

Losna

Mamão

Mamoma de Exu

Manga

Manjerona

Maracujá

Mastruz

Mil folhas

Mirra

Murta

Ora-pro-nóbis

Pitanga

Rosa menina

Serralha

Taioba

Terramicina

As mesmas questões ambientais que atinge os terrenos baldios estão impactando negativamente o Parque adotado, exigindo uma organização dos Mutirinhos de limpeza, que acabam tomando uma boa parte do tempo em que poderíamos focar no preparo do solo, plantio e cuidados com as plantas. O fato de usarem as plantas para usos medicinais não promove a sensibilização de várias pessoas para os cuidados que é preciso ter com a terra onde são produzidas. É como se a comida e os remédios se produzissem por milagre.

Até mesmo os terreiros de Candomblé e Umbanda têm deixado de lado o cultivo de suas roças, o que muito nos entristece, porque para os Orixás o cuidado com a natureza é fundante e imprescindível para a cura e até mesmo como tributo pela nossa existência no planeta.

Figura 60 – Um anjo e um orixá no ponto de ônibus sobre caixa com inspiração de Mama Esther[55]

Foto e obras de Ivonete Alves

A foto com destaque para uma pintura geométrica onde se destaca um símbolo Adinkre Hene (o rei dos adinkras) colorido em círculos do amarelo, passando pelo azul royal e vermelho, intercalados por círculos brancos. Sobre a cuba retangular, que formata o vaso há um orixá Obaluaê e ao seu lado um anjo negro com os olhos perfurados,

[55] Mama Esther Mahangu é uma artista sul africana da etnia Ndebele. Em plena época do *apartheid* Mama Esther foi convidada para pintar m carro na Alemanha com os traços de seu grupo na África do Sul. Entre as Ndebeles é preciso aprender a pintar uma casa ainda menina, com a ajuda e orientação das Mais Velhas. Ela fez famosa estas pinturas tradicionais e é uma das mulheres artistas que inspira este trabalho, onde usei a técnica de decompor os traços e as cores, depois recompor numa obra. Este vaso encontrei jogado em área da cidade com Palma de Ogun dentro.

lembrando a canção Sinhá composta por Chico Buarque que narra a história de um escravizado que teve os olhos perfurados porque despertou o amor da Sinhazinha da casa. Ao fundo das duas imagens de cerâmica há despontando uma Palma de Ogun.

Desde que o Projeto RENISUS começou, em 2009 que espero notícias de alguma ação no município de Presidente Prudente e região, mas isto não ocorreu. Como nos últimos anos não conseguimos mais participar do FREPOP – Fórum de Educação Popular que tem acontecido no nordeste do Brasil desde 2014, nós buscamos outras instituições que estão promovendo ações de cuidado das áreas comuns e também de fomento deste importante Projeto que é o RENISUS. No FREPOP que pudemos acompanhar, em um único local, os avanços do RENISUS e demais Movimentos Populares em Saúde – MOPS.

Como sugestão de pauta para constituição do Mês de Consciência Negra do Coletivo Mãos Negras, em novembro de 2021, uma das mesas foi a de Saúde da População Negra, o que me impôs a tarefa de retomar os contatos com educadoras populares em saúde. Desta maneira, nos encontramos virtualmente com notícias e pessoas que já fizeram história no MOPS, tanto no Estado de São Paulo como em outras regiões do Brasil. A pesquisa para conseguir uma mulher, negra e envolvida com o trabalho de Educação Popular em Saúde e que tivesse acesso aos meios digitais foi um desafio enorme. Para conseguir a participação da Geralda Marfisa dos Agentes e Pastoral Negros e Negras conversei com mais de 20 pessoas. Então retomei vários contatos, inclusive com Luzia Aparecida, uma trabalhadora da saúde e do MOPS. Ela me atualizou sobre os anos que não participei do FREPOP e noticiou ocorrências deste período.

Encontrei também, nos exemplos de locais onde o cultivo de plantas da lista do RENISUS avançou muito e já adotam as prescrições juntamente com os medicamentos *in natura*, inclusive com doações de mudas destas plantas.

Em Campinas, a proposta da Botica de Família (Farmácia Municipal de Manipulação) publicou uma Cartilha de Plantas Medicinais onde existe a história do grupo que já implantou no SUS Campinas a utilização de fitoterápicos no âmbito do SUS local.

> A partir de 2015, a Prefeitura Municipal de Campinas, através da Botica da Família, passou a executar o projeto contemplado pelo Ministério da Saúde (Edital nº 1/SCI-

TIE/MS, de 30 de maio de 2014) para apoio à assistência farmacêutica em plantas medicinais e fitoterápicos no âmbito do SUS, intitulado "Otimização do processo produtivo de medicamentos fitoterápicos, visando ampliar a oferta e a dispensação aos usuários da Atenção Primária". Este projeto contempla a produção de materiais educativos sobre o uso racional de plantas medicinais e fitoterápicos destinados à população, o que possibilitou a execução desta cartilha. (PMC, 2018, p. 8-9).

A Cartilha trouxe 20 plantas de uso comum, com o resultado de compilações de várias pesquisas, com especial contribuições do Professor Francisco José de Abreu Matos, que em 2010 teve seus intentos acolhidos no âmbito do SUS, com a implantação da Política Nacional de Assistência Farmacêutica (PMC, 2018). Estas demandas conjuntas entre pesquisa científica acadêmica e pesquisa científica popular necessitam de polos locais na difusão do conhecimento. A adoção do Parque e seu cultivo intencional já é um destes polos. No início de 2023 tivemos uma Atividade do Programa do SESC São Paulo denominado "Territórios do Comum: Ações para a Cidadania" culminando na construção de uma mandala de ervas e flores na área o Parque adotado por nós. Lá aumentamos nossa produção e otimizamos o cultivo de comida saudável. Nossa lista de plantas medicinais e aromáticas saltou para mais de 200 espécies.

Atentando para o fato destas indústrias farmacêuticas que são da mesma lógica do aprisionamento em massa do povo negro, assim como dos assassinatos arquitetados de jovens e homens negros no Brasil, nós passamos a prestar muita atenção nas narrativas filmográficas que desafiam as prerrogativas de uma grande indústria da necrofilia no mundo. Os quilombos, mocambos, aldeias, comunidades de terreiro são polos de resistência, mas precisam alçar outras etapas de enriquecimento para conseguirem também a independência financeira e continuar constituindo-se em lócus de avanço para a população preta no mundo.

Alguns tipos de cânceres não podem ser tratados somente com quimioterapia, radioterapia e atendimento psicológico. Precisam de longos processos educativos. Conforme as plantas crescem, os campos florescem, há a substituição das dores, por aquelas mensagens que talvez as abelhas e os insetos que polinizam as flores ouçam, quando as plantas sussurram agradecimentos especiais.

Considerações da minha orientadora Ângela Soligo: *"Tem um lado que você não considerou e eu gostaria que pensasse: até que ponto o incentivo aos tratamentos alternativos não é um recurso para baratear os gastos do SUS? Uma medicina para pobre e outra para rico?".*

É uma provocação. Mas não dá para não problematizar. Concordo que existe uma medicina para pobres e outra para ricos. Da mesma maneira que existe escolas para pobres e escolas para ricos. Universidades para pobres e outra para ricos. É o dilema do capitalismo, que precisa de combate o tempo inteiro. O capitalismo precisa de combate o tempo inteiro, sem nos esquecermos que há alternativas viáveis para este processo predatório. O fenômeno de audiência de Nego Bispo[56] (Antônio Bispo dos Santos), um agricultor quilombola é prova da organização de uma resistência sistematizada ao capitalismo predatório.

No tocante à saúde ao viver os tratamentos que podem ser disponibilizados, nossa família teve alguns privilégios. Nascemos numa cidade com uma tradição de bons médicos. Médicos com um profundo comprometimento com a comunidade. Isto foi-se alterando com nossas andanças por outras cidades, porque já tínhamos uma ligação de confiança com a competência destes médicos com os quais pudemos contar durante nossa vida na infância. A questão do SUS – Sistema Único de Saúde tem necessariamente que passar pelas escolhas políticas ideológicas de uma governança para poucos.

A consciência desta governança é pauta constante das mulheres lideranças dos Movimentos Populares em Saúde. A medicina que nós advogamos é de fato uma medicina também de outra matriz. A discussão passa também pela discussão das ciências médicas, as descobertas das pesquisas e a eleição do que será pesquisado e do que não será pesquisado. O RENISUS vem sendo negligenciado. Na maioria das cidades, sequer chegou na pauta das discussões. A realidade é que nós mulheres pretas temos sido impedidas de ter acesso às terapias completas, ainda que convencionais. O câncer em suas mais terríveis manifestações, só intensificou nossa percepção de que a matriz da medicina ocidental não vai conseguir tratar os corpos pretos, porque nós estamos para as Ciências Médicas abaixo dos animais de criação!

---

[56] Nego Bispo esteve no mês de novembro de 2023 no SESC Thermas em Presidente Prudente. Eu já lera seu livro "A terra dá, a terra quer" da Ubu edições e fiquei encantada com sua simplicidade e inteligência aguçada. Duas semanas depois ele partiu para o Orum.

Basta atentar para o tratamento que recebem os cavalos de corrida! Como é que pode uma sociedade atender com muito mais competência os cavalos e éguas que as pessoas? É um absurdo isto. Eu adoro animais e plantas. E montanhas. Pedras. Rios e lagos. Mas são com as pessoas, na interação com estes meios todos que dedico minhas ações mais calorosas!

A independência e o conhecimento de uma fitoterapia tradicional é fato fundamental na matriz afrocentrada, tanto que é matéria de dissertações e teses, além de um posto importante nos terreiros de Candomblé das nações mais tradicionais. Um destes trabalhos vem sendo ainda realizado por José Flávio Pessoa de Barros, descendente do Ilê Axé Opô Afonjá, casa da venerável Mãe Aninha em Salvador.

O autor de "A floresta sagrada de Ossaim: o segredo das folhas" replica na tradição de um Ossaim masculino. Para mim e outras pesquisadoras negras Ossaim é uma orixá. Mulher assim como a Caipora brasileira, corrente na pesquisa de Edison Carneiro, no seu "Candomblés da Bahia" (1978). Para não causar transtornos neste caso eu canto para Onilé, orixá da terra quando vou colher minhas plantas de cura. Nas minhas obras de arte me permito também trazer Ossaim meninas e mulheres.

Barros (2014, p. 11) conta que "a demanda por vegetais e outras mercadorias de origem africana, relacionada principalmente aos rituais de cura, produzia um largo consumo desses bens pelas comunidades religiosas".

Para o autor de "A floresta sagrada de Ossaim" o candomblé, "é o resultado da reelaboração de diversas culturas africanas, produto de várias afiliações, existindo, portanto, vários candomblés (angola, congo, efan etc.)", com destaque para as culturas de língua iorubá e fon/ewe. É da região da Nigéria e do Benin (na atualidade), os principais berços da cultura de matriz africana nos candomblés do Brasil. Porém é preciso destacar que existem inúmeras outras influências. No continente africano, a tradição viva, como bem registra Amadou Hampâté Bâ (2011), foi alterando formas de culto, histórias destas tradições e até mesmo os usos das plantas, além é claro do forte impacto da colonização e invasão predatória do continente africano, inclusive com a absurda divisão do território, sem respeito algum aos povos que lá vivem há milhares de anos.

> Qualquer pesquisa que pretenda aprofundar a relação humana com as plantas, deve considerar a forma como um determinado grupo étnico e/ou cultural percebe, classifica e manipula o mundo vegetal. Os grupamentos humanos

> modificam o meio ambiente a partir de um sistema classifi-
> catório complexo, no qual as espécies vegetais e/ou animais
> passam a ser integradas à sua vida. [...] O conhecimento e a
> classificação das espécies fazem parte do contexto cultural
> de um determinado grupo cujo sistema cognitivo se inves-
> tiga, sendo parte intrínseca de uma cosmovisão, de uma
> forma de conhecer, experimentar, classificar, organizar
> e relacionar-se com o mundo natural e social. Trata-se,
> portanto, de descobrir os processos através dos quais a
> percepção sobre o mundo é processada, percebendo-se
> assim, sua lógica. (BARROS, 2014, p. 33).

Esta lógica ganhou contornos tão profundos da cultura, que nas cidades que mantiveram a tradição católica, foram padres e freiras que iniciaram muitos hortos e hortas comunitárias, onde as pessoas traziam e também levavam mudas e sementes de plantas medicinais. As plantas caipiras foram sendo adaptadas e muito das tradições dos terreiros de candomblés foram incorporadas nas tradições católicas. As defumações nas missas, os dias de benzer os ramos para o ano, as orações feitas com as mãos sobre a fronte das crianças e tantas outras tradições que foram amalgamadas através da força, do axé das plantas.

Ewé njé	As folhas funcionam
Ògún njé	Os remédios funcionam
Ógun ti ò je	Remédio que não funciona
Ewé re ni kò pe	É que tem folha faltando (BARROS, 2014, p. 95)

CURADORIA PARA CRIANÇAS APRENDIZES DE ARTE

Como é que o olhar passeando pelo espaço escolhe o que desenhar?

Na aula do dia 24 de novembro de 2021, no Processo Formativo "Takeo Sawada: Infindável viagem", eu propus às crianças que escolhessem algum cantinho, objeto, planta, bicho para desenhar. Isto depois de apresentar a obra do artista Takeo Sawada "Meu sítio" (p. 31, 2021). Providenciei cópias coloridas das obras constantes no Relatório de Pesquisa de Carmo Malagrida (2021), disponibilizado para nós pela autora, que autorizou seu uso didático na formação financiada pelo Sesc Thermas de Presidente Prudente. Fiz uma seleção das 10 obras de Takeo Sawada[57], que organizei sobre as folhas de papel reciclado.

O anseio das crianças para usar o material, logo no início do curso, me fez pensar em providenciar uma pequena apostilha, onde a obra de Takeo Sawada estive presente com as fotos de algumas de suas telas. Isto porque testar as novidades para estas crianças era urgente! O site da Secretaria Municipal de Cultura, um de uma Vakinha virtual visando a publicação da obra de Sawada e outros artigos *on-line* foram pesquisados. Selecionei uma bonita foto de Takeo Sawada mostrando uma paleta de tintas, com sua estante repleta de livros ao fundo para abrir o material. Logo abaixo uma obra de aquarela mostrando duas pessoas caminhando numa paisagem rural. Acrescentei uma matéria de jornal e uma obra de Sawada ilustrando o calçadão de Presidente Prudente, um local muito conhecido de todas as pessoas, incluindo as crianças que estavam participando da formação. A pequena apostila recebeu duas folhas onde as crianças poderiam colar duas obras de sua autoria, inspiradas nas aulas do curso. Duas crianças ainda em processo de letramento precisavam de ajuda para ter acesso às informações. As outras crianças pedi que pudessem ler para suas famílias, na escola ou mesmo para irmãos, primas, parentes que quisessem saber sobre o processo de formação.

---

[57] Fonte para coleta das imagens: http://culturaspart.blogspot.com.br/.

No entanto, refleti muito: é preciso que nas periferias, existam curadores e curadoras negras que conheçam a produção em artes plásticas. Nossa tradição preta em artes com os mais diversos materiais foi esfacelada no processo escravizatório, portanto encontrar de novo o veio artístico em cada comunidade solicita que exista uma oferta qualitativa, mas também quantitativa de técnicas, materiais e possibilidades de fruição em artes visuais e outras artes, já que no paradigma afrocentrado não há "uni". Quase sempre é "pluri". Mesmo quando uma pessoa artista escolhe uma linguagem, ela passeia tranquilamente por outras.

Durante a pesquisa para pensar no que estabelecer como obra de arte, a partir da produção das bonecas Abayomis produzidas ao longo dos anos, visando a geração de renda para algumas mulheres negras do Mocambo, eu organizei, li e fiz anotações em dissertações e teses, além de livros de arte africana e afro-brasileira, pensando na Curadoria Afro--Brasileira. Como produzir uma Exposição de arte na periferia em um contexto de pandemia?

"A Configuração da curadoria de arte afro-brasileira de Emanoel Araújo"[58] (2009), dissertação de mestrado de Marcelo de Salete Souza eu visitei (porque li alguns trechos somente e deixei dormindo para os referenciais bibliográficos) e fui notando as similaridades entre a maneira de compor as Exposições de Emanoel Araújo com formas atualizadas possíveis de Curadoria fora do Museu Afrobrasil. Ainda que Emanoel Araújo esteja há muitos anos produzindo a Curadoria de Arte Afro-Brasileira dentro do Museu Afrobrasil, a maneira de compor estas Exposições têm uma dinâmica afrocentrada:

> Como podemos notar pela exposição de Araújo, o seu espaço não é constituído por uma visão moderna do museu, onde se ressalta apenas alguns tipos de obras. Pelo contrário, ele trabalha com uma poética onde o acúmulo de obras é uma forma de compor a exposição. Não estamos remontando a uma expografia do século anterior, mas notando que a forma de expor arte no museu moderno não é única. [...] A exposição desse curador articula uma arquitetura expográfica em que os objetos constroem o espaço com paredes e cores. Tudo isso usando diversos dispositivos e, inclusive, o teto ou o chão da instituição. Todo o espaço do museu é recurso para apresentação e relação de objetos entre si. (SOUZA, 2009, p. 84-85).

---

[58] Emmanuel Araújo partiu para o Orum em setembro de 2022. Ficou mais acessível para nós todes.

Então, tenho intencionado chamar a atenção das crianças para seu entorno, já que mais de 30 obras de arte compõem o terreno do Museu Afroperiférico, que é também o quintal da nossa casa. Já do lado de fora, as obras de arte estão no portão e nos muros. Há tinta de terra colorindo os muros do lado externo e do lado interno. Há as plantas aromáticas, frutíferas e floríferas que compõem um cenário sonorizado por cantos de pássaros variando no decorrer do dia. Mas o que mobiliza mais fortemente o olhar das crianças são as cores vibrantes. Meu marido comprou um jogo de tintas fluorescentes e deu de presente para a turma. Eu mostrei às crianças e logo foram planejar o desenho e em que parte do desenho poderiam pintar com aquelas cores. Da mesma forma, alguns frascos de tintas metálicas, a base de água, utilizadas já em pequenas quantidades, que eu fui disponibilizando nas suas paletas de cores, improvisada numa bandejinha daquelas onde vendem legumes embalados.

Todas as aulas foram preparadas com exímio cuidado, mas a de papel reciclado é, de longe, a mais trabalhosa. Tanto antes, como depois para a limpeza e arrumação de todos os equipamentos necessários para o processo. Preparamos o papel na sexta-feira picando o papel e deixando de molho na água, para na quarta-feira seguinte preparamos a massa de papel, visando dois produtos:

- a folha de papel reciclado com fibras naturais e;

- a massa de papel para produção de obras artísticas inspiradas em originais africanas.

Com a massa de papel foi o processo de gestação do Nzinga, primeiro como Grupo Cultural, em 2009, depois como Mocambo APNs Nzinga Afrobrasil – Arte – Educação – Cultura, em 2012. Foi a partir da modelagem de uma Deusa Attie, inspirada em original africana que nossas ações foram fortalecidas. Uma deusa negra mulher materializada em papel-machê. Então, a elaboração da massa de papel reciclado foi recuperada de forma oral, para que as crianças lembrassem ou soubessem de outros momentos em que tivemos estas mesmas ações, só que em outros contextos. Daí me lembrei que temos registros fotográficos que serão muito úteis para que algumas crianças que já participaram de aulas ou exposições em outros momentos vejam a si mesmas nas fotos, ou possam reconhecer outras crianças da comunidade nas imagens. A este processo de trabalho chamamos Mulherismo *Africana*. Aqui preparando um grupo que consiga pensar na Curadoria afrocentrada.

Montei um varal com fotos de vários momentos nossos no Mocambo e também em outros locais da cidade onde estivemos. Foi incrível poder fotografar estas duas malungas em épocas bem diferentes. Elas sugeriram que a gente fizesse uma fotografia onde houvesse fotos com elas como fundo. Fotos em momentos anteriores e que imprimimos para algumas exposições. Assim teve a foto da foto com elas.

Figura 61 – Tempo sankofado para duas malunguinhas no Mocambo

Foto: Ivonete Alves

Há duas meninas negras na foto. A da esquerda usa um vestido azul marinho com risquinhas brancas, usando uma máscara de proteção de tecido azul clarinho. Na sua mão há um pincel e um frasco de tinta aberto ao seu lado outra menina negra usa máscaras branca com detalhes pequenos, com uma camiseta branca com desenhos em preto, com uma faixa vermelha com letras garrafais em branco escrito MARVEL. Ao fundo um varal de fotos ilustra a malunga ainda bebê no colo da Agbá de costas, dormindo calmamente com o rostinho descansando nos ombros negros da Agbá, que usa um vestido estampada em amarelo ouro e preto. Já a outra malunguinha segura um filhote de canino (A Akira) pretinha com malhado em marrom só na cara. Bem no limite da foto vê-se duas meninas negras com cabelos *black power* esplendorosos em outro ambiente fazendo produções artísticas.

Já na escolha das bases para confecção de peças com a massa de papel, a organização do material, o planejamento de cada aula, as conversas sobre processos anteriores, a recuperação da memória de outros eventos artísticos, constituem etapas necessárias para a formação de artistas e de todo o arcabouço necessário na montagem de Curadorias Negras. É fundamental ter um panorama geral de todo o processo criativo e ainda que a criança escolha fazer outra atividade, este processo será de suma importância para sua formação humana e intelectual.

Eu não tive uma educação antirracista e nem mesmo acesso a uma iconografia e educação afrocentrada. Não houve esta possibilidade. Muito diferente foi com minha filha, que pude propiciar acesso a literatura, bonecas pretas, poetas pretas, cultura afrocentrada e até mesmo a negritude valorizada presente no cotidiano. Eu já tinha tentado produzir um Calendário Negro para ficar nos espaços de casa, mas o tempo para tal era enorme. Na atualidade, vários grupos compartilham estes calendários e todos os anos eu imprimo e com eles anoto, deixo em locais visíveis. Faz um tempo que tento financiamento para presentear as famílias com calendários produzidos com estas lindas imagens de nossos encontros e ainda não pude fazê-lo.

Emicida me acalenta o coração, com uma militância que conversa muito bem com crianças e adolescentes, agora com um livro para crianças, além de sua música já bem difundida:

"Amoras - Emicida

Veja só, veja só, veja só, veja só

Mas como o pensar infantil fascina

De dar inveja, ele é puro, que nem Obatalá

A gente chora ao nascer, quer se afastar de Allá

Mesmo que a íris traga a luz mais cristalina

Entre amoras e a pequenina eu digo:

As pretinhas são o melhor que há

Doces, as minhas favoritas brilham no pomar

E eu noto logo se alegrar os olhos da menina

Luther King vendo cairia em pranto

Zumbi diria que nada foi em vão

E até Malcolm X contaria a alguém

Que a doçura das frutinhas sabor acalanto

Fez a criança sozinha alcançar a conclusão

Papai que bom, porque eu sou pretinha também

Fonte: https://www.letras.mus.br/emicida/amoras/. Acesso em: 4 jan. 2021

Um dos calendários negros que recebi dedica dezembro à Emicida. Este fato é fundamental porque é no cotidiano que as crianças podem (ou não) enxergar si mesmas. Um dos exercícios que produzimos imagens no curso de formação em artes foi com a pintura de si, usando um espelho. Comprei um espelho para cada criança e dispus pelo quintal. Cada criança se posicionou à frente do espelho e desenhou a si mesma.

O autorretrato de Takeo Sawada foi a inspiração, para justificar a Formação promovida e financiada pelo SESC Thermas. Cada criança tinha na sua apostila a reprodução da obra de Takeo Sawada, um quadro onde o artista retrata a si mesmo na casa de madeira, com uma escada no meio de um jardim, com muitas folhagens. Ele aparece lá no fundo, bem pequeno e o destaque é todo para as plantas e a paisagem rural. Reconhecido como um grande aquarelista, Takeo Sawada tinha um jeito muito particular de produção. Telas com pinceladas marcantes e a tinta aquarelada que dá a impressão de ter sido feita numa rapidez enorme.

Diante da leveza do trabalho e das novidades que o material que cada criança recebeu, houve muita liberdade de expressão, ainda que, diferente do Professor Sawada[59], eu tenha direcionado cuidadosamente o processo de aprendizagem, neste curso, especificamente. Em vários outros encontros para produção de arte, não elaborei roteiros de trabalho definido. Cada criança podia fazer o exercício no seu tempo, nas tardes ou manhãs, em que estivéssemos trabalhando.

Em 2009, já com a Proposta "Mama África, Erê Brasil: a arte que nos une", financiado pela Fundação Cultural Palmares, houve a necessidade de enviar a Proposta com as atividades que planejamos fazer, roteirizando as Oficinas, as Exposições de Arte Afro, roteiros de visitas etc.

Quando fomos avaliar todo o trabalho vimos que para as crianças que participaram daquelas atividades de 2009 havia já uma intimidade com a produção e fruição em artes, diferentes das pessoas adultas, a quem precisamos explicar muito cada atividade. A aquisição do vocabulário é sempre uma questão séria, além do racismo que impera quando são visualizadas as iconografias de matriz africana.

Nossa experiência em questionar as crianças encontra respaldo no trabalho de outras educadoras como Magali Oliveira Frasão e Leni Vieira Dornelles que adotaram a prática de curadoria para crianças na educação infantil (2019). No caso destas professoras foram as visitas sistematizadas aos ambientes de arte que possibilitaram a curadoria das crianças na montagem de uma exposição na escola.

> Através da realização da exposição, é possível afirmar que as crianças têm muito a nos ensinar e a dizer sobre a organização de exposições nos Museus das cidades. Vimos isso quando são colocadas suas artistagens ao seu alcance, quando são implicadas nesta relação de organização e desmonte, abandono e descarte montagem e desmontagem, escolha de lugares etc. Como diziam: "Quando a gente vai nas exposições dos adultos, as coisas ficam aqui óh!" (apontando para uma dimensão do tamanho de um adulto), "agora eles vão ter que se abaixar e olhar aqui (na altura do nosso olho)". Isso implicou convidar as crianças a irem além das ideias convencionais, além do até aqui imposto a elas nas "exposições dos grandes". Foi um passo necessário para a apropriação individual do que estávamos aprendendo sobre organizar com crianças em um espaço

---

[59] Tivemos várias reunião *on-line* e depois presencial durante este processo formativo, com o mote de Takeo Sawada. A expressão "vontade você" foi repetida exaustivamente pelas pessoas que o tiveram como professor e também pelas pessoas que assistiram suas entrevistas e escritos de seu processo de ensino em artes plásticas.

> no Museu. Fizemos do conhecimento nossa propriedade. Nessa exposição, as crianças não foram meros leitores passivos de um trabalho de artes; pelo contrário, suas artistagens se mantiveram incorporadas à nossa vida. Desse modo, afirmamos que: "Ver diferentes ver(sões) é legal"! (FRASSÃO; DORNELLES, 2019, p. 542-543).

As professoras assumiram um neologismo denominando "artistagens" as produções das crianças. No entanto, houve todo um período após o Movimento Modernista em Artes, entre os anos 1920 e 1930 em que os desenhos das crianças ganharam uma enorme importância no olhar de artistas. Há alguns exemplos de pesquisas de cunho pedagógico que revelam a importância do desenho das crianças para o seu desenvolvimento. Ainda que eu reconheça que as teorias do desenvolvimento cognitivo sejam importantes para os estudos que tenham como foco as crianças, não é este o mote que focalizo para a constituição de uma Curadoria Afrocentrada para crianças aqui no Mocambo.

O que tenho almejado é algo novo. Está intimamente relacionado com um avanço em direção de uma autonomia profunda em relação aos meios de produção do ocidente. Também não se trata de fazer do território do Mocambo uma ilha de artes afrocentrada, mas de uma economia solidária onde as artes ganhem a devida importância como sustentação de vários outros desejos.

A produção e fruição nas artes é de uma exigência enorme! Porém, concomitantemente propicia muita liberdade e desafios para que possa deixar de ser só pensamento e obras isoladas para tornar-se Exposição. Este espaço produtivo e de muita criação é que me interessa como professora de arte. É este o mote para ir constituindo uma Curadoria Afrocentrada para crianças e também para pessoas adultas que foram impedidas de ter acesso às artes em geral.

Ao sermos incitadas na escolha das obras produzidas pelas crianças para que se tornassem Cartões Postais[60] eu fiquei muito decepcionada, pois para circular no Brasil e no Japão foi escolhida apenas uma obra de cada criança. Assim solicitei de uma das mães que as crianças pudessem ser estagiárias aqui no Mocambo para que possam continuar este Processo Formativo aprendendo a produzir e organizar Exposições. Vamos compor uma Curadoria com as obras originais das crianças ou outras obras que queiram produzir para uma Exposição de Arte que tenha a mesma qualidade curatorial que teve o trabalho das alunas e alunos de Takeo Sawada, com suas obras expostas no Centro Cultural da cidade, com um Educativo treinado e também com a Produção e Curadoria especializada. Nós merecemos isto também.

Arte malunga é revolucionária, então "ABRE ALAS NEGRITUDE!"

Minha indignação com uma Exposição mais cuidadosa das obras de artes das crianças me possibilitou ficar atenta para os editais de Fomento à Arte e Cultura. Foi assim, que em junho de 2022 redigi uma proposta para uma Edição (03/2022) no Edital "Cultura e Arte Por Toda Parte" da Secretaria Municipal de Cultura de Presidente Prudente. A Proposta "Abre Alas Negritude" foi contemplada no edital, mas os recursos só chegam depois de cumprida toda a proposta. Então, a gente financiando, outra vez, o sucesso do poder público. E curtindo o medo do dinheiro não chegar! O objetivo proposto no Projeto foi:

> Fazer uma Residência Artística para oito pessoas do Mocambo, com base na produção, curadoria e exercícios de fazer artístico elaborando obras de arte individuais e coletivas que tenham como inspiração outras mulheres e homens artistas negres do Brasil, africanes e de outras diásporas como Mama Esther Mahlangu, Arthur Bispo do Rosário, El Anatsui, Nenê Surreal, Maria Auxiliadora,

---

[60] Trabalhamos em três grupos bem distintos neste Processo Formativo proposto e financiado pelo SESC: o Xirê do Mocambo Nzinga; um Atelier de Artes de Carmo Malacrida também em Presidente Prudente, atuante numa área privilegiada da cidade com crianças filhas de intelectuais e o Professor Yuichiro Matsui no Japão com crianças de uma escola regular onde ele leciona Artes. Então, tivemos produções muito variadas, que no final serão intercambiadas como Cartões Postais, traduzidos em Português, Japonês e Inglês. A minha indignação se deu com a sensação de nós estivemos no processo para atender uma cota: a cota para pretos dentro de uma Proposta já consolidada. Em casos assim, a crítica fundamentada é de difícil discussão, porque tudo ganha a aparência de uma "inclusão", que acaba colocando em foco as diferenças: as diferenças de acesso, as diferenças e os privilégios da branquitude, as diferenças do acolhimento que japoneses e chineses (outros povos também) tiveram no país. Nós as pessoas negras ainda somos os Outros, o Inferno. Só que não.

> Ayeola Moore, Barbara Chase Riboud, Renata Felinto dos Santos, Rosana Paulino, Lois Mailou Jones Howard, Mickalene Thomas, Laura Wheeler, Edwige Aplogan, Ayrson Heráclito e Jader Esbell Makuxi. Este processo se fará com uma conversa muito íntima com a produção de obras de artes de Ivonete Aparecida Alves que nos últimos anos criou uma técnica artística chamada "kizombagem" dentro de um processo artístico chamado "malungagem".

As aulas foram planejadas para que as pessoas pudessem aprender a utilizar vários materiais de arte, assim como foi proposto para as crianças na proposta "Infindável Viagem", mas avançar para a Curadoria e também para a produção, tanto de obras de arte, como também da própria exposição. Assim, propus uma roda de conversa após uma apresentação dos trabalhos confeccionados na Residência Artística pelas pessoas adultas, como também pelas crianças, apresentando meu processo formativo como artista e o processo formativo de outras pessoas negras artistas. Elaborei uma apostila e nela constam ao menos 4 obras de cada artista negre e algumas obras de Jader Esbell Makuxi, pois Jader deixou um legado fantástico com uma ousada proposta de fundar Museus em áreas indígenas. Ele morreu em 2021.

Cada pessoa acabou fazendo escolhas muito pessoais. No primeiro dia propus um exercício de experimentação dos materiais que ganharam no seu kit de artes. Incrível a felicidade de receber lápis de cor, canetinhas, canetões, pincéis, tintas, papeis de diversas gramaturas, réguas, canetas especiais etc. Saborear o possível de ser produzido com o kit foi muito surpreendente. Várias mães me disseram que nunca tinham ganhado tanto material escolar e de desenho assim. Eu já imaginara.

Então, fazer seus desenhos livres só para experimentar os materiais já adiantou a riqueza das obras que dali provieram. Com pouco mais de um mês de aulas, conseguimos resultados muito animadores. O fato de poder solicitar que as obras pudessem ser melhoradas, ilustrar com vídeos e outras imagens da internet, as mulheres negras artistas e suas produções agradou bastante.

No dia 28 de setembro marcamos um encontro para conversar mais detalhadamente sobre Curadoria e Produção em Arte Negra no Centro Cultural Matarazzo, um local nobre da cidade. Fomos de carro e algumas pessoas de carro de aluguel, despesas pagas por nós. Como a conversa foi aberta recebemos estudantes da FCT/Unesp que já estiveram em formações comigo. A troca de experiências foi intensa, pois estava no dia uma monitora da Exposição "Infindável Viagem de Takeo Sawada", que acabara de sair de cartaz naquele mesmo local. E nós estivemos lá visitando a Exposição

Compreender o processo de Curadoria, de produção tanto das obras como de produção da exposição tem consolidado ainda mais as possibilidades de planejamento das ocupações artísticas do grupo e em novembro de 2021 ocupamos o Museu Histórico da cidade de Presidente Prudente com nossas obras de arte, numa Exposição Intergeracional.

DÉCIMO PRIMEIRO ATO

O TEOR DAS VIDAS NEGRAS – CONSIDERAÇÕES

Quando estudei a história de Dona Laudelina de Campos Melo[61], tive plena consciência da importância da organização das empregadas domésticas. Para nós, mulheres pretas, pobres e periféricas é, na maioria das vezes, A ÚNICA OPÇÃO. Loucura. Única opção. Então não é opção, é imposição.

Há um profundo conflito na questão do trabalho doméstico, porque houve sempre a manipulação da responsabilidade ligada à questão de gênero. "Cabia à mulher somente toda a responsabilidade" de realização do trabalho doméstico. Assim, houve décadas de propagandas marcadas pela ideologia de gênero para que este trabalho não fosse remunerado. No entanto, com a saída das mulheres para o mundo de fora de casa, em lides de base na produção capitalista, as mulheres negras, que já vinham da herança escravocrata do cuidado da família branca, mantiveram-se nas atividades domésticas, para que mulheres brancas fossem trabalhar fora, principalmente nas américas, na Europa e no continente africano invadido e ocupado há séculos.

Publicado no Jornal Quilombo, redigido por Maria de Lourdes Valle Nascimento, em janeiro de 1949, este texto foi reeditado por Bianca Santana (2019) documentando a institucionalização de uma luta que prossegue:

> Para as empregadas domésticas o regime é aquele mesmo regime servil de séculos atrás, pior do que nos tempos da escravidão. Além desse aspecto puramente econômico, há outro mais doloroso ainda: são as violências morais de que as empregadas domésticas são vítimas frequentes.

[61] Conheci a história de Laudelina de Campos Mello através da fala de pessoas militantes do Movimento Negro em vários encontros pelo Brasil afora. Foi Ivair Augusto Alves dos Santos (2010; 2012) que mais me chamou a atenção sobre a importância desta mulher, numa palestra aqui em Presidente Prudente, em 24 de novembro de 2019, no encontro sobre Saúde da População Negra. Eu já tinha lido vários artigos, anais de apresentações dos COPENEs e também em conversas nos encontros dos APNs – Agentes de Pastoral Negres (instituição da qual o Mocambo é signatário). De fato, não consigo precisar em que época conheci sua história de luta. Laudelina foi uma das primeiras mulheres negras a propor e organizar Sindicatos de Empregadas Domésticas. Sua militância culminou na cidade paulista de Santos.

> O desprestígio junto aos órgãos oficiais encarregados de proteger o trabalho lançou as domésticas sob o ignominioso controle policial. Muita gente não sabe, que ao invés de carteira profissional, as domésticas são fichadas na polícia. (NASCIMENTO; SANTANA, 2019, p. 36).

A questão histórica é complexa, pois diferentes contextos (urbanos difere dos rurais; tamanho e tipo de produção nas cidades também impõem diferenças). As periferias, nas cidades, continuaram enviando suas mulheres para cuidarem da parte elitizada dos municípios. Na última década houve uma maior difusão dos direitos das empregadas domésticas e a importância da atuação e do trabalho destas profissionais atingiu uma classe trabalhadora dos estratos médios, quase sempre branca (ao menos em Presidente Prudente é branca, sendo muito raro uma família negra que tenha uma empregada doméstica).

Então, quando entrevistei várias mulheres negras para compor os objetivos específicos da pesquisa, a questão do trabalho doméstico perpassou a fala de todas as entrevistadas. A geração de renda, que sempre foi uma preocupação nos objetivos malungos, chegou como um grande desafio. Porque toda e qualquer proposta de geração de renda, leva tempo para ser implementada e os recursos para manter o trabalho operacionalizando as ações é sempre escasso. Há muito discurso sobre acesso, mas na hora de colocar a mão no bolso para contribuir é um sofrimento atroz.

Também na leitura atenta das entrevistas sobre as suas demandas, percebi que há um horizonte limitado para elas. Tem alguns anos que atuei na EJA – Educação de Jovens e Adultos daqui da comunidade. Entre 2005 e 2008, no Projeto da FCT-UNESP (o PROEJA[62]). Quase todas as mulheres brancas que participaram daquelas aulas noturnas fizeram concurso para trabalhar no município ou conseguiram contratação nas empresas prestadoras de serviço de limpeza. Está longe do ideal, mas estas mulheres conseguiram, através dos contatos e dos treinamentos na EJA, uma certa formalidade no trabalho, encaminhar filhos e filhas para cursos, treinamentos e empregos formais. De casas sem acabamento, motos e carrinhos velhos, a maioria implementou sua casa e os modelos de carros são mais novos, e algumas famílias na comunidade, já puderam adquirir carro zero km.

---

[62] Programa Nacional de Integração da Educação Profissional com a Educação Básica na Modalidade de Educação de Jovens e Adultos (Proeja).

Quais barreiras as mulheres negras, que estavam também naquelas classes de EJA não puderam ultrapassar, já que, em tese, tinham acesso ao processo formativo na EJA, tanto quanto as mulheres brancas?

Ao elaborar a lista para entrevistar as mulheres negras, eu também pensei que historicizar este processo delas na sua formação educacional, analisando que é de valia para superar a fase diagnóstica, pois a literatura acadêmica é pródiga na análise das diferenças de oportunidades, levando-se em consideração o quesito raça/cor, mas trata com parcimônia situações de superação, principalmente em processos coletivos.

Esta entrevistada teve o primeiro filho aos 17 anos. Assim como sua irmã mais nova ainda, com 16 anos. As crianças sempre participaram das atividades no Mocambo. Depois de uma introdução sobre o motivo da entrevista, ela já entrou na questão do trabalho como doméstica. Quando me disse quanto estava ganhando por faxina, fiquei admirada, pois os valores que eu sabia eram duas, até três vezes mais. Ela limpava dois apartamentos por cinquenta reais por dia.

Box 14 – Trabalho doméstico e espoliação

> : O que eu quero, no momento, é arrumar um serviço que... não bom, mas que eu tenha um dinheiro digno de chegar no final do mês e ter condição de pagar aluguel, comprar cesta [básica], água e luz, essas coisas. Não, assim, uma vida boa. Porque eu estou trabalhando três vezes por semana, limpando dois apartamentos. Toda vez que eu vou, é dois apartamentos para ganhar R$50.
>
> **I: Você limpa dois, para ganhar R$50 nos dois?**
>
> Nos dois. [...]
>
> **I:** Você já conseguiu ver com outras mulheres quanto é que elas ganham por uma faxina? Porque me parece que...
>
> : É R$150, R$120...
>
> **I:** E porque só você ganha tão pouco?
>
> : Então, porque ela fala "Ai, que..."/ Quando ela começou, ela falou "......, eu não posso pagar tanto, pode ser (inaudível) [00:09:50] para os dois?", eu falei "pode", se ela está nesse estado, eu também estou precisado. Aí, ficou um mês assim, e ela calculou e falou "olha, ..., não tá dando, porque a pessoa (inaudível) [00:10:05]", não sei o quê, e abaixou

para R$50. E como meu pai está desempregado, eu falei "eu vou ter que pegar", porque sou só eu.

I: Entendi. É um valor muito pequeno, mesmo.

: É... o que me angustia mais é chegar no final do mês e eu só ter (inaudível) [00:10:24]. Aí, as crianças ficam: "eu quero isso, eu quero aquilo". O meu sonho é arrumar um emprego registrado, tudo certinho.[63]

Fonte: entrevista gravada pela autora

Fiz uma mobilização com alguns amigos e amigas que usavam serviços de faxina e verifiquei que o valor é muito abaixo da média no município. Conversei com uma pesquisadora de um Grupo de Pesquisa da FCT-Unesp e o "trabalho" que mobiliza pessoas do grupo não discute o trabalho doméstico. O "Sindicato dos Trabalhadores Domésticos" é pouco conhecido, consegui resgatar uma única notícia de evento do Sindicato local, quando veio até Presidente Prudente a presidente do Sindicato do Estado de São Paulo. A foto que representa esta visita é uma mulher no microfone e atrás dela uma mesa de homens brancos de terno e gravata.

Resgatei a história de Laudelina de Campos Melo, porque sua história de luta passou pelo trabalho doméstico e ela em 1961 fundou em Campinas a Associação Profissional Beneficente das Empregadas Domésticas, que a partir deste fato gerou a fundação de outras Associações até que em 1988 formaram o Sindicato dos Trabalhadores Domésticos (MARTINS, 2018, p. 205). Ao buscar sobre as lutas das domésticas relembrei da nossa história familiar. Todas as mulheres da minha família já foram empregas domésticas e todas nós temos histórias de exploração salarial para contar.

Recordo, sempre com uma certa tristeza de uma patroa e seu marido que fizeram dos meus sonhos motivo para chacota por uma semana, quando eu disse que estava estudando para conseguir um trabalho em um escritório. Dali em diante, ela me segurava no trabalho até mais tarde, até que minha mãe soube do caso e me mandou sair da casa dela. Foi uma novela conseguir receber os dias em que lá trabalhei. Depois fui trabalhar numa casa bem diferente, onde a patroa e o patrão acreditavam na educação, me incentivaram, mas o salário era muito baixo. Em 1977,

---

[63] As entrevistas foram transcritas e cada uma delas tem a marcação do tempo de duração. Decidi deixar o I: do meu primeiro nome e retirar as iniciais das entrevistadas, seguindo o protocolo do Comitê de Ética, nestes casos de citações literais das entrevistas. A motivação mais intensa vem da proteção destas mulheres.

em Garça/SP eu trabalhei por três meses e usei todo o meu salário para pagar um agasalho de malha (a calça e a blusa de manga cumprida, com zíper na blusa). Isto porque a costureira comprava as malhas por peça e seu preço era muito menor que o agasalho pronto na loja.

Assim, fiquei bem abalada com a entrevista desta mulher, mas os planos de organização e luta neste seguimento ficou para o futuro. É uma frente de luta que precisa de oportunidade e pessoas que estejam no trabalho doméstico para liderá-la e neste momento não temos estas pessoas.

Uma vida de doméstica e as fugas possíveis

Ela sempre fez parte de nossa vida aqui na comunidade. Um sorriso aberto, palavras de carinho fizeram dela uma parente para minha filha, que ia correndo abraçá-la assim que a via, caminhando arcada para um lado (tinha uma perna mais curta que a outra e uma escoliose lombar severa), para o ponto de ônibus. Então, eu quis saber um pouco mais sobre sua vida. Anotei seu nome na minha primeira lista para entrevistar as mulheres negras da comunidade.

Gravamos a entrevista. Um deleite de simpatia, escondendo uma vida cheia de "dores deixadas pra lá". Em vários pontos de sua fala eu percebia que as dores estavam aqui. Não tinham sido "deixadas pra lá!" Então veio a pandemia e de abraços fraternos eu só podia gritar um olá.

Ela morreu e fiquei sabendo meses depois, porque fui saber notícias dela. Esta entrevista vou deixar aqui na íntegra: um legado para que a gente faça tudo o que for preciso para honrar nossas Mais Velhas. Pude conversar com ela muitas vezes. Ajudá-la a carregar as sacolas de compras ou mesmo irmos de braços dados para sua residência. Havia um oco de carência dentro dela que meu oco de carência reconhecia.

Box 15 – Dona Anita partiu para o Orum[64] sem ter seu nome bordado

---

Entrevistada: Dona Anita (registrada em cartório como Silvana)
Entrevistadoras: Ivonete Alves e Jéssica Araújo
Data: 22 de agosto de 2019
Local: residência da entrevistada
Duração: [00:33:22]

I: Hoje é dia vinte e...?

A: Vinte e um.

J: Ou é vinte e dois?

A: É vinte e dois, já.

I: Hoje é dia 22 de agosto de 2019 – porque, depois, eu esqueço a data, e eu não trouxe papel pra fazer anotação... Então, Dona Anita, como eu estava falando daquele trabalho, da gente ver as expectativas das pessoas daqui em relação a quais coisas, no coletivo, a gente pode fazer pra nos ajudar.

A: Hum.

I: Mas eu queria muito que a senhora contasse, um pouquinho, da mudança do seu nome, que o seu irmão sugeriu, que eu achei muito interessante ((risos)).

A: Hã::.. Em casa, nós éramos 12 irmãos, e tinha – era no Paraná – os parentes todos vizinhos, sabe? Morava num sítio. E, naquele tempo, tinha uma cantora – não sei se você conhece, aqui no estado de São Paulo, você não era nem nascida – com o nome Silvana, e fazia um **sucesso**. Então, as mulheres eram assim: tinha mulher lá que, se tivesse dez filhos, tinha que pôr Nelson – de Nelson Gonçalves - porque era o sucesso. A minha mãe e duas tias minhas colocaram o mesmo nome nas filhas: Silvana; no sítio. Então, era assim: sempre eu que era a mais danada pra responder, pra falar; sempre que fazia uma arte, sobrava pra mim. Isso já era costume. Tinham vezes que eram duas ou três vezes no dia que eu pagava pelas minhas... Elas faziam, mesmo, porque sabiam que era eu quem ia pagar. Aí, um dia, minha tia chegou em casa - acho que é por isso que eu tenho trauma de gente gorda demais, porque minha tia era dessa grossura – e

---

[64] Orum é o céu. Um lugar para onde vão os espíritos das pessoas quando precisam deixar o corpo físico. Na língua e cultura iorubá. O Candomblé no Brasil adotou os termos iorubanos, mesmo em situações corriqueiras.

gritou pra minha mãe: "**Maria**" – ela tava costurando. "O que é que foi?", "A Silvana foi lá na Dona Rosa e quebrou todos os ovos das galinhas". E não era eu, tinha sido a filha dela. (+3) Aí, minha mãe me deu uma surra, e me irmão chegou de viagem. Quando ele chegava, eu era a primeira a correr. Eu tinha, acho, que 13, 12 anos. Eu era a primeira a correr, a abraçar ele, doida porque tinha chegado de viagem. Aí, ele chegou, deu uma olhada e falou pra minha irmã: "Cadê a Silvana que não veio me encontrar?", ela falou "É que a mãe bateu nela, por conta da Silvana". Ah, menina, ele entrou – tava todo mundo reunido – e falou: "Hoje, na hora da janta, nós vamos conversar". Conversou com a minha mãe, lá... "Não quero que falte ninguém". Meu pai chegou, também. Ele falou "Pai, tô fazendo uma reunião, quero todos aqui, o senhor não deixa ninguém sair", "Não, ninguém vai sair, não". Aí, ele falou: "De hoje em diante, Silvana não vai se chamar mais Silvana. Não quero que **ninguém** chame mais. É Anita." Aí, meu pai falou "Mas o que é que aconteceu?", "Essa bobagem dessas três Silvanas numa rua só, sempre sobre pra Anita. A Anita sempre tá apanhando por culpa das primas. Então, de hoje em diante..."/ Aí, se esparramou. Falou pros meus irmãos "Fala pra cada um aqui, pros primos, que ela não se chama mais Silvana, chama Anita". Também, graças a Deus, foi rápido que pegou, sabe? Até pros vizinhos, ele mandou falar. Até nesses barzinhos suburbanos de vila, ele avisou: "Olha, eu não tenho mais irmã com o nome Silvana, eu tenho uma irmã com o nome Anita".

I: E ele morava onde?

A: Ele era solteiro ainda, não tinha nem casado...

I: A:::h, ele morava com vocês?

A: É. Era ele quem viajava pra pegar serviço – ele e meu pai que trabalhavam na roça...

I: A::h, entendi. Então, ele ia atrás de serviço de meieiro, de campeiro, desse tipo de coisa...

A: É, então eles tinham que ir. Não tinha pra onde correr, porque/ Tinha muito fazendeiro, mas, também, as pessoas do sítio só viviam daquilo ali. Então, meu pai e ele.../ Às vezes, meu pai ia pra um lado, ele ia pra outro, [para] arrumar. Sempre dava viagem.

I: Quando eles arrumavam trabalho, ia a família inteira ou vocês tinham um lugar só de vocês?

A: Não, só nós.

I: O sítio que vocês moravam era de vocês? Era propriedade?

A: Não. Era assim: se pegasse duas fazendas – eram em seis, os que trabalhavam – tinha os *peão*, também, que falava, né? Aí, iam. Como supor: uma fazenda, por exemplo, em Martinópolis/SP, Teodoro, iam três... E, às vezes, tinham quatro ou cinco que trabalhavam. Meu pai não gostava muito de pegar serviço assim com os meus tios. Meus tios também pegavam. Mas meu pai não gostava, porque ele falava que sempre dava confusão, né? (Inaudível) [00:06:03] porque é parente. Então, era assim.

I: E como era esse pagamento? Só recebia quando terminava tudo ou tinha um prazo pra receber?

A: Igual ao meu pai – (inaudível) [00:06:15] - pegava de 15 em 15 dias, ou então quando terminava.

I: No final?

A: É. Era assim.

I: A senhora disse que vocês eram em 12. Quantos, desses 12, eram mulheres?

A: Minha mãe e meu pai, nisso, foram práticos: eram seis homens e seis mulheres.

I: Ah, entendi.

A: Ela teve três partos de gêmeos, mais o casal.

I: Ah, tá.

A: Sabe? Por isso é que deu certo: seis e seis. Esses dias, a gente até tava brincando aqui/ Eles moram aqui, você não conhece o filho daquela menina que morreu? A filha da Estela que morreu? Os meninos estavam aqui. Eu não sei o que foi que falavam de sete, que eu disse "Ah, graças a deus, meu pai e minha mãe foram tão práticos, foi tudo seis".

I: E, desse 12, quantos estudaram?

A: Só os meninos.

I: Por que não as meninas?

A: Porque meu pai não aceitava.

I: No::ssa. Mesmo depois de adultas?

A: Não...

I: Conseguiram estudar?

A: Conseguiram. Às vezes, a gente ia lá/ Quem não prestou atenção na vida, foi só eu. Eu tenho três irmãs casadas, e elas são aposentadas e tudo. Elas estudaram depois de casadas. Duas se formaram pra enfermeira padrão, e a outra seguiu a carreira da minha mãe – fez curso, fez tudo – que é costureira, né? Todas já aposentaram. Mas eu não. E os mais novos, também, estudaram, só eu – das meninas – que não.

I: Qual seria a idade da pessoa mais velha desses 12?

A: A Renê e o Ronaldo.

I: Que têm quantos anos?

A: Têm 85 anos.

I: Estão vivos?

A: Estão.

I: No::ssa, que bênção.

A: Nossa, se você vê minha irmã...

I: ((risos))

A: ... eu olho pra ela e falo assim: "Renê, o que é que você faz?" - ela mora em Porto Velho/RO – "O que é que você faz que você...?"/ Única coisa, a não ser que a gente veja a fisionomia, aquele jeitinho dela. Ela tem pousada; ela levanta de manhã, sabe.../Só que ela fala muito alto, toda a vida. Minha mãe pedia pra ela "Renê, educa sua voz".

I: ((risos))

A: Ela falava assim: "Mãe, se não falar alto, não..."

I: Ela tinha que ter sido cantora de ópera, então.

((risos))

A: Aqui, ela já levanta de manhã e grita com um, e já fala com outro... Ela é igual a você, gosta muito de cachorro. Ela tem três: um pequenininho e dois assim. E tem a Renata. Agora, a Renata, já é mais calma. A Renata é tão calma que tem horas que você...

I: ((risos))

A: ... sabe? A Renata e a Claúdia. Eu já puxei mais o lado da (pimenta) [00:09:30]. Às vezes, tem hora que eu... ((risos)).

I: E essa história/ Porque a senhora veio pra cá e parece que a família do Nei... da mãe dele... vocês se adotaram, né? Vocês são parentes consanguíneos?

A: Não.

I: Foi adoção, mesmo? Adoção de coração ((risos)).

A: Menina, eu sou uma pessoa assim... desde pequena/ Eu falo pros meus sobrinhos (inaudível) [00:10:00]: "Gente, a melhor coisa da vida é você chegar perto de uma pessoa, ou uma pessoa chegar perto de você, e se sentir bem, acolhido". Porque é triste, menina, você ser uma pessoa que ninguém tem amizade. Que [as pessoas] te veem a primeira vez, e na segunda nem quererem passar por você. Eu acho isso tão ruim. Então eu faço sempre por onde/ Olha, eu tenho uma patroa – eu trabalhei com ela [por] 13 anos – que quando eu demoro muito pra ir lá, ela telefona pra mim. Eu vou pra lá, à tarde (inaudível) [00:10:43] a mãe da Rosana – você não conhece – é cadeirante (inaudível) [00:52:00]. Então, às vezes, eu aviso uma das meninas, eu falo: "Eu vou pra casa da Aurora, ela vem me buscar". E passo o dia, ou a tarde com ela, e a tarde ela vem me trazer. Tem uma outra patroa minha que, quando veio me entregar, eu falei: "Eu não vou aguentar essa mulher, não". E, sempre, ela tá telefonando pra mim: "Anita, você não melhorou? Ainda não foi liberada pra trabalhar?", eu falo "Ah, *fia,* a médica... Não tem como". E é assim, em todo lugar que eu passo...

I: E me fala o seguinte: essa história de trabalhar por todo esse tempo nas casas de família, você conseguiu adquirir alguma coisa sua, fazer um patrimônio?

A: Eu sou daquelas pessoas que – eu falo sempre pras meninas – não sou apegada... Eu não penso muito, tá compreendendo? E as meninas precisavam – eu via – que elas precisavam muito de apoio. Não era só apoio de – como se diz... - "Ai, fia..." (inaudível) [00:12:07] E eu queria que elas estudassem.

I: De quais meninas, a senhora está falando?

A: [...]*

I: Sim.

A: Então o que eu fazia era pra ajudar. E sempre ajudando, assim... Não sei... pra ser sincera, eu acho que eu nunca pensei em... acho que não.

I: E porque, então, você acabou não tendo nenhum companheiro, nenhuma companheira... Foi escolha, ou não apareceu ninguém, mesmo?

A: Não. Eu tive dois namorados. Mas, também – e tem hora que eu fico pensando – eu nunca me apeguei. (+3) Eu conheci um cara, e quando ele falava pra mim em filho ou casamento, perdia aquela graça.

I: ((risos))

A: Você acredita nisso?

J: Acredito.

A: É. Podia estar muito bem, sabe? - (inaudível) [00:13:18] que tô parada, agora, por causa da saúde - muito bem; mas o dia que ele chegava perto de mim e falava "Ah, to pensando que a gente podia casar, a gente se dá bem, ter filhos". Ai, menina, aquilo trancava uma/ Sabe? Não tinha mais aquele acordo de olhar nele e me sentir bem. E você vê: eu não tive problema na infância com negócio de casar, de ver meu pai brigando com a minha mãe, discutindo. Porque, meu pai com a minha mãe, era assim: se ele ia conversar com algum filho, ele não conversava com você, sentavam todos na mesa pra almoçar ou jantar. Se ele tinha que falar comigo, ele não falava perto dos outros irmãos. Ele falava assim: "Oha, na hora que terminar a janta, aqui, eu quero ir lá falar com você". Aí, a gente ia lá, o quintal era grande... Se fosse dia, ele ia lá pro quintal conversar; se não fosse, (inaudível) [00:14:27] a minha mãe já sabia com aquele que ele ia conversar, podia sentar num banco lá na frente da casa, ninguém ia ver e nem procurar saber. Mesma coisa era a minha mãe: meu pai nunca bateu num filho; minha mãe batia, ele chegava de tarde, (mas não)]00:14:45] procurava saber porque é que foi que ela bateu, porque é que não foi... Fui criada assim, você compreende? Na harmonia. Minha mãe teve muitos filhos – minha mãe teve 12 filhos – **na roça**. Não é brinquedo, não, né? Então, acho que eu fiquei amedrontada. Porque minha mãe tinha... acho que ficava grávida na dieta. (+3) Agora, de casamento, eu não sei... A gente morava lá no sítio – e você veja, já começou de mocinha, porque toda menina dos 13 anos em diante, já pensa em namorar, ir em baile – eu não ia no baile só pra não dançar com qualquer um, você acredita? Não tinha meio de eu ir numa festinha. No sítio, a diversão era essa.

I: Uhum.

A: Então não sei. Minha mãe falava "Fia, não é só trabalhar, vai com as suas irmãs, vai com os seus irmãos". Eu falava "Mãe, chega lá, vem aqueles homens com aquela brilhantina, e aquele calor" ((risos)).

I: ((risos)) Ficou difícil, né?

A: Ficou. Aí, não sei, menina. Depois eu fui ficando.../ Agora, eu penso assim – não sei se eu tô errada, se tiver, vocês podem corrigir – **eu acho que eu esqueci de mim, você compreende? Quando eu fui me lembrar, acho que foi no dia de aposentar.**(grifo da pesquisadora).

I: E, agora, pensando na sua vida – você falou que todos esses irmãos, então, significa que você tem muitos sobrinhos...

A: Tenho. Tem sobrinho que eu nem conheço.

I: A::h, tá. E vocês se encontram, marcam algum dia do ano pra se encontrar ou é só quando dá certo?

A: Não, só quando dá certo. Às vezes, ele passam, vêm me ver. Mas... É como eu tô te falando, eu sou assim, tipo uma ovelha desgarrada.

I: E como é que você veio parar em Prudente? Porque o Paraná está perto, mas nem tanto.

A: Eu morava em Maringá/PR, (inaudível) [00:17:11]. Sei lá, menina. (+) Teve um tempo da minha vida que foi precário mesmo, sabe? Foi... foi... sabe? E... a mãe delas/ eles foram pro Paraná pra trabalhar, pra catar algodão.

I: Uhum.

A: Eu não tenho vergonha de falar... Eu não sei o que é que foi na minha vida, assim, que eu tinha vontade até de me matar. Não tinha vontade de viver mais. Aí, um dia, a dona da pensão – que era comadre da mãe delas – me viu naquele sofrimento, e perguntou pra mulher. "Não, ela não tem parente, ninguém sabe de onde ela veio, pra onde ela vai. Apareceu aí, e está aí". Aí, ela falou "Parece que ela nem come", a mulher da pensão falou "Todo dia ela vem aqui, come e vai embora". Aí, ela me convidou pra vir. Você sabe como é que é, assim.../ Naquele tempo só tinha a que morreu, e a mestiça de (inaudível) [00:18:40]. Ela me convidou pra vir: "Você não tem vontade de ir embora daqui? Eu moro no estado de São Paulo, em Prudente". Eu pensei bem, falei pra ela "Vou pensei". Aí, pensei "Eu vou pra lá, se não der certo, não tenho nada a perder". Aí, eu vim, e, graças a Deus, todos eles me acolheram, tanto as noras dela como a Estela. Aí, eu peguei aquela coisa com as meninas, a (..)*. A outra, também, a nora dela – que até faleceu – tinha filhos; tinha três; não, dois; é, três; e eu, também, me apeguei aos meninos, e eles se apegaram mais a mim do que eu me apeguei a eles, porque tinha muita confiança – me pegaram no mundo, sem saber de onde eu vim, o que é que eu fiz no passado... E eles tinham confiança. A nora dela – essa mulher – trabalhava de empregada, e eles saíam e deixavam as crianças comigo... Hoje é tudo homem casado, né? Tinha aquela plena confiança. E não foram só eles que se apegaram a mim, eu também acho que me apeguei a eles. Eles que eram meus parentes, no passado. Aí, fui esquecendo.. fui deixando... a mim, né? E acabou que todos eles me respeitam. Pra você ver: até os maridos das meninas me respeitam, os filhos... todos. Até hoje, se eu falar não... Eu não sei se eu amadureci nesse tempo, eu não sei. Não sei contar. E fui ficando.

I: Dona Anita, se a gente fosse pensar em alguma coisa pra melhorar essa comunidade, o que a senhora teria como sugestão? Que a senhora acha que seria bem bacana ter aqui onde a gente mora?

A: Aqui é difícil pra gente chegar em alguma... porque o próprio pessoal que mora aqui não tem vontade de morar numa vila/ Porque pode ser vila, sendo uma vila limpa, bem arrumada... se pensar um pouco. Mas aqui é assim: é um povo... (+) Eles não sabem... Como é que eu posso falar com você, gente?... (Negro) [00:21:53]. Você compreende? (+) Aqui falta tudo. Aqui não tem horário de ônibus pra ir pra cidade e nem pra voltar; tem as meninas, ali, naquele postinho ali – elas são muito carinhosas, tratam a gente bem, eu não posso falar delas – mas elas não têm como/ Igual: se a gente vai lá marcar uma consulta, se elas podem marcar, elas marcam; se não podem/ Se vai para aquele HR (Hospital Regional) – que não tem nada a ver, que ele tá lá, e a gente aqui – você pode esquecer. Uma creche, né? (+2) Igual, aqui só tem uma creche pra toda essa criançada...

S: Ivonete. (Alguém grita mais ao longe).

I: Oi. É a S. ((risos))

S: (Inaudível) [00:22:48]

I: Ah, já conseguiu? ((risos))

S: Bom dia.

A: Bom dia.

I: Bom dia, S. Tudo bom? (+) Sim...

A: São uns vizinhos humanos, carinhosos, prestativos... (+) Mas, eu não sei, falta tudo. É tudo assim. Igual à creche. (+) Pra ser sincera: a minha sobrinha – que ela conhece – foi matricular o menino dela. Deu certo que, naquele dia, a professora que era pra pegar o menino respondeu muito áspera pra minha sobrinha: "É, aqui é assim: eu ensino do meu jeito, faço aquilo que eu acho que é certo, e não tem nada de pai ou mãe nem ninguém gostar de mim. Eu tô fazendo o que eu acho que é certo". Aí, já veio um menino lá e empurrou o outro, ela não falou [nada] – não tava na hora da aula, foi no dia que foi matricular – e ninguém falou nada, ela só olhou assim... Ela chegou e falou: "N., se for pro P. estudar ali, eu vou pagar uma perua pra levar ele em outro lugar, mas não vou deixar ela ali, não". Ela falou: "Eu não sei, eu não conversei com as outras professoras, mas se todas foram iguais àquela ali – ela não devia ser professora". Aí, foi quando os meninos foram lá pro (inaudível) [00:24:40]. O N., você conhece, ele tem uma coisa pro ano que vem, ele já começa esse ano, de espionar, procurar. E ele já tinha conversado com o marido de uma senhora que trabalha com ele, seo (.........) [00:25:03] era bom. Aí, ele falou que era mais ou menos, porque escola que cuida de 50 crianças não pode ser, também, uma maravilha. Quem tem três filhos, tem dias que não... né? Então, você vê, já começa por aí. Então é aquele precário. Pra dizer que eu nunca entrei na escola, aí, eu entrei duas vezes, quando o J. era pequeno. Hoje tá moço, né? Deve ter outras melhores. (+3) Aqui falta tudo, *fia*.

I: Uhum.

A: O que você pensar falta.

I: Em relação ao lugar que a senhora morou no Paraná, como seria? Naquele período da sua infância e adolescência?

A: Daquele tempo, da minha adolescência pra hoje, muda muito. Porque, naquele tempo, tudo pra gente tava bom. A gente não conhecia melhor (inaudível) [00:25:03]. Nasceu no sítio, cresceu trabalhando na roça. Então, a gente não... né? Ia na cidade... de 15 em 15 dias [00:26:15] tinha a cidade de Campo Mourão, era capaz da gente se perder – você imagina, há tantos anos atrás - de tanto que a gente não tinha conhecimento das coisas boas e bonitas. (+3) Igual aqui, eu canso de falar, eu tiro por mim: a casa é obrigação da Estela, das filhas dela, não é de prefeitura, não é ninguém. As meninas brincam comigo: "Tia, eu acho que a senhora não nasceu na roça, não", porque, seu eu pudesse, eu tinha tudo bom, tudo... você compreende? Eu olho só assim... Igual: eu tinha uma copa, aí, ela quebrou em cima. Eu fui levando, fui levando... Quando foi no Natal, essa minha ex-patroa me deu um dinheiro. Você acredita que, ao invés de eu ir na cidade e comprar um sapato ou um vestido, fui lá e dei de entrada e comprei um armário, uma copa. Então, elas ficam falando "Tia, a senhora não nasceu na roça, igual a senhora fala, não". E eu falo que é por isso mesmo, que quando eu era pequena eu não tinha as coisas bonitas... (+) agora eu quero... então...

I: Uma beleza por volta, né?

A: É::

I: ((risos)) Mas todo mundo, né? É bom. O bonito e belo é bom.

A: (Inaudível) [00:27:55] É como eu tô te falando. Aqui, ó, se queima uma lâmpada aí na rua, você tem que ficar telefonando todo dia, todo dia. Não é assim? Aí, passa um mês, dois, eles vêm e colocam. Mas eles não pensam e colocam dessas lâmpadas mais fracas e vagabundas que tem. Se falta.../ É assim, *fia:* essa sujeira que você vê... é tudo... E outra: eu não tenho esperança de melhora.

I: Uhum.

A: Eu vou entrar num assunto que não está, mas eu vou entrar. Vocês me desculpem. (+2) Pra nós, a gente tem esperança de melhora (inaudível) [00:29:00] porque entra um político – que sempre é aquela promessa/ ela só falta fazer milagre, naquele dia, naquela hora. Você não vê esse presidente, o que tá fazendo com a gente? (+2) Então, você não pode pensar assim "Ah, não, mas fulano ou cicrano...", todos são iguais. Faz uma pracinha, a turma vai e acaba – também não é só eles que têm culpa – (inaudível) [00:29:40]. O parque do Povo, ali: aquilo ali pra nós, principalmente pra mim, que sou de idade - é um... gente, era a melhor coisa. Acabaram com os (três) [00:29:53] não acabaram? Aquele lá, esse aqui... Porque eles começam a quebrar tudo, aí, também, a autoridade desgosta e deixa "eles não cuidam, mesmo, então, deixa". E assim vai.

I: Dona Anita, eu acho que era isso. É só uma conversa inicial, e a gente vai ouvir, depois, fazendo anotação da sua fala e da fala de várias outras pessoas, e a gente vai avaliar...

A: É, eu sei...

I: ... o que é que dá pra gente fazer...

A: ... e o que não dá.

I: ... nós aqui; o que é que a gente tem que encaminhar – porque são pedidos que só uma autoridade ou uma instituição consegue encaminhar; e tem outras coisas que precisaria fazer uma luta, por exemplo, pra tentar colocar um candidato ou presidente de associação que conseguisse fazer uma solicitação mais contundente, um pedido mais forte: "Ó, isso aqui dá pra mudar, não precisa ficar esperando governador nem ninguém não; isso aqui também dá...". Então, na verdade, o que a gente quer é fazer isso mesmo...

A: Porque se a gente ficar só esperando (+) governador, esse e aquele, a gente, também, tem que procurar a melhora da gente.

I: Sim, claro. Eu não tenho dúvida.

A: É igual eu tô falando da pracinha: eles fazem, mas as pessoas não entendem que aquilo ali é da gente, é pra nós... arrebenta, acaba com tudo... Então é... E outra: você vê a gente aqui, não tem uma pessoa pra gente ir pedir, reclamar... Desde que aquele menino faleceu, nunca mais colocaram outro aqui, né?

I: Eu acho que até teve uma eleição ou indicaram... mas são indicações que não são bem divulgadas. Porque seria o caso de colocar cartazes em tudo quanto é lugar, de falar com emissoras de rádio, de passar um carro de som falando se as pessoas quisessem se candidatar à presidente do bairro, que estaria aberta... Eu acho que teria que fazer uma propaganda assim...

A: É, uma propaganda.

I: ... para, pelo menos, ajudar na educação das pessoas. Porque, mesmo que a pessoa não queira, se ela ouviu falar, ela não pode dizer que não sabia, pois teve um jeito de divulgar. E a gente sente, mesmo, que parece que, às vezes, as coisas acontecem sem que a gente participe muito do processo. Mas, assim, são coisas que a gente vai aprendendo, também.

A: Vai, vai aprendendo.

I: E é importante, mesmo, a gente ter um representante que coloque, inclusive, uma plaquinha na frente da casa dele "Na minha função de presidente ou de vice presidente, eu posso atender tais e tais horários e dias da semana", porque a pessoa, também, tem a vida dela.

A: Claro.

I: E como é um trabalho voluntário, eu acho que teria que ser um trabalho em que a própria pessoa conseguisse se organizar pra poder ter os momentos em que ela consegue ouvir as demandas das pessoas, né? Eu acho que isso é importante pra gente se organizar. (+) E nós vamos trabalhar. Por isso. A gente vai costurar ((risos)).

A: Ah...

I: É, a gente vai trabalhar...

A: Você é irmã do N., né?

S: Sou.

A: É.

I: Então, a S. está lá com a gente, também.

--- FIM DA ENTREVISTA ---

Os locais marcados com * tiveram os nomes substituídos por três pontos.

Fonte: arquivo da autora

Em conversas anteriores com Dona Anita (Silvana) ela já tinha me contado sobre um sonho que sempre teve: aprender a bordar. Nós planejamos e iniciamos um curso de bordado no horário que ela sugeriu, porque era bom para ela e ela não pode participar. Foi tomar conta de alguém. Não posso deixar de lembrar do texto de Zora Neale Hurston:

> O Negro de estimação, querido, é aquele que um ou mais brancos, em particular, aspiram ter para que façam todas as coisas proibidas aos outros Negros. Pode ser tia Sue, tio Stump ou o homem negro à frente de alguma organização Negra. Vamos chamá-lo de John Harper. John é o mascote do coronel Cary e sua dama, e o coronel Cary dispõe de muita influência em sua comunidade. (HURSTON, 2021, p. 93).

Mas há tipos "negros de estimação" que estão em situações ainda mais complexas. Não há poder, não há vantagem. As mulheres negras que são submetidas a este estágio limboso de ser muito "querida" e que passam a vida sem saber definir sua própria situação, seus quereres profundos perdidos nos afazeres dos outros. Despertar para situações de trabalho doméstico insano, que substitui todos os outros desejos, medos, inseguranças e até objetivos na sua vida pessoal, perfazem o roteiro das negras de estimação. Elas morrem, sem saber o que foram na vida. Sorriem, quando narram as peripécias de suas vidas, enquanto serviam. Serviam ainda. Depois de um longo período para conquistar uma aposentadoria seguem servindo.

Até que morrem. Sem ter tido tempo para bordar algo seu.

Quero parque, quero diversão

Em uma outra entrevista, com outra malunga, que também tenta desesperadamente fugir da vida de empregada doméstica, o que veio com muita força, está ligado com possibilidades de acesso que, de maneira geral, não existe nos bairros periféricos: arte e cultura, mas a demanda recai sobre atividades que são conhecidas como piscina de bolinhas, cama elástica e festinhas aos finais de semana. Surgiu também a questão de ir ao circo e como a maioria das crianças da comunidade nunca tinham ido ao circo.

Nossa convivência ficou muito próxima antes do período da pandemia porque trabalhamos na produção da Exposição Arte Malunga na produção de bonecas Abayomis. Também ensinei o processo de produção de cerâmica para peças da tradição afro-brasileira. O circo e suas manifestações têm uma recorrência na sua fala. Outra família do Mocambo foi uma família circense até o falecimento do pai, quando a família deixou o circo e fixou moradia no bairro com a compra de um terreno defronte à principal avenida do local.

Então as artes circenses fazem parte das memórias afetivas e para quem nunca foi ao circo estas memórias são ocas. Que colocar no lugar desta imaginação? Como ir ao Circo, mesmo no pós-pandemia?

Box 16 – Uma prosa sobre acesso à cultura

I: E, você, no seu caso, como mulher, mãe de uma criança e de uma outra menina adolescente, hoje, se você tivesse a oportunidade de pensar em diversão, num momento de lazer, de cultura, o que você acha que seria necessário ter, aqui, nesta comunidade?

S: (+2) Nossa... cada final de semana tinha de ter uma festinha com cama elástica, piscina de bolinhas... as crianças gostam muito disso, e a minha gosta disso, também. São coisas que eles vão ver só, lá, do outro lado da cidade. Aqui, pra nós, não tem.

I: Uhum.

S: E quando vem eu não sei como é que funciona... sempre é político que traz, né? Então, precisa ter sempre. As crianças, aqui, precisam de alegria. Levam uma vida mu::ito complicada, as crianças daqui. Então, precisa ficar mais alegre... um pouco mais de alegria pra vida de todos, né?

I: Uhum.

S: Porque, às vezes, a gente quer levar pra passear, mas só tem shopping. Aí, tem lá o::... lá, do outro lado da cidade, também, que fecharam, agora, só pra festa... que tinha piscina de bolinhas gigante, aquele monte de coisas... Hoje é só festa e tem que pagar, também... é tudo pago.

I: E o Sesc (Serviço Social do Comércio)? Você já pensou em colocar essa proposta de acesso ao Sesc Thermas daqui, para… Você já parou pra pensar se seria possível usar? Ou o que seria necessário pra você ter mais acesso?

S: Eu já pensei, também. Você fala tanto do Sesc que ((risos))… Aí, você vai se apaixonado pelas coisas, porque você ouve a pessoa falar, porque ela experimenta, né? E seria interessante, o Sesc.

I: E o que você acha que seria necessário pra fazer com que você, sua filha, as pessoas da vizinhança, tivessem acesso ao que o Sesc promove de cultura, brincadeiras, teatro, circo... pras crianças?

S: Olha… eu não sei nem se o pessoal, aqui, sabe o que é o Sesc, na verdade, né? Alguns sabem, porque você já levou as crianças, mas tem gente que não tem nem ideia do que seja.

I: Sim. E no seu caso, se fosse pra você ir, o que você acha que falta pra aliar o seu desejo de cultura, de acesso à arte e ao teatro, ao movimento do seu corpo para estar lá? O que seria necessário?

S: Então, eu não sei como é que funciona pra fazer uma carteirinha, se precisa ser do comércio ou não. Eu iria, com certeza, se tivesse condição, porque tem bastante coisa pra criança, né?

I: Sim.

S: Dá vontade de ir. Eu olho aquela revistinha do Sesc, dá vontade de participar de muitas coisas, mas… fica meio difícil pela distância, e pelo financeiro, também.

Fonte: entrevista gravada pela autora

Numa discussão mais aprofundada, a dinâmica do acesso à cultura e distração, no projeto de sociedade que foi sendo constituído, não há possibilidade de democratização real. Há equipamentos de lazer em vários bairros, em Presidente Prudente, mas como já foi apontado, a manutenção deixa a desejar. Os parques são amplos e com área verde, porém é possível identificar as profundas diferenças entre os Parques das áreas centrais e os Parques das áreas periféricas.

Assim que adotamos o Parque da comunidade (em 2021) houve uma poda (que já estava agendada) em toda a área. Fizemos alguns mutirões para coletar o lixo indevidamente espalhado no Parque, além de entulhos de material de construção, um sofá e outros objetos (uma velha TV, um capacho que virou tela de arte, espumas, que foram higienizadas para servir de enchimento para peças etc.).

Coincidiu com a Oficina de Artes para as crianças. Prevista na programação do curso, em um domingo fomos para o Parque, devidamente usando máscaras, cada qual com sua mochila de materiais. Vieram duas meninas. Os garotos tinham outros compromissos e fizemos a aula em outro dia. O ato de nos sentarmos debaixo da sombra para desenhar, contribuiu para que eu também tivesse um momento profundamente prazeroso. O Parque ganhou mais uma função para o qual nem eu mesma tinha despertado, imersa nas inúmeras atividades que vou assumindo, porque outras pessoas diagnosticam que é necessário, mas depois não recupera os atos das ações necessárias para ao menos, justificar o que foi realizado, e o que não foi possível realizar com seus diagnósticos.

Todas estas preocupações tornaram-se fugidias. Nós observávamos o Parque para desenhar dele e transformá-lo no momento mesmo da ação. Aquele certo desejo de beleza que nem sempre encontra a ação do encantamento. Contemplar. Sentir. Desenhar. E o tempo foi curto. Nós ficamos agradavelmente inspiradas desenhando.

Figura 62 – A face colorida do teor de vidas negras

Foto: Ivonete Alves

A imagem tem duas crianças uma defronte para a outra, sentadas sobre a grama. Elas estão na sombra de uma árvore que se projeta sobre vários objetos também sobre a grama. Há uma garrafa transparente de cinco litros com água pela metade, um estojo de material escolar, uma mochila preta e atrás um caderno de desenho. A menina está de costas e usa uma blusa de manga cumprida com listas azuis royal e pretas. Usa cabelo solto e máscara vermelha. A outra menina, de frente segura uma tela e está com o cabelo amarrado. Ao fundo uma área verde longa e casas bem distante do olhar encerram o limite da fotografia.

Eu fiquei impressionada com a forma escolhida para retratar a árvore. Desenhando também, minha intencionalidade estava em buscar o realismo das folhas e nem de longe consegui me aproximar do desenho da menina (10 anos) e nem da alegria de nossa outra artista (6 anos). A felicidade delas era estar ali. A minha também, mas o cerco da profissionalidade já estava imerso em mim. Retornamos rindo e felizes. Foi um delicioso encontro intergeracional entre artistas. E fizemos planos. Uma delas até me perguntou: Por que é que a gente não faz isto mais vezes?

É mesmo.

Então veio "ABRE ALAS NEGRITUDE" e pudemos ampliar a ação de arte com as pessoas adultas. Desenhamos e pintando a cidade e muitas outras coisas, agora já planejando executar desejos no coletivo. Vamos ao circo. Vamos ao teatro. Vamos ver novamente shows de música, dançar e brincar no Parque e nas ruas do bairro, porque o Parque é nosso!!!

DÉCIMO SEGUNDO ATO

A PSICOLOGIA AFRICANA NO CONTEXTO DE PESQUISA

Desejo refletir e discutir este capítulo empapada do suco de meu irmão pau-brasil. Da árvore que roubaram todas e depois deram o nome para uma nação vilipendiada para homenagear nossa irmã roubada. Mudei várias vezes o rumo desta discussão porque me é muito cara o teor que posso conseguir com esta prosa. Não quero uma prosa qualquer. Então peço agô aos povos da Terra para que possamos pensar sobre psicologia *africana* aqui nesta diáspora forçada na Amérikkka[65]. Tendo como referenciais principais o Mulherismo *Africana*.

Do nosso quilombo em Presidente Prudente posso compreender melhor os ensinamentos que nos lega os povos da Terra (os apelidados índios pela Amérikkka) do que compreender o horror destrutivo a que temos sido submetidas neste processo de colonização que ainda perdura.

> A ideia de que os brancos europeus podiam sair colonizando o resto do mundo estava sustentada na premissa de que havia uma humanidade esclarecida que precisava ir ao encontro da humanidade obscurecida, trazendo-a para essa luz incrível. Esse chamado para o seio da civilização sempre foi justificado pela noção de que existe um jeito de estar aqui na Terra, uma certa verdade, ou uma concepção de verdade, que guiou muitas das escolhas feitas em diferentes períodos da história. Agora, no começo do século XXI, algumas colaborações entre pensadores com visões distintas originadas em diferentes culturas possibilitam uma crítica dessa ideia. Somos mesmo uma humanidade? (KRENAK, 2019, p. 12).

Ailton Krenak questiona nesta fala, que depois foi transcrita em livro, o que a dita civilização está fazendo e o que fez com as pessoas e com

---

[65] Aza Njeri na Revista Ítaca n. 36 (ago. 2019) redigi que a palavra Amerikkka com o triplo K "segue a orientação pan-africana, apresentada por Assata Shakur, referência a Klu Klux Klan – arquétipo da supremacia branca -, como algo inerente à nação amerikkkana" (p. 167).

as culturas no mundo, diante de um processo que, no próprio processo, avilta os valores civilizatórios, deixando poucas opções de sobrevivência das muitas pessoas que vivem juntas no mundo.

> Como justificar que somos uma humanidade se mais de 70% estão totalmente alienados do mínimo exercício de ser? A modernização jogou essa gente do campo e da floresta para viver em favelas e em periferias, para virar mão de obra em centros urbanos. Essas pessoas foram arrancadas de seus coletivos, de seus lugares de origem, e jogadas neste liquidificador chamado humanidade. Se as pessoas não tiverem vínculos profundos com sua memória ancestral, com as referências que dão sustentação a uma identidade, vão ficar loucas neste mundo maluco que compartilhamos. (KRENAK, 2019, p. 13).

Para compreender o sentido do termo aquilombamento é preciso ter vivido e estar vivendo aquilombada. Portanto, muitas pessoas que utilizam este termo repetem a expressão, mas na maioria dos casos não chega a tangenciar a importância de seu uso no processo da Maafa. Maafeira não é uma atividadezinha que você realiza naquele final da tarde chuvosa, porque não tem nenhum programa interessante na televisão. Maafeira é quem "entra na frente da bala de canhão". São as mulheres que derramam as lágrimas que é um rio ou um mar, porque outra mãe negra está ali, defronte o caixão sem começar o choro. Caso ela comece a chorar suas lágrimas vão abrir as comportas de uma Itaipu interna, agressiva com a natureza e invasora, destrutiva, necriofílica. Putrefata.

Então ela reserva suas lágrimas para o travesseiro suado, porque ao ter que enterrar seu filho, não pôde tirar a roupa de cama para lavar. Também há bolinhas que causam coceira neste surrado lençol. A goteira marca de novo a mancha que o sol já limpou. Maafei. É que a goteira continua lá, imperiosa como a branquitude!

> Assim, a força motriz dessas lutas, sua primeira pauta, é o reconhecimento da própria humanidade. Lutas essas nas quais mulheres africanas sempre estiveram na linha de frente. Eis, talvez, a nosso ver, a grande contribuição do pensamento mulherista africana para pensar as agências políticas de mulheres negras brasileiras exemplos como o de Ida B. Wells e Harriet Tubman, nos Estados Unidos, tornam-se incontáveis no Brasil, quando miramos grandes lideranças como Tereza de Benguela, Luiza Mahin, Espe-

rança Garcia, Aqualtune de Palmares, Tia Ciata e outras inúmeras mulheres, que sob diversas frentes, e por meio de diversos recursos intelectuais, culturais e estratégicos, foram fundamentais para a resistência e continuidade da população negra no Brasil. (ARAÚJO, 2022, p. 99).

Tem sido um longo percurso, de margens apertadas entre a luta pela sobrevivência e a sanidade física, mental, espiritual. O símbolo do sankofa, uma das iconografias denominada de adinkra, repleta de aforismos, é cada vez mais uma representação do processo de enegrecimento. Assim, como sankofar passou a ser ação, a psicologia africana também foi ganhando audiência e possibilidade de existência no mundo atual. Ainda há ceticismos, dúvidas e pouca adesão, mas da mesma forma que a filosofia africana foi sendo estudada, reorganizada em Quilombos e Mocambos urbanos e rurais, a psicologia africana está sendo também uma frente de luta, ainda que faça parte do rol de esquizofrenias[66] ocidentais.

A partir do século das luzes, os estudiosos e intelectuais europeus presumiam rotineiramente que eram mais qualificados para determinar a "verdadeira" história dos povos antigos e indígenas que esses próprios povos. Além disso, a *intelligentsia* europeia – como um exército vencedor, tomando posse do pensamento do mundo – presumia, também rotineiramente que a Europa moderna era a mais alta, a melhor e a mais avançada de todas as culturas humanas já produzidas. Assim, investiu duzentos anos de poder intelectual no rearranjo da consciência histórica do mundo de acordo com sua própria imagem. O empreendimento teve grande sucesso, dado o reforço que lhe garantiram o aparato bélico, o poder econômico e as estruturas jurídicas e educacionais do colonialismo. (FINK III; NASCIMENTO, 2009, p. 37-38).

---

[66] CID F20: o que significa? CID F20 – Esquizofrenia é uma condição caracterizada por "distorções fundamentais e características do pensamento e da percepção, e por afetos inapropriados ou embotados", conforme o DATASUS. A descrição acrescenta que o paciente se mantém consciente e intelectualmente capaz, mas alguns déficits cognitivos podem evoluir com o tempo. Fonte: DATASUS - Departamento de Informática do Sistema Único de Saúde. Desde 1995 que tenho realizado trabalhos voluntários em hospitais psiquiátricos. Houve um tempo em que tinha uma frequência assídua, uma e em períodos duas vezes por semana, além de participar dos grupos conjuntos de terapia com as equipes médicas. Primeiro no Hospital Psiquiátrico de Pirapintingui (específico para pessoas com hanseníase) e depois no Hospital Psiquiátrico Allan Kardec, em Presidente Prudente, durante 4 anos. O diagnóstico da esquizofrenia aprendi primeiro com as pessoas, depois a fala da equipe e só então adaptei o uso do termo para as Ciências Humanas, usando uma alta dose de sarcasmo. Vários casos a gente olha todo o quadro de bordas irregulares que se apresenta no hospital e fica difícil saber onde há mais esquizofrenia: se nos internos ou na equipe médica e terapêutica.

A imposição cultural, econômica, educacional e psicológica foi tecida e depois naturalizada ao longo dos séculos, em prol da valorização do que o colonialismo decidiu que era benéfico para seus países originários, ou melhor, para uma parcela masculina, branca e rica de seus países originários, mesmo que isto signifique bilhões de mortes, estupros espoliações das mais torpes, manipulação da verdade, desprezo por outras culturas riquíssimas e até apropriação cultural descarada.

> A prática do estupro como arma de guerra não é característica apenas dos confrontos contemporâneos. Não me excluo desta análise. Como exemplos expressivos e recentes do uso da violência sexual como estratégia de guerra, pode-se citar os casos de limpeza étnica na antiga Iugoslávia (1992) e o genocídio em Ruanda (1994). O fato de, por longas décadas, a mulher ter sido considerada uma propriedade, um "bem" a ser possuído por seus pais e posteriormente por seus maridos, ajuda a compreender o porquê de o abuso sexual ser uma prática comum. Ao interpretá-las como posse masculina, essas mulheres transformavam-se em alvos, sendo o estupro muitas vezes um meio para atingir os homens a quem a "propriedade" pertencia. (TREIS; MORAIS, 2018, p. 117).

Que os pobres, pretas e indígenas das nações ricas permaneçam aljados do ter, ser e ficar. É o preço a pagar para ser dominante. Ter, porque o acesso aos meios de produção possibilita o tempo livre para estudar e não só trabalhar para sobreviver, e ficar, porque ser requer mudanças muito mais profundas. A elite quer ficar. Ficar de "boa" trabalhando menos. Ficar de "boa" usufruindo a cultura de outros povos enquanto promove a desvalorização desta mesma cultura que usufrui. Constituindo-se na luta contra a hegemonia ocidental, ainda que de dentro do sistema, Moleti Keti Asante propôs a afrocentricidade:

> A ideia afrocêntrica refere-se essencialmente à proposta epistemológica do lugar. Tendo sido os africanos deslocados em termos culturais, psicológicos, econômicos e históricos, é importante que qualquer avaliação de suas condições em qualquer país seja feita com base em uma localização centrada na África e sua diáspora. Começamos com a visão de que a afrocentricidades é um tipo de pensamento, prática e perspectiva que percebe os africanos como sujeitos e agentes de fenômenos atuando sobre sua própria imagem cultural e de acordo com seus próprios interesses humanos. (ASANTE, 2009, p. 93).

A possibilidade de escolha de uma metodologia de trabalho, principalmente em um trabalho acadêmico é muito recente. Haja como exemplo a tese de Franz Fanon que não foi aceita e precisou de anos até que fosse publicada. Entre os anos 1960 e 1970 quem divulgasse os escritos de Fanon corria o risco de perder o emprego (FANON, 2008). No Brasil, só depois dos anos 2000 é que começamos a ter acesso à obra de Franz Fanon já traduzida e em alguns casos interpretada. Com certeza seu trabalho está na base das análises afrocêntricas nas questões psicológicas que atingem a população sequestrada do continente africano, ainda que no Brasil Izildinha Batista já estivesse clinicando com base nos sintomas que o racismo provocava nas pessoas negras, procurando na clínica psicológica tratar destes sintomas.

O sistema de tratamento pautado na internação de pessoas consideradas dementes é uma vertente ocidental. Os outros povos do mundo, assim como os povos originários no Brasil, não segregam as pessoas que demonstram uma maior sensibilidade com os fatos no seu cotidiano e assim são sistematizamente enquadradas em um CID- Classificação Internacional de Doença, neste caso, o 20. A relação destas pessoas, que apresenta um comportamento que difere das outras pessoas poderia ter várias contribuições da comunidade, caso as terapias já tivessem sido pensadas em outras matrizes. É uma discussão muito complexa para caber em poucas linhas.

Figura 63 – O manto de Arthur Bispo do Rosário

Reprodução de uma fotografia feita pelo fotógrafo Walter Firmo que faz parte do acervo do Museu Bispo do Rosário, assim como o Manto original. Este manto é todo bordado, tanto *do lado externo, que está visível, como também do lado interno.* Foi produzido durante mais de 40 anos pelo artista para com ele ser enterrado. A vontade de Bispo não foi realizada e o manto ficou apartado da inteligência e do corpo de Bispo, que nem em testamento teve sua vontade realizada. O manto foi confeccionado a partir de um cobertor de tom róseo, muito parecido com as cobertas populares denominadas de "cobertor de pobre". Bispo bordou a vida no seu Manto, com destaque para as listas de pessoas com as quais conviveu na Colônia Juliano Moreira. Há um forte destaque para os cordões de enfeitar cortinas, em várias espessuras e muitas cores. O cordão que mais se destaca sobre as palavras bordadas no manto é um em tom bege que cai em dupla, no acabamento em trouxinhas de linhas enroladas, com aproximadamente 7 centímetros de espessura. Os outros cordões de cortina são aglomerados na base inferior do manto ao centro e soltos nas bordas forma uma meia lua de cada lado da figura.

Produzindo esta narrativa em conversa com a banca, eu retirei, por sugestão de Ronaldo Alexandrino a Nota de rodapé e a trouxe para dentro do texto. É texto de outra pesquisadora, Larissa Uchôa Dantas (2016) que escreveu o seguinte sobre este manto do artista Bispo:

> A presente pesquisa tem como proposta uma análise sobre a obra Manto da Apresentação, do artista sergipano Arthur Bispo do Rosário. Diagnosticado como esquizofrênico-paranoico, o artista viveu um período de quase 50 anos interno na Colônia Juliano Moreira, no Rio de Janeiro, e produziu um acervo com mais de 800 obras. Considerada a peça mais significativa do conjunto de sua obra, o Manto apresenta-se como uma síntese da existência de Bispo, representada numa imponente veste. Construída pelo próprio artista ao longo de quase 30 anos, a obra é adornada com elementos simbólicos, bordados de modo profuso em sua superfície, com elementos autobiográficos que fazem do Manto uma extensão do sujeito corpo de Arthur Bispo do Rosário. Sua enorme devoção pelo sagrado foi o motivo primordial para o nascimento dessa obra, dando-lhe um caráter enigmático e múltiplo de sentidos, leituras e interpretações. Dessa forma, propomos, neste estudo, compreendê-la como um "corpo" extensivo e alegórico da vida do artista. Para tanto, fez-se necessário o estudo sobre o corpo/sujeito por meio da teoria do corpomídia – corpo processual, transitório e inacabado –, assim, como o Manto/Corpo. A análise da obra foi norteada (suleada) pela discussão de alguns conceitos, que explicam a forma como a narrativa construída no Manto está constituída, tais como: a alegoria, o labirinto, o palimpsesto, a precariedade e a fragmentação. Ademais, foram analisados temas presentes nessa narrativa, a exemplo da morte, o ritual e o sagrado, como temáticas presentes tanto no cotidiano do artista, quanto em seu processo artístico. A fim de enriquecer nossa discussão e interpretação dos sentidos proferidos por essa peça polissêmica, exploramos, ainda, a história do ves-

tuário, função e os sentidos do vestir, nos quais é estabelecida uma relação íntima e de comunhão entre o corpo/sujeito e a roupa, o mesmo acontecendo entre Bispo e o Manto. A pesquisa tem abordagem qualitativa, de natureza aplicada, com objetivos exploratórios, e, como procedimentos, foram adotadas: pesquisa bibliográfica e documental, e pesquisa de campo, contando com entrevistas abertas à equipe do Museu Bispo do Rosário, RJ". (2016). Intervenção no texto original: Leia-se suleada.

Arthur Bispo do Rosário, artista negro que viveu a maior parte de sua vida na colônia Juliano Moreira é um exemplo contundente de pessoa negra impactada por estudos eurocêntricos e eugenistas. Quem conheceu profundamente este artista? O que sua obra deixou como legado para nós artistas negres? Estou investigando com cuidado algumas de suas obras. O Futuro.

Antes da uma definição epistemológica, já existiam várias ações afrocentradas, porém faltava ao Movimento Negro uma reflexão anotada do que foi, e do que é, o alijamento provocado pelo processo escravizatório. Faltavam também, referências culturais que pudessem preencher os buracos da história. De uma história preta apagada, vilipendiada, escondida, alterada, cheia de mentiras produzidas para manter o poder sobre as mentes e sobre os corpos negros. Daí uma enxurrada de escritos variados (artigos, letras de música, matérias jornalísticas etc.) e trabalhos acadêmicos (Monografias ou Trabalhos de Conclusão de Curso – TCC, Dissertações e Teses) que promovem seus diagnósticos, com maior ou menor competência permanecerem no diagnóstico, como contribuição ao campo das Relações Raciais. Foram importantíssimos para todo o trabalho de convencimento, mas o que fazer para avançar muito além dos diagnósticos?

Durante a década de 70 tiveram início as primeiras publicações da escola de Psicologia Negra, protagonizadas por psicólogos negros americanos radicais que reconheciam a necessidade da psicologia ter um vínculo mais forte com a comunidade a que servia. Segundo Richards (2012), a primeira conferência de psicólogos negros aconteceu em 1938, no *Tuksegee Institute*, e a *Association of Black Psychologists* – associação de psicólogos negros – foi estabelecida formalmente em 1968. O periódico *Journal of Black Psychologists* foi publicado pela primeira vez em 1974, com o intuito de dar visibilidade aos trabalhos em Psicologia Negra. (FEDERICO, 2014, p. 34/35).[67]

Os estudos que avançaram para além dos diagnósticos tiveram como protagonistas, na sua grande maioria, mulheres pretas que já se constituíram como africanas na diáspora (ou sexta região da África, como preferem algumas pessoas), podendo escolher viver numa comunidade afrocentrada, ainda que a teorização sobre este paradigma só ocorresse depois. Érica Larussa Oliveira Mascarenhas é uma destas jovens que pode florescer numa comunidade terreiro como Iyami Ominibu, consagrada a Oxum:

> A escolha deste paradigma (a afrocentricidade) se deu pela possibilidade de trazer a perspectiva das civilizações africanas no que tange principalmente a percepção holística da ciência em uma perspectiva afrocentrada. A partir deste paradigma centrado na cosmopercepção africana foi possível falar de holismo, espiritualidade, intuição e culto a ancestralidade de forma não fetichizada ou não reducionista, como, conforma aborda ANI (1996), é comum na antropologia ocidental ao tratar de civilizações africanas. (MASCARENHAS, 2021, p. 19).

No Brasil, as irmandades entre as mulheres negras para constituir os mercados, de forma que pudesse enriquecer os patrões e juntar um recurso para libertar escravizados e escravizadas, foram atos profundamente afrocentrados. As bases da consciência grupal, valores como a ancestralidade, elementos culturais de diversos grupos étnicos africanos estavam presentes, nas possibilidades restritas do período escravizatório, mas estavam presentes. (LOPES, 2008; MOURA, 2014a; MOURA, 2014b). Estes fundamentos presentes nas ações destas mulheres negras no período pré-abolição oficial da escravatura, já foram atos de liberdade para o grupo, com fortes valores comunais.

Estas mulheres eram dignatárias de muito respeito, pois com sua sabedoria promoviam feiras e seu comércio alimentava grandes teias de vida nas cidades e também nas áreas rurais. Elas cuidavam de mediar situações, onde o soldado faminto alimentava-se, e com isto elas evitavam as buscas cruéis contra os escravizados em fuga, produzindo uma rede

---

[67] https://www.youtube.com/watch?v=rXiiIm1UqVM, link para um Programa da Fiocruz sobre Saúde Mental da População Negra e a Psicologia Preta.

de relações, que literalmente salvou a vida do povo preto e possibilitou o enriquecimento de muita gente (não-negra).

> Durante o Período Colonial Brasileiro, por exemplo, as mulheres que aqui chegaram pelo tráfico negreiro, mesmo diante de privações de toda ordem, conseguiram materializar e fazer circular símbolos que expressavam resistência ao regime a que eram submetidas ao trazerem consigo suas culturas e seus saberes, que foram gradualmente mesclados e absorvidos, possibilitando a criação de peças icônicas de joalheria, as chamadas Joias de Crioulas AfroBrasileiras. (TEIXEIRA, 2017, p. 832).

Estas mulheres negras, por vários caminhos, reencontraram o percurso ancestral de independência e equilíbrio da vida comercial, mesmo em situação de escravização. Suas atividades foram muito intensas, tanto que bastou alguns resgastes históricos e o mercado feminino negro explodiu, mas a historiografia promovida pela branquitude escolheu esconder, não registrando suas histórias. Foi preciso que mulheres pretas jovens tomassem em suas mãos este resgate histórico para contar tudo isto.

Figura 64 – Mulher negra portando exemplares da joalheria afrobrasileira

Fonte: https://www.portalvilamariana.com/arte-e-cultura/exposicao-joia-crioula.asp

Há a reprodução de uma mulher negra com turbante, em pose de rainha na imagem. A foto é em preto e branco e aparenta ser uma foto envelhecida. A mulher sorri de leve e está sentada numa cadeira parecida com um trono. Usa muitas pulseiras e muitos colares, onde se destaca um crucifixo como pingente de um colar der pérolas. Todas as joias estão sobre o chamado "pano de costas", um tecido comumente utilizado para vários fins, inclusive para o transporte de crianças com os devidos amarrios.

Estas negras de ganho também desempenhavam outros papeis, pois era preciso cuidar da mente e do corpo, sempre aviltados dos negros e das negras. Há um Itan Yorubano, um mito de criação do mundo que narra ser Oxum (Osun) a dona da riqueza. Ao ser confrontada com seus desejos ela pediu para ser mãe de um menino, pois assim reivindicou, diante da empáfia masculina, que ao longo da perpetuação da espécie humana, foi deixando de lado a reverência ao feminino. Como mãe de um menino ela pode educá-lo para que ele tivesse profundo respeito às mães.

Figura 65 – A herança das matriarcas

Fonte: https://www.youtube.com/watch?v=X5aEklErSQk

Cartão de visitas, printado de uma página da internet. O cartão retrata uma mulher negra jovem que usa um colar feito de búzios brancos. Ela está com um sorriso amplo, com as pálpebras cerradas e uma corroa produzida com búzios e contas do mar, com um detalhe de uma conta maior disposta sobre sua testa. Do lado direito do cartão está escrito Trace Trends e em letras pretas e grandes Joias Crioulas com Loo Nascimento.

Então Oxum pedia um filho, causando profunda estranheza ao grupo de Orixás masculinos, pois nunca pensaram que justo ela faria um pedido destes. Ela pediu um filho para que pudesse educá-lo ensinando a ele o respeito profundo às mulheres e assim, desde seu útero, ele teria uma educação para aprender a reverenciar as mulheres. Um mito de reverência às mulheres também está na origem das Sociedades Gueledés, que existem até a atualidade entre os grupos descendentes dos Yorubás. As negras de ganho, estando no Brasil retomaram estas tradições mercantes.

> Um desses grupos que desempenhavam as mais diversas funções no espaço urbano, principalmente no comércio ambulante, foi o chamado negras (os) de ganho. As atividades que elas exerciam geralmente eram revertidas em lucro para seus senhores, que recebiam os ganhos por dia de atividade pública, a qual se dava, geralmente, em praças. Com o restante dos valores adquiridos, muitas delas acumulavam pecúlio a fim de comprar sua alforria. (TEIXEIRA, 2017, p. 835).

Esta Oxum, senhora ancestral do comércio, uma Yabá (ou Yalorixá) mercante, não tem nada a ver com a imagética "fresca" que os Candomblés deturpados foram assimilando na sua história, e que hoje estão à venda em várias lojas pelo Brasil a fora. Esta imagem de Oxum é uma fantasia de Carnaval, produto da apropriação cultural, divulgada por Babalorixás e Yalorixás ignorantes da história negra e da luta de libertação, que extrapola as casas religiosas, ainda que existam Casas (Ilês) muito ciosas de suas ações, utilizando também estas fantasias como armas de resistência.

Figura 66 – Oxum, com iconografia aproximada das máscaras Yorubás originais

Fonte: https://lojacrencasdabahia.com.br/produto/mascara-oxum/

A imagem é de uma máscara da face de Oxum, toda pintada de preto. Os lábios grossos são em amarelo e contornados por bolinhas em relevo também em amarelo ouro. Os brincos são grandes contendo um pingente em amarelo circular e depois várias contas à guisa de um cacho que está preso em um búzio branco com acabamento de contas pequenas amarelas. Assim como os lábios, as sobrancelhas foram pintadas em amarelo ouro. A testa da máscara está adornada por flores de cinco pétalas arredondadas pintadas de amarelo ouro e das flores saem linhas, que imitam um ponto de interrogação também adornados com pontinhos em amarelo ouro.

Figura 67 – Oxum original no Curso Imersão Yalodés Coordenado por Nathália Grilo

Foto: Ivonete Alves (imagem captada da tela do notebook)

A imagem retrata uma peça esculpida em bronze, que através de seus detalhes finos e leves foi produzida com a técnica de cera perdida, representando a cabeça colorida em tons de preto ao marrom escuro, com alguns nuances em marrom. Trata-se de uma mulher preta com lábios carnudos. De seu nariz volumoso saem duas serpentes que se encontram com as formas de outras cobras que descem em direção aos lábios, enquanto as caudas chegam aos cantos internos dos olhos, que são muito expressivos. Na testa da obra de arte há esculpidas folhas e sobre a cabeça há três pássaros ancestrais representantes da forma que toma Oxum e outras Yabás quando saem pela Terra, em voos de bênçãos ou de justiça.

Isto significa que não é possível um tratamento adequado para estas rupturas na psiquê do grupo negro descendente da população escravizada, sem existir, de fato, uma imersão nas culturas originais afrocentradas e negras. Todo o universo ocidental retirou da vida negra, os valores, as possibilidades de olhar-se, e de viver, de acordo com os princípios afrocentrados. Aquele vazio nunca é preenchido com a cultura ocidental. Os estilhaços agrupados para formação da pessoa negra vazam sangue e inflama. Fica todo machucado. E estes ferimentos são abertos a cada ato de racismo e quando a notícia negativa é veiculada na imprensa, atinge todas as pessoas negras. É desta forma que as subjetividades negras são novamente estilhaçadas.

Ao criar um lugar de vida, afrocentrado, a gente adquire possibilidade de atuar dentro de uma perspectiva, onde as negatividades perdem o foco. Há inúmeros trabalhos que fazem uma necessária revisão bibliográfica dos "diagnósticos" e traz muito pouco das curas possíveis. As escolas ocidentais não conseguem ensinar as vivências, ainda que ela introduza "timidamente" os conteúdos sobre a História da África e da Cultura Afro-Brasileira.

Eu olho a criança. Paro. Observo. Olho de novo. Lembro de fatos desde seu nascimento. Quando reviro arquivos vejo a criança lá de 2009. Agora é 2022. Então faz mais de 10 anos que olho a criança. Ouvi a mãe da criança. Vi, mas não conversei com o pai da criança. Este pai foi pai antes de outra criança, com a qual ele não conviveu. As teias do processo escravizador que atingiu os homens negros como reprodutores reverbera. Não é uma desculpa. É fato. Ele foi hipersexualizado, idealizado, amado, desejado, invejado, odiado, pouco ouvido e talvez não tenha tido oportunidade de falar. Não teve Oxum como sua mãe. É filho da colonização. É filho de senhores de escravizados e foi treinado para sumir.

Um outro homem negro poetizou:

"Toda vez que vejo o quão consciente sou, mais eu enxergo o quanto já enlouqueci."

"Conversas de obras que valem pra vida:

- Tá calejando já?

- Pió que tá. O que é bom pra calo?

- Acostumar."

Denner Negreen (fonte: Facebook do artista)

Mas o costume de ir embora, fragmenta várias possibilidades. Ir embora é a tônica da escravidão, não é a tônica da afrocentricidade. Ficar, olhar, ver, rever e revisar o mundo de uma ótica afrocentrada.

> Estou fundamentalmente comprometido com a noção de que os africanos devem ser vistos como agentes em termos econômicos, culturais, políticos e sociais. O que se pode analisar em qualquer discurso intelectual é se os africanos são agentes fortes ou fracos, mas não deve haver dúvida de que essa agência existe. Quando ela não existe, temos a condição de marginalidade – e sua pior forma é ser marginal na própria história. Toma-se, por exemplo, o relato de Robert Livingstone sobre a África, em que toma a história de uma região daquele continente e transforma naquilo que aconteceu a um homem branco em meio a centenas de milhares de africanos. Não há agência em nenhuma das personagens africanas? Será que a historiografia da África Central deveria ser a do relato de Livingstone? Não haveria outras formas de abordar um tópico como esse? (ASANTE, 2009, p. 95).

Não há como conseguir unir os fragmentos de uma ancestralidade destruída na vida de uma comunidade negra, sem recompor, ao menos parte, do que nos foi roubado (JAMES, 2009). Este passado precisa ser retomado e materializado. Ainda assim, há muita ação e reflexão que contribuiu para repensar a afrocentricidade na diáspora. Então, é possível fazer vir à tona as dores para serem tratadas. Uma questão que se coloca é: a quem podemos recorrer para que este tratamento ocorra?

Ainda que, para mim, é já um equívoco tratar da psicologia como área, especificidade, porque numa ótica afrocentrada não seria esta a organização[68], é preciso considerar os fatos. Fomos escravizadas, estamos nesta realidade e é assim que precisamos trabalhar agora. Então tenho acompanhado de perto, as possibilidades de encontro com a psicologia e as relações raciais. Um documento foi produzido pelo Conselho Federal de Psicologia chamado de "Relações Raciais: Referências Técnicas para atuação de Psicólogas/os", e estas Referências faz um **bom diagnóstico** das publicações que trouxeram contribuições para a atuação destas profissionais e como como a Psicologia **poderá** contribuir (grifos meus).

---

[68] Nota de Ângela Soligo: "Acho que você precisa explicar". Vamos lá: A psicologia como conhecemos é considerada uma Ciência Ocidental. Ela é uma ciência ocidental e sua estrutura de aprendizados e depois de processos de estágios constitui-se na estrutura ocidental e quase nunca afrocentrada. Numa cosmovisão afrocentrada, deveria existir um aprendizado de imersão, sem necessariamente estar vinculado a uma formação disciplinar ou uma Faculdade de Psicologia. A formação de uma liderança que também consegue tratar uma pessoa na Cosmovisão afrocentrada NUNCA é disciplinar. Ela pode acontecer, depois de uma formação geral longa, de processos muito mais complexos, ser uma especialidade, mas não disciplinar como acontece na Psicologia Ocidental. Não sei se expliquei ou complexifiquei ainda mais a questão.

Então, quando fui prestar o processo seletivo para o Doutorado na Faculdade de Educação da UNICAMP, em 2017, li com atenção as ementas das linhas de pesquisa, como também os Referenciais Bibliográficos sugeridos para as provas específicas das linhas de pesquisa. As opções foram muito poucas, pois a grande maioria das linhas de pesquisa não traziam as discussões sobre as relações raciais, de gênero e geracional.

Em 2014 no COPENE, em Belém do Pará me inscrevi no Simpósio de Psicologia e Relações Raciais para aprender um pouco mais das possibilidades de trabalho para contribuir com as questões, que já naquela época impactavam as pessoas negras aqui no Mocambo e também na Universidade, com os episódios denunciados através do Coletivo Mãos Negras. Li milhares de páginas, estudando autoras e autores da Psicologia, em particular psicólogas e psicólogos que atuaram em situações de guerra. No meu entendimento naquele período, os traumas causados pelo racismo na pessoa negra neste país, só poderiam ter alguma similitude aos traumas de guerra. Ainda assim com o agravante de ser um longuíssimo período de guerra. Nenhuma guerra no mundo durou mais de 400 anos como durou o processo escravizatório. E suas reverberações ainda existirão por muitos séculos.

Já na Introdução de Privação e Delinquência Clare Winnicott afirma "que as manifestações de privação e delinquência em sociedade constituem uma ameaça tão grande quanto a bomba nuclear" (WINNICOTT, 1999, p. XI) e o livro faz da metáfora da destruição uma ancoragem para os casos de análise para o comportamento de crianças e adolescentes com enormes dificuldades de adaptação aos lares comuns, situação agravada pela orfandade massiva no período da Segunda Guerra Mundial. Eu estudei Winnicott devido à minha experiência profissional na Febem, assim como Vygostsky, Wallon, Lacan e *a posteriori* Jung sempre com alguma esperança de que estas pessoas que estudaram e viveram experiências tão marcantes, pudessem contribuir para que eu encontrasse maneiras de lidar com os casos cada vez mais complexos que acabavam me impactando.

Um deles foi de uma vizinha, que me parou quando eu retornava da Faculdade em prantos e perguntou se eu podia conversar um pouquinho com ela. Eu tinha plena convicção de que não era qualquer conversa, pois já acompanhava sua luta para cuidar do filho, com uma síndrome rara (Síndrome de Martin Bell), agravada por uma paralisia infantil e uma avó muito impaciente e mandona. Uma matrona preta sem o reino original.

Há mães que são armadilhas

Parecem mães, mas são armadilhas.

Há muitas homenagens às mães que são armadilhas.

Porque matam suas filhas. De tanto fazer da figura de mãe

Uma receita do papel que devem desempenhar suas filhas.

Há filhas das mães, que são armadilhas...

Filhas há, que precisam descobrir que são filhas.

E lutar para deixar de ser só.

Ser só a filha da mãe.

(Poema de Ivonete Alves)

Eu não soube dizer o que senti quando fui recordar os fatos que atravessam minha vida até o momento. Em muitos casos me sinto no meio do caos, tentando dar a este trabalho uma organicidade sem as ingênuas suposições de que será possível tudo descrever, narrar, compreender e até a profundidade de meus sentimentos em relação a todos estes processos. Este pequeno poema tenta dizer um pouco disto e do que vem a seguir também.

Ao entrar em sua casa, a seu convite, ela, assim que nos sentamos, mandou uma de impacto: "- Eu vou matar meu filho e depois vou me matar, porque não aguento mais!". Isto em 2007, quando eu sonhava com a criação do Nzinga. Conversamos longamente e saí de sua casa com a promessa de que ela esperaria para matar o filho e se matar. Antes a gente tinha um monte de coisa para fazer e algumas, eu prometi, nós teríamos que fazer juntas! No dia seguinte voltei para pegar todo o histórico de seu filho, documentos para fazer uma cópia e um dossiê. Eu nunca tinha precisado fazer um dossiê de um caso para tratamento médico, mas já tinha organizado portfólios e processos para amigas que tinham sido agredidas na família ou tinham precisado de ajuda no Centro de Direitos Humanos "Evandro Lins e Silva" – CDH-ELS, onde atuei por alguns anos, como voluntária e também como estagiária.

Quando organizamos todo o histórico de sua vida e fomos recapitulando as situações que ela precisou enfrentar, a sensação que tive foi a de genuína irmandade. Ela nunca tinha tido alguém com quem pudesse contar no enfrentamento de tantas situações, principalmente de racismo e ela nem sabia o que era. Os atendimentos que ela recebeu por parte das entidades de Assistência Social na cidade de Presidente Prudente ainda não tinham sido favoravelmente impactadas pelos estudos raciais. E ainda não são! Não eram em 1960, quando Maria Carolina de Jesus escreveu: "O Serviço Social deveria chamar serviço desumano" (JESUS, 2021, p. 57, v. 1). Mas havia questões muito práticas. Entrar no ônibus urbano com aquele rapaz violento estapeando a gente e as outras pessoas, era já um tremendo desafio. Mas fui junto com ela. Alguns dias tivemos ajuda do carro no CDH, mas nem sempre o carro estava disponível.

Mas este não foi o principal problema: o principal problema foi o descompromisso dos órgãos públicos e de um grupo de pesquisa da FCT-Unesp. Marcar para receber o garoto e ficarmos horas esperando, sem nenhuma justificativa foi o que mais me deixou indignada. O grupo de pesquisa em Educação Popular onde até então eu atuava, era de um compromisso enorme e não me lembro de uma situação de aviltamento como a que passamos. Este fato, me ajudou a compreender que nós as pretas, aqui nesta cidade, tínhamos que nos organizarmos nós por nós mesmas. Este foi um dos fatos que fez a gestação do Mocambo e do Coletivo Mãos Negras, ambos gestados e coordenados por mulheres pretas acadêmicas.

Foram anos que fiquei acompanhando minha amiga e lutando para que seu filho tivesse tratamento adequado. Conseguimos com que ele fosse atendido em casa. Uma pesquisadora da psiquiatria viu na organização do nosso trabalho uma possibilidade de estudo de caso, e contribuiu para a elaboração de um programa de atendimento domiciliar e algumas indicações para diminuir as crises violentas do rapaz. Quando ele não agredia a gente, mais sua mãe ou sua avó, ele se automutilava. Uma bolsa de estudos conseguida em 2009 com uma estudante de Educação Física da FCT- Unesp possibilitou que esta garota pudesse vir todas as semanas brincar e coordenar exercícios físicos para ele, sua mãe e sua avó melhorando muito as condições de saúde da família. Isto já era 2008. Em 2009 conseguimos compartilhar com a garota mais um recurso, desta vez do Edital para Comemorar o 20 de novembro. Daí assumi o trabalho dela na organização do evento, para que ela pudesse dedicar-se ao rapaz e sua família.

No mesmo período eu era voluntária no Hospital Psiquiátrico (fato que me acompanhava desde o período em que vivia em São Paulo) e vivenciei vários casos com rapazes e moças da zona leste da cidade de Presidente Prudente internos ou semi-internos do Hospital, alguns me encontravam na rua e conversávamos também fora do Hospital. A maioria eram pessoas negras. Então, quando entrei na pesquisa profunda sobre o "como combater o racismo", estes casos me desafiavam para pensar numa psicologia afrocentrada. Mas cadê? Cadê as psicólogas e psicólogos que conseguissem saber, verdadeiramente o que envolve o tratamento de situações tão complexas?

Mesmo quando eu fazia terapia, era um enorme descompasso. Como é frustrante conversar com uma profissional que não sabe do que você está falando! Isto porque eu já tinha um conhecimento muito acima da média sobre algumas questões, mas faltava a possibilidade de entendimento verdadeiro e profundo. Foi então, que descobri que deveria estudar para ensinar. E juntar nossas mazelas para curar, nós mesmas, as nossas mazelas. Porque levaria muitas décadas ainda até que tivéssemos na comunidade alguém ou um grupo que pudesse, de fato, compreender o que é a psicologia africana e como ela opera.

Concomitante a estes fatos, eu conheci e me aproximei do MOPS – Movimento Popular em Saúde, frequentando as rodas de conversa e acompanhando o trabalho de agentes comunitárias de saúde, negras, que assumiram, antes mesmos das equipes médicas ou multidisciplinares, outras abordagens no trabalho com as mulheres.

Em relação às mulheres, os grupos de trabalho com a Saúde da População Negra conseguiram uma abordagem afrocentrada muito mais aguerrida do que propriamente o segmento da Psicologia, mesmo quando ela começou tardiamente, a discutir as relações raciais. No que entendo, como pesquisadora da área, e principalmente como uma mulher negra militante é que a Psicologia como ciência é covarde[69] e não vai assumir a psicologia africana, nem como campo de pesquisa.

> A maior parte da discussão contemporânea nesse campo tem ocorrido, contudo, em reação às limitações da psicologia ocidental (branca) e/ou às consequências psicológicas negativas de ser africano numa realidade antiafricana.

---

[69] Nota da Ângela Soligo: "Não sei se é covardia somente – nossa psicologia é colonizada, assim como a sociologia, a antropologia etc. E romper com o colonialismo é tarefa longa e árdua. Mas, claro, é preciso coragem."

> Poucas discussões têm articulado com seriedade a natureza fundamental de ser africano (negro), seus significados psicológicos e funções associativas ou a teoria (s) necessária (s) com respeito aos processos psicológicos africanos "normais". (NOBLES, 2009, p. 278).

Para tanto é necessário que exista um processo que vai da conscientização dos saberes afrocentrados, até uma ruptura com os saberes da psicologia ocidental para africanizar seus saberes, que em tese, é uma ruptura total com o que já está estabelecido. É um epistemicídio da psicologia em si. Um epistemicídio consciente e não vislumbro uma única psicóloga ou psicólogo que seja capaz de uma ruptura deste porte no Brasil[70]. É um tipo de ruptura que precisa de um aquilombamento genuíno, constituído na luta e em processos coletivos. Um ou uma não será capaz porque é uma tarefa muito complexa para ser nomeada, assumida ou liderada por uma pessoa. É um processo umbuntuísta.

Epistemicídio.

As condições materiais criadas pela história do povo negro nos EUA, possibilitaram o arrebanhamento de um aporte financeiro, de conhecimento e militância que fez florescer uma rede de psicólogos e psicólogas negras que conversam muito bem com a diáspora negra, o que nos faz buscar estes aportes teóricos e metodológicos para uma aproximação mais direta com a possível psicologia africana ou afrocentrada aqui:

> A psicologia dos africanos deriva de uma singular experiência histórica e é por ela determinada. O imperativo humano natural e instintivo dessa psicologia é adquirir o impulso revolucionário para atingir a libertação física, mental e espiritual. Portanto, o que obviamente se faz necessário é uma psicologia centrada em nossas essências e integridade africanas, o que exige irmos além de desenvolver uma perspectiva negra, ou mesmo "afrocêntrica", sobre a psicologia ocidental. Fundamental a essa tarefa é criar e criticar um corpo de ideias, teorias e práticas destinados a favorecer a compreensão, a explicação e, quando necessário, a cura do ser, do vir-a-ser e da pertença africano em todas as expressões históricas e desdobramentos contemporâneos. Não se trata de um pensamento europeu revisado

---

[70] Nota da Ângela Soligo: "Epistemicídio ou ressignificação, ocupação preta da psicologia? Pergunto por que Grada Kilomba se apropria da psicanálise e africaniza a discussão. Não mata, ocupa. E acho que você, ao dizer que não conhece nenhuma psicóloga que seja capaz de romper, desvaloriza o trabalho árduo das psicólogas negras deste país."

> ou rearranjado; busca raízes profundas no pensamento
> africano. (NOBLES, 2009, p. 279).

Quando, em anos anteriores fiquei obcecada pelo Egito Antigo e toda a produção de artes que lá aconteceu, eu também tinha como indagação o que ocorreu com o povo negro para nos encontrarmos em tão profunda miserabilidade humana. Os fragmentos das nossas dores e nossas lamentações faziam coro com o racismo que nos impactava, mas onde estavam as outras possibilidades? Cansei de falar, ouvir e escrever sobre sofrimento! Tinha muito mais para ser dito, escrito e produzido.

Com raiva, porque todos os materiais que encontrei foram escritos, filmados, ditos, repetidos por pessoas brancas, eu fui estudar o Egito Negro e suas realizações. Só em 2016 conheci o trabalho de Cheick Anta Diop, um tratado inteiro discutindo as apropriações culturais sobre o Egito Negro. E daí conheci várias editoras negras que foram idealizadas para publicar o que as editoras de brancos nunca quiseram.

Quando prefacio este trabalho afirmando que "há uma guerra arquitetada contra o povo negro", não o faço somente pela polêmica, mas ancorada em Franz Fanon:

> Mas a guerra continua. E teremos de passar anos ainda
> pensando os ferimentos múltiplos e às vezes indeléveis
> feitos aos nossos povos pela onda colonialista. O impe-
> rialismo, que hoje se bate contra uma autêntica libertação
> dos homens, abandona aqui e ali germes de podridão, que
> devemos imediatamente detectar e extirpar de nossas terras
> e de nossos cérebros. (FANON, 2002, p. 287).

É, sem dúvida, um momento histórico este que vivemos, mas avalio também quanto é impactante pensar as áreas das ciências ocidentais e buscar balaiar estes saberes para ver como é que ficamos, nós as pretas, continuamente aumentando nossa carga de trabalho.

Um dos trabalhos mais difíceis de elaborar, do ponto de vista teórico/prático é nossa ancestralidade negra, totalmente imbricada com as forças da natureza e os mais variados cultos que foram ressignificados nesta terra na diáspora forçada. Comigo não foi diferente. O mundo, invisível para outras pessoas, me foi apresentado ainda muito pequena, antes dos três anos, quando vi, ouvi e retive a lembrança da existência de um mundo, presente aqui também, de seres que outras pessoas não podiam ver, ouvir ou reter informações.

Minha mãe, então me levava nas benzedeiras. Eram algumas, depois o padre da paróquia descobriu as beatas benzedeiras e proibiu, para desespero da minha mãe e de outras mulheres lidando com suas crias que viam defuntos, que precisou recorrer a Dona Neide, mulher preta que nunca se deixou submeter ao padre. Ela era uma benzedeira independente. Posso afirmar categoricamente que nunca tive medo ou receio destes episódios, mas aprendi, ainda bem pequena, que o medo das outras pessoas poderia me prejudicar. Eu vi outras pessoas médiuns serem internadas e chamadas de loucas. Algumas sumiram da nossa comunidade, internadas em locais distantes. Então, eu só pedia ajuda para minha mãe, que também é médium desde menina, mas não quis assumir.

Quanto mais conservadora a comunidade, maiores as dificuldades na assunção desta forma de organização, dificultando, sobremaneira a existência das comunidades-terreiro. Segundo Helena Theodoro, "é isto que faz um santo na Igreja Católica (como São Jorge) ser cultuado num centro de Umbanda em São Paulo como Ogum (orixá nagô)" (THEODORO, 2008, p. 71). Esta comunidade onde nasci só permitia a nós crianças uma exceção: a Festa de Cosme e Damião, que é conhecida na matriz nagô como Ibejis (os gêmeos). Minha mãe até fazia suas doações, porque dizia que esta tradição era importante. No entanto, avalio que nossa família não teve condições para estudar e avaliar o quanto perdemos de nossa ancestralidade não assumindo um fenômeno que, em maior ou menor grau, esteve presente em todas as pessoas da família: a comunicação com as pessoas, que segundo uma regra ocidental, estavam mortas. Foram inúmeros fenômenos.

Quando precisei atuar para educar a mediunidade não foi em uma Comunidade Terreiro, mas em uma casa kardecista, porque havia muitas e espalhadas por vários locais. Eu também deixei que o racismo religioso me atingisse e demorei muitos anos neste limbo: estudando uma série de materiais que me ajudaram a compreender os fenômenos, mas nunca puderam me satisfazer. Em mais de 25 anos de estudo e trabalho, as linhagens dos Pretos Velhos, Mães Marias e Caboclos foram conversando comigo em outros momentos ou até mesmo em algumas sessões especiais.

Em contrapartida, nunca houve uma negação das atuações de todo um mundo ancestral agindo em conjunto para fazer funcionar a natureza. E isto, em vários povos. Os tratamentos, sempre avaliados de forma muito mais abrangente, que os simples diagnósticos de psicólogos ou médicos psiquiatras ocidentais. Ainda assim, a permanência da loucura e do sofrimento psíquico insistia em ficar nas pessoas internadas nos hospitais psiquiátricos, sem a possibilidade de cura. Então, a loucura, me pareceu, era preservada como uma moeda de troca, como um acalanto repetitivo das impossibilidades, enchendo de uma vil moeda, os bolsos das indústrias de doenças, que vendem fármacos que nunca curam. Vendem também racismos de todos os tipos nas entrelinhas de suas caixas de remédios-doenças.

Não tenho uma crítica séria ao trabalho de Grada Kilomba. É provável que continuando seu trabalho de reflexão e publicações de outros textos seus, eu invista novamente em sua leitura. Até o momento o que tenho a registrar é que ela caiu numa armadilha ocidental, mas será preciso muito tempo ainda para que saibamos que tipo de armadilha é e até onde esta armadilha prejudica mais que contribui conosco, negras e negros na diáspora.

As experiências da arte no tratamento do sofrimento psíquico

Tenho acompanhado trabalhos acadêmicos e também filmes que tragam conteúdos sobre arte afro-brasileira, a interligação entre arte e tratamentos terapêuticos, mas sobretudo o movimento da produção e da fruição da arte negra no Brasil. Foi assim que encontrei a dissertação de Marcelo de Salete Souza, que conheci em uma das minhas visitas ao Museu Afrobrasil em São Paulo/SP. Foi uma agradável surpresa saber que ele conseguiu avançar nos estudos e titulou-se mestre em Estética e História da Arte, com o sugestivo título: "A configuração da curadoria de arte afro-brasileira de Emanoel Araújo". Nos anexos de sua dissertação, ele trouxe algumas entrevistas na íntegra, uma delas com Maria Lucia Montes, colaboradora do Museu e assessora em muitas exposições de arte afro-brasileira. Em determinado trecho da entrevista ela narra ter visto Emanoel chorar ao voltar da visita às obras de Artur Bispo do Rosário "Por que aquele cara estava trancafiado lá? E não eu? Ele era só um artista. E eu negro, rico, sou artista. Ele, negro e pobre, é louco". Dentro daquela instituição só tinha negro pobre. Isso dilacerou o Emanuel (SOUZA, 2009, p. 209).

Ficamos todos dilaceradas/os. Por que a diáspora forçada dilacerou a branquitude também, agora obrigada a ver e sentir as mazelas, que até pouco tempo atrás, só nós negres tínhamos profunda vivência e com isto fomos constituindo lugares, terreiros, roças onde pudemos refazer outros processos de tratamento, que tardiamente estão desvelando o Real: há um mundo ancestral com o qual a psicologia e a psiquiatria nunca conseguiram estabelecer uma narrativa próxima do que nós perdemos, do que nos foi roubado no processo escravizatório.

Calma.

Estou chegando lá.

Minha discussão fundamental, que foi operacionalizando como escrita é uma discussão sobre a materialidade espiritual que ao ser aviltadamente negada nas psicologias e nas psiquiatrias ocidentais, perde todas as possibilidades de cura. Ela pode até tratar, buscar e encontrar terapias que chegam perto da cura, mas a cura sempre escapa. Somos muitas e muitos dentro da manifestação de alguns poucos corpos negros reverberantes. Uma pessoa negra médium é uma reverberante de todo um mundo espiritual. E um mundo de sofrimento, lamentos e gritos.

> A arte, enquanto possibilidade de expressão da subjetividade, mostra-nos que não estamos prontos, mas nos fazemos nas relações que tecemos, nas obras que criamos, tornando-nos mais ricos à medida em que nos permitimos criar. O fazer artístico nos dá essa possibilidade de reinventar a vida e é a partir dessa possibilidade que se demonstra a imensa potência da arte enquanto recurso de cuidado em saúde mental - reinventar vidas marcadas pelo sofrimento, pela exclusão e pelo estigma da loucura. (MACHADO, 2021, p. 23).

Eu vi, ainda muito pequena as manifestações da loucura. Senti na minha pele as pancadas e a dor física que atos de loucura provocam. Acompanhei meu irmão, ainda surdo por uma pancada dada por nosso pai, morrer de câncer, afogado nas mágoas provocadas pela dor da rejeição e ainda sinto reverberar nas mulheres com as quais trabalho, o grito abafado das mágoas mais profundas, que esta sociedade hipócrita não quer ouvir, porque se assim o fizer, terá que destronar todos os seus ícones ocidentais, inclusive os ditos grandes papas da psicologia, da filosofia, das ciências naturais e de todas as artes!

Reverberar nas artes recupera belezas. Há tanta beleza na arte egípcia que a gente perde o fôlego. Napoleão e seus soldados tiveram que depor as armas quando se depararam com as ruínas do Egito Antigo.

Mas dói. Dói ter que admitir que nós negres somos de humanidade muito evoluída. Tão evoluída quanto é possível para esta humanidade, neste momento histórico e já éramos há mais de 4 mil anos. Até hoje a arquitetura ocidental não consegue pensar na construção das pirâmides, ainda que utilizando todos os equipamentos técnicos disponíveis na atualidade. A própria medicina fica estupefata quando verifica nas múmias egípcias a precisão das cirurgias realizadas, e artistas do mundo inteiro tentam materializar o que pessoas produziram e foram ensinando outras pessoas a produzirem por todo o continente africano.

Por que na Psicologia seria diferente?

Quando escolhi como título do nosso trabalho, apresentado no COPENE Sudeste 2021, com sede na UNICAMP: "Arte Malunga é Revolucionária" é disto que eu ensaiei tratar. Como em toda apresentação de trabalho é preciso fazer a introdução, depois o desenvolvimento e só então abrir um pouquinho para a discussão, fica impossível chegar ao cerne da discussão, mas suponho que já na finalização desta escrevivência, eu conquistei o direito de propor ao futuro outras Teses: é possível tratar as pessoas negras, desde que exista uma possibilidade de tratamento afrocentrado. Porque é uma legião. Uma legião de negres e de pessoas brancas atingidas por longos séculos de apropriação cultural.

Até mesmo Juliano Moreira conquistou um trabalho com remuneração estável e foi esta estabilidade financeira que possibilitou ao jovem médico psiquiatra, avançar nas suas pesquisas a favor da população, naquela época denominados "dementes". Tanto a psiquiatria, derivada das Ciências Médicas, como a Psicologia, derivadas das Ciências Humanas ainda são incapazes de referendar a Psicologia Africana. Há um longo percurso de lutas pela frente.

Desde que moramos aqui na zona leste do município de Presidente Prudente que convivo com algumas pessoas consideradas dementes. A maioria é negra e os que ganham as ruas são do sexo masculino. As mulheres que conheci e que apresentam os sintomas de demência ficam recolhidas, contidas em suas casas ou nos hospitais psiquiátricos.

Tem algum tempo que algumas destas mulheres insistem que eu posso ajudá-las. As dores que ora elas conseguem verbalizar vieram à tona e podem receber curativos. Mas há mesmo muito a fazer, pois a questão dos grupos para pensar em soluções outras, fora do sistema convencional (medicamentos que entorpecem e deprimem o sistema nervoso central, provoca sono etc.). Este "fora" precisa de algum jeito, entrar no processo.

Uma das terapias que foram ganhando força entre negres militantes, com certo poder aquisitivo são as denominadas "Constelação Familiar Afrocentrada", que só me permiti incluir aqui porque alguns amigos a ela estão recorrendo. Eu compreendo as dores de uma psicologia mais tradicional com uma corrente que contribui para abrigar charlatões de todos os tipos, mas o que é a psicologia tradicional, se ela mesma quando é muito séria, também não quis acolher outras possibilidades de cura, no tocante ao povo negro?

No entanto, é preciso um cuidado redobrado com as ofertas que não conseguem um liame mais permanente com as pessoas negras ávidas por um tratamento, onde de fato, sua ancestralidade negra esteja fundada. Quem pode recorrer a estas terapias são as poucas pessoas negras que possuem certo aporte financeiro. Será as Constelações Familiares mais uma armadilha?

Do ponto de vista de uma comunidade ubuntuísta é impossível tratar uma única pessoa da comunidade, pois só o que é possível de ser "comum", ainda que cada pessoa que a componha seja importante, é que transformará a dita realidade. Que pessoa preta pobre pode acessar estas terapias?

Reconheço que a depender da psicologia institucionalizada morreremos todas sem tratamento, porém é preciso apontar criticamente para quem se aproveita das dores mais agudas, somente importa esta dor, se a pessoa tiver muito dinheiro para pagar pelo tratamento. Da mesma forma que nos mobilizamos para implantar e manter o SUS, precisamos nos mobilizarmos para a implantação de serviços públicos, gratuitos e de qualidade na área da saúde mental.

> Quando observamos a constituição do campo da saúde mental no Brasil, percebemos uma profunda e promíscua relação entre o pensamento eugênico e a consolidação da saúde mental. Entre outros momentos, tal campo se ocupava de responder: o que fazer com a população negra emergente da abolição da escravatura no Brasil? Como governar "esses estrangeiros"? Nesse sentido, é importante perguntar: o quanto do pensamento eugênico ainda impregna a formação na área de saúde mental contribuindo

na representação social dos profissionais sobre o louco e a loucura? (SANTOS; LANARI, 2020, p. 5).

Os profissionais negros na saúde que tiveram que fazer a passagem epistêmica nas universidades e conseguiram sobreviver a este longo período de aviltamento, trouxeram para as discussões do aquilombamento e da imagem do quilombo, houve a formatação dos Quilombos nos CAPS. Um destes Quilombos é o CAPS IJ Brasilândia.

> A ideia do Aquilombamento, que tratamos na presente cartilha, surgiu do trabalho do psicólogo Emiliano Camargo David, desenvolvida em um Caps ij Brasilândia da Zona Norte de São Paulo. Durante um dos encontros, pudemos contar com a presença do Emiliano e os profissionais trouxeram importantes elaborações a partir das questões por ele apresentadas. Em seu trabalho de mestrado, Emiliano (2018) levanta algumas questões: será que racismo é produtor de sofrimento psíquico? Conseguem os profissionais levar as relações raciais em consideração na construção do PTS[71]? Os territórios existenciais em que os usuários circulam são percebidos como presentificação do determinante racial? Como o atributo raça se impõe como possibilidades diferentes para brancos e negros no processo saúde-doença-morte? O enlace necessário da produção acadêmica à prática produz uma forma de potência essencial ao desenvolvimento do aquilombamento nos serviços. (SANTOS; LANARI, 2020, p. 5).

São os serviços públicos em Centros de Referências nos bairros ou alguns especializados nas áreas mais centrais das cidades aonde chegam as demandas para atendimento psicológico, quando a pessoa já está manifestando os sintomas de um longo processo de adoecimento, que em alguns casos acometem as funções mentais. As manifestações de adoecimento corporal, que podem advir do adoecimento do grupo negro não conseguem escuta qualitativa.

É importante relembrar que Abdias do Nascimento já escrevia sobre estes processos (relativos à saúde psicológica da população negra) desde 1977, quando redigiu um documento para o Segundo Festival Mundial de Artes e Culturas Negras e Africanas, que ocorreu em Lagos, na Nigéria de 15 de janeiro a 12 de fevereiro de 1977 (NASCIMENTO, 2016, p. 27). Em "O Genocídio do Negro Brasileiro" (2016) há outros artigos com contribui-

---

[71] Prontuários de Tratamento da Saúde Mental.

ções para uma análise histórica de nossas reivindicações para acesso aos tratamentos de saúde psicológica contra os impactos do racismo.

Na escrita de Thata Alves: "Eu escrevo desde pequena, a poesia era o psicólogo que meus pais não podiam pagar" (Slam das Minas/SP, 2018). Escritora, produtora cultural, integrante do Slam das Minas, ela consegue trazer para sua poesia um instantâneo do que a branquitude acadêmica pouco ouve e em muitos casos, nunca tinha sido ouvido também pelas pretas mais velhas. Cada qual chorava suas dores na solidão, que era para não pesar demais nas costas de quem, sensível, tinha coragem de chorar em público.

Mãe Autônoma

Impressionante o quanto

A guarda dos filhos é da mulher

Ora se não é?

Quando há separação

Quem fica com a prestação do inalador?

Que não sara a dor dessa ferida

Fica aberta

Pingando sangue

E se não fosse o bastante

A saúde mental da mulher

Sofre

Porque ela a todos socorre

Mas não há quem

Cuide de suas feridas

Internas, físicas, psicológicas

Numa separação

Não existe pai que proponha

Guarda compartilhada

É a mãe que fica com toda a carga

Ela já não tem mais

Tempo pra produzir

Pra se cuidar

Uma vida social

Uma amiga que levante seu astral

Uma viagem pro litoral

Um bom livro na sua prateleira, arsenal

Um churrasco sem crianças no quintal

Seu dinheiro

É todo pra suprir o financiamento familiar

Pra contas a pagar

Já não sabe mais o que é cabeleireiro

Nem fazer a unha

Mas o que mais a tortura

Esse não dividir o fardo

De um fruto que outrora

Era o melhor plano dos dois

De nós

Após

Só os nós [...]

É o descaso

A situação de irresponsabilidade nociva que Thata Alves expõe não difere das análises de conjuntura que Lélia Gonçalez já fez nos anos 1980, pois verificar as enormes opressões combinadas que impactam a vida das mulheres negras é acontecimento corriqueiro, sem que, no entanto, fosse possível planejar as quebras destas correntes opressoras. Foi somente a partir do fazer coletivo, juntamente com o saber compartilhado coletivamente, que algumas soluções foram sendo analisadas e colocadas em prática. (GONZALEZ, 2008).

Acontece que as Yalorixás, as Agbás e outras lideranças negras já fazem este tipo de análise com atendimento protetivo tem séculos, na maioria das vezes escondido do restante da sociedade! As benzedeiras nas áreas rurais ou urbano-rurais e as parteiras passavam meses nas casas de mulheres que sofriam, para protegê-las de estupros pós-parto e com sua autoridade iniciaram um trabalho que culminou na atualidade, nas Promotoras Legais Populares (PLPs)[72], cuja liderança é de uma mulher negra e não é mera coincidência ser uma liderança negra. Então, há toda uma tecnologia de atendimento pautada na psicologia africana que só agora emerge em escritos.

No entanto, seria preciso uma análise muito mais aprofundada onde as questões da apropriação cultural que ocorreu nas religiões de matriz africana pudessem ser discutidas. É um parêntese importante este! Stefania Capone (2018) já analisava as tradições e o poder no Candomblé desde os anos 1990.

---

[72] https://promotoraslegaispopulares.org.br/

Algumas situações são evidentes, como a apropriação da imagética de Yemanjá, uma das mais descaradas e safadas que já presenciei. Como é que pode continuar como figura de tão grande destaque uma Yabá negra? Não pode! Então produz-se milhões de peças que contrariem a imagética original de Yemanjá, divulgando exaustivamente uma Yemanjá "Bündchen". A modelo é realmente muito bonita, mas não me representa, não representa as mulheres negras e nem a população ameríndia, da mesma maneira que a figura de Yemanjá que está na imprensa toda. E pior, nas casas especializadas do capitalismo selvagem, que vendem "imagens" de orixás.

Como é que algumas sessões de "Constelação Familiar" vão recuperar e "curar" todos estes séculos de exploração, de tantos tipos, elaborados com profundo planejamento de causa? É uma resistência assim que já narrava Lélia Gonzalez em "Mulheres negras", em 1980:

> É nesse contexto que se inscreve a criação do Nzinga – Coletivo de Mulheres Negras, no dia 16 de junho de 1983, justamente na sede da Associação de Moradores do Morro dos Cabritos, por um grupo de mulheres originárias sobretudo do movimento de favelas (MF) e do movimento negro (MN), Geralda Alcântara (MF), Miramar da Costa Correia (Movimento dos Bairros – MB, Sonia C. da Silva (MF), Sandra Helena (MF), Bernadete Veiga de Souza (MF), Victoria Mary dos Santos (MN) e Lélia Gonzalez (MN). Em meados de julho daquele mesmo ano, a companheira Jurema Batista seguiu para Lima no Peru como delegada do Nzinga, para o II Encontro Feminista da América Latina e do Caribe, ao lado de duas representantes do Grupo de Mulheres Negras no Rio de Janeiro. A atuação dessas companheiras foi de tal ordem que conseguiram que fosse criado um comitê anti-racismo no Encontro. Pela primeira vez na história do feminismo negro brasileiro, uma favelada representava, no exterior, uma organização específica de mulheres negras. (GONCALEZ, 2008, p. 42).

No Coletivo Mãos Negras em Presidente Prudente, fizemos um trabalho de divulgação da Psicologia Africana e suas reverberações nas terapias, inclusive da Psicologia Clínica. A Clínica, narrou um dos malungos, faz uma enorme diferença quando é uma psicóloga negra que já tenha conhecimento da psicologia africana, em relação à clínica coordenada por psicólogas brancas, ainda que tenham sensibilidade para as questões raciais e de gêneros.

Este assunto merece um artigo bem elaborado, com a coleta de depoimentos e outras experiências e ficará para o tempo futuro. No entanto, quero compartilhar com vocês a imagem de algumas Yemanjás que estão sendo produzidas, de acordo com os Itans mais antigos sobre Yemanjá.

Figura 68 – Yemanjá negra e Figura 69 – Perfil Yemanjá

Fotos: arquivo pessoal

Há duas fotografias, ambas da estátua de Yemanjá Negra, produzida em cerâmica queimada e colorida após processo de queima. A foto à esquerda da página tem a figura frontal da Yemanjá. Seus olhos são grandes e castanhos e toda a pele do rosto é representada com as escarificações tradicionais da realeza antiga dos yorubás. A estátua traz um ser marinho vermelho adornado com bolinhas coloridas. Seus seios são fartos e ela está grávida do mundo. As mãos estão sobre o ventre. A estátua foi fotografada sobre uma capulana com estampas variadas. A foto seguinte traz a Yemanjá negra de perfil, com a cauda de peixe. Sobre as costas de Yemanjá encontra-se um peixe encaixado de forma que sua cauda traseira se apoia nos cabelos dredados de Yemanjá, que possuem *glitter* azul sobre os *dreads*. Na lateral traseira, um outro peixe em tom escuro, repousa deixando sua cauda escorregar sobre o corpo de Yemanjá. Yemanjá: mãe de peixe. Mãe de toda a humanidade. Mulher-marido.

Mulheres negras são mães de meninos negros.

Provocações

ESSA ONDA É POESIA[73]

Ortodoxo no paradoxo

Do ser,

Sou

Paranoico, melancólico

Metódico, nostálgico...

Sorvete só massa

Sabor sem emoção

E...

Moça, essa sua taça

Me causa erupção

E arrepios no Dorso...

Sensação de vivo estar

Prazer trocar,

Por palavras tocar

O poético

Angelical Maquiavélico

Hora crente,

Hora cético.

Dos Patetas aos Patéticos

Para pra escutar.

Código urbano da poesia,

Uma alma por leitura

Revolucionar

O melhor vinho

É o que embebeda

Vai falar que

Essa poesia

Não deu onda? - Poeta da Rua (Denner Negrin)

Fonte: Facebook de Denner Negrin (agosto 2022)

---

[73] 3S23t2 de7 7noovue5mfbr2on àh78ss tr19:13e8d: Endereço do post no Facebook.

Quando me dispus a ouvir os homens negros com o desejo de entender um pouco mais sobre a solidão das mulheres negras, fui compreendendo o oco que os homens negros deixaram nas suas famílias, e que reverberam em seus ocos também. De 12 famílias priorizadas para um contato inicial na pesquisa, uma família negra tem o pai preto presente. É uma estatística-fato. Mais de noventa por cento de ausência. Então, fiz um pequeno exercício e fui anotando a respeito das famílias próximas ao Mocambo Nzinga, nossa comunidade, os homens brancos que vivem com suas famílias. Caso fosse pesquisar a branquitude da área geográfica onde fica o Mocambo, de 12 famílias brancas, as doze têm o pai branco presente. Uma família interracial tem o pai preto também presente. Então, quando a gente discute a solidão da mulher negra, a psicologia não consegue solucionar ou mesmo apontar soluções porque a psicologia está com uma estruturação fora dos contextos periféricos e ainda mais distante das famílias pretas ou interraciais.

O grave é que não é somente a Psicologia, e, mas também a Pedagogia, todas as licenciaturas, a medicina, as engenharias, a arquitetura, etc. Atuando com o grupo Varanda Social, formando por jovens estudantes de arquitetura pude constatar porque a maioria das comunidades não quer saber de ninguém estagiando nos seus espaços. É uma luta insana descobrir as falhas imensas nas formações acadêmicas e até mesmo na vida social. Porque aquelas vivências de aprendizado que ocorriam em espaços comuns passaram a ser vivências negativadas. Ir para dentro de suas casas, apartamentos e espaços de compras fechados fez um estrago nas possibilidades de convivência entre diversidades, não só econômicas, mas sociais, de escolhas para a vida.

A vida vivida avança numa velocidade enorme para quem está nesta imersão de ações e reflexões no trabalho coletivo, e as conquistas para que possamos cicatrizar nossas feridas, demoram para reverberar. As composições musicais, os grafites, as poesias e suas manifestações derramadas pelas cidades, são exercícios de cura. Eu ouvi deste mesmo homem negro, em um Slan, que quando é colocado na parede pela Polícia, precisa compor uma poesia com raiva para não perecer ou perder o juízo de vez.

Em "Cidadã de Segunda Classe", Buchi Emecheta nos ajuda a compreender que toda a diáspora negra, mesmo a africana sofreu profundos impactos em suas constituições familiares, com os processos colonialistas:

> Esses homens estimaram que com a independência viria a prosperidade, o momento de terem um governo independente, além de disponibilidade de empregos de alto nível e mais dinheiro, dinheiro à beça. Só que era preciso ter qualificação para esses empregos, pensavam eles. O único lugar capaz de assegurar essa qualificação, esse passaporte para a prosperidade, era a Inglaterra. Era preciso ir para a Inglaterra, fazer cursos rápidos de direito e voltar para governar seu país. O que poderia ser mais adequado? (EMECHETA, 2021, p. 118).

Em um trecho mais a frente, Bucchi Emecheta afirma "que quase todos os que falharam casaram-se com mulheres brancas (p. 119). No Brasil, a tônica do branqueamento remonta o início do processo escravocrata, por ideologia da branquitude, perpetuada por uma enorme dificuldade de organização e de manutenção das poucas organizações da população negra. Assumir os valores de outra cultura porque estes valores são considerados superiores vai desde a aparência dos cabelos até a suposta escolha da denominação religiosa. Por que juntar às minhas mazelas a fama de macumbeira? Não! É melhor ficar gritando "Jesus te ama!", além das manifestações coletivas de transe, que nas igrejas evangélicas é considerado "normal!" Uma gritaria maluca que até assusta é permitida, desde que provenha de uma Igreja Evangélica.

Esta discussão é fundamental justamente porque estamos discutindo de um lugar: a Psicologia da Educação no campo de uma Pós-Graduação em Educação. Ainda que os casos mais impactantes acabem reverberando na clínica, na psicologia clínica, é no campo da Educação onde atuamos nas relações raciais e a segmentação das discussões, com as propostas afrocentradas podem contribuir também com o avanço nestas assunções.

Figura 70 – Yemanjá de uma criança

Foto: arquivo pessoal

A fotografia é da obra de uma criança que fez uma pintura sobre papel paraná e sobre a pintura instalou uma boneca Abayomi, nomeada por ela de Yemanjá. Boneca Abayomi possui um arranjo na cabeça e está de sapatinhos em tons de azul. A pintura tem na parte inferior o desenho de ondas do mar, em tons de azul claro degradê com a cor branca. Como moldura para a cena do mar com a instalação da boneca Abayomi há pontos em amarelo produzidos com tinta relevo. A tinta relevo azul em pontos compõe a margem externa da moldura. Pontos coloridos e verde e dourado completam a decoração da moldura.

A arte floresce onde tudo mais esmaece. Como mulheres nossa escuta precisa ser ampliada, selecionar e até conversar para poder continuar na ação, sem tanto peso de tentar solucionar os mais de 500 anos de solidão. A nossa presença é fato. Sankofando em tantos locais que já nos encontramos. Todo encontro merece uma celebração. Este trabalho de pesquisa tem sido muito celebrado.

Escrevivências ou inscrivivências?

Não há dúvida de que Conceição Evaristo produziu uma série de textos privilegiando a vidas das mulheres negras e daí legar suas "escrevivências" ao mundo foi uma decorrência de muitos anos de trabalho e profundas reflexões. Ela nos legou, não somente um método científico de pesquisa afrocentrado, como também exemplificou as muitas maneiras de registro de suas "escrevivências". São exemplos pungentes em Insubmissas Lágrimas de Mulheres (2020) na sua quarta edição, de tão lido e comentado que foi. Mas já estava presente suas escrevivências em Ponciá Vicêncio, seu romance em que ela chama "parentes" suas personagens:

> Por ocasião de uma palestra, iniciei minha fala afirmando que gostava de meus parentes; de alguns eu gostava mais, de outros menos. Nos primeiros instantes, a audiência se surpreendeu, percebi movimentos tradutores do incômodo que minhas palavras causaram a palestrante iria falar sobre questões familiares? não! eu estava me referindo a outro tipo de parentesco. Falava das personagens criadas por mim. Minhas crias, portanto parentes de primeiro grau. Em um enlevo por parentes, há uma parenta da qual eu gosto particularmente. Essa é Ponciá Vicêncio. Entretanto, nem sempre gostei dela. Não foi amor à primeira vista. Aprendi a gostar da moça, de tanto amor que ela provoca nas pessoas. (EVARISTO, 2017, s/p, introdução).

Ela continua narrando que não "raras vezes o choro da personagem se confundia com o seu", da mesma maneira que quando escrevo sobre amores e dores das mulheres com as quais vivencio também me emociono profundamente. E foi profundamente emocionada que percebi no momento mesmo da defesa, que a Professora Petronilha me dera um presente precioso: a possibilidade de um registro de termo inovador, porque é um "termo-conceito" tão significativo como o termo cunhado por Conceição Evaristo.

Inscrivivência então é a capacidade de gravar em pedra, gravar na vida e nos espíritos das pessoas uma nova realidade. Sobre os escritos de kemet as inscrivivências produzem uma narrativa para além do que sua inscrição atual promove. Inscrever é alterar profundamente o sentido do que já esteve produzido no mundo. É enegrecer de beleza as possibilidades da vida. Mas eu grafei de forma que não queria. Era para ter sido uma "escrevivência". Nem sei onde foi no texto, porque fui fazendo uma revisão intensa do trabalho. Mas esta inscrivivência pode ser conceituada e marcar na pedra, no espírito das pessoas, o quanto um negro saber escurece de amor um tanto de padecer.

QUANDO DESCE A CORTINA OU A NOITE
É INDÍCIO QUE VAI COMEÇAR

Este livro é um registro de um tempo. Um período de nossas vidas malungas, em um determinado território, onde nós, mulheres negras estamos lutando. Uso uma figura de linguagem, que é o fato de que a população negra vive em guerra. No entanto, é uma verdade genuína. Mas a população negra também conseguiu criar lugares de resistência quilombistas, onde há o planejamento vivendo outras experiências além das experiências da guerra. A guerra é só mais um fator de dificuldade para que nosso projeto de existência seja operacionalizado.

Durante a pesquisa sistematizada, as anotações, cursos, seminários, oficinas, pandemia e pandemônios eu pude fazer uma imersão em mim mesma. Sou outra pessoa depois deste processo e foram mudanças muito profundas. Questões que eu não queria enxergar, olhar, produzir, reconhecer emergiram para serem desvendadas. Minha negritude passou por uma reconstituição, diante das reconstituições identitárias que vou reconhecendo nos processos das outras mulheres negras. Mas foram as crianças que me surpreenderam, já sabedoras e vivendo realidades onde a valorização da negritude esteve presente.

A maturidade da minha existência também foi um fator decisivo nas possibilidades de elaboração da pesquisa com as famílias do Mocambo ou nas áreas onde fica o Mocambo. Muitas questões emergiram com força, mas não puderam encontrar soluções neste tempo presente. Sankofaram para o futuro, até porque as questões levantadas através das falas das mulheres negras entrevistadas carregam uma série de reivindicações que precisam de atuação política a médio e longo prazo para conseguir sua realização.

Eu ouvi as pessoas. Ouvi minhas kekeres quando me chamaram de louca, quando me acusaram de fazer o impossível e que deveria cuidar mais de mim mesma. Nosso espaço de viver recebeu cuidados que nunca pode realizar. Fiquei até com receio de morte quando vi a cozinha de casa azulejada, a pia sem vazamento e o banheiro acabado com o chuveiro funcionando. Ficamos mais de oito anos sem funcionar o chuveiro elétrico. Quando esfriava era um horror tomar banho na água fria. Eu sei do que tratam as mulheres negras. Depois começaram a pipocar rachaduras nos canos de água, força das nascentes que existem na nossa cidade.

Aquela dor de verificar como sobra tanto do que falta nas nossas casas nas outras casas onde são obrigadas a trabalhar. Eu sei como é andar e andar no entorno de uma residência que só teria sentido como órgão público. E a gente anda, anda, procura a campainha e toca. Leva muito tempo até que alguém atenda. É um reduto quase totalmente inexpugnável. Lá pode ter uma mulher que sofre. Um adolescente que sofreu até pegar uma corda e morrer. "Prisão de cristal" e "prisão no barraco de madeira e papelão".

Nós superamos as prisões no espaço público. Nas áreas de uso comum nós superamos muita coisa. Eu identifico as possibilidades quando consigo promover áreas de contato na periferia. A rua é protetora. Da rua vê-se possibilidades que os muros altos e as cercas aramadas impedem de serem vistas. A rua é uma área comum, local de comunicação e sabedoria. Foi transformada e desvirtuada no contexto ocidental. Mas nós artistas temos que recuperar o espaço da rua. Da praça. Do mercado, que agora é feira (livre?).

Uma superação que está em processo muito vigoroso foi meu vício de acumular coisa. Consegui me despojar de muitos materiais que não poderia utilizar, mesmo que tivesse mais 50 anos de trabalho. E não é preciso juntar material para 50 anos de trabalho. A angústia de ser obrigada a ficar em casa. Transformar o espaço da casa em residência foi um desafio enorme. Não havia espaço em casa para que ela fosse uma residência. Havia mulambos úteis demais por todo o Mocambo. Nossa casa.

Então, fui olhando como transformar, o que transformar e uma dor enorme acompanhou os escombros. Tive que retirar os escombros eu mesma. Nem pagando bem havia gente querendo retirar os escombros. Caso fosse em casa de bacana, em áreas nobres da cidade haveria gente disposta, até oferecendo serviços para retirar os escombros. Foram sacos e sacos de escombros levados no porta-malas do carro para o Centro de Reciclagem. Muitas viagens.

As plantas revigoraram sem pedras e cal sobre suas raízes mais novinhas. Eu revigorei a vontade, mas senti o peso dos anos e minhas costas doem. É preciso emplasto de Espada de Oxum, de Espada de Ogum. Aquecida na chama do fogão e colocadas sobre as dores mais pujantes vai-se embora as dores. Renovadas no dia seguinte, porque há o quintal para ser varrido, as plantas que precisam de covas e o Parque para ser novamente limpo e suas plantas irrigadas.

Agora é tempo de escrever pedidos. Solicitar para a Câmara de Vereadores o que deveriam fazer e não fazem. Uma lembrança mais contundente de que devem olhar para as áreas periféricas. Estou pensando no texto, pensando no protocolo. Quando a gente protocola um pedido de reunião, a sessão precisa ser interrompida e a gente pode ler, numa sala de Conferência, o pedido protocolado na Secretaria da Câmara. Vamos lá. Encher aquela Casa de mulheres pretas e pedir o que já deveriam estar fazendo.

Vamos também fazer ofícios para o Prefeito. E colocar nos jornais. Onde já se viu deixar os bichos pastando numa área de preservação permanente e ficar com medo de operacionalizar a lei. A área precisa ser reestabelecida e com os animais lá não há árvore que cresça!

Tem também uma figura que coloca fogo no Parque. Vamos investigar quem é. E salvar as corujas que moram bem naquele canto. Só faltava ser crendice! Eu sei de gente que espantavas as corujas porque acreditavam que coruja era portadora da notícia da morte! E espantava a coruja, como se fosse possível espantar a morte! Eu conheci um senhor que chamava a morte de "veia do martilim". Uma graça de senhor! Usava um paletó de 100 anos e tinha um canteirinho de marcelinha. Minha mãe mangava dele. Dizia que marcelinha só tem boa serventia para fazer chazinho para nenê. Era um nenê Seu Joaquim. Partiu para o Orum. Tinha muito medo de morrer sozinho. Foi parar no asilo dos velhos e sem família, morreu sozinho.

Pois bem. A "veia" do martilim está trabalhando como nunca neste tempo de Covid-19, agora com um tal de Ômicron. Parece nome de robô exterminador. Ômicron!!! Eu vi um homem de seus 50 e poucos anos sendo chamado pela "veia" do martilim. O local onde ele ficava na UPA – Unidade de Pronto Atendimento era espaçoso e ninguém entrava lá. A máquina apitava a cada parada cardíaca dele e acionava um ressuscitador e daí os apitos ficavam de novo regulados. Pim. Pim. Pim. A noite toda. E vez ou outra um disparo.

Meus ancestrais vieram. Contaram um pouco sobre nossos trabalhos no futuro. Temos que trabalhar muito para continuar sankofando. Mas aprendi que tenho de considerar o tempo de descanso. Minhas mãos não contam quantos anos tenho. Ser negra me traz esta vantagem. Mas minhas costas reclamam do excesso, então vou considerar trabalhar no Parque só de vez em quando. Manter o quintal e as plantas vivas e bonitas e estou combinando com meu marido que precisamos de uma faxineira ou faxineiro. Fico muito cansada das tarefas cotidianas e quero poder fazer e ensinar outras artes. Arte grande e bonita. Arte preta. É o que me pedem minha Agbás que já faz muito tempo que vivem no Orum.

Tenho também que fazer um *mea culpa*: eu divulguei errado as histórias das bonecas Abayomis na minha dissertação de mestrado. Contei a lenda dos navios negreiros. Considerando as condições históricas daquele período é impossível que as mulheres viajassem com crianças. Pode ter acontecido um ou outro caso, mas com muita raridade para possibilitar a confecção de bonecas. As crianças embaladas em sacos e jogadas aos felinos nas costas africanas, é uma história mais plausível, ainda que sua crueldade seja chocante. Lena Martins nomeou de bonecas Abayomis estas bonecas produzidas somente conosco, nos anos 1980. Nós apertados, quase nunca nós cegos.

Quanto às outras mulheres tenho uma tarefa agora, neste tempo que virá tenho que conversar de novo com elas e também com algumas outras mulheres e crianças com as quais não consegui conversar no período da pandemia. Temos algumas demandas que serão socorridas, como a Exposição de Artes das crianças (numa Mostra Pedagógica), onde a participação de toda a comunidade será importante. Esta proposta, assim como a proposta de atuação do Mocambo é com todas as gerações nas famílias negras.

A atuação no Parque da Zona Leste todos os sábados, também está rendendo várias conversas e deixando evidente os inúmeros desafios no desenvolvimento de propostas de Educação Popular para que a comunidade compreenda e sinta-se comprometida com as áreas comuns. Planejar as exposições de arte em local aberto, como também fazer do Parque um local de encontro de artistas mais experientes com as crianças e adolescentes vislumbra promessas positivas.

A mulanga que solicitou o trabalho no Parque está firme e forte em alguns sábados ajudando na equipe, que às vezes tem gente viva, outras quase só gente morta. Durante o tempo em que as estagiárias do Varanda Social ficaram conosco pudemos compartilhar experiências. A professora do curso de Arquitetura que foi também orientadora deste Grupo de Trabalho e Pesquisa agora é diretora da FCT. A primeira mulher a ser diretora da FCT. E veio aqui coletar e classificar o material que é despejado no Parque.

Nós estamos em campanha para que a malunga se anime a sair candidata à vereadora. Formação política de base. Conversamos, explicamos, ficamos insistindo mesmo com argumentos que muitas outras mulheres já utilizaram e que deu certo. É difícil mudar uma concepção: ela sempre trabalhou para candidatos homens e agora duvida da própria capacidade de ser ela, a representante da comunidade. É fato que suas ações arrecadando alimentos, roupas, contribuindo com as crianças do bairro fazendo listas de materiais, roupas, calçados e vários outros envolvimentos já caracterizam as ações que uma líder comunitária comprometida consegue fazer.

Argumentamos que estas ações, com planejamento, financiamento e avaliação de resultados será ainda mais eficiente. Argumentamos que ainda que seja uma candidatura coletiva, nós estaremos no apoio. Junto com ela. É este o momento. E assim, vamos sabendo das sacanagens dos políticos que filiaram as mulheres que atuam na Paróquia, sem que elas ao menos saibam a que partido político foram filiadas. Ela não soube dizer. Assinou a filiação e não soube de pronto o nome do Partido.

Ações. Conscientização. Luta.

Então este trabalho passou pela qualificação e foi aprovado. Agora chegou para a Defesa e foi também aprovado por uma Banca maravilhosa: Orientadora e Presidente da Banca: Angela Fátima Soligo; Prof. Dr. Kabengele Munanga; Prof.ª Dr.ª Petronilha Beatriz Gonçalves e Silva; Prof.ª Dr.ª Márcia Lúcia Anacleto de Souza; Prof.ª Dr.ª Caroline Jango; e Prof. Dr. Ronaldo Alexandrino.

Eu fiquei intrigada porque para responder aos questionamentos da Banca tive que escrever ainda mais e o trabalho já avulta em tamanho de páginas. Eu sei que se não fossem as imagens e suas descrições seriam 100 páginas a menos, mas insisto neste trabalho de descrição poética. Então uma frase ficou dançando na minha memória: "Será que você não deslocou as mulheres negras desta pesquisa?". É evidente que não. Sou eu uma mulher negra presente no Mocambo Nzinga. É também uma preocupação nossa, constante atenção para nossas famílias. Nós temos vínculos profundos de convivência e também vínculos renovados em determinadas ações que tivemos que assumir.

Importante frisar que continuamos no trabalho enquanto este escrito vai sendo lido por outras pessoas. Há ações em curso, outras que precisam de planejamento. Vida que segue. Esperançosa.

E partiu para Orum Emmanuel Araújo. Um de nossos mais importantes Babá. Laroê Emmanuel! Um dia, nas muitas visitas que fiz ao Museu Afrobrasil na cidade de São Paulo, ele se postou ao meu lado e lá ficou alguns minutos até que eu percebesse que lá ele estava, me contemplando enquanto eu olhava embevecida uma obra de arte negra. Fiquei em paz. Ele sorriu. Eu sorri. Refizemos um laço. Refazer os laços é sempre importante.

REFERÊNCIAS

ABRÃO, Jorge Luís Ferreira. **Virgínia Bicudo**: a trajetória de uma psicanalista brasileira. São Paulo: FAPESP/Arte & Ciência, 2010.

ANGELOU, Maya. **Eu sei por que o pássaro canta na gaiola**. Tradução de Paula Rosas. Rio de Janeiro: José Olympio, 1996.

AKBAR, Na´ im. **Akbar papers in African psychology**. Baltimore: EUA, 1998.

ALMEIDA, Ana Quele Gomes de. **O uso do jogo oware para promover o ensino de matemática em uma escola quilombola**. 196 f. Dissertação (Mestrado em Educação Matemática) – Universidade federal de Pernambuco. Recife, 2017.

ALMEIDA, Silvio Luiz. **O que é racismo estrutural?** (Coleção Feminismos Plurais) Belo Horizonte: Letramento, 2018.

ALVES, Míriam Cristiana *et al.* (org.). **Matripotência e mulheres Olùsó**: memória ancestral e a enunciação de novos imaginários. Porto Alegre: Rede Unida, 2021.

ALVES, Ivonete Aparecida. O combate ao racismo que penetrou na barriga da mãe negra. *In:* **Anais do IV Seminário Internacional de História e Historiografia**: os 40 anos de *Faire de l'Histoire* e a Historiografia Brasileira. Cuiabá: UFMT (26 a 29 de maio). Organizado por João Paulo Rodrigues; Vitale Joanoni Neto, 2015.

ALVES, Ivonete Aparecida. **Educação Infantil e Relações Étnicas e Raciais**: pele negra e cabelo crespo nas escolas públicas e sua tradução nos trabalhos acadêmicos. 2017. 277 f. Dissertação (mestrado em Educação). FCT – Unesp de Presidente Prudente, 2017.

ANI, Marimba. **Yurugu Uma crítica africano-centrada do pensamento e comportamento cultural europeu**. Trenton/EUA: Africa World Press, Inc, 1992. Tradução Didática.

ARAÚJO, Ayni Estevão de. A agência política de mulheres negras sob a perspectiva do Mulherismo Africana: para além do ensurdecimento. **Revista Odeere**, v. 7, n. 1, jan./jun., p. 93-106, 2022.

ARAÚJO, Juliana Leandro de. **Obìnrin**: Yabás, suas joias e adornos contemporâneos. Coleção inspirada nas principais orixás femininas da Umbanda. 71

f. Monografia (Trabalho de Conclusão de Curso em Design). FAAC – Unesp de Bauru, 2017.

AZEVEDO, Júlia de *et al.* **Cartilha Manual de Vivências.** Coletivo de Mulheres da USP. Disponível em: https://edisciplinas.usp.br/pluginfile.php/5844445/mod_resource/content/1/Cartilha%20Direito%20e%20Equidade%20de%20Ge%CC%82nero%20%20%286%29.pdf.

AZEVEDO, Vanda Alves Torres. **Ìyàmi:** símbolo ancestral feminino no Brasil. 2006.152 f. Dissertação (Mestrado em Ciências da Religião) – PUC – Pontifícia Universidade Católica de São Paulo, São Paulo, 2006.

BÀ, Amadou Hampâtè. A tradição viva. *In:* KI-ZERBO, Joseph (ed.). **História Geral da África da Unesco** – Vol. I. 2 ed. Brasília, 2011. p. 17-212.

BÀ, Amadou Hampâtè. **Amkoullel, o menino fula.** Tradução de Xina Smitth de Vasconcellos. 3. ed. Palas Athena: São Paulo, 2013.

BARROS, José Flávio Pessoa de. **A floresta sagrada de Ossaim:** o segredo das folhas. Rio de Janeiro: Pallas, 2014.

BARROS, Samuel da Luz. O olhar de uma abordagem afrocêntrica: foco no funcionamento da psique africana. **Revista África e Africanidades,** ano IV, n. 13, maio 2011. Disponível em: www.africaafricanidades.com.

BENEDICTO, Ricardo Matheus. **Afrocentricidade, Educação e Poder:** uma crítica afrocêntrica ao eurocentrismo no pensamento educacional brasileiro. 2016. 298 f. Tese (Doutorado em Educação) – USP – Universidade Estadual Paulista, São Paulo, 2016.

BENTO, Maria Aparecida Silva (org.). **Práticas pedagógicas para igualdade racial na educação infantil.** São Paulo: CEERT, 2011.

BERNARDI, Ricardo Di. **Dos faraós à física quântica.** Londrina/PR: Universalista, 1997.

BONFIM, Vânia Maria da Silva. A identidade contraditória da mulher negra brasileira. *In:* NASCIMENTO, Elisa Larkin (org.). **Afrocentricidade** – uma abordagem epistemológica inovadora. 1. ed. São Paulo: Selo Negro, 2009. p. 197-218.

BRASIL. **Diretrizes Curriculares Nacionais para a Educação das Relações Étnico-Raciais e para o Ensino de História e Cultura Afro-Brasileira e Africana**. Brasília: MEC/SEPPIR, 2003.

BRASIL. Ministério da Educação. **Orientações e ações para a educação das relações étnico-raciais**. Brasília: SECAD, 2006.

Cadernos do GIPE-CIT. **Corpo, poética e ancestralidade**. Grupo Interdisciplinar de Pesquisa e Extensão em Contemporaneidade, Imaginário e Teatralidade / Universidade Federal da Bahia. Escola de Teatro. Programa de Pós-Graduação em Artes Cênicas – No. 42, dezembro, 2019.1. Salvador (BA): UFBA/PPGAC.

CAPONE, Stefania. **A busca da África no Candomblé**: tradição e poder no Brasil. 2. ed. Rio de Janeiro, 2018.

CARLAN, Cláudio Umpierre; FEITOSA, Lourdes Conde; FUNARI, Pedro Paulo (org.). **As veias negras do Brasil**: conexões brasileiras com a África. Alfenas/MG: UNIFAL, 2018.

CARMO, Quilombo como um conceito em movimento ou quilobismo e ubuntu: práticas ancestrais africanas para repensar práticas pedagógicas e de justiça. **Revista de Filosofia Problemata**, v. 11, n. 2, 2020, p. 41-56.

CARNEIRO, Edson. **Candomblés da Bahia**. 6. ed. Rio de Janeiro: Civilização Brasileira, 1978.

CARNEIRO, Sueli. Mulheres em movimento. **Estudos Avançados,** USP/São Paulo, v. 17, n. 49, p. 117-132, 2003.

CARNEIRO, Sueli. **A construção do outro como não-ser como fundamento do ser**. Tese (Doutorado em Educação) – São Paulo: FEUSP, 2005.

CASTIANO, José P. **Referenciais da filosofia africana**: em busca da intersubjetivação. Maputo/Moçambique, 2010.

CASTILHO, Suely Dulce de. **Quilombo contemporâneo:** Educação, família e culturas. Cuiabá/MT: EDUFMT, 2011.

CAVALLEIRO, Eliane dos Santos. **Do silêncio do lar ao silêncio escolar**: racismo, preconceito e discriminação na educação infantil. Dissertação (Mestrado em Educação) – São Paulo: FEUSP, 1998.

CAVALLEIRO, Eliane. **Veredas das noites sem fim**: um estudo com famílias negras de baixa renda sobre o processo de socialização e a construção do pertencimento racial. Tese (Doutorado em Educação) – FEUSP, 2003.

CHERFEM, Carolina Orquiza. **Consubstancialidade de gênero, classe e raça no trabalho coletivo/associativo**. Tese (Doutorado em Educação) – Campinas: UNICAMP, 2014.

CHIZIANE, Paulina. **O canto dos escravizados**. Belo Horizonte: Nandyala, 2018.

CHIZIANE, Paulina; MARTINS, Mariana. **Ngoma Yethu**: o curandeiro e o novo testamento. Belo Horizonte: Nadyala, 2018.

CIPRIANO, Nathalia Grilo. **Revista Di Cheiro**. Curadoria e pesquisa de Nathalia Cipriano. Edição I, Maio de 2020.

CIPRIANO, Nathalia Grilo. **Revista Di Cheiro**. Curadoria e pesquisa de Nathalia Cipriano. Edição II, Junho de 2020.

CIPRIANO, Nathalia Grilo. **Revista Di Cheiro**. Curadoria e pesquisa de Nathalia Cipriano. Edição III, julho de 2020.

COLLINS, Patricia Hill. Aprendendo com *autosider whinter*: a significação sociológica do pensamento feminista negro. **Sociedade e Estado**, v. 31, n. 1, p. 99-127, 2016.

CONE – Coordenadoria dos Assuntos da População Negra. **20 anos de contribuição para as políticas públicas étnico-raciais no município de São Paulo**. São Paulo/Cidade, 2002.

CONSELHO FEDERAL DE PSICOLOGIA. **Referências técnicas para a atuação de psicólogas/os**. Brasília: CFP, 2017.

COUTO, Sérgio Pereira. **Desvendando Egito**: Tutancâmon, as esfinges e outros mistérios da terra dos faraós. São Paulo: Universos dos Livros, 2008.

DAMASCO, Mariana Santos. **Feminismo negro**: raça, identidade e saúde reprodutiva no Brasil (1975-1996). 159 f. 2008. Dissertação (Mestrado em História das Ciências e da Saúde) – FIOCRUZ, São Paulo, 2009.

DAVIS, Angela. **Mulheres, raça e classe**. Tradução de Heci Regina Candiani. São Paulo: Boitempo, 2016.

DAVIS, Angela. **Mulheres, cultura e política**. Tradução de Heci Regina Candiani. São Paulo: Boitempo, 2017.

DESLANDES, Bárbara Primo. **Aspectos culturais e ascensão econômica de mulheres forras em São João del Rey**: séculos XVIII e XIX. 157f. 2010. Dissertação (Mestrado em História) – Universidade Federal Fluminense, Instituto de Ciências Humana e Filosofia, Rio de Janeiro, 2010.

DIOGO, Luciana Martins. **Da sujeição à subjetivação**: a literatura como espaço de construção da subjetividade, os casos das obras Úrsula e A Escrava de Maria Firmina dos Reis. Dissertação, 2016. 202 f. (Mestrado em Culturas e Identidades) – Universidade de São Paulo, 2016.

DIOP, Cheikh Anta. **A origem africana da civilização**. Tradução coletiva a partir da tradução inglesa de Mercer Cook. Westport: Lawrence Hill, 1974. Disponível em: https://www2.unifap.br/neab/files/2018/05/Dr.-Cheikh-Anta-Diop-A-Origem-Africana-da-Civiliza%C3%A7%C3%A3o-ptbr-completo.pdfe. Acesso em: 12 out. 2017.

DIOP, Cheikh Anta. Biografia. **Panorama Histórico da vida, do pensamento e da obra de Cheik Anta Diop**. Colaboradores: Marietou Diongue-Diop; Cheikh M´Backé Diop; Dialo Diop; Aboubacry Moussa Lam e Babacar Sall. Tradução de Humberto Luiz Lima de Oliveira. Recife: UFPE, 2008.

DU BOIS, William Edwards Burghardt. **As almas da gente negra.** Tradução de Heloísa Toller Gomes. Rio de Janeiro: Lacerda, 1999.

DUQUE, Fátima da Costa; CARVALHO, Maria Izelda de; PERINI, Maria Mendes; LIMA, Maria Rosimeire de. **O negro e sua participação no movimento de união da consciência negra de Presidente Prudente**. Monografia, 1991. 81f. (Trabalho de Conclusão de Curso de Assistência Social) – Instituto Toledo de Ensino. Presidente Prudente, 1991.

EVARISTO, Conceição. **Olhos d´água.** 4. ed. Pallas: Rio de Janeiro, 2018.

EVARISTO, Conceição. **Insubmissas lágrimas de mulheres**. Malê: Rio de Janeiro, 2020.

EVARISTO, Conceição. **Ponciá Vicêncio.** 3. ed. Pallas: Rio de Janeiro, 2021.

EMECHETA, Buchi. **Cidadã de segunda classe**. Tradução de Heloisa Jahn. Porto Alegre: Dublinense, 2018.

EUGÊNIO, Naiara Paula. Estética e filosofia da arte africana: uma breve abordagem sobre os padrões estéticos que conectam África e sua diáspora. **Revista de Filosofia Problemata**, v. 11, n. 2, p. 112-123, 2020.

FACTUM, Ana Beatriz Simon. **Joalheria escrava baiana**: a construção histórica do design de joias brasileiro. Tese, 2009. 335 f. (Doutorado em Design e Arquitetura) – Universidade de São Paulo, 2009.

FEDERICO, Roberta Maria. **Psicologia, raça e racismo**: uma reflexão sobre a produção acadêmica brasileira (2001-2012). 2014. Dissertação. 115f. (Mestrado em Psicologia) – UFRJ, Rio de Janeiro, 2014.

FANON, Franz. **Pele negra, máscaras brancas**. Tradução de Renato da Silveira. Salvador: EDUFBA, 2008.

FANON, Franz. **Os condenados da terra**. Tradução de Enilce Albergaria Rocha e Lucy Magalhães. Juiz de Fora: UFJF, 2005.

FERREIRA, Elio. A "Carta da escrava Esperança Garcia do Piauí", escrita por ela mesma e sua relação com a poesia das mulheres dos Cadernos Negros. *In:* RIBEIRO, Esmeralda; BARBOSA, Márcio. **Cadernos Negros Três Décadas**. São Paulo: SEPPIR, 2008. p. 95-110.

FINK III, Charles S.; NASCIMENTO, Elisa Larkin. Abordagem afrocentrada, história e evolução. *In:* NASCIMENTO, Elisa Larkin (org.). **Afrocentricidade** – uma abordagem epistemológica inovadora. 1. ed. São Paulo: Selo Negro, 2009. p. 37-69.

FRASSÃO, Magali; DORNELLES, Leni. Quem disse que crianças não sabem fazer curadoria? 'Ver diferentes (ver)sões é legal!'. **Revista GEARTE**, Porto Alegre, v. 6, n. 3, p. 528-544, set./dez. 2019. Disponível em: http://seer.ufrgs.br/gearte.

FREIRE, Paulo. **Pedagogia do Oprimido**. 27. ed. São Paulo: Paz e Terra, 1987.

FREIRE, Paulo. **Pedagogia dos Sonhos Possíveis**. São Paulo: Unesp, 2001.

GERSCHMAN, Silvia. **O Movimento Popular em Saúde**. *In:* A democracia inconclusa: um estudo da reforma sanitária brasileira [online]. 2nd ed. Rio de Janeiro: Editora FIOCRUZ, 2004. p. 89-134.

GIL, Gilberto; MOORE, Carlos. **Fela esta vida puta** – bibliografia autorizada. Prefácio. Belo Horizonte: Nandyala, 2011.

GOMES, Janaína Damceno. **Os segredos de Virgínia**: estudo de atitudes raciais em São Paulo (1945-1955). 2013. 180f. Tese (Doutorado em Antropologia Social) – Faculdade de Filosofia, Letras e Ciências Humanas da Universidade de São Paulo, 2013.

GOMES, Nilma Lino. Trajetórias escolares, corpo negro e cabelo crespo: reprodução de estereótipos ou ressignificação cultural? **Revista Brasileira de Educação**, Belo Horizonte, n. 21, p. 40-168, set./out./nov./dez. 2002.

GOMES, Nilma Lino. **Corpo e cabelo como símbolos da identidade negra**. Body and hair as symbols of black identity. 2004. Disponível em: http://tito-sena.faed.udesc.br/Arquivos/Artigos_textos_sociologia/Negra.pdf. Acesso em: 6 jan. 2021.

GOMES, Nilma Lino. **Sem perder a raiz**: corpo e cabelo como símbolo da identidade negra. Belo Horizonte: Autêntica, 2006.

GOMES, Nilma Lino. O movimento negro no Brasil: ausências, emergências e a produção dos saberes. **Política e Sociedade**, v. 10, n. 18, p. 133-154, abr. 2011.

GOMES, Nilma Lino. **O movimento negro educador**: saberes construídos nas lutas por emancipação. Vozes: Petrópolis/RJ, 2017.

GOMES, Nilma Lino. **Alguns termos e conceitos presentes no debate sobre relações raciais no Brasil**: uma breve discussão. Disponível em: file:///C:/Users/User/Desktop/Alguns-termos-e-conceitos-presentes-no-debate-sobre--Rela%C3%A7%C3%B5es-Raciais-no-Brasil-uma-breve-discuss%C3%A3o.pdf. Acesso em: 6 jan. 2021.

GONÇALVES E SILVA, Petronilha Beatriz; BARBOSA, Lucia Maria de Assunção Barbosa (org.). **O pensamento negro em educação no Brasil**: expressões do movimento negro. Editora da UFSCar: São Carlos, 1997.

GONÇALVES E SILVA, Petronilha Beatriz. "Chegou a hora de darmos a luz a nós mesmas" – situando-nos enquanto mulheres e negras. **Cadernos CEDES**, v. 19, n. 45, 1998.

GONÇALVES E SILVA, Petronilha Beatriz. **Entre Brasil e África**: construindo conhecimento e militância. Belo Horizonte: Mazza, 2011.

GONÇALVES E SILVA, Petronilha Beatriz. Educação das Relações étnico-raciais nas instituições escolares. **Educar em Revista**, v. 34, n. 69, 2018. Disponível em: https://revistas.ufpr.br/educar/article/view/58097. Acesso em: 4 fev. 2020.

GONZALEZ, Lélia. Mulher negra. *In:* NASCIMENTO, Elisa Larkin (org.) **Guerreiras da natureza**: mulher negra, religiosidade e ambiente. São Paulo: Selo Negro, 2008.

GONZALEZ, Lélia. **Por um feminismo afro-latino-americano**: ensaios, intervenções e diálogos. Flávia Rios e Márcia Lima (org.). Rio de Janeiro: Zahar, 2019.

HEMUS, Editora. **O livro dos mortos do Antigo Egito**: o primeiro livro da humanidade. Tradução de A. Wallis Budge do Papiro de Ani. 9. ed. São Paulo: Hemus, 2019.

hooks, bell. **Alisando nossos cabelos**. 2004. Disponível em: https://www.geledes.org.br/alisando-o-nosso-cabelo-por-bell-hooks/. Acesso em: 13 out. 2014.

hooks, bell. **Ensinando a transgredir**: a educação como prática da liberdade. Tradução de Marcelo Brandão Cipolla. São Paulo: Martins Fontes, 2013.

hooks, bell. **Erguer a voz, pensar como feminista, pensar como negra**. Tradução de Cátia Bocaiuva Maringolo. São Paulo: Elefante, 2019.

hooks, bell. **Olhares negros, raça e representação**. Tradução de Stephanie Borges. São Paulo: Elefante, 2019.

HUDSON-WEEMS, Clenora. **Mulherismo Africana**: Uma visão geral. *In:* UNIÃO DOS COLETIVOS PAN-AFRICANISTAS. Epistemologia do Renascimento Africano: Coleção Pensamento Preto. VI. São Paulo: Filhos da África, 2019, p. 157-174.

HURSTON, Zora Neale. Textos escolhidos de Zora Neale Hurston. **Ayé Revista de Antropologia FIRE!!!** Edição especial, abril de 2021.

IAVELBERG, Rosa. **Arte-educação modernista e pós-modernista**: fluxos. 258 f. 2015. Tese (Livre-Docência) – Departamento de Metodologia do Ensino e Educação Comparada, Faculdade de Educação da Universidade de São Paulo, São Paulo, 2015.

JESUS, Maria Carolina de. **Quarto de despejo**: diário de uma favelada. São Paulo, Ática, 1993.

JESUS, Maria Carolina de. **Casa de Alvenaria**. Volume 1: Osasco. São Paulo: Cia das Letras, 2021.

JESUS, Maria Carolina de. **Casa de Alvenaria**. Volume 2: Santana. São Paulo: Cia das Letras, 2021.

KALLKMANN, Suzana *et al.* **Nascer com equidade**: humanização do parto e do nascimento: questões raciais/cor e de gênero. São Paulo: Instituto de Saúde, 2010.

LOPES, Nei. **Enciclopédia Brasileira da Diáspora Africana**. São Paulo: Selo Negro, 2004.

LOURENÇO, Ana Carolina; FRANCO, Anielle (org.). **A radical imaginação política das mulheres negras brasileiras.** São Paulo: Oralituras/Fundação Rosa Luxemburgo, 2021.

LIMA, Stephanie Pereira de. **A gente não é só negro**! Interseccionalidade, experiência e afetos na ação política de negros universitários. 290f. 2020. Tese (Doutorado em Ciências Sociais) - Instituto de Filosofia e Ciências Humanas da UNICAMP, Campinas, 2020.

MACHADO, Adilbênia Freire. Filosofia africana e práxis ancestrais femininas: a sabedoria que "renasce" com vestes de diamante. **Revista de Filosofia Problemata**, v. 11, n. 2, p. 21-40, 2020.

MALACRIDA, Carmo. **Pesquisa Takeo Sawada** (1917-2004). Presidente Prudente/SP, 2021. Arquivo da autora.

MALOMALO, Bas`Ilele. Estudos africana ou novos estudos africanos: um campo em processo de consolidação desde a diáspora africana no Brasil. **CAPOEIRA** Revista de Humanidades e Letras, v. 3, n. 2, p. 17-50, 2017.

MASCARENHAS, Érica Larusa Oliveira. **Produção científica africana e afrocentricidade**: beleza saúde, cura e a natureza holística da ciência africana. 133 f. 2021. Dissertação (Mestrado em Ensino, Filosofia e História) - Programa de Pós-Graduação em Ensino, Filosofia e História das Ciências. Universidade Federal da Bahia, Feira de Santana, 2021.

MAYER, Joviano Gabriel Maia (org.). **De pé na encruzilhada**: por uma cartografia contra-colonialista. 350 f. 2020. Tese (Doutorado em Arquitetura e Urbanismo) - Escola de Arquitetura da Universidade Federal de Minas Gerais, Minas Gerais, 2020.

MEDEIROS, Maria Fabrícia de. **Práticas pedagógicas e relações étnico-raciais**: uma análise da construção da identidade negra da criança nos anos iniciais do Ensino Fundamental de uma escola pública da cidade de João Pessoa. 270f. 2019. Tese (Doutorado em Educação) – Universidade Federal de João Pessoa, João Pessoa, 2019.

MOORE, Carlos. **Racismo e sociedade**: novas bases epistemológicas para entender o racismo. São Paulo: Mazza, 2008.

MOURA, Clóvis. **Quilombos**: resistência ao escravismo. São Paulo: Ática, 1989.

MOURA, Clóvis. **Dicionário da escravidão negra no Brasil**. São Paulo: EDUSP, 2013.

MOURA, Clóvis (a). **Dialética radical do Brasil negro**. 5. ed. São Paulo: Fundação Maurício Grabois/Anita Garibaldi, 2014.

MOURA, Clóvis (b). **Rebeliões da Senzala**: quilombos, insurreições, guerrilhas. 2. ed. São Paulo: Fundação Maurício Grabois/Anita Garibaldi, 2014.

MULUNDWE, Banza Mwepu; TISHAHWA, Muhosa. **Mito, mitologia e filosofia africana**. Disponível em: http://filosofia-africana.weebly.com/uploads/1/3/2/1/13213792/banza_mwepu_mulundwe___muhota_tshahwa_-_mito_mitologia_e_filosofia_africana.pdf. Acesso em: ago. 2016.

MUNANGA, Kabegele. **Cem anos e mais de bibliografia sobre o negro no Brasil**. São Paulo: CEAFRO/USP, 2002.

MUNANGA, Kabengele. **Negritude usos e sentidos**. Belo Horizonte: Autêntica, 2012.

NASCIMENTO, Abdias. **Quilombismo**: um conceito emergente do processo histórico-cultural da população afro-brasileira. *In:* NASCISMENTO, Elisa Larkin (org.). **Afrocentricidade**: uma abordagem epistemológica inovadora. São Paulo, Selo Negro: 2009. p. 197-218.

NASCIMENTO, Elisa Larkin (org.). **Afrocentricidade** – uma abordagem epistemológica inovadora. 1. ed. São Paulo: Selo Negro, 2009.

NJERI, Aza. Mulherismo africana: práticas na diáspora brasileira. **Revista Currículo sem Fronteiras,** v. 19, p. 595-608, maio/ago. 2019.

NJERI, Aza. Reflexões artístico-filosóficas sobre a humanidade negra. **Revista Ítaca,** n. 36 – Especial Filosofia Africana, ago. 2019.

NJERI, Aza. Educação Afrocêntrica como via de luta antirracista e sobrevivência na Maafa. **Revista sul-Americana de Filosofia e Educação** – RESAFE, n. 31, p. 4-17, maio/out. 2019.

NJERI, Aza; AZIZA, Dandara. Entre a fumaça e as cinzas: estado de Maafa pela perspectiva mulherismo africana e a psicologia africana. **Revista de Filosofia Problemata**, v. 11, n. 2, p. 57-80, 2020.

NOBLES, Wade W. *Sakhu Sheti* retomando e reapropriando um foco psicológico afrocentrado. *In*: NASCIMENTO, Elisa Larkin (org.). **Afrocentricidade** – uma abordagem epistemológica inovadora. 1. ed. São Paulo: Selo Negro, 2009. p. 277-297.

NOGUERA, Renato. Ubuntu como modo de existir: Elementos gerais para uma ética afroperspectivista. **Revista da ABPN,** v. 3, n. 6, p. 147-150, nov. 2011 – fev. 2012.

NOGUERA, Renato; BELCHIOR, Tomaz Amorím do Negro (entrevista). **Afro-perspectividade**: por uma filosofia que descoloniza. *In:* Gueledés – Instituto das Mulheres Negras. Coluna Artigos e reflexões, publicado em 12/07/2015.

NOGUEIRA, Isildinha Baptista. **Significações do corpo negro**. 1998. 146 f. Tese (Doutorado em Psicologia) – Instituto de Psicologia da Universidade de São Paulo, São Paulo, 1998.

NOVAES, Priscila (org.). **Ajeum o sabor das deusas**. São Paulo: Ciclo Contínuo, 2017.

OLIVEIRA, Reinaldo José de. Segregação racial, territórios negros e saúde mental. **Revista Odeere**, v. 2, n. 4, p. 84-109, jul./dez. 2017.

OLIVEIRA, Regina Marques de Sousa; LIMA, Joice Naiane Santos. Saúde Mental e relações étnicas: formação do psicólogo para o SUS e o SUAS, colonização e currículo. **Revista Odeere**, v. 2, n. 4, p. 146-165, jul./dez. 2017.

OLIVEIRA, Vanessa *et al.* **De bala em prosa**: vozes da resistência ao genocídio negro. São Paulo: Elefante, 2020.

ORRICO, Maria Isabel Donnabella. **Branquitude crítica dissimulada**: desafios da educação para as relações étnico-raciais. 2021. 222 f. Tese. (Doutorado em Educação) – Faculdade de Educação da UNICAMP, Campinas, 2021.

OYĚWÙMÍ, Oyèrónkë. **La invención de las mujeres**: uma perspectiva africana sobre los discursos occidentales del género. Traducción de Alejandro Montelongo González. Bogotá: Editorial Em La Frontera, 2017.

OYĚWÙMÍ, Oyèrónkë. O fardo da mulher branca; mulheres africanas no discurso ocidental feminista. Tradução de Aline Matos da Rocha. **Revista de Filosofia Problemata**, v. 11, n. 2, p. 145-167, 2020.

PORTELA, Alinny Rodrigues Emerich; ALMEIDA NETO, Joel; THIENGO, Edmar Reis. **O "lápis cor de pele" e seus conflitos**: um estudo de caso sobre a produção de auto-retratos de estudantes e o pertencimento racial. Anais V CANCEFOR – Congresso Regional de Formação e EAD. Instituto Federal do Espírito Santo, 16 a 18 de agosto e 2018. Disponível: https://concefor.cefor.ifes.edu.br/wp-content/uploads/2018/08/4721-7492-2-RV.pdf. Acesso em: 15 fev. 2022.

PRIMO, Bárbara Deslandes. **Aspectos culturais e ascensão econômica de mulheres forras em São João Del Rey:** séculos XVII e XIX. 2010. 157 f. Dissertação (Mestrado em História) – Programa de Pós-Graduação em História da Universidade Federal Fluminense, Niterói, 2010.

Prefeitura Municipal de Campinas. Cartilha - **Plantas Medicinais Botica da Família.** Faculdade de Ciências Médicas (FCM) / Universidade Estadual de Campinas (UNICAMP) Diário Oficial do Município de Campinas, Campinas, SP, 2018. Disponível: https://saude.campinas.sp.gov.br/saude/assist_farmaceutica/Cartilha_Plantas_Medicinais_Campinas.pdf. Acesso em: 18 dez. 2019.

RABAKA, Reiland. Teoria crítica africana. *In:* NASCISMENTO, Elisa Larkin (org.). **Afrocentricidade**: uma abordagem epistemológica inovadora. São Paulo: Selo Negro, 2009. p. 129-146.

REIS FILHO, José Tiago **Negritude e sofrimento psíquico.** *In:* Revista Pulsional de Psicanálise. Ano XIX, n. 185, março de 2006, p. 150-156.

RIBEIRO, Djamila. **O que é lugar de fala?** Série Feminismos Plurais. Belo Horizonte: Letramento, 2017.

RIBEIRO, Emanuele Oliveira. Psicologia, racismo e saúde mental: formas de intervenção no trabalho do psicólogo. **Revista Odeere**, v. 2, n. 4, p. 166-178, jul./dez. 2017.

RIBEIRO, Matilde. Tornar-se negra: construção da identidade de gênero e de raça. **Presença da Mulher**, São Paulo, v. 7, n. 28, p. 22-5, 1995.

RIBEIRO (b), Matilde. Mulheres negras brasileiras: de Bertioga a Beijing. **Revista Estudos Feministas,** p. 446-457, 2º sem. 1995.

RIBEIRO, Matilde. **Institucionalização das políticas de promoção da igual-dade racial no Brasil**: percursos e estratégias – 1986 a 2010. 282 f. 2013. Tese (Doutorado em Serviço Social) – Pontifícia Universidade Católica de São Paulo, São Paulo, 2013.

RIBEIRO, Ronilda Iyakemi. **Alma africana no Brasil**: os iorubas. São Paulo: Oduduwa, 1996.

RIOS, Flavia; LIMA, Márcia. **Por um feminismo afro-latino-americano**: ensaios, intervenções e diálogos. São Paulo: Zahr, 2020.

ROCHA, Janaina; DOMENICH, Mirella; CASSEANO, Patrícia. **Hip Hop**: a periferia grita. São Paulo: Perseu Abramo, 2001.

ROSA, Sonia; HEES, Luciana Justiniani. **Quando a escrava Esperança Garcia escreveu uma carta**. Rio de Janeiro: Pallas, 2012.

ROSA, Dandara da Silva (Dandara Aziza); NASCIMENTO, Nathália de Souza Nascimento (Ayana Sisi); MORAES Viviane Mendes de (Aza Njeri). A psicologia africana como ferramenta de mudança social da população negra-africana. *In:* **CONGRESSO DA ALFEPSI**, 2018.

SÀLÁMI, Síkírù. Centro Cultural Oduduwa. **Poder dos Elementos do Axé**. 2020. Disponível em: https://cursos.oduduwacursos.com.br/elementos-do-axe/. Acesso em: 3 ago. 2021.

SANTANA, Bianca (org.). **Vozes insurgentes de mulheres negras**: do século XVIII à primeira década do século XXI. Belo Horizonte: Mazza, 2019.

SANTOS, Antônio Bispo dos. (Nego Bispo). **A terra dá, a terra quer**. São Paulo: Ubu editora/Piseagrama, 2023.

SANTOS, Ivair Augusto Alves dos. **O movimento negro e o estado** (1983-1987): o caso do Conselho de Participação e Desenvolvimento da Comunidade Negra no Governo de São Paulo. 2. ed. São Paulo: CONE, 2001.

SANTOS, Ivair Augusto Alves dos. **Direitos humanos e as práticas de racismo**. Brasília: Fundação Cultural Palmares, 2012.

SANTOS, Ynaê Lopes dos. **Juliano Moreira**: o médico negro na fundação da psiquiatria brasileira [livro eletrônico] / Ynaê Lopes dos Santos. – Niterói: Eduff, 2020. – 2,3Mb; PDF – (Coleção Personagens do pós-abolição: trajetórias, e sentidos de liberdade no Brasil republicano, v. 3).

SANTOS, Taís Evandra de Carvalho Teles dos. **Juventude Negra**: interseccionalidade entre raça e gênero no espaço urbano de Presidente Prudente – SP. Monografia (Trabalho de Conclusão de Curso de Geografia) – FCT/Unesp, Pres. Prudente, 2016.

SANTOS, Tiganá Santana Neves dos. **Cosmologia africana dos bantu-kongo por Bunseki Fu-Kiau**: tradução negra, reflexões e diálogos a parir do Brasil. 2019. 233 f. Tese (Doutorado em Estudos) – Faculdade de Filosofia, Ciências Humanas e Letras da Universidade de São Paulo, São Paulo, 2019.

SLAM DAS MINAS. Thata Alves. **Mudas falas são sementes em germinação**. São Paulo: Edição das autoras, 2018.

SANTOS, Kwame Yonatan Poli dos; LANARI, Laura (org.). **Saúde mental, relações raciais e COVID-19**. São Paulo: Fundo Baobá para Equidade Racial, 2020.

SCOVILLE, Priscila. **As mulheres do faraó**: análise da influência das rainhas Tiye e Nefertiti durante o regime de Amenhotep IV/Aknaton (c.1352-1333 AEC). 75 f. 2014. Monografia (Graduação em História) – Universidade Federal do Paraná, Curitiba, 2014.

SILVA, Adriana de Oliveira. **Galeria & Senzala**: a (im) pertinência da presença negra nas artes no Brasil. 400 f. 2018. Tese (Doutorado em Antropologia) – Departamento de Antropologia da FFCLT da Universidade de São Paulo, São Paulo, 2018.

SILVA, Bianca Pereira da. Desmembramento e cura em The Bluest Eye. **Revista de Filosofia Problemata**, v. 11, n. 2, p. 81-93, 2020.

SILVA, Ana Célia da. Branqueamento e branquitude: conceitos básicos na formação para a alteridade. *In:* NASCIMENTO, AD.; HETKOWSKI, TM. (org.). **Memória e formação de professores** [online]. Salvador: EDUFBA, 2007. Disponível em: http://books.scielo.org. Acesso em: 17 set. 2016.

SILVA, Ana Paula Procopio da. **O contrário de Casa Grande não é senzala. É Quilombo!** A categoria práxis negra no pensamento de Clóvis Moura. 291 f. 2017. Tese (Doutorado em Serviço Social) – Programa de Pós-Graduação em Serviço Social, Universidade Federal do Rio de Janeiro, 2017.

SILVA, Denise Ferreira da. **A dívida impagável**. São Paulo: edição da autora: oficina de Imaginação Política e Living Commons, 2019.

SILVA, Claudilene Maria da; DIAS, Lucimar Rosa; VALENTIM, Silvani dos Santos. A Pensadora Negra em Educação Petronilha Beatriz Gonçalves e Silva: Memórias e Reflexões. **Revista de Educação Interritórios**, Pernambuco/ Universidade Federal de Caruaru, v. 6, n. 12, 2020. Disponível em: https:// periodicos.ufpe.br/revistas/interritorios/article/view/249002/37151. Acesso em: 7 jan. 2021.

SOARES, Lissandra Vieira; MACHADO, Paula Sandrine. Escrevivências como ferramenta metodológica na produção de conhecimento em Psicologia Social. **Revista Psicologia Política**, v. 17, n. 39, p. 203-219, maio/ago. 2017.

SOUZA, Marcelo de Salete. **A configuração da curadoria de arte afro-bra-sileira de Emanoel Araújo**. 2009. 258f. Dissertação (Mestrado em Estética e História da Arte) – Programa de Pós-Graduação Interunidades em Estética e História da Arte da Universidade de São Paulo, São Paulo, 2009.

TEIXEIRA, Amanda Gatinho. Joalheria de Crioulas: Subversão e Poder no Brasil Colonial. **Revista Antítese** v. 10, n. 20, p. 829-856, jul./dez. 2017.

TREIS, Maria Eduarda Jark; MORAIS, Pâmela Samara Vicente. **Revista Pers-pectiva**, Universidade Federal de Santa Catarina, v. 11, n. 21, p. 117, 2018.

URASSE, Anin. **Uma introdução aos 18 princípios do Mulherismo Africana**. *In:* UNIÃO DOS COLETIVOS PAN-AFRICANISTA. Epistemologias do Renascimento Africano: Coleção Pensamento Preto. VI.III. São Paulo: Editora Filhos da África, 2019. p. 301-315.

UNESCO, História Geral da África. Comitê Científico Internacional. Volumes I ao VIII. Brasília. UNESCO. Ministério da Educação. Universidade Federal de São Carlos, 2010.

VELLOSO, Mônica Pimenta. As tias baianas tomam conta do pedaço: espaço e identidade cultural no Rio de Janeiro. **Revista Estudos Históricos**, Rio de Janeiro, v. 3, n. 6, p. 207-228, 1990.

VENTOSA, Victor J. **Didática da participação**: teoria, metodologia e prática. Tradução de Nilton Cunha. São Paulo: Sesc São Paulo, 2016.

ZAGO, Frei Romano (OFM). **Câncer tem cura!** Petrópolis/RJ: Vozes, 1997.

WINNICOTT, Donald Woods. **Privação e delinquência**. Tradução de Álvaro Cabral. São Paulo: Martins Fontes, 1999.

XAVIER, Giovana; FARIAS, Juliana Barreto; GOMES, Flavio (org.). **Mulheres negras no Brasil escravista e no pós-abolição**. São Paulo: Selo Negro, 2012.